DIE VISIONEN DES ARNOLD SCHÖNBERG

THE VISIONS OF ARNOLD SCHÖNBERG

HERAUSGEGEBEN VON / EDITED BY
Max Hollein, Blaženka Perica, Schirn Kunsthalle Frankfurt

MIT BEITRÄGEN VON / CONTRIBUTIONS BY
Otto Breicha, Robert Fleck, Daniel Libeskind, Karin von Maur, Christian Meyer, Hermann Nitsch, Nuria Schoenberg Nono, Blaženka Perica, Franz Pomassl, Simon Starling, Ferdinand Zehentreiter

DIE VISIONEN DES ARNOLD SCHÖNBERG
JAHRE DER MALEREI

THE VISIONS OF ARNOLD SCHÖNBERG
THE PAINTING YEARS

Hatje Cantz

SCHIRN
KUNSTHALLE
FRANKFURT

INHALT
CONTENTS

GRUSSWORT
SPONSOR'S PREFACE

Walter Homolka (Kultur-Stiftung der Deutschen Bank / Cultural Foundation of the Deutsche Bank)

In der Ausstellung **Die Visionen des Arnold Schönberg** kann man den klassischen Meister der Neuen Musik aus einem ungewohnten Blickwinkel kennen lernen: Arnold Schönberg als bildenden Künstler. Wir freuen uns sehr, diese interdisziplinäre Ausstellung zu unterstützen, die für uns ein Jubiläum darstellt: Sie ist das 500. Projekt, das die Kultur-Stiftung der Deutschen Bank seit ihrer Gründung im Jahr 1995 fördert.

Die Kultur-Stiftung möchte einen Schwerpunkt setzen bei jenen Projekten, die zum Dialog einladen, die Querverbindungen schaffen, die Gattungs- oder Landesgrenzen überschreiten. Dem interdisziplinären Werk Schönbergs haben wir bereits in der Vergangenheit unsere Aufmerksamkeit geschenkt: Zwei von der Kultur-Stiftung der Deutschen Bank geförderte Ausstellungen in Wien und Moskau hatten das gegenseitig befruchtende Schaffen der beiden Künstler Schönberg und Kandinsky zum Thema. Für die Neue Musik und für die bildende Kunst engagiert sich die Kultur-Stiftung seit ihrer Gründung, zum Beispiel durch die langjährige Unterstützung des Ensemble Modern oder mit der Förderung vielfältiger Ausstellungsprojekte.

Eine enge Verbundenheit besteht seit langem auch mit der Schirn Kunsthalle. Im Herbst 2001 ermöglichte die Kultur-Stiftung der Deutschen Bank die Veranstaltungsreihe SCHIRN FORUM001, die einen Ausblick auf das Ausstellungsprogramm der Schirn im Jahr 2002 bot. Damit folgen wir unserem Anspruch, Impulse für eine lebendige und inspirierende kulturelle Landschaft zu geben, im regionalen ebenso wie im internationalen Umfeld, „zuhause" in Frankfurt und überall in der Welt, wo die Deutsche Bank vertreten ist.

The exhibition **The Visions of Arnold Schönberg** paints a picture of the classic composer of New Music from an unusual angle: Arnold Schönberg as a proponent of the visual arts. We are very pleased to be able to support this interdisciplinary exhibition. This is particularly so since for us it marks a jubilee: it is the 500th project assisted by the Cultural Foundation of the Deutsche Bank since its inception in 1995.

The Cultural Foundation is dedicated first and foremost to supporting those projects which stimulate dialogue, forge interlinkages, and cross the borders between genres and countries alike. In the past, we have already focused on Schönberg's interdisciplinary oeuvre by promoting two exhibitions – one in Vienna and the other in Moscow – devoted to the way Schönberg and Kandinsky fruitfully influenced each other's oeuvres. Since its establishment, the Cultural Foundation has supported New Music and the visual arts – for example, with its long-standing funding of the Ensemble Modern or its promotion of many an exhibition project.

We have also had close links with the Schirn Kunsthalle for many years. In the autumn of 2001, the Cultural Foundation of the Deutsche Bank made possible the SCHIRN FORUM001 lecture series which casts a forward glance at the Schirn's exhibition agenda for 2002. In this way, we are advancing our original wish to encourage lively and inspiring cultural efforts at both the regional and international levels, both "at home" in Frankfurt and everywhere else where Deutsche Bank is represented worldwide.

VORWORT
FOREWORD

Max Hollein, Schirn Kunsthalle Frankfurt

Arnold Schönberg, dessen Name gemeinhin mit der von ihm begründeten Zwölftonmusik verbunden wird, gilt heute als klassischer Meister der Neuen Musik. Zudem hoch geschätzt, aber auch umstritten, dabei selten gezeigt, ist Schönbergs bildnerisches Werk. In seinen expressiven Gemälden und Zeichnungen, innerhalb einer explosiven Werkphase entstanden, verarbeitete er Empfindungen und Eindrücke, für die er in der Musik keine adäquate Ausdrucksform fand. Diese Bilder sind Katalysatoren, Wegbereiter einer Revolution in einem essenziellen kreativen Moment. In der Musik markiert das Datum ihrer Entstehungszeit den Wandel seiner Kompositionen weg von einer konventionelleren Expressivität hin zur absoluten Radikalität des neuen Ausdrucks. Schönberg experimentiert, sucht und findet auch in seinem bildnerischen Werk Ausdrucksformen von größter Intensität und herausragender visionärer Kraft – abseits von formalen Prinzipien oder technischer Perfektion.
Die Schirn Kunsthalle Frankfurt präsentiert mit der Ausstellung **Die Visionen des Arnold Schönberg. Jahre der Malerei** anhand von über 150 sorgfältig ausgewählten Exponaten aus dem umfassenden Gesamtwerk – über 260 Nummern des bildenden Künstlers Schönberg sind verzeichnet – die herausragende und originäre künstlerische Position dieses genialen Autodidakten beider künstlerischer Bereiche. Das Œuvre Arnold Schönbergs wird, fünfzig Jahre nach seinem Tod, als überragende Leistung der Moderne im 20. Jahrhundert geschätzt. Bedingungslose Offenheit gegenüber dem Neuen, dem Fremden ist eines der Charakteristika Arnold Schönbergs, das ihn sowohl als Komponisten wie auch als Maler kennzeichnet. Das Wechseln zwischen Musik und Malerei in den Jahren um 1910 – durchaus auch ein Zeichen seiner Zeit, man denke an Strindberg oder Čiurlionis – förderte den unmittelbaren Umgang mit dem Sujet der künstlerischen Auseinandersetzung. Die in dieser Phase entstandenen expressiven Arbeiten Schönbergs – die bereits zu ihrer Entstehungszeit höchste Anerkennung von zeitgenössischen Malern wie Wassily Kandinsky oder Alexej von Jawlensky gefunden haben, die aber innerhalb der Künstlergruppe des Blauen Reiter durchaus auch auf Ablehnung stießen – haben in der Gegenwart nichts von ihrer visionären Kraft verloren. Die Frage ihrer Relevanz, ihrer Bedeutung und ihrer Position innerhalb des Werks des genialen Komponisten ist heute im Jahr nach dem 50. Todestag Schönbergs aktueller denn je. Aus der Perspektive einer multimedialen Gegenwart war es uns ein Anliegen, die Ursprünglichkeit der Ausdrucksform des Schönberg'schen Werkes, das sich jenseits von technischer Perfektion bewegt, als Fokus zu nehmen und seine Bilder einmal nicht im Zusammenklang mit Meistern der Moderne wie Kandinsky zu setzen – wie das häufig getan wurde –, sondern sie in einer zeitgemäßen Präsentation alleine auf uns wirken zu lassen.
Gerade die Stadt Frankfurt bietet mit ihrer langen Tradition in der Neuen Musik das Forum für die Realisierung dieser besonderen Ausstellung. In einer Zeit, in der das Werk Arnold Schönbergs äußerst umstritten war, wo

Arnold Schönberg, whose name is generally associated with the twelve-tone music he gave birth to, is today considered to be a classic master of New Music. However, Schönberg's painterly oeuvre, which is not only highly esteemed but also controversial, is seldom exhibited. His expressive paintings and drawings, the product of a truly explosive period in his work, provided him with a vehicle for exploring feelings and impressions for which he found no adequate form of expression in music. These paintings are catalysts, trailblazers for a revolution in an essentially creative moment. They were created at a point when his music was undergoing a transformation, moving away from conventional expressiveness towards a new expression marked by an absolute radical nature. Schönberg experiments, searches for, and finds in his artistic work forms of expression distinguished by great intensity and outstanding visionary force – far removed from formal principles or technical perfection.
In **The Visions of Arnold Schönberg: The Years of Painting** Schirn Kunsthalle Frankfurt presents a selection of over 150 carefully chosen exhibits from his extensive oeuvre (records show Schönberg produced more than 260) that testify to the outstanding and original artistic position of this brilliant autodidact in both artistic areas. Fifty years after his death, Arnold Schönberg's oeuvre is considered an extraordinary achievement of 20th-century modern art. Unreserved openness vis-à-vis the new and the alien is an essential trait of Arnold Schönberg that characterises him both as a composer and an artist. This alternation between music and art in the years around 1910 – very much a sign of his times, one need only think of Strindberg or Čiurlionis – encouraged a direct handling of the topic of artistic analysis. The expressive works Schönberg produced during this phase – that already won highest acclaim from contemporary artists such as Wassily Kandinsky or Alexei von Jawlensky, yet also met with disapproval within the Blaue Reiter group of Expressionist artists – still retain their visionary power today. Today, one year after the fiftieth anniversary of Schönberg's death, the question of their relevance, significance, and position within the brilliant composer's overall work is of greater interest than ever. Mindful of art's present multimedia focus, our objective was to centre on the unspoilt quality of expression in Schönberg's work that does not seek technical perfection. Though his paintings are often shown alongside works by modern art masters such as Kandinsky, we have opted instead for a solo presentation that allows his works to exert their effect in a setting fitting for our times.
The city of Frankfurt, with its long tradition in New Music, affords an ideal forum for the realisation of a special exhibition. At a time when Arnold Schönberg's work was highly controversial, when premieres were still accompanied by protests, Arnold Schönberg was always sure to be received here in an open-minded manner. Schönberg's first twelve-tone opera **From Today till Tomorrow, op. 32,** was first per-

Premieren und Uraufführungen noch von Tumulten begleitet wurden, hat Arnold Schönberg hier immer wieder einen Ort gefunden, an dem er offen aufgenommen wurde. Schönbergs erste Zwölftonoper **Von heute auf morgen, op. 32** wurde am 1. Februar 1930 im Frankfurter Opernhaus uraufgeführt, im Berliner Rundfunk (Berliner Funkstunde am 27. Februar 1930) übertragen und auf Platte gepresst. Zwei Jahre später wurden seine **Vier Orchesterlieder, op. 22** unter dem Dirigenten Hans Rosbaud mit dem Rundfunkorchester und der Solistin Hertha Reinecke (Sopran) ebenfalls in Frankfurt erstmals öffentlich gespielt. Nicht zuletzt ist Arnold Schönberg über Theodor W. Adorno, der sich immer wieder intensiv mit dem Schönberg'schen Werk auseinandersetzte, mit diesem Ort verbunden. Sicher nicht zufällig wurde die Feier anlässlich der Wiedereröffnung des Institutes für Sozialforschung in Frankfurt/Main 1951, gleichzeitig das Jahr, in dem Schönberg starb, von seinem **II. Streichquartett, op. 10** begleitet.
Die Schirn selbst hat ebenfalls eine musische Tradition. Beherbergt sie doch auch die Jugendmusikschule und war bis vor wenigen Jahren die operative Basis des Ensemble Modern. 1986 eröffnete die Kunsthalle mit einer großen, der Synästhesie gewidmeten Ausstellung rund um das Thema **Die Maler und das Theater im 20. Jahrhundert.** Auch dem wollen wir zum Auftakt eines neuen Programms Rechnung tragen – nicht zuletzt mit einem außergewöhnlichen Konzertprogramm, welches in der Schirn parallel zur Ausstellung stattfindet.

Diese Ausstellung wurde in kurzer Zeit und mit enormem Einsatz vieler Mitwirkender realisiert. Mein Dank gilt zuallererst der Familie Schönberg für die uneingeschränkte und engagierte Unterstützung in allen Belangen: Nuria Schoenberg Nono, insbesondere auch für ihren wunderbaren Textbeitrag, Lawrence und Ronald Schoenberg und ihren Mitarbeitern für die geduldige Beantwortung aller Detailfragen. Dank gebührt in besonderem Maße dem Arnold Schönberg Center in Wien, seinem Direktor Christian Meyer – mit ihm habe ich zum ersten Mal das gesamte Konvolut der Arbeiten besichtigt, ohne seine Freundschaft und seinen Enthusiasmus wäre diese Ausstellung nicht möglich gewesen – und den Mitarbeiterinnen Edith Bartha, Andrea Maurer, Therese Muxeneder und Iris Pfeiffer für ihre kompetente Beratung und organisatorische Unterstützung.
Ohne die großzügige finanzielle Förderung der Kultur-Stiftung der Deutschen Bank sowohl für die Ausstellung als auch für das Rahmenprogramm wäre das Projekt in dieser Form nicht zustande gekommen. Besondere Erwähnung verdient hierbei die engagierte Unterstützung durch Walter Homolka und Michael Münch. Dem Hessischen Rundfunk hr2, dem Journal Frankfurt und der Neuen Musikzeitung seien als Medienpartner für die Ausstellung und das Konzertprogramm gedankt. Nicht zuletzt ist an dieser Stelle dem Kulturforum der Österreichischen Botschaft Berlin, insbesondere Kulturrätin Christa Sauer für die finanzielle Hilfe und das persönliche Engagement zu danken. Natürlich sind

formed on 1 February 1930 at Frankfurt's opera, transmitted by Berlin Radio on 27 February 1930, and recorded on a record. Two years later, his **Four Songs for Voice and Orchestra, op. 22,** conducted by Hans Rosbaud with the Radio Orchestra and soprano Hertha Reinecke, was likewise publicly performed in Frankfurt for the first time. Not least of all, Arnold Schönberg is connected with Frankfurt via Theodor W. Adorno, who repeatedly felt drawn to Schönberg's work. It is surely no coincidence that the celebrations marking the re-opening of the Institute for Social Research in Frankfurt am Main in 1951, the same year in which Schönberg died, were accompanied by his **Second String Quartet, op. 10.**
The Schirn itself likewise has a musical tradition. After all, it also houses the Youth Music Academy and, until a few years ago, was also the operational base of the Ensemble Modern. In 1986, the Kunsthalle opened with a large-scale exhibition devoted to synaesthesia and revolving around 20th-century painters and theatre. We seek to do justice to this approach with our new program – not least of all through an unusual concert programme that will take place in the Schirn parallel to the exhibition.
We have managed to launch this exhibition in a short space of time thanks to the enormous dedication of many people. First and foremost, I would like to express my appreciation to the Schoenberg family for their unreserved and committed support in all matters: to Nuria Schoenberg Nono, in particular for her wonderful essay, and to Lawrence and Ronald Schoenberg and their employees for their patience in answering all our detailed questions. In this context, thanks are due especially to the Arnold Schönberg Centre in Vienna; to its director Christian Meyer, with whom I first viewed the entire mass of works and without whose friendship and enthusiasm this exhibition would not have been possible; and to staff-members Edith Bartha, Andrea Maurer, Therese Muxeneder, and Iris Pfeiffer for their competent advice and organisational support.
Without the generous financial support of the cultural foundation of the Deutsche Bank both for the exhibition and the accompanying programme we would certainly not have been able to realise this project on the present scale. The active support of Walter Homolka and Michael Münch deserves special mention in this context. Particular thanks are due to the media partners Hessischer Rundfunk hr2, Journal Frankfurt und Neue Musikzeitung for the exhibition as well as the concert programme. Not least of all, I wish to cordially thank the cultural forum of the Austrian Embassy in Berlin, especially Christa Sauer, the cultural attaché, for financial support and personal involvement. Naturally, it is precisely the political will and considerable support the Schirn receives from the city of Frankfurt that make this exhibition and our work in the Kunsthalle possible at all. We are greatly indebted to the city of Frankfurt for its strong commitment and ongoing trust, and especially to the two key

es erst der politische Wille und die wesentliche Unterstützung der Schirn durch die Stadt Frankfurt, die diese Ausstellung und überhaupt unsere Arbeit in der Kunsthalle ermöglichen. Für dieses wichtige Engagement und anhaltende Vertrauen sind wir der Stadt Frankfurt und stellvertretend für alle Entscheidungsträger Oberbürgermeisterin Petra Roth und Kulturdezernent Hans-Bernhard Nordhoff zu großem Dank verpflichtet, insbesondere auch die zusätzliche finanzielle Unterstützung des Konzertprogramms im Rahmen des Museumskooperationspools.
Darüber hinaus sei allen Leihgebern in Europa und Amerika gedankt, die durch ihre Zusagen in besonderem Maße zum Gelingen der Ausstellung beigetragen haben: Hier sind das Historische Museum Wien zu nennen, das Kunsthistorische Museum Wien, die Sammlung Friedrich Cerha, Wien, dem Estate of Heinrich Jalowetz, New York, und die Music Division Library of Congress, Washington, D. C. Für die freundliche Hilfe danke ich der Galerie St. Etienne, namentlich Jane Kallir. Ein besonderer Dank gilt selbstverständlich allen Katalogautoren für ihre vielfältigen und wertvollen Beiträge: Otto Breicha, Robert Fleck, Karin von Maur, Christian Meyer und Ferdinand Zehentreiter ebenso wie den Künstlern Franz Pomassl, Simon Starling und Hermann Nitsch und nicht zuletzt Daniel Libeskind für ihre persönlichen Stellungnahmen zum Nachwirken der kreativen Kraft von Arnold Schönberg.
Besonders herzlich sei auch allen gedankt, die ein hochkarätiges musikalisches Rahmenprogramm, mit dem wir die Ausstellung auf besondere Weise bereichern und ergänzen können, initiiert und möglich gemacht haben: insbesondere der Oper Frankfurt mit ihrem Generalmusikdirektor Paolo Carignani, der durch die Gestaltung von zwei musikalischen Abenden mit dem Frankfurter Museumsorchester auch als Dirigent beteiligt ist, sowie Martin Steinhoff als Intendant und Norbert Abels, der uns mit seinem über lange Jahre angesammelten Sachverstand als Chefdramaturg freundlich unterstützt hat, dem Ensemble Modern, insbesondere Elmar Weingarten als Geschäftsführer und Roland Diry und natürlich Pierre Boulez, dem wir bereits im Vorfeld der Ausstellung einen weiteren wunderbaren Abend verdanken, ebenso wie Walter Levin und dem Basler Streichquartett, Stefan Litwin sowie vielen anderen Mitwirkenden. Für die begeisterte Resonanz auf die Idee, eine Filmreihe mit Musik von Arnold Schönberg im Deutschen Filmmuseum Frankfurt am Main zu veranstalten, und die engagierte Realisation derselben sei Walter Schobert und insbesondere Ulrike Stiefelmayer gedankt.
Nicht zu vergessen sind Wilfried Kühn, der mit einer gelungenen Ausstellungsarchitektur den Bildern Arnold Schönbergs einen passenden Rahmen gegeben hat, sowie Chris Rehberger und Barbara Krimm von Standard Rad für die grafische Gestaltung des Kataloges.
Margret Stuffmann möchte ich für viele inspirierende Gespräche und lebhafte Anregungen zu dieser Ausstellung danken. Besonderer Dank gilt natürlich dem Hatje Cantz Verlag, insbesondere Annette Kulenkampff und Karin Osbahr für ihre Flexibilität und professionelle Arbeit

decision-makers: Petra Roth, mayor of Frankfurt, and Hans-Bernhard Nordhoff, director of the Culture Department – in particular for the additional support for the concert programme through the museum's cooperation pool.
Over and beyond this, I wish to thank all those people in the United States and Europe who, in consenting to loan us paintings and drawings, have contributed considerably to the exhibition's success.
These include: the Museum of History, Vienna; the Museum of Art History, Vienna; the Friedrich Cerha Collection, Vienna; the Estate of Heinrich Jalowetz, New York; and the Music Division, Library of Congress, Washington, D.C. I would also like to thank all at the Galerie St. Etienne, notably Jane Kallir, for their friendly assistance. Of course, special thanks also go to all catalogue authors for their varied and valuable contributions: Otto Breicha, Robert Fleck, Karin von Maur, Christian Meyer, and Ferdinand Zehentreiter, not to mention artists Franz Pomassl, Simon Starling, and Hermann Nitsch, and not least Daniel Libeskind for their personal comments on the overall impact of Arnold Schönberg's creative vigour.
I am also deeply obliged to all those who instigated and made possible a high-quality musical accompanying programme that will suitably enrich and complement the exhibition: in particular the Frankfurt Opera with its general music director Paolo Carignani, who has arranged two musical evenings featuring the Frankfurt Museum Orchestra, which he will also conduct, Martin Steinhoff, its managing director, and Norbert Abels, who supported us with the years of know-how acquired in his long career as chief dramaturge; the Ensemble Modern, notably director Elmar Weingarten together with Roland Diry and naturally Pierre Boulez, to whom we are indebted for a wonderful evening of entertainment ahead of the exhibition; and likewise Walter Levin and the Basle String Quartet, Stefan Litwin, not to mention a host of others. Thanks are due to Walter Schobert und Ulrike Stiefelmayer in particular for their enthusiastic response and committed realisation of the idea of presenting a film series with the music of Arnold Schönberg at the Deutsche Filmmuseum Frankfurt am Main.
Thanks are also due to Wilfried Kühn, whose successful exhibition design creates a suitable setting for Arnold Schönberg's paintings, as well as to Chris Rehberger and Barbara Krimm from Standard Rad for the catalogue's graphic design.
I am grateful to Margret Stuffmann for her many inspiring conversations and lively ideas for this exhibition. Of course, special thanks are due to Hatje Cantz Publishers – especially to Annette Kulenkampff and Karin Osbahr – for their flexibility and professional work under significant time pressure. Final, but by no means less cordial thanks are due to those people responsible for the exhibition itself and the team at the Schirn: to Ronald Kammer for his professional technical direction and realisation, to Christian Teltz, Stephan Zimmermann and Andreas

unter immensem Zeitdruck. Der letzte, nicht minder herzliche Dank geht an die für die Ausstellung Verantwortlichen selber und an das Team der Schirn: Ronald Kammer für die professionelle technische Leitung und Umsetzung ebenso Christian Teltz, Stephan Zimmermann und Andreas Gundermann sowie deren Kollegen, Karin Grüning für die präzise und unermüdliche Organisation insbesondere der Leihgaben, das Gleiche gilt für Elke Walter und Stefanie Gundermann, Dorothea Apovnik für die hervorragende Pressearbeit, Inka Drögemüller für gezieltes Marketing und Betreuung der Partner dieser Ausstellung, Simone Klöpfer für die organisatorische Arbeit zum aufwändigen Rahmenprogramm, Michael Zuch für sein aufmerksames Lektorat und den Praktikantinnen Stephanie Hock und Lydia Goldschmidt. Insbesondere gilt mein Dank natürlich dem kuratorischen Team, Martina Weinhart und der Kuratorin dieser Ausstellung Blaženka Perica für ihre hervorragende, präzise Arbeit und den unermüdlichen Einsatz zur Entwicklung der Ausstellung und des Kataloges.

Gundermann together with their colleagues, to Karin Grüning for her exact and untiring organisational work particularly with regard to paintings on loan, likewise to Elke Walter and Stefanie Gundermann, to Dorothea Apovnik for her excellent press work, to Inka Drögemüller for marketing and support work tailored to the show's partners, to Simone Klöpfer for her organisational work in connection with the ambitious accompanying programme, to Michael Zuch for his painstaking editorial work, and to the interns Stephanie Hock and Lydia Goldschmidt. Of course, my thanks go in particular to the curatorial team: to Martina Weinhart and Blaženka Perica, the curator of this exhibition, for their outstanding, meticulous work and untiring efforts to produce the exhibition and catalogue.

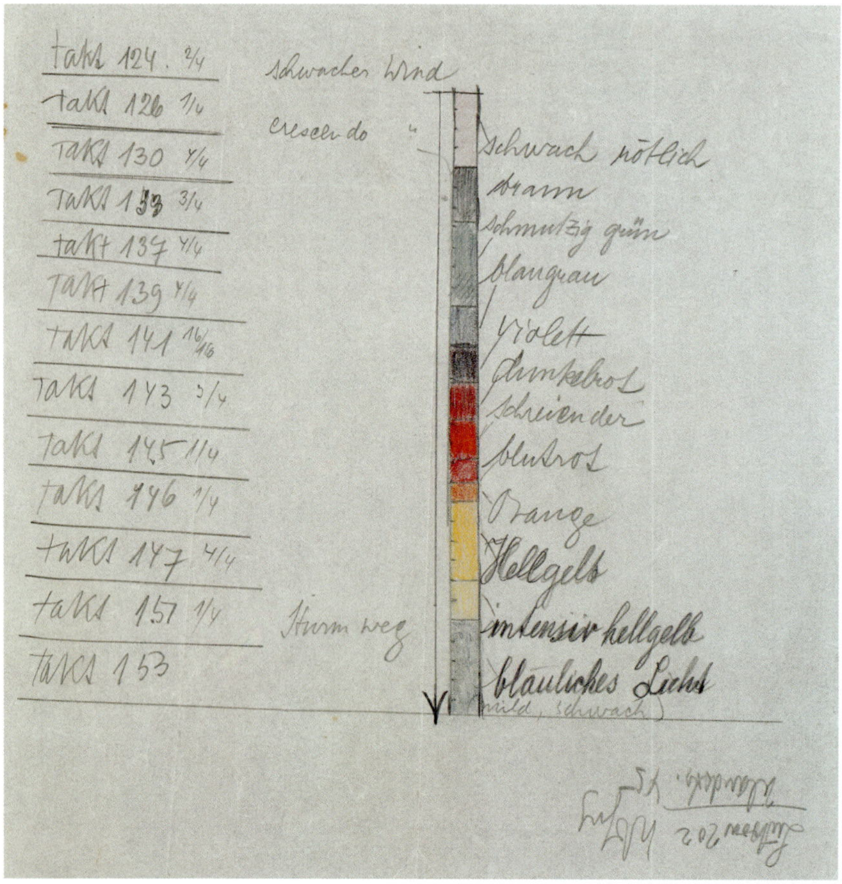

ARNOLD SCHÖNBERG,
DIE GLÜCKLICHE HAND, OP. 18,
FARBCRESCENDO (3. BILD), SKIZZE /
THE LUCKY HAND, OP. 18,
COLOUR CRESCENDO (SCENE 3), SKETCH

SCHÖNBERG, EINE AUSSTELLUNG
SCHÖNBERG: AN EXHIBITION

Blaženka Perica

Ein rundes Jubiläum – das 50. Todesjahr von Arnold Schönberg, des Begründers der Neuen Musik – wäre gewiss ein nicht unwichtiger Anlass für eine Ausstellung seines bildnerischen Werkes in der Schirn Kunsthalle, und dennoch nicht der einzige Grund. Es bedarf nämlich keines besonderen Jahrestages, um sich mit einer der herausragendsten künstlerischen Persönlichkeiten des 20. Jahrhunderts erneut auseinanderzusetzen, zumal seine von Anfang an sowohl umstrittene als auch bewunderte Malerei in einer aktuellen Sichtweise vorliegt und im Zentrum der Ausstellung steht.

Bekanntlich ist Schönberg in die Geschichte der Musik mit zwei epochalen Erfindungen eingegangen. Die „Emanzipation der Dissonanz“ und das Verlassen des tonalen Komponierens vollzog der aus der Spätromantik hervorgegangene Musiker in der expressiven Atonalität um 1910. Einige Jahre später folgte die Herausbildung der Dodekaphonie, der „Komposition mit nur 12 aufeinander bezogenen Tönen“. In diesen Zeitraum fällt auch seine Hinwendung zur Malerei und seine intensive Beschaftigung damit. Schönbergs Begründung, er habe die bildnerische Ausdrucksform bewusst gewählt, um sich außerhalb der Musik – des ihm offensichtlich am meisten vertrauten Bereiches – auszudrücken, hat nicht nur zu vielfachen Interpretationen geführt, sondern wurde auch von vielerlei Spekulationen begleitet. Dazu trug mit Sicherheit die Tatsache bei, dass sein damaliges Leben von einer Schaffens- und Emotionskrise gekennzeichnet war, die unter anderem durch die Affäre seiner ersten Frau Mathilde mit dem Maler Richard Gerstl, der sich in deren Folge und unter dramatischen Umständen mit 25 Jahren das Leben nahm, verursacht wurde. Obwohl Schönberg selbst später bestritt, dass seine Begegnung mit der Malerei primär von diesen Geschehnissen getragen wurde, bleibt die Versuchung groß, die Angelegenheit im Lichte derartiger gefühlsträchtiger Ereignisse zu betrachten. Es ist, als ob jene stark emotional gefärbte Zeit um die Jahrhundertwende in Wien im persönlichen Schicksal Schönbergs ein Equivalent gefunden hat.

Über solche plakative, anrüchige Geschichten hinaus ist die Faszination, die Schönbergs künstlerische Position hervorruft, jedoch komplexerer Natur. Vielfach begabt, weltberühmt als Komponist und Lehrer (zu dessen Schülern Alban Berg, Anton von Webern und John Cage zählten), besaß er den Mut, sich auf einem anderen Feld zu erproben. Durch seine Offenheit und die Bereitschaft, sich dem Neuen und Unbekannten auszusetzen, bekam sein Schaffen auch hier einen verblüffend eigenständigen Stellenwert. Die Maxime, dass die Kunst nicht vom Können, sondern vom Müssen kommt, wie Schönberg oft zu betonen pflegte, war keine bloße Rhetorik, sondern – was man vielleicht in seiner Malerei deutlich aufspüren kann – konsequent gelebte Praxis. Diese Haltung verdient eine Achtung, die sich zum Teil den gewöhnlichen kunsthistorischen Wertschätzungen und Kategorisierungen entzieht. Denn die Rezeptionsgeschichte von Schönbergs Malerei zeigt in aller Deutlichkeit, dass gerade seine nicht leicht einzuordnende Position jene Prägnanz

A round-figure anniversary – fifty years since the death of Arnold Schönberg, the founder of New Music – is certainly not an insignificant occasion for an exhibition of his visual oeuvre at the Schirn Kunsthalle, but it is not the only reason. There is no need for a particular anniversary as a pretext for re-examining one of the most eminent artistic personalities of the 20th century, whose painting, always both controversial and admired, is all the more interesting from a current perspective and is featured in this exhibition.

Schönberg went down in musical history, as is widely known, for two epoch-making inventions. A musician who emerged from the Late Romantic period, Schönberg achieved the “emancipation of dissonance” and the abandoning of tonal compositions through his expressive atonality in about 1910. Some years later, dodecaphony was formulated – “composition with twelve tones which are related only with one another”. It is precisely in this period that he turned to painting, and it was probably the time of his greatest dedication to it. Schönberg's justification that he had consciously chosen the visual as a means of expression outside music – evidently the sphere he was most familiar with – has not only been interpreted in many ways, but also accompanied by much speculation. This was almost inevitable for a life already marked then by an emotional and artistic crisis brought on not least by the affair of his first wife, Mathilde, with the painter Richard Gerstl, who had taken his own life in dramatic circumstances in consequence, aged only twenty-five. Although Schönberg himself later denied that his involvement with painting was driven primarily by these events, it is hard not to see it in the light of such emotion-charged circumstances. It is as if those highly emotionalised, historical developments in turn-of-the-century Vienna had found an equivalent in Schönberg's personal destiny.

Apart from such instances of popular scandal, the fascination exercised by Schönberg's artistic role is a more complex matter. Multitalented, a composer and teacher of world renown (whose students included Alban Berg, Anton von Webern, and John Cage), he had the courage to venture into a field at his peril, so that his frankness and willingness to expose himself to something new and unknown acquired a startling significance in its own right. His maxim that art did not come from skill or ability but from compulsion – which Schönberg stressed often enough – was no mere rhetoric but the voice of his utterly consistent practice: something it is quite possible to sense in his painting at first encounter. That kind of approach deserves a respect not always within the scope of customary art-historical assessment. The ways in which Schönberg's painting has been perceived through history are a demonstration par excellence of how a stance so unamenable to categorisation can possess the character to profit from changing historical outlooks to this day.

Schönberg's first solo exhibition – shown at the Heller art salon in Vienna in 1910, the same year in which Sigmund Freud had given a lecture there – can be seen as indicative of the perception of Schön-

besitzt, von der die sich verändernden historischen Sichtweisen bis heute profitieren können.
Schönbergs erste Einzelausstellung 1910 im Wiener Kunstsalon Heller, wo im gleichen Jahr Sigmund Freud einen Vortrag gehalten hatte, ist durchaus bezeichnend für die gesamte Wahrnehmung des bildnerischen Œuvres Schönbergs. Die „Nicht-Könnerschaft" seiner Malerei, zu der er sich zu bekennen wusste, war genau das, was Kandinsky unter „innerer Notwendigkeit" verstand und an Schönbergs Bildern hoch schätzte, im Gegensatz zu manchen anderen Malern – darunter August Macke –, die solche „Primitivismen" strikt ablehnten. Die Visionen, die Blicke, die Selbstporträts sind jene Bereiche in Schönbergs bildnerischem Schaffen, die bereits Kandinsky von der „Realistik" seiner Porträts und der Landschaften unterscheiden wollte. Auch wenn man heute nicht ohne weiteres bereit ist, diese Bilder als „große Abstraktion" zu sehen, machen diese „intuitiv empfundenen" Anlitze einen der physischen Realität entfremdeten Eindruck, sodass es nicht wundert, wenn die mystischen Ambitionen Schönbergs, begründet auch in seinem Interesse etwa für Swedenborg, daraus mehrfach abgelesen wurden. Dennoch scheint es – und diese Vermutung war der rote Faden bei der Auswahl der Werke für die Ausstellung in der Schirn Kunsthalle –, dass die verschiedenen Werkgruppen von Schönberg mehr miteinander zu tun haben, als man es aufgrund der Motive und deren Abgehobenheit beziehungsweise Ähnlichkeit mit der Wirklichkeit im ersten Moment vermutet. Ja, sogar unter den Arbeiten, die Schönberg selbst als "Fingerübungen" bezeichnete und geringer als die "Visionen" erachtete, gibt es besonders unter den Zeichnungen mehrere, die die gleiche intensive Expressivität – sei es im Duktus, sei es in der Farbigkeit oder Materialbehandlung – aufzeigen wie eben diese. Ganz zu schweigen von dem Gesamteindruck, den die Selbstporträts in ihrer beharrlichen Serialität und obsessiven Konzentration auf die Augen, auf die Blicke erzeugen. Die unermüdliche und ungeschönte Selbstbefragung, eine Art „Offenbarung", wie Werner Hofmann diese blickbesessenen Selbstporträts nannte,[1] ist nicht allein auf die Zeit von 1908 bis 1912, in der die bildnerischen Hauptwerke entstanden sind, zu beschränken. Die herkömmliche Auffassung, Schönberg habe die Malerei nach um 1912 gänzlich aufgegeben und sich fast zu einem Ikonoklasten entwickelt – was meist mit der jüdisch geprägten Bildauffassung, die einem Bilderverbot gleichkam, und mit Stellen etwa aus seiner Oper **Moses und Aron** belegt wird (er rekonvertierte zudem nach der Machtergreifung der Nationalsozialisten zum Judentum) –, trifft nur bedingt zu. In der Tat hat er nach 1912 nicht mehr versucht, die Malerei als zusätzliche Quelle für den Lebensunterhalt und als eigenständige Profession zu betreiben, obwohl die Preise, die er für seine Bilder verlangte, das Gegenteil zu beweisen scheinen, denn sie waren überraschend hoch für jemanden, der sich selbst als Autodidakten bezeichnete. Dennoch blieben die zeichnerischen Selbstporträts und die Karikaturen, die neben den Bühnenbildentwürfen weitere Werkeinheiten

berg's entire visual oeuvre. The "non-mastery" to which he readily admitted was precisely what Kandinsky had understood and esteemed in Schönberg's paintings as their "inner necessity" – in contrast to a number of other painters, including August Macke, who rejected such "primitivisms" outright. The visions, views, and self-portraits make up that sphere of Schönberg's visual work that Kandinsky distinguished from the "realism" of his portraits and landscapes. Although we may not be prepared to regard these paintings categorically today as all-out "abstraction", these "intuitively felt" faces leave an impression of remoteness from physical reality, so that it comes as no surprise that they have been seen more than once to reflect the artist's mystic ambitions, also indicated by his interest in writers such as Swedenborg. Yet it appears that the various domains of Schönberg's oeuvre are more closely linked than the motifs and their remoteness or proximity to reality, as the case may be, might first suggest. That assumption was the guiding principle in our selection of works for the exhibition at the Schirn Kunsthalle.
Even amongst the works that Schönberg himself called "finger exercises" and held to be less important than the "visions", there are, amongst the drawings in particular, several that have the same expressive power, be it in the style, the colour, or the handling of the medium; not to mention the overall impression of the self-portraits in their sustained serial nature and obsessive concentration on the eyes, on their gaze. The untiring and unadorned self-questioning in these self-portraits that Werner Hofmann has called a kind of "revelation",[1] does not begin and end with the period from 1908 to 1912, in which the main works of visual art were completed. The common opinion that Schönberg gave up painting altogether after about 1912, becoming practically an iconoclast, is at least in part a fallacy based on the assumption of a Jewish view of images and on works such as his unfinished opera **Moses and Aron** (especially since he converted back to Judaism at the outbreak of National Socialism). In fact, after 1912, he no longer attempted to engage in painting as a way of enhancing his income without making it his profession, although the prices he asked for his pictures seem to prove the opposite, as they were surprisingly high for someone who thought of himself as self-taught. Nevertheless, the self-portrait drawings and the caricatures continued to be a means which allowed Schönberg to "express himself outside music" throughout his life. These works, along with his stage set designs, therefore form further sections in the present exhibition and constitute an important aspect of it.
Although Schönberg and Kandinsky had much in common – in both the revolutionary attitude in their search for the genuine wellsprings of art and their dedication to "progress out of tradition" – they differ in their approach to the relation of music and visual art. The designs for stage sets and costumes represent a sphere in Schönberg's oeuvre in which he directly combines music and image. Otherwise he always made a conscious distinction between the forms of expression of the two

in der Ausstellung bilden, eine dauerhafte Form in Schönbergs Leben, um „sich außerhalb der Musik auszudrücken". Sie sind damit ein wichtiger Bestandteil in dieser Ausstellung.
Obwohl Schönberg und Kandinsky viele Gemeinsamkeiten aufwiesen – beide begaben sich auf die revolutionäre Suche nach dem wahrhaftigen künstlerischen Grund, ja, betrieben sogar den „Fortschritt aus der Tradition" –, unterschieden sich ihre Einstellungen zum Verhältnis von Musik zu bildender Kunst dennoch: Die Bühnenbild- und Ausstattungsentwürfe sind ein Bereich in Schönbergs Werk, in dem er Musik und Bild in direkten Zusammenhang brachte. Ansonsten unterschied er stets ganz bewusst die verschiedenen Ausdrucksformen, während andere – auch Kandinsky – eher die Synästhesie propagierten. Als Kandinsky sagte, er würde Schönbergs Malerei am liebsten „Nurmalerei"[2] nennen, meinte er kein Defizit. Im Gegenteil: Für ihn handelte es sich um einen Mehrwert, der zur Zeit der Jahrhundertwende in der Absage an die akademische Haltung und in einer Befürwortung der daraus folgenden Authentizität des freien unvoreingenommenen Ausdrucks angestrebt wurde. Schönbergs Bilder, insbesondere seine Visionen und Selbstporträts zeugen in diesem Zusammenhang von einer einzelgängerischen Position, die eine eigenständige Rezeption verlangt und nicht bloß als die „zusätzliche Tätigkeit" eines berühmten Komponisten anzusehen ist.
Im Kontext der Wiener Kunst der Jahrhundertwende nimmt Schönbergs Malerei einen Platz innerhalb jener expressiven Bewegung ein, wie sie etwa von Schiele und Kokoschka vertreten wurde, nicht aber von Klimt, der den dekorativen Tendenzen zuzurechnen ist.[3]
Die Besonderheiten der expressiven Eigenschaften und den aktuellen Wert von Schönbergs bildnerischem Œuvre zu präsentieren, war das Anliegen dieser Publikation und der Ausstellung. Das Interesse lag nicht darin, die präzise Aufteilung der Werkeinheiten zu verfolgen, da diese ohnehin nicht einmal von Schönberg selbst in aller Klarheit differenziert worden war, sondern eher darum, die kraftvolle Visualität der Arbeiten in Serien und in Gruppen so zu positionieren, dass sie als rein bildnerische Entitäten in Dialog miteinander kommen und – in der Ausstellung räumlich bewusst getrennt von unterstützendem Dokumentationsmaterial – in den Vordergrund treten. Als weiterer Akzent der Aktualität von Schönbergs Malerei sind die Statements zeitgenössischer Künstler anzusehen, die im vorliegenden Katalog neben den fundierten Essays der wissenschaftlichen Autoren stehen.

[1] Werner Hofmann: „Die drei Blicke Schönbergs" in: Arnold Schönberg. Blicke, Ausstellungskatalog, Schleswig-Holsteinisches Landesmuseum, Schloss Gottorf, Schleswig, 1996.
[2] Wassily Kandinsky: „Die Bilder" in: Arnold Schönberg – in höchster Verehrung, München 1912.
[3] Vgl. dazu Ausstellungskatalog Experiment Weltuntergang – Wien um 1900, Hamburger Kunsthalle 1981. Die Ausstellung wurde von Werner Hofmann organisiert, der hier diese zwei konfliktreichen Tendenzen aufzeigte. Es ist eine der ersten Ausstellungen, in der Schönbergs Bilder als wichtiger Beitrag zur bildenden Kunst in Wien jener Zeit präsentiert wurden.

domains, whereas Kandinsky and others tended more towards a synaesthetic approach to the different genres. When Kandinsky said that if he had his way, he would call Schönberg's painting "painting of essence",[2] he was not deprecating it. On the contrary, he was suggesting an added value, which was strived for at the turn of the century by turning one's back on the academic approach for the sake of the authenticity of free, spontaneous expression. Schönberg's pictures, especially his visions and self-portraits, demonstrate his individualistic stance in that respect. It calls for a commensurate, independent appreciation and should not merely be seen as the "extra-curricular" activity of a famous composer. Within Viennese art at the turn of the 19th to the 20th century, Schönberg's painting occupies a place in the expressive movement for which Schiele and Kokoschka are known, as opposed to the decorative tendency represented at the same time by artists such as Klimt.[3]
The underlying aim in this publication and the exhibition as a whole is to bring out the expressive qualities and current relevance of Schönberg's visual work. Our interest has not been to pursue a precise subdivision of the oeuvre, especially as Schönberg himself never made such clear distinctions, but rather to feature the compelling visuality of his works in series and in groups such that they set up a dialogue as purely artistic entities, deliberately separated from the supporting documentary material presented in its own right in the exhibition. The present catalogue, with its statements on Schönberg's work by contemporary artists and essays by scholars, can be regarded as a further angle contributing to the topicality of the exhibition.

[1] Werner Hofmann, "Die drei Blicke Schönbergs", in Arnold Schönberg: Blicke, exh. cat. Schleswig Holsteinisches Landesmuseum Schloß Gottorf, Schleswig 1996.
[2] Wassily Kandinsky, "Die Bilder", in Arnold Schönberg – in höchster Verehrung, Munich 1912.
[3] See Experiment Weltuntergang – Wien um 1900, exh. cat. Hamburger Kunsthalle, Hamburg 1981. The exhibition was curated by Werner Hofmann, who demonstrated with it the two so conflicting tendencies. It was one of the first exhibitions to present Schönberg's pictures as an important factor in the visual art of Vienna at that time.

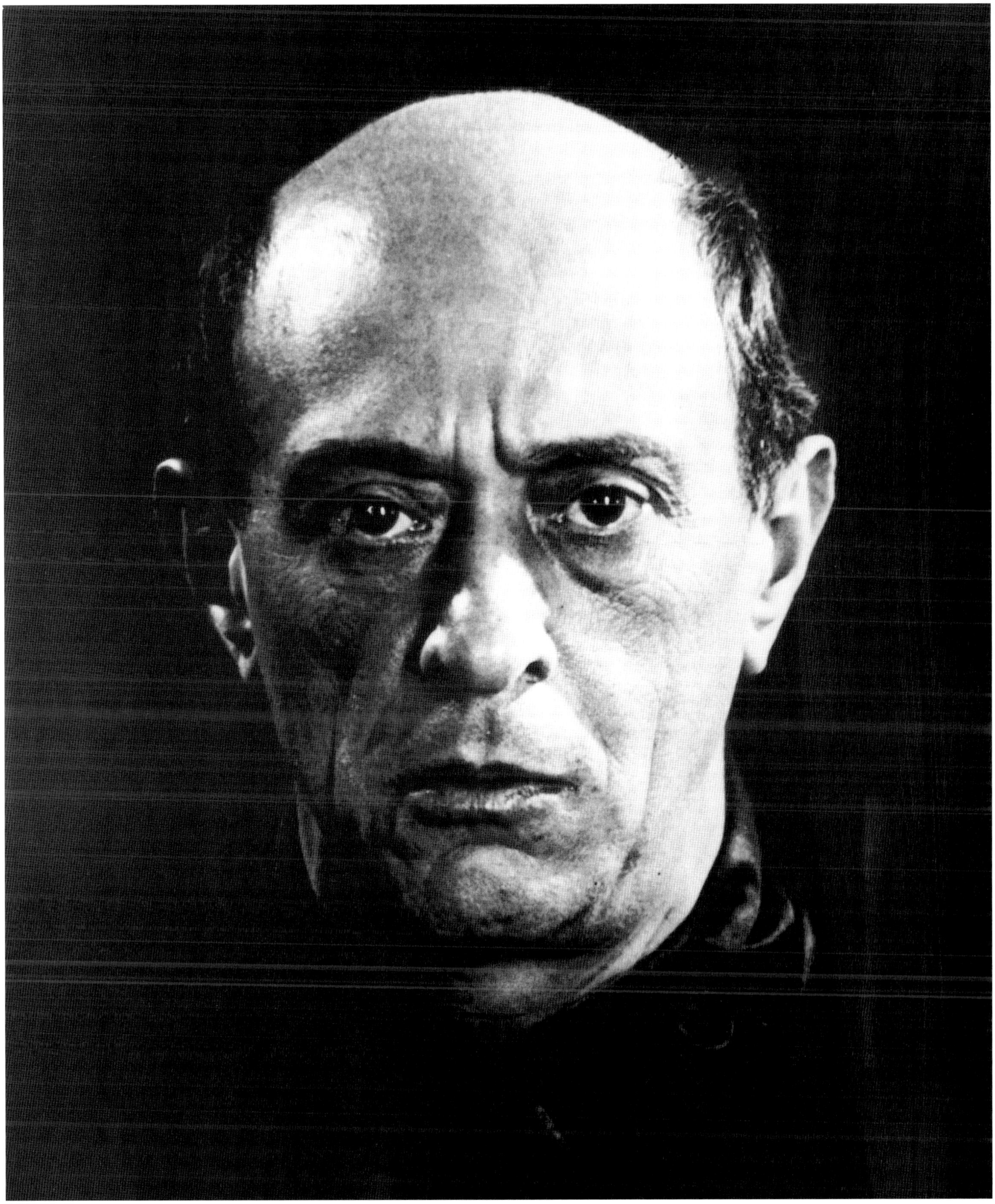

MAN RAY
ARNOLD SCHÖNBERG, 1927

ARNOLD SCHÖNBERG ODER DIE VEREINIGUNG VON MUSIK UND MALEREI
ARNOLD SCHÖNBERG, OR THE CONVERGENCE OF MUSIC AND PAINTING

Karin von Maur

Die Maler waren von jeher fasziniert von der Musik, von ihrer Immaterialität, ihrer Fähigkeit, die Zeit zu gestalten und ihrer Unabhängigkeit von der Welt des Sichtbaren, an die sich die europäische Kunst jahrhundertelang gebunden fühlte. Während auch die Dichtung trotz ihres höheren Abstraktionsgrades dem Konkret-Benennbaren verhaftet blieb, konnte sich die Musik in einem Freiraum entfalten, der lediglich durch die Gesetzmäßigkeiten der tonalen Harmonik geregelt war. Dieser Aktionsradius wurde im Laufe des 19. Jahrhunderts immer weiter ausgedehnt, um schließlich – gleichzeitig mit dem Durchbruch der Malerei zur Gegenstandslosigkeit – auch die tradierten Schranken der Tonalität zu überwinden.

Wenn wir nun Sichtbares mit Unsichtbarem, Raumkunst mit Zeitkunst in Beziehung setzen, so stellt sich von vornherein ein Ungleichgewicht ein, da sich die Musik, bis auf die Notenschrift, der Sichtbarkeit entzieht und daher nur abstrakt-deskriptiv einbezogen werden kann. Im Zentrum unserer Betrachtung steht Arnold Schönberg, der in seinem Schaffen beide Sphären, Musik und Malerei, zu verbinden wusste.

ANNÄHERUNG DER KÜNSTE IM 19. UND FRÜHEN 20. JAHRHUNDERT

Seit dem frühen 19. Jahrhundert gewann der Einfluss der Musik auf die Bildkunst zunehmend an Bedeutung. Nachdem die Aufklärung, namentlich Gotthold Ephraim Lessing in seiner kritischen Abhandlung **Laokoon oder über die Grenzen der Mahlerey und Poesie** für eine deutliche Abgrenzung der jeweiligen Gattungssphären plädiert hatte,[1] erkannten die Romantiker im Wettstreit der Künste der Musik „zunächst der Religion" eine einheitsstiftende Rolle zu. Als gemeinsamer Urgrund aller Künste war sie ihnen Garant für Schönheit und Harmonie.[2] Erstmals entstanden nun Bilder, die sich explizit auf musikalische Gattungsformen wie Fuge und Symphonie bezogen und versuchten, ihre jeweiligen Kompositionsgesetze – die polyphone und symphonische Satztechnik – in Malerei umzusetzen. Ein Pionier auf diesem Gebiet war Philipp Otto Runge, der sich an beiden musikalischen Gattungen maß und einmal, in seiner **Lehrstunde der Nachtigall** von 1805, Bauprinzipien der Fuge wie die Imitation, ein andermal, in seinem **Tageszeiten-Zyklus** von 1803–07, die Satzfolge der klassischen Symphonie zugrundelegte. Ein halbes Jahrhundert später folgte Moritz von Schwind diesem Pfad und malte **Eine Symphonie,** in der er die symphonische Gliederung der Sätze in ein mehrstufig aufgebautes, figürliches Gemälde, verbunden mit einem szenischen Handlungsablauf, übertrug.

Painters have always been fascinated by music, by its immateriality, by its capacity to structure time, and by its independence from the visible world to which European art felt bound for centuries. While literature, in spite of its higher degree of abstraction, remained in thrall to the concrete and the effable, music was able to develop within a free space structured only by the laws of tonal harmony. This radius of action was increasingly extended in the course of the 19th century, until finally – at the same time as painting made the breakthrough to abstraction – it overcame even the traditional barriers of tonality.

If we place the visible in relation to the invisible, spatial art in relation to temporal art, we find an imbalance right from the start, since music defies visibility, apart from its notation, and can therefore be included only in an abstract, descriptive manner. The focus of our deliberation is the work of Arnold Schönberg, whose oeuvre embraced both music and painting.

CORRELATION OF THE ARTS IN THE 19TH AND EARLY 20TH CENTURY

From the early 19th century onwards, music increasingly influenced the visual arts. Following the Enlightenment and Gotthold Ephraim Lessing's call for a clear distinction between the various genres in his **Laocoon: An Essay on the Limits of Painting and Poetry,**[1] the Romantics considered music second only to religion in its capacity as a unifying force in the rivalry between the arts, as the common wellspring of all the arts, and thus the guarantor of beauty and harmony.[2] For the first time, images were created that referred explicitly to specific musical forms such as fugue and symphony and sought to translate their compositional laws – polyphonic and symphonic technique – into painting. A pioneer in this field was Philipp Otto Runge, who used both musical forms as a benchmark and even based his painting **The Nightingale's Lesson** (1805) on the structural principles of the fugue as well as imitation, while his cycle **Times of Day** (1803–07) followed the sequence of movements of the classical symphony. Half a century later, Moritz von Schwind followed the same path, painting **A Symphony** in which he transposed the symphonic structure to a figural painting composed in "movements" with a scenic sequence of action.

Composers, too, took an increasing interest in other art forms and were inspired by painting. For example, in 1874, after seeing a memorial exhibition of watercolours and drawings by the painter and architect

Doch auch die Komponisten neigten sich verstärkt der Schwesterkunst zu und inspirierten sich an Gemälden. So nahm der Russe Modest Mussorgsky 1874, nach dem Besuch einer Ausstellung des Malers und Architekten Victor Hartmann, die Aquarelle und Zeichnungen seines verstorbenen Freundes mit Genreszenen und Architekturmotiven als Inspirationsquelle für seinen Klavierzyklus **Bilder einer Ausstellung.** Die zehn Stücke, die nach den Titeln der Bilder von Hartmann benannt sind, werden durch die „Promenade" eingeleitet und in den Zwischenspielen als Rundgangsmotiv verbunden. Besonderer Beliebtheit bei den Musikern erfreute sich die Bildwelt von Arnold Böcklin, dessen **Toteninsel** nicht weniger als neunmal vertont wurde, darunter von Sergej Rachmaninow und Max Reger. An der Phalanx Beethoven-Schumann-Liszt-Wagner-Brahms lässt sich beobachten, wie sich die Tonsprache immer mehr den vielfältigen Eindrücken aus der Natur öffnete und mit der Landschaftsmalerei (Beethovens **Pastorale**) wetteiferte, indem sie zunehmend lautmalerische und klangfarbliche Wirkungen einbezog. Diese Tendenz gipfelte in Richard Wagner, der eine grandiose Verschmelzung der Künste einleitete und 1861 in Paris durch seine **Tannhäuser**-Aufführung einen Skandal verursachte, später aber eine Woge der Begeisterung für Synästhesie (Doppelempfinden optischer und akustischer Reize) auslöste. Dabei wirkte Charles Baudelaire mit, der in seiner Verteidigungsschrift für Wagners **Tannhäuser** seine Theorie der „correspondances" formulierte, einer „universalen Analogie", die auf der Annahme einer verborgenen Verwandtschaft aller Sinne beruhte.[3] Für den Maler Jean Theodore Fantin-Latour, der mit Baudelaire befreundet war, führte das Erlebnis von Wagners erstem Bayreuther **Ring**-Zyklus im August 1876 zu einer tief greifenden Veränderung. Sein verfeinerter Realismus wandelte sich zu einem mystisch verklärten Symbolismus, der in allegorische Wagner-Fantasien zu **Rheingold** und **Götterdämmerung, Lohengrin** und **Parzifal** mündete. 1885 wurde die **Revue Wagnérienne** gegründet, für die Stéphane Mallarmé seinen zwischen Faszination und Distanzierung oszillierenden Beitrag **Richard Wagner – Rêverie d'un poète français** verfasste.[4]
Je mehr sich das 19. Jahrhundert seinem Ende zuneigte, desto beliebter wurden musikalische Allegorien, wie Bildtitel wie **Die Musik** von Gustav Klimt, 1895, und **Ode an die Freude** aus dem Beethoven-Fries in der Wiener Secession von 1901/02 zeigen. Vielfach kommen nun auch Gattungsbezeichnungen wie Symphonie als Bildtitel zum Einsatz, etwa bei dem Amerikaner James McNeill Whistler, der damit eher metaphorisch auf den Zusammenklang der auf einen Grundton wie Weiß gestimmten Farbgebung seiner Bilder anspielte. Whistler war ein Geistesverwandter von Claude Debussy, der 1898/99 seinem „symphonischen Triptychon" in Anlehnung an Chopin und Whistler den Titel **Nocturnes** gab. Mit seiner „Technik der Tontupfen" schuf der Franzose eine dem Impressionismus vergleichbare Klangwelt, in der kontrastierende, nebeneinander angeordnete „Farbflächen" gleichsam „aus dem zeitlichen

Victor Hartmann, the Russian composer Modest Mussorgsky took his late friend's genre scenes and architectural motives as a source of inspiration for his piano cycle **Pictures at an Exhibition.** It takes the form of a tour, featuring ten pieces named after the titles of Hartmann's pictures, introduced by a "Promenade" and with intermezzo links. Musicians were particularly fond of the visual world of Arnold Böcklin, whose **Island of the Dead** has been translated into music no fewer than nine times by composers as diverse as Sergei Rachmaninov and Max Reger. Beethoven, Schumann, Liszt, Wagner, and Brahms all looked to the diverse impressions of nature in their musical syntax, vying with landscape painting (as in Beethoven's **Pastorale**) by increasingly including onomatopoeic effects and tonal colority.
This trend culminated in Richard Wagner's grandiose melding of the arts in his 1861 Paris performance of **Tannhäuser,** which, though it caused a scandal, did trigger a subsequent wave of enthusiasm for synaesthetic perception of optical and acoustic stimulae. Charles Baudelaire wrote a defence of Wagner's **Tannhäuser** in which he formulated his theory of correspondances and of a "universal analogy" based on the acceptance of a hidden affinity of all the senses.[3] Baudelaire's friend, the painter Jean Théodore Fantin-Latour, was so moved by Wagner's first **Ring** cycle at Bayreuth in August 1876 that his work underwent a fundamental change. His subtle realism was transformed into a mystically transfigured symbolism, resulting in allegorical fantasies of Wagner's **Rheingold** and **Götterdämmerung,** as well as **Lohengrin** and **Parsifal**. In 1885, the **Revue Wagnérienne** was founded, for which Stéphane Mallarmé penned his essay **Richard Wagner – Rêverie d'un poète français,** wavering between fascination and revulsion.[4]
As the turn of the century drew closer, musical allegories in painting became increasingly popular, as evidenced by Gustav Klimt's painting **Music** (1895), now in Munich, or the **Ode to Joy** from the **Beethoven Frieze** (1901–02) at the Vienna Secession. Such designations as "symphony" also came into widespread use, as in the works of the American artist James McNeill Whistler, who used the term metaphorically to indicate the tonal interaction of colours on an underlying background hue such as white. Whistler worked in the spirit of Claude Debussy, who, in turn, also looked to Chopin and Whistler, giving the title **Nocturnes** to his "symphonic triptych" of 1898–99. With his technique of "tonal dabbing", Debussy created a world of music comparable to the painting of the Impressionists, in which contrasting juxtaposed areas of colour seemed to be "cut out of the flow of time". By contrast, the Russian composer Igor Stravinsky would later create harshly distinct complexes of sound eschewing all that might be construed as vague or atmospheric in "a kind of musical Cubism".[5]
With Stravinsky, however, we are already well into the 20th century, an era in which interaction between music and art was to lead to profound change. In the revolutionary breakthrough to pictorial abstraction before

Fluss herausgeschnitten“ scheinen. Im Gegensatz dazu begründet der Russe Igor Strawinsky später mit seinen hart gegeneinander abgesetzten Klangkomplexen, die alles Verschwimmende und Stimmungshafte tilgen, „eine Art von musikalischem Kubismus“.[5]
Doch mit Strawinsky sind wir schon weit ins 20. Jahrhundert vorgedrungen, eine Epoche, in der die wechselseitige Beziehung von Musik und bildender Kunst zu tief greifenden Wandlungen führte. In dem revolutionären Durchbruch zur bildnerischen Abstraktion vor dem Ersten Weltkrieg gewann die Musik für die Künstler eine leitbildhafte Funktion, weil sie ihrer Natur nach nicht, wie jahrhundertelang die Malerei, an die nachahmende Darstellung der gegenständlichen Welt gebunden war – eine Verpflichtung, die durch die Erfindung der Fotografie weitgehend entbehrlich geworden war. Nun begannen sich die Künstler dafür zu interessieren, wie die Komponisten ihr Material organisierten und welche Verfahrensweisen sich übertragen ließen. Parameter wie Melodie, Takt, Rhythmus, Dynamik, Ton, Klangfarbe, Akkord, Kontrapunkt, Harmonie, Dissonanz und anderes konnten Entsprechungen finden in Elementen der Malerei wie Linie, Form, Fläche, Bewegung, Kontrast und Zusammenklang der Farben, deren Gesetzmäßigkeiten verstärkt untersucht wurden, um ein Ordnungssystem zu finden, das der harmonischen Tonskala vergleichbar wäre. Doch das Interesse für die Musik vonseiten der bildenden Künstler hing nicht nur mit der Übertragung musikalischer Parameter zusammen, sondern wesentlich auch mit ihrer Entfaltung in einem imaginären Zeitraum. Die Suche nach der vierten Dimension, nach einer hinter den sichtbaren Erscheinungen verborgenen Kraft, war virulent, bevor Einstein 1905 in seiner **Speziellen Relativitätstheorie** diese vierte Dimension des Raumes als Zeitdimension definierte. Die Musik, die Zeit gestaltet, sich in der Zeit entwickelt und mit ihr vergeht, wurde deshalb so mit Neid betrachtet, weil die Maler die räumliche Begrenztheit ihrer Kunst zunehmend als Einengung empfanden und die fehlende Dimension integrieren wollten. In der Musik gab es schon ein Raum-Zeit-Kontinuum, da sie einen sich stets verändernden Tonraum schuf. Die Malerei in der überlieferten Form konnte maximal drei Dimensionen und einen bestimmten Augenblick oder Zustand erfassen: Sie war statisch und unfähig, Bewegungselemente anders als in einer Phase darzustellen. Naturwissenschaftliche, mathematische, physikalische und philosophische Strömungen, nicht zuletzt Bergsons „élan vital“, tendierten zu einer Abkehr von der sichtbaren Welt und zur Erforschung der Wechselwirkung von Raum und Zeit. So wuchs unter den Künstlern das Bedürfnis, die Grenzen ihres Mediums zu erweitern: Was war näher liegend, als die Kategorien der Zeitkunst par excellence auf ihre Tauglichkeit für die bildende Kunst zu erkunden?
Der litauische Komponist und Maler Mikalojus Konstantinas Čiurlionis hatte keine Mühe, diese Grenzen zu überbrücken, denn für ihn war die Einheit der Künste nicht Ziel, sondern Ausgangspunkt seines Schaffens:

the First World War, music took on an important role for artists, because music, by its very nature, unlike painting throughout the centuries, was not bound to imitating the real world – an obligation that had become more or less dispensable with the invention of photography. Now artists began to take an interest in the way composers organised their material and the extent to which these processes could be transposed to painting. Parameters such as melody, time, rhythm, dynamics, tone, sonority, chords, counterpoint, harmony, and dissonance could find correspondences in elements of painting such as line, form, plane, movement, contrast, and harmony of colour, whose laws were increasingly explored in quest of a system of order comparable to that of musical scales. Yet the artists' interest in music was not only a question of translating musical parameters, but of developing musical concepts within an imaginary space.
The quest for the fourth dimension, for a hidden force behind the visible world, was already raging before Einstein defined the fourth dimension of space as a dimension of time in his **Special Theory of Relativity** in 1905. Music, which structures time, develops in time, and fades with time was regarded with some envy by painters who increasingly perceived the spatial limitation of their art as a restriction and wanted to find ways of integrating the missing dimension. Music already possessed a space-time continuum, since it created a constantly changing tonal space. Painting in its traditional form could capture no more than three dimensions and a certain moment or state: it was static and could portray elements of movement only as a passing phase. Natural science, mathematics, physical, and philosophical findings, among them Bergson's notion of "élan vital", all tended to turn away from the visible world to explore the interaction of space and time. Artists sensed a growing need to expand the limits of their own medium: what could have seemed more logical than to plumb the depths of music as the temporal art par excellence and tap its potential for the world of painting?
The Lithuanian composer and painter Mikalojus Konstantinas Čiurlionis had little difficulty in bridging the gap, for the unity of these two arts was not his objective, but his starting point: "There are no walls between the arts", he claimed. "Music unites poetry and painting and has its own architecture."[6] Čiurlionis, who died in 1911 at the age of only thirty-six, left not only a remarkable compositional oeuvre of symphonic poems, choral pieces, and piano music, predominantly sonatas, preludes, and fugues, but also a painterly oeuvre of some three hundred tempera paintings. Being thoroughly familiar with the formal structures and techniques of music, he had no difficulty in finding painterly correspondences and in transposing them into cycles of pictures with cosmic landscape visions whose pictorial composition is structured according to the principle of a polyphonic fugue or the sequence of movements of a sonata.

„Zwischen den Künsten gibt es keine Trennmauern. Die Musik vereinigt in sich Poesie und Malerei und hat ihre eigene Architektur."[6] Čiurlionis, der schon 1911 im Alter von nur 36 Jahren verstarb, hinterließ nicht nur ein beachtliches Œuvre als Komponist von symphonischen Dichtungen, Chor- und Klaviermusik, vornehmlich Sonaten, Präludien und Fugen, sondern auch ein malerisches Werk von etwa dreihundert Temperabildern. Da ihm die Formstrukturen und Satztechniken der Musik im Detail vertraut waren, fand er problemlos malerische Entsprechungen und übertrug sie in Bildzyklen mit kosmischen Landschaftsvisionen, deren Bildanlage nach dem Prinzip einer mehrstimmigen Fuge oder den Satzfolgen einer Sonate aufgebaut ist.

SCHÖNBERGS WERDEGANG ZUM KOMPONISTEN

Im Gegensatz zu Čiurlionis und seinen musikalisierten Bildzyklen weist die Malerei seines Wiener Kollegen Arnold Schönberg wenig Musikalisches im herkömmlichen Sinne auf. Ein Jahr älter als der Litauer, lebte Schönberg mit seinen aus Preßburg stammenden Eltern und drei Geschwistern in bescheidenen Verhältnissen. Seine musikalische Begabung zeigte sich früh, und mit sechs Jahren erhielt er Geigenunterricht. Schon bald begann er, nach dem Gehör Musikstücke nachzuspielen und frei zu improvisieren. Als er 15 Jahre alt war, starb der Vater, sodass er die Oberrealschule verlassen musste und eine Banklehre antrat. Doch seine Liebe galt der Musik, und in seiner Freizeit komponierte er Lieder und kleinere Stücke für Streicher, lernte Cello und musizierte in dem Liebhaberorchester Polyhymnia, das von Alexander von Zemlinsky geleitet wurde, der ihm auch kurzzeitig Unterricht in Kontrapunkt erteilte. Bald beschäftigte auch er sich mit Richard Wagner, vertiefte sich in dessen 1849 erschienene Schrift **Das Kunstwerk der Zukunft** und wagte sich mit der symphonischen Dichtung **Frühlings Tod** zu dem gleichnamigen Gedicht von Nikolaus Lenau erstmals an eine Programm-Musik. 1901 heiratete er Mathilde von Zemlinsky, die Schwester seines Mentors, und übersiedelte mit ihr nach Berlin, wo er eine Anstellung als Kapellmeister an Wolzogens literarisch-musikalischem Kabarett Überbrettl und eine Lehrtätigkeit am Stern'schen Konservatorium antrat. Im Überbrettl verkehrten Schriftsteller wie Frank Wedekind, Christian Morgenstern und Richard Dehmel, mit denen er in Kontakt kam. Nach der Geburt seiner Tochter Gertrude kehrte er 1903 mit seiner Familie nach Wien zurück und erteilte Unterricht an der Reformschule von Dr. Eugenie Schwarzwald, in deren Kreis er Oskar Kokoschka und Adolf Loos begegnete. Bald schloss er auch Bekanntschaft mit Gustav Mahler und gründete gemeinsam mit seinem Schwager Zemlinsky die Vereinigung schaffender Tonkünstler zum Zwecke von Aufführungen zeitgenössischer Musik. Alban Berg und Anton von Webern meldeten sich bei ihm als Schüler an. Die Uraufführung seiner ersten Streichquartette und der **Kammersymphonie für 15 Soloinstrumente, op. 9** 1907/08 durch das Rosé-Quartett löste Tumulte aus, die den vierzehn Jahre älteren Gustav

SCHÖNBERG'S PATH TO COMPOSITION

In contrast to Čiurlionis and his musical cycles of pictures, the paintings of his Viennese colleague Arnold Schönberg show little in the way of conventional musicality. A year older than the Lithuanian Čiurlionis, Schönberg lived in modest circumstances with his parents, who were originally from Bratislava, and his three siblings. His musical talent was quite early evident, and at the age of six he began taking violin lessons. Soon he began playing pieces by ear and improvising freely. When he was fifteen years old, his father died and he had to leave school to begin an apprenticeship at a bank. Yet music remained his first love, and in his spare time he composed songs and small pieces for strings, learned cello, and played in the Polyhymnia amateur orchestra led by Alexander von Zemlinsky, who also gave him lessons in counterpoint. Soon Schönberg was also studying the works of Richard Wagner, reading his 1849 publication **The Art-Work of the Future,** and wrote **Death of Spring,** his first programmatic symphonic poem, based on the poem of the same name by Nikolaus Lenau.

In 1901, he married Mathilde von Zemlinsky, his mentor's sister, and moved with her to Berlin where he became musical director of Wolzogen's literary and musical cabaret Überbrettl as well as teaching at the Stern Conservatory. The Überbrettl was frequented by such writers as Frank Wedekind, Christian Morgenstern, and Richard Dehmel, with whom he became acquainted. After the birth of his daughter Gertrude, he returned to Vienna with his family in 1903 and taught at the reformed school of Dr. Eugenie Schwarzwald, where he met Oskar Kokoschka and Adolf Loos. Soon, he also met Gustav Mahler, and together with his brother-in-law Zemlinsky, he founded the Association of Creative Musicians to perform contemporary music. Alban Berg and Anton von Webern became his students.

The premiere of his first string quartets and his **Chamber Symphony for Fifteen Solo Instruments, op. 9,** of 1907–08 by the Rosé Quartet caused such a hubbub that Gustav Mahler, fourteen years his senior, felt moved to defend his controversial colleague. In January 1910, the first atonal **Three Piano Pieces, op. 11,** and the poems by Stefan George set to music in the cycle **The Book of the Hanging Gardens** met with total incomprehension.

During this period of crisis, when Schönberg was mocked and disparaged as a composer, he turned to painting, encouraged by his friendship with the artist Richard Gerstl, nine years his junior. He created self-portraits and portraits of friends, including the full-figure portrait of Alban Berg, and poignant visions of faces with smouldering eyes or of hands grasping emptiness. His friendship with Gerstl, who created portraits of the Schönbergs in 1906, became close. While the painter gave the composer instruction in painterly techniques, Schönberg encouraged his young friend, still painting in the rather conservative style of Liebermann, to be more radical and have the courage of his own expressive

Mahler zur Verteidigung seines umstrittenen Kollegen bewogen. Auf völliges Unverständnis stießen im Januar 1910 die ersten atonalen **Klavierstücke, op. 11** und die George-Lieder aus **Das Buch der hängenden Gärten, op. 15.**

Während dieser krisenreichen Zeit, in der Schönberg als Komponist verhöhnt und angefeindet wurde, wandte er sich, angeregt durch die Bekanntschaft mit dem neun Jahre jüngeren Künstler Richard Gerstl, dem Malen zu. Es entstanden Selbstbildnisse und Porträts der Freunde, darunter das ganzfigurige Bildnis von Alban Berg, aber auch eindringliche Visionen von Gesichtern mit glühenden Augen oder von Händen, die ins Leere greifen. Mit Gerstl, der das Ehepaar Schönberg 1906 porträtierte, entspann sich eine enge Freundschaft. Während der Maler dem Musiker maltechnische Anleitungen gab, verlangte Schönberg seinem jungen Freund, der damals noch eher gemäßigt im Stil von Liebermann malte, mehr Radikalität und Mut zum eigenen Ausdruck ab – eine Direktive, die Gerstls Genialität zum Durchbruch verhalf. Während der Sommerurlaube am Traunsee im gemeinsamen Freundes- und Schülerkreis bahnte sich auch ein Liebesverhältnis mit Mathilde Schönberg an, das offenbar von ihrem Mann zunächst mehr oder weniger geduldet wurde. Als die beiden aber im Sommer 1908 in einer verfänglichen Situation von ihm überrascht wurden, ergriff das Paar die Flucht. Doch schon bald kehrte Mathilde, von Webern überredet, zu ihrem Mann und den Kindern (der Sohn Georg war erst zwei Jahre alt) zurück. Gerstl allerdings, dessen Malerei von einer fiebrigen Intensität und tachistischen Vehemenz der Pinselführung zeugt, verkraftete die Trennung von Mathilde und Schönberg nicht. Wenige Monate später, im November 1908, beging er im Alter von 25 Jahren Selbstmord. Unter dem Eindruck dieses tragischen Ereignisses vollendete der Komponist die letzten Sätze seines **Streichquartettes, op. 10,** die in dem Gebrauch von Dissonanzen und polyphonen Schichtungen von seiner aufgewühlten Stimmung künden und in einer fast quälenden Steigerung die Grenzen der Tonalität sprengen. Nachdem die Schatten der Gerstl-Affäre allmählich verzogen waren, machte sich Schönberg mit Unterstützung seines Verlegers Emil Hertzka an die Redaktion seiner umfangreichen **Harmonielehre,** in der er die Erfahrungen aus seiner jahrelangen Tätigkeit als passionierter Musikpädagoge niederlegte. Auch kehrte er wieder zur Malerei zurück und stellte im Oktober 1910 im Wiener Kunstsalon Heller fünfzig Gemälde und Zeichnungen aus, darunter Porträts der Familie und Freunde, dazu Karikaturen, freie Arbeiten wie **Fantasien und Nachtstücke** sowie Entwürfe zu seinem noch unvollendeten Bühnenwerk **Die Glückliche Hand, op. 18.** Zur Eröffnung spielte das Rosé-Quartett Schönbergs **op. 10** mit der Sängerin Marie Gutheil-Schoder. Obwohl die Ausstellung ihm weder die erhoffte Breitenwirkung als Maler noch weitere Porträtaufträge eintrug, die seiner ständigen Geldnot abgeholfen hätten, wurden immerhin einige Arbeiten an einen Herrn, der anonym bleiben wollte, verkauft. Schönbergs Schüler Karl Linke verfass-

convictions – helping Gerstl make his creative breakthrough. During a summer holiday on Lake Traun with friends and students, Gerstl began a romantic liaison with Mathilde Schönberg, which her husband seems to have more or less tolerated at first. But when the two were caught in a compromising situation in the summer of 1908, they ran off together. Soon, however, Mathilde was persuaded by Webern to return to her husband and children (their son Georg was only two years old at the time). Gerstl, whose painting betrays a feverish intensity and Tachiste vehemence of brushwork, could not bear to be parted from Mathilde and Schönberg. A few months later, in November 1908, at the age of twenty-five, he committed suicide. Under the shadow of this tragic event, the composer completed his **String Quartet, op. 10,** in which the use of dissonance and polyphonic layering bears witness to his tormented mood and explodes the boundaries of tonality in an almost painful culmination. Once the cloud of the Gerstl affair had gradually passed by, Schönberg began editing his major **Theory of Harmony** with the aid of his publisher Emil Hertzka, in which he documented the experience gleaned in many years as a committed and impassioned music teacher. He also returned to painting and, in October 1910 at the Heller art salon in Vienna, he exhibited fifty paintings and drawings, including portraits of family and friends, caricatures, free works such as "fantasies" and "night pieces", as well as designs for his unfinished stage work **The Lucky Hand, op. 18.** At the opening, the Rosé Quartet performed Schönberg's **String Quartet, op. 10,** with the singer Marie Gutheil-Schoder. Although the exhibition brought him neither fame as a painter nor further commissions for portraits that might have alleviated his constant impecunity, he did sell a number of works to an anonymous buyer. Schönberg's student Karl Linke wrote a positive review for the **Wiener Kunst- und Buchschau** in which he praised the uncompromising truth and contemplation of his works.

SCHÖNBERG THE PAINTER

Although most of Schönberg's paintings and drawings were created within a brief period before the First World War, the catalogue raisonné drawn up by Thomas Zaunschirm comprises 268 works, indicating that Schönberg also produced drawings and watercolours sporadically in later years. Most of the works are self-portraits, which he created throughout his life as a kind of diary of self-questioning and which are more often dated than his other works. In the early years, there were often coloured oils, later intimate studies in ink or pencil. For the most part, these heads, like the portraits of his family and friends, are in direct frontal view and icon-like standardisation – occasionally there is a profile, as in two undated ink drawings (p. 129), in which the composer shows himself looking up, with a distinctly aquiline nose. The impression is entirely different from picture to picture, and the mood of the day is precisely registered. There are stringently constructed and sharply con-

ARNOLD SCHÖNBERG
BEGRÄBNIS VON GUSTAV MAHLER (22. MAI 1911 IN WIEN) /
BURIAL OF GUSTAV MAHLER (22 MAY 1911 IN VIENNA)

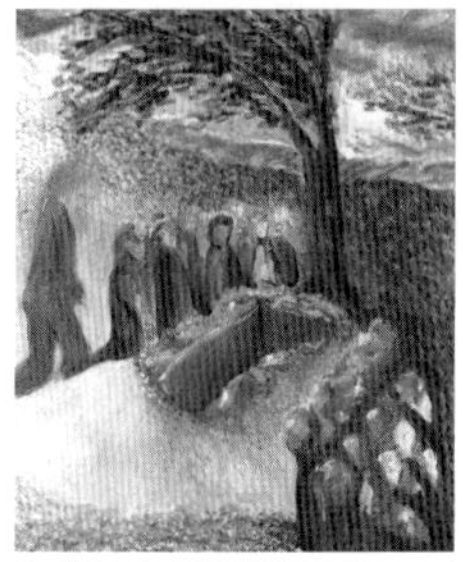

te eine verständnisvolle Rezension für die **Wiener Kunst- und Buchschau,** in der er vor allem die kompromisslose Wahrhaftigkeit und Innerlichkeit seiner Bilder rühmte.

SCHÖNBERG ALS MALER

Obwohl sich das malerische und zeichnerische Œuvre des Komponisten im Wesentlichen auf einen kurzen Entstehungszeitraum vor dem Ersten Weltkrieg konzentriert, umfasst das von Thomas Zaunschirm bearbeitete Werkverzeichnis 268 Arbeiten, die zeigen, dass Schönberg sporadisch auch in späteren Jahren gezeichnet und aquarelliert hat. Den weitaus größten Teil des Werks nehmen Selbstbildnisse ein, die er zeitlebens im Sinne von tagebuchartigen Selbstbefragungen ausführte und die häufiger als andere Arbeiten datiert sind. In den frühen Jahren sind es oft farbige Ölbilder, später nur noch private Bildnisstudien in Tusche oder Bleistift. Überwiegend sind diese Köpfe wie auch die Porträts seiner Familie und Freunde in strenger Frontalansicht dargestellt und ikonenhaft typisiert; seltener kommt die Profilansicht vor, so bei zwei undatierten Tuschezeichnungen (S. 129), in denen sich der Komponist mit nach oben blickendem Profilkopf und ausgeprägter Hakennase darstellt. Der Ausdruck ist von Bild zu Bild verschieden und die psychische Tagesstimmung wird genau registriert. Da gibt es strenge, sehr gebaute und scharf konturierte Konterfeis wie die beiden Zeichnungen von 1918/19 oder aber Köpfe mit verschwimmenden Konturen, die das Gesicht ins Erscheinungshafte überführen wie bei dem **Grünen Selbstporträt** von 1910 (S. 100), das körperlos wie eine Totenmaske in einer diffusen Raumsphäre schwebt, wäre da nicht der intensive Blick aus den dunkel glimmenden Augen. In ähnlicher Weise überführt Schönberg den Kopf des von ihm verehrten Gustav Mahler in eine entrückte Vision. Die leidenden Gesichtszüge und raffende Erfassung des schwarzen Haares, das den Kopf wie ein Nimbus umfängt, verleihen dem Dargestellten die Aura eines Heiligen (und Schönberg apostrophierte ihn so in seinem Nachruf).[7] Auf dem flächig hingestrichenen, beigefarbenem Grund wirkt der isolierte Kopf wie eingesunken und gemahnt fast an den Abdruck des Christuskopfs auf dem Schweißtuch der heiligen Veronika. Schönberg malte das Bildnis in Erinnerung an den berühmten Komponisten, Operndirektor und Dirigenten, der stets eine schützende Hand über ihn gehalten hatte, und der zur Entstehungszeit des Gemäldes in New York lebte, wo er 1909 die Leitung der New York Philharmonic Society übernommen hatte, bis ihn eine Herzerkrankung im April 1911 zur Rückkehr nach Wien zwang, wo er am 18. Mai im Alter von 51 Jahren verstarb – ein schmerzlicher Verlust, den Schönberg nie ganz verkraftete und dem er in der Darstellung von Mahlers Begräbnis Ausdruck verliehen hatte: Unter dem Schirm eines hoch gewachsenen Baumes umstehen die Trauernden die dunkle Grube des leeren Grabes als Metapher für die Leere, die der „Neutöner" zurückließ. Noch kurz zuvor, als Schönberg die Nachricht von Mahlers Erkrankung

toured likenesses, such as the two drawings of 1918–19, and there are heads with blurred contours, in which the face is like an apparition, as in the **Green Self-Portrait** of 1910 (p. 100), which hovers like a death mask in a diffuse sphere, but for the intensive gaze from those darkly smouldering eyes. Similarly, Schönberg portrays the head of Gustav Mahler, whom he greatly admired, in a dreamlike vision. The air of suffering and the sketchily rendered black hair surrounding the head like a nimbus give Mahler the aura of a saint (and indeed, Schönberg actually described him as such in his obituary).[7] Set against the flat, beige ground, the isolated head recalls the imprint of the head of Christ on the sudarium of St Veronica. Schönberg painted the portrait in memory of the famous composer, opera director, and conductor, who had always been his benefactor. At the time of the painting, Mahler was living in New York, where he had become director of the New York Philharmonic Society in 1909. He had held this position until April 1911, when a heart ailment forced him to return to Vienna, where he died on 18 May at the age of fifty-one. It was a painful loss that Schönberg never really got over and which he expressed in his portrayal of Mahler's funeral: under the umbrella of a high tree, the mourners stand around the dark pit of the empty grave that symbolises the emptiness he left behind. Shortly before, having heard of Mahler's illness in America, Schönberg had written to Alma Mahler in anxious foreboding: "I no longer have the feeling that Vienna exists. For me it was always just a city in which this or that person lived. But if Mahler is not in Vienna, there can hardly be a Vienna."[8] We can only guess at Schönberg's feelings on learning, later, that the anonymous buyer who had acquired a number of his paintings at Heller the year before had been none other than Gustav Mahler. While Schönberg's self-portraits often seemed quite amateurish, as he was interested only in capturing his respective mood as directly as possible, he displayed all his painterly skills in his portraits of the people he loved, such as Marie Pappenheim, who wrote the libretto for his monodrama **Erwartung, op. 17,** or his student Alban Berg, whose full-figure portrait (p. 27) ranks among his finest works. The portrait of Hugo Botstiber, secretary of the Society of Friends of Music in Vienna, or the seated portrait of Helene Nahowski, the future wife of Alban Berg, display a well-honed technique considering that Schönberg was self-taught, just as he had largely taught himself composition. Particularly eloquent portraits are the ones of his son Georg, his brother-in-law Alexander von Zemlinsky (p. 134), and Gertrud Schönberg, née Kolisch, shortly before their marriage. Schönberg had often painted his first wife, Mathilde, who had died two years before, but always with a rather distant gaze. In his large full-figure portrait of 1910 (p. 69) her expression still tells of the shock of the Gerstl affair, making this already retiring women seem even more taciturn and closed. There is a poignant simplicity in the pared-down urban views and landscapes such as **Street Scene at Night** (p. 172) and **Night Landscape**

ARNOLD SCHÖNBERG
ALBAN BERG

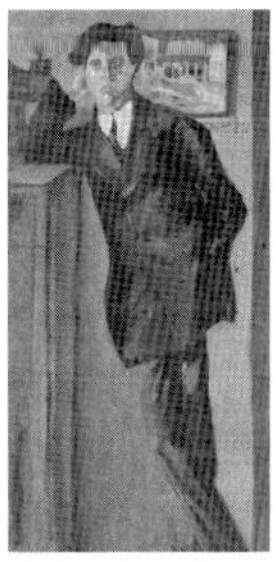

ARNOLD SCHÖNBERG
SELBSTBILDNIS /
SELF-PORTRAIT (SKIZZE/SKETCH)

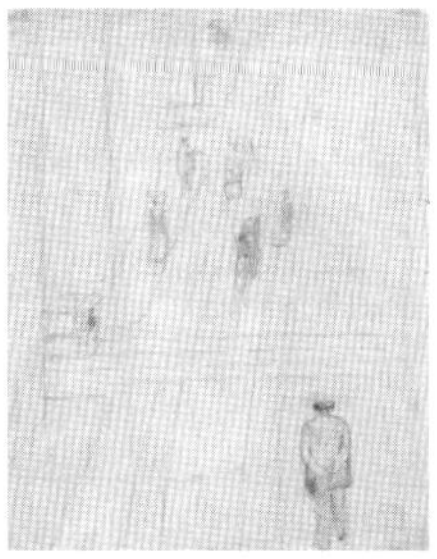

in Amerika erfuhr, hatte er in sorgenvoller Vorahnung an Alma Mahler geschrieben: „Ich habe gar nicht mehr das Gefühl, dass es Wien gibt. Für mich war es immer nur eine Stadt, in der diese oder jene Persönlichkeit lebt. Wenn aber Mahler nicht in Wien ist, dann gibt's kaum mehr Wien."[8] Was muss Schönberg empfunden haben, als er später hörte, dass jener anonyme Käufer, der im Vorjahr einige seiner Bilder bei Heller erworben hatte, der Verstorbene war!

Während Schönbergs Selbstbildnisse nicht selten dilettantisch anmuten, da es ihm nur auf die möglichst direkte Fixierung seines jeweiligen Zustandes ankam, legte er sein ganzes malerisches Können an den Tag, wenn er Porträtaufträge ausführte von Personen, die er schätzte wie die Medizinerin Marie Pappenheim, die das Libretto für sein Monodram **Erwartung, op. 17** dichtete, oder wie seinen Schüler Alban Berg, dessen ganzfiguriges Porträt zu seinen besten Werken gehört. Auch das Bildnis von Hugo Botstiber, dem Sekretär der Gesellschaft der Musikfreunde in Wien, oder das Sitzbildnis von Helene Nahowski, der künftigen Frau von Alban Berg, weisen eine verfeinerte Malkultur auf, zumal wenn man bedenkt, dass Schönberg Autodidakt war, der sich ja auch das Komponieren weitgehend selbst angeeignet hatte. Besonders sprechend ist das Bildnis des Sohnes Georg, des Schwagers Alexander von Zemlinsky (S. 134) oder das Porträt von Gertrud Schönberg, geborene Kolisch, das 1925 kurz nach der Eheschließung mit ihr entstand. Seine erste Frau, Mathilde, die zwei Jahre zuvor gestorben war, hatte Schönberg häufiger gemalt, doch immer mit einem recht abweisenden Blick. In dem großen Ganzfigurenporträt von 1910 (S. 69) ist ihr Gesichtsausdruck von dem Schock der Gerstl-Affäre gezeichnet, der die ohnehin sehr zurückhaltende Frau noch wortkarger und verschlossener sein ließ.

Von anrührender Schlichtheit in ihrer Reduktion auf das Wesentliche des Eindrucks sind die Stadtansichten und Landschaften wie **Nächtliche Straße** (S. 172) oder **Nächtliche Landschaft** (S. 175), während der sonnige **Garten in Mödling** in einer subtilen Tupfentechnik gemalt ist, die an Gerstl erinnert. In den Umkreis dieser Gruppe gehört auch das bekannte **Selbstbildnis von hinten** (S. 93), das die Silhouette des Komponisten mit auf dem Rücken verschränkten Händen und Spazierstock auf einem Gehsteig zeigt. Vorausgegangen war eine Bleistiftzeichnung mit einer größeren Straßenszene an einer Kreuzung, wo die Rückensilhouette Schönbergs in ein Gitterwerk von Raumlinien eingespannt ist und als kleine Randfigur erscheint.

Die freien Arbeiten, die der Komponist als „Blick", „Visionen" oder „Fantasien" bezeichnet, sind überwiegend geisterhafte Köpfe, die sich wie Emanationen aus den Selbstbildnissen herauslösen. Darin tritt er erschreckend verfremdet als maskenhaftes Traumgesicht in Erscheinung – mit flammenden Augen wie in **Der rote Blick** (S. 103), ein andermal raubkatzenartig animalisiert wie in **Tränen** (S. 106) oder in einer Art Verwesungszustand begriffen wie in **Blick** (S. 105 links) –, die verzerrten

(p. 175), while the sunny **Garden in Mödling** is painted in a subtly dabbed technique reminiscent of Gerstl. Another painting that belongs in this group is the well-known **Self-Portrait, Back View** (p. 93) showing the composer on the pavement with his hands behind his back carrying his walking cane. Before that, he created a pencil drawing of a larger street-scene at an intersection, where the same rear view of Schönberg is set within a grid of perspectival lines, so that it appears as a small marginal figure.

The free works the composer described as "gazes", "visions", or "fantasies", are predominantly ghost-like heads that seem to emerge from the self-portraits like apparitions. In these, he appears in frighteningly alienated form as a mask like a dream face – with flaming eyes as in **The Red Gaze** (p. 103), then like a big cat in **Tears** (p. 106) or, as in **Gaze** (p. 105 left), in a kind of state of decay that foreshadows the distorted heads of Francis Bacon. Some heads also recall Moses (p. 101) or Christ as Man of Sorrows (p. 101), contrasting with the grotesquely distorted heads of critics and caricatures in which Schönberg expressed his frustration about the incomprehension, hate, and slander to which he was exposed. There is a remarkable singularity in the isolation of these heads – not only in the self-portraits, but also in the visions: they bear witness to a fundamental sense of existential solitude and exclusion. The artist who identifies with Moses and Christ clearly sees himself as prophet, redeemer, and victim in one.

Schönberg often evoked fragmentary limbs and organs: groping hands in search of one another, eyes emerging out of some diffuse magma, relating to his monodramas such as **The Lucky Hand, op. 18.** In addition to a number of costume studies for this work, Schönberg also painted stage designs in which the eyes and faces of the six women and six men in the choir appearing in the first scene and in the finale emerge as a mystic chain of lights out of the darkness of the curtain. Like Scriabin's tonal poem **Prometheus – Poem of Fire,** also of 1911, Schönberg's **The Lucky Hand** is based on the notion of an audio-visual synthesis of musical developments and coloured lighting effects.

FRIENDSHIP WITH KANDINSKY

In January 1911, Schönberg received a letter and portfolio of abstract woodcuts from Munich, sent by a painter named Wassily Kandinsky, whom he did not know. The Russian had attended a Schönberg concert together with his artist friends Franz Marc, Alexander von Jawlensky, Marianne von Werefkin, and Gabriele Münter in Munich on New Year's Day and had been prompted to contact the composer. The concert was a performance of the two **String Quartets, op. 7** and **op. 10,** and the **Three Piano Pieces, op. 11,** of 1909. The Second String Quartet introduced Schönberg's atonal phase, with a fourth movement containing such an overwhelming variety of dissonant sounds that it could no longer be balanced by the occasional inclusion of tonal chords.

Köpfe von Francis Bacon vorwegnehmend. Einige Köpfe erinnern auch an Moses (S. 101) oder den leidenden Christus (S. 101); sie kontrastieren zu den grotesk verzerrten Kritikerköpfen und Karikaturen, mit denen sich Schönberg seine Frustration über Unverstand, Hass und Verleumdung, denen er ausgesetzt war, abreagierte. Auffallend ist generell die Vereinzelung der Köpfe – nicht nur bei den Selbstbildnissen, sondern auch bei den Visionen: Sie zeugt von einem Grundgefühl existenzieller Einsamkeit und Ausgesetztheit. Der Künstler, der sich mit Moses und Christus identifiziert, empfindet sich offenbar als Prophet, Erlöser und Opfer in einer Person.

Häufig beschwört Schönberg auch fragmentarische Gliedmaßen und Sinnesorgane: Tastende Hände, die einander suchen, gesellen sich zu Augen, die aus einem diffusen Magma emportauchen und mit seinen Monodramen wie **Die Glückliche Hand, op. 18** zusammenhängen. Zu diesem Werk hatte Schönberg neben mehreren Kostümstudien auch Bühnenentwürfe gemalt, in denen Augen und Gesichter der sechs Frauen und sechs Männer des Chores, die in der ersten Szene und im Finale auftreten, als mystische Lichterkette aus dem Dunkel des Vorhangs herausleuchten. Wie Skrjabins gleichfalls 1911 entstandene Tondichtung **Promethée – Poème du feu** basierte Schönbergs **Glückliche Hand** auf der Idee einer audiovisuellen Synthese von musikalischen Entwicklungsverläufen und farbigen Beleuchtungseffekten.

FREUNDSCHAFT MIT KANDINSKY

Im Januar 1911 erhielt Schönberg einen Brief und eine Mappe mit abstrakten Holzschnitten aus München von einem ihm unbekannten Maler namens Wassily Kandinsky. Der Russe nahm ein Schönberg-Konzert, das er zusammen mit seinen Künstlerfreunden Franz Marc, Alexander von Jawlensky, Marianne von Werefkin und Gabriele Münter am Neujahrstag in München besucht hatte, zum Anlass für die Kontaktaufnahme mit dem Wiener Komponisten. Aufgeführt wurden die beiden **Streichquartette op. 7** und **op. 10** sowie die **Drei Klavierstücke, op. 11** von 1909. Das **Zweite Streichquartett** leitete Schönbergs atonale Schaffensphase ein. In seinem vierten Satz war die Vielfalt dissonanter Klänge so überwältigend, dass sie nicht mehr durch gelegentliche Anbringung tonaler Akkorde ausbalanciert werden konnte.

Das Konzert habe ihm „eine wirkliche Freude“ bereitet, versichert Kandinsky dem Autor, und liefert gleich die tiefere Begründung für seine Bewunderung: „Sie haben in Ihren Werken das verwirklicht, wonach ich in freilich unbestimmter Form [...] eine große Sehnsucht hatte. Das selbständige Gehen durch eigene Schicksale, das eigene Leben der einzelnen Stimmen in Ihren Compositionen ist gerade das, was auch ich in malerischer Form zu finden versuche [...]. Ich finde eben, dass unsere heutige Harmonie nicht auf dem geometrischen Wege zu finden ist (Kubismus), sondern auf dem direkt antigeometrischen, antilogischen. Und dieser Weg ist der der ‚Dissonanzen in der Kunst‘, also

Kandinsky wrote to the author that the concert had brought him “real pleasure” and that it had given him profound reasons for admiration: “In your works you have realised what I have yearned for, albeit in undetermined form ... going independently through one’s own fate, the independent life of the individual voices of your compositions is precisely that which I seek to find in painting ... I feel that today’s harmony cannot be found through geometry (Cubism), but in a directly anti-geometric, anti-logical way. That way is the task of dissonance in art, and also in painting ... And today’s painterly and musical dissonance is nothing other than the consonance of tomorrow.”[9]

For Franz Marc, too, the concert was a revelation, for the music documented precisely those transformations that he and his friends sought to create in art. In a letter to August Macke, who lived in Bonn, he described his impressions and drew insightful comparisons with Kandinsky’s painting: “A musical event in Munich made a strong impression on me; a chamber music evening by Arnold Schönberg (Vienna) ... The audience behaved disgracefully ... Can you imagine music in which the tonality (adherence to any scale at all) is completely absent? I could not help thinking of Kandinsky’s great composition that brooks no trace of tonality and Kandinsky’s ‘leaping colours’ when I heard this music that let each note stand in its own right (like a white canvas between the patches of colour!). Schönberg works on the principle that the concepts of consonance and dissonance do not exist at all, that so-called dissonance is simply a wider form of consonance ... Schönberg seems, like us, to be convinced of the inevitable dissolution of the prevailing European laws of art and harmony.”[10]

The experience of the Munich performance was directly integrated into Kandinsky’s painting **Impression III (Concert)**, which reflects his feelings on hearing this atonal music (p. 29). The large black form in the upper part of the painting recalls the piano on which the three pieces were performed. The coloured shapes on the lower left indicate the listeners being drawn into the music. To the left, a group is forming, standing aside and seeming to gesticulate aggressively. The dominant underlying tone is yellow, flowing diagonally across the picture, spreading into the surroundings like the sharp note of a trumpet rising to an unbearable pitch.

For Schönberg, the admiration Kandinsky expressed must have seemed soothing after the non-comprehending reactions he had so often faced. This is evident in his reply of 24 January 1911, in which he expressed his pleasure at making Kandinsky’s acquaintance and his “extraordinary pleasure” in the Russian artist’s woodcuts. Schönberg also noted Kandinsky’s mention of the anti-geometric and the anti-logical, and outlined his own viewpoints, saying that he would prefer to describe it as “excluding the conscious will in art”, because: “Art belongs ... to the **subconscious!** One should express **oneself!** Express oneself **directly!** Not one’s taste or education or reason, nor one’s knowledge or skill ... but

WASSILY KANDINSKY
IMPRESSION III (KONZERT), 1911

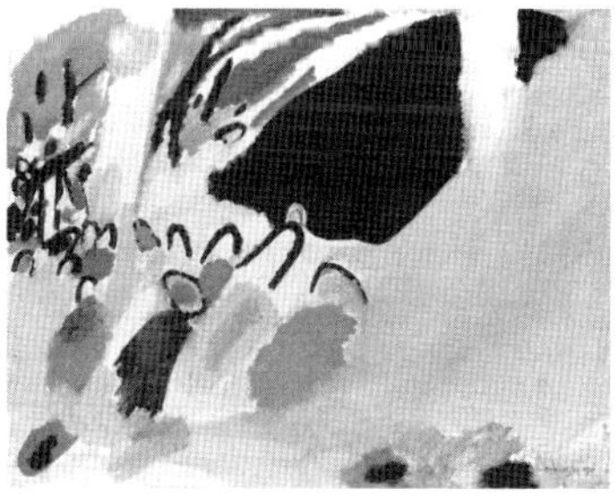

auch in der Malerei [...]. Und die ‚heutige' malerische und musikalische Dissonanz ist nichts als die Consonanz von ‚morgen'."[9]
Auch für Franz Marc kam das Konzert einer Offenbarung gleich, da sich in dieser Musik Umwälzungen vollzogen, die er und seine Freunde in der Kunst gleichermaßen anstrebten. In einem Brief an August Macke, der in Bonn lebte, schildert er seine Eindrücke und zieht einen erhellenden Vergleich mit Kandinskys Malerei: „Ein musikalisches Ereignis in München hat mir einen starken Ruck gegeben; ein Kammermusikabend von Arnold Schönberg (Wien) [...] Das Publikum benahm sich pöbelhaft [...]. Kannst Du Dir eine Musik denken, in der die Tonalität (also das Einhalten irgendeiner Tonart) völlig aufgehoben ist? Ich musste stets an Kandinskys große Komposition denken, die auch keine Spur von Tonart zulässt, und an Kandinskys ‚springende Flecken' beim Anhören dieser Musik, die jeden angeschlagenen Ton für sich stehen lässt (eine Art weißer Leinwand zwischen den Farbflecken!). Schönberg geht von dem Prinzip aus, dass die Begriffe Konsonanz und Dissonanz überhaupt nicht existieren. Eine so genannte Dissonanz ist nur eine weiter auseinander liegende Konsonanz [...] Schönberg scheint, wie [wir] von der unaufhaltsamen Auflösung der europäischen Kunst- und Harmoniegesetze überzeugt."[10]
Das Erlebnis der Münchner Aufführung floss dann auch unmittelbar in Kandinskys Gemälde **Impression III (Konzert)** ein, das seine Empfindungen beim Anhören dieser atonalen Musik malerisch reflektiert. Die große schwarze Fleckform im oberen Teil des Bildraumes erinnert an den Flügel, auf dem die drei Klavierstücke zu Gehör gebracht wurden. Die bunten Fleckformen links unten deuten die Zuhörer an, die gleichsam fortgerissen werden, hineingesogen in die Musik. Zur Linken formiert sich eine Gruppe, die abseits steht und aggressiv zu gestikulieren scheint. Der beherrschende Grundton Gelb verströmt sich diagonal über das Bildfeld und wirkt in die Umgebung hinaus wie ein scharfer Trompetenton, der sich zu unerträglicher Höhe steigert.
Für Schönberg musste die Bewunderung, die Kandinsky ihm entgegenbrachte, wie Balsam gewirkt haben nach den verständnislosen Reaktionen, die er sonst erfahren hatte. Dies geht aus seinem eingehenden Antwortschreiben vom 24. Januar 1911 hervor, in dem er seine Freude über die Bekanntschaft und sein „außerordentliches Gefallen" an den Holzschnitten des Russen bekundet. Weiterhin greift der Komponist Kandinskys Erörterung über das „Antigeometrische", „Antilogische" auf und präzisiert seinen eigenen Standpunkt dazu: Er würde es lieber als „Ausschaltung des bewussten Willens in der Kunst" bezeichnen, denn: „Kunst gehört [...] dem **Unbewussten!** Man soll **sich** ausdrücken! Sich **unmittelbar** ausdrücken! Nicht aber seinen Geschmack, oder seine Erziehung oder seinen Verstand, sein Wissen, sein Können [...] Sondern die **angeborenen,** die **triebhaften** [Eigenschaften]."[11] Diese Erklärung nähert sich bereits dem Prinzip des „psychischen Automatismus", das André Breton in seinem „Manifest des Surrealismus" von 1924 ver-

the **innate, instinctive** [characteristics]."[11] This declaration is not far removed from the principle of "psychic automatism" propagated by André Breton in his **Surrealist Manifesto** of 1924, and Schönberg is clearly basing his ideas, as Breton would later do, on psychoanalysis and Freud's discovery of the unconscious.
"You may not know that I also paint", he told Kandinsky in the same letter, though he hesitated to send him photographs because "colour is so important to me (not for its beauty, but for its expression in the context)". Given the fact that Kandinsky had sent him photographs of pictures that are hardly figurative anymore, he came to the conclusion: "I cannot believe that painting has to be figural ... once the artist gets to the point of desiring only the expression of inner processes and inner images in rhythms and tonal values, the 'object in painting' ceases to belong only to the reproducing eye."[12]
By then, in early 1911, Kandinsky had already more or less cast off the fetters of the figurative and had moved on to a sign-like pictorial syntax. Even the three-dimensional pictorial space had been dissolved, and Kandinsky had advanced to the fourth, spatio-temporal, dimension in which lines, colours, and forms criss-cross the open picture plane as dynamic forces (like the independent voices in the work of Schönberg). Although the experience of Schönberg's atonal music was not a catalyst, it did play a confirmatory role that encouraged him to continue on this path with even greater conviction.
In the meantime, Schönberg had sent Kandinsky reproductions of his own pictures, on which Kandinsky commented only briefly on 6 February: "I am delighted by your pictures: a natural necessity and a fine sensibility are their source."[13] Schönberg and Kandinsky did not actually meet until September 1911 when Schönberg visited Murnau and saw originals by Kandinsky and Gabriele Münter for the first time. It was not until the winter of that year, when he received originals by Schönberg for the Blaue Reiter exhibition, that Kandinsky took a more intense interest in the composer's pictures and interpreted them in an essay published in 1912 in honour of Schönberg. It begins by considering the two roots of his art, which he defines as inner-outer dialectics: "Those which are drawn perfectly to nature, such as people or landscapes, and those which are intuitively conceived heads, which he calls 'visions'. Of the first group, Schönberg himself refers to these as necessary finger-exercises, does not value them especially, and is reluctant to exhibit them. [Kandinsky ignores the fact that Schönberg, at his first exhibition at the Heller art salon in Vienna in 1910, expressly recommended himself as a portraitist and even asked his publisher to solicit commissions, albeit in vain.] The second group he paints, just as infrequently as the first, in order to allow those stirrings of the soul, which cannot find any musical form, to come to expression. These two kinds are outwardly quite different. Inwardly they stem from one and the same soul, which sometimes is made to vibrate by external nature, and at other times by

künden wird, und offenkundig ging Schönberg schon, wie später Breton, von der Psychoanalyse und Freuds Entdeckung der Triebkräfte des Unbewussten aus.
„Sie wissen vielleicht nicht, dass ich auch male", gesteht er Kandinsky im selben Brief, doch zögere er, Fotografien zu schicken, weil es ihm „so sehr auf die Farbe (nicht auf die ‚schöne' Farbe, sondern auf die ausdrucksvolle, im Zusammenhang ausdrucksvolle) Farbe" ankomme. Angesichts der kaum noch gegenständlichen Bilder, von denen Kandinsky ihm Fotos geschickt hatte, kommt er zu dem Schluss: „Ich kann auch nicht glauben, dass die Malerei unbedingt gegenständlich sein muss [...]. Wenn der Künstler einmal dahin gelangt, in den Rhythmen und Tonwerten nur den Ausdruck innerer Vorgänge, innerer Bilder zu wünschen, dann hat das ‚Objekt in der Malerei' aufgehört bloß dem reproduzierenden Auge anzugehören."[12]
Zu diesem Zeitpunkt, Anfang des Jahres 1911, hatte Kandinsky bereits weitgehend die Fesseln des Gegenständlichen abgeworfen und eine kürzelhafte Sprache von abstrahierten Bildzeichen eingeführt. Auch der dreidimensionale Bildraum war aufgelöst, um in jene vierte Dimension des Raumzeitlichen vorzustoßen, in der Linien, Farben und Formen als dynamische Kräfte (wie jene selbstständig geführten Stimmen bei Schönberg) das offene Bildfeld durchkreuzen. Das musikalische Erlebnis der atonalen Musik von Schönberg spielte auf diesem Wege keine auslösende, wohl aber eine bestätigende Rolle und stimulierte ihn, noch entschlossener fortzuschreiten. Zwischenzeitlich hatte Schönberg dem Malerfreund Reproduktionen seiner Bilder gesandt, auf die Kandinsky am 6. Februar zunächst nur kurz eingeht: „Ich bin direkt begeistert für Ihre Bilder: eine natürliche Notwendigkeit und ein feines Gefühl sind ihre Quelle." Zu einer persönlichen Begegnung mit dem Komponisten kommt es jedoch nicht vor September 1911, als Schönberg bei einem Besuch in Murnau erstmals auch Originale von Kandinsky und Gabriele Münter sieht. Erst im Winter desselben Jahres, als er für die Ausstellung des Blauen Reiter Originalwerke Schönbergs erhalten hatte, setzte sich Kandinsky intensiver mit den Bildern des Komponisten auseinander und fasst seine Deutung in einem Beitrag zusammen, der 1912 in einer Festschrift zu Ehren Schönbergs erschien. Zu Anfang befasst er sich darin mit den beiden Wurzeln seiner Kunst, die er als eine Innen-Außen-Dialektik definiert: „Die eine sind direkt nach der Natur gemalte Menschen, Landschaften; die andere – intuitiv empfundene Köpfe, die er **Visionen** nennt. Die ersten zeichnet Schönberg selbst als ihm notwendige Fingerübungen, legt keinen besonderen Wert auf sie und stellt sie nicht gern aus. [Hier ignoriert Kandinsky, dass Schönberg sich bei seiner ersten Ausstellung im Kunstsalon Heller 1910 in Wien nachdrücklich, obschon vergeblich, als Porträtist empfahl und seinen Verleger gar um die Vermittlung von Aufträgen bat.] Die zweiten malt er (ebenso selten wie die ersten), um seine Gemütsbewegungen, die keine musikalische Form finden, zum

nature within him." Kandinsky closes his essay with some apt descriptions of Schönberg's painterly and musical approach: "Renouncing the objective result [painting a 'beautiful' or 'engaging' picture], he seeks to affix only his subjective feelings, and uses for that purpose only the means which seem to him indispensable at that moment ... Just as with his music ... Schönberg also in his painting renounces the superfluous (therefore the harmful) and proceeds along a direct path to the essential (therefore to the necessary). He leaves alone, unnoticed, all embellishments and artistic detail ... I should most like to call Schönberg's art the painting of essence."[14]
However, Kandinsky tempered his enthusiasm somewhat with an indirect expression of criticism aimed primarily at Schönberg's "visions", maintaining that the composer was wrong to complain of his "lack of technique", for in reality it was not his painterly technique that thwarted him, but his dissatisfaction "with his inner wish, with his soul, from which he demands more than it can give him today".[15] He had already summed up what he meant by this: "Decadence of form is decadence of soul, that is to say, of content. And growth of form is growth of content, that is to say, of soul."[16] In other words, he would appear to be saying that Schönberg wanted too much and that his "soul" was not mature enough for the "growth of form" – a criticism to which the composer cannot have been indifferent. At any rate, as the artist and writer Albert Paris von Gütersloh noted, Schönberg's painting revealed a quest for a "state of psychological primitiveness" and a return to a "prehistoric type of primordial life".[17] It was this return to the origins of visual expression that fascinated Kandinsky and Marc, prompting them to include in the almanac **Der Blaue Reiter** not only children's art and the paintings of the mentally ill, and not only the cultic items of so-called "primitive" peoples or folk-art paintings on glass, but also the great naive artist Henri Rousseau, whose painting shares some aspects of Schönberg's own portraits, including direct frontality, a tendency to schematise, a certain rigidity of gesture and movement – in short, the straightforward and the unpolished.

SCHÖNBERG AS PACEMAKER OF A NEW AESTHETICS

The extent to which Schönberg's aesthetics are based on the principle of the subconscious, while forswearing traditional formal canons, is also documented by a sentence in his article on Franz Liszt, published on 20 October 1911 in the **Allgemeine Musikzeitung:** "Genuine feeling cannot be prevented from repeatedly descending into the dark realms of the subconscious to bring back content and form as a unit."[18] What Kandinsky had noted with a sure instinct in the work of Schönberg was precisely this creative principle, the "inner necessity", the immediacy and unconditionality, the sobriety and concentration on the essence that informed Schönberg's attempts at painting. Both in his portraits and in his "visions", the eyes play a dominant role. As Schönberg himself

Ausdruck zu bringen. Diese beiden Arten sind äusserlich verschieden. Innerlich stammen sie aus einer und derselben Seele, die einmal durch die äussere Natur zum Vibrieren gebracht wird, ein anderes Mal – durch die innere." Am Ende seines Beitrags findet Kandinsky treffende Formulierungen für Schönbergs malerische und musikalische Schaffensweise: „Auf das objektive Resultat verzichtend [ein 'schönes', 'liebenswürdiges' Bild zu malen], sucht er **nur** seine subjektive 'Empfindung' zu fixieren und braucht dabei **nur** die Mittel, die ihm im Augenblicke unvermeidlich erscheinen [...] Ebenso wie in seiner Musik [...] verzichtet auch in seiner Malerei Schönberg auf das Ueberflüssige (also auf das Schädliche) und geht auf direktem Wege zum Wesentlichen (also zum Notwendigen). Alle Verschönerungen und Feinmalereien lässt er unbeachtet liegen [...]. Ich möchte die Schönbergsche Malerei am liebsten die **Nurmalerei** nennen."[14]

Abschließend nimmt Kandinsky allerdings seinen Enthusiasmus zurück und meldet in gewundener Ausdrucksweise Kritik an, die sich in erster Linie auf Schönbergs **Visionen** bezieht: Der Komponist täusche sich, wenn er sich „mangelnde Maltechnik" vorwerfe; er sei in Wirklichkeit nicht mit seiner Maltechnik unzufrieden, „sondern mit seinem inneren Wunsch, mit seiner Seele, von der er mehr verlangt, als sie heute geben kann."[15] Was er damit meinte, hatte er zuvor in einer formelhaften These als künstlerisches Kriterium aufgestellt: „Die Dekadenz der Form ist die Dekadenz der Seele, das heisst des Inhaltes. Und das Wachsen der Form ist das Wachsen des Inhaltes, das heisst der Seele."[16] Im Klartext scheint das zu besagen, dass Schönberg zu viel wollte und dass seine „Seele" nicht reif genug war für das „Wachsen der Form" – eine Kritik, die den Komponisten empfindlich berühren musste.

Jedenfalls offenbarte Schönbergs Malerei, wie der Künstler-Schriftsteller Albert Paris von Gütersloh bemerkte, die Suche nach einem „Zustand psychischer Primitivität" und nach Rückgewinnung einer „prähistorischen Art Vorleben".[17] Und eben diese Rückkehr zu den Ursprüngen des bildnerischen Ausdrucks war es auch, die Kandinsky und Marc faszinierte und bewogen hatte, nicht nur Kinderkunst und Malerei der Geisteskranken, nicht nur Kultwerke so genannter primitiver Völker oder volkstümliche Hinterglasmalerei in den Almanach **Der Blaue Reiter** einzubeziehen, sondern vor allem den großen Naiven Henri Rousseau, mit dessen Malerei Schönbergs Bildnisse einige Züge gemeinsam haben wie die unmittelbare Frontalität, die Tendenz zur Schematisierung, die gewisse Starrheit der Gesten und Bewegungen, eben das Gradlinige und Unverbildete.

SCHÖNBERG ALS SCHRITTMACHER EINER NEUEN ÄSTHETIK

Wie sehr Schönbergs Ästhetik auf dem Prinzip des Unbewussten unter Verzicht auf den traditionellen Formenkanon basierte, dokumentiert auch ein Satz in seinem Artikel über Franz Liszt, der am 20. Oktober 1911 in der **Allgemeinen Musikzeitung** erschien. „Ein richtiges Gefühl

was later to admit, when he met people, he did not see their faces, but perceived only their gaze. This explains the intensity of his pictures: eyes that dominate a face, that seem to have a life of their own, that even seem to emerge out of nothing as in **The Red Gaze** (p. 109) and **Vision** (**Eyes**, p. 108) of April 1910, dedicated to the memory of Oskar Kokoschka. The eyes are metaphors of the spiritual and intellectual vision that can be bound only reluctantly to the visual, to the materiality of colour and form. It is not beauty that is sought, but truth, a sphere of pure vision that looks beyond the material and the visually defined.[19]

These isolated body parts – a profile, head, eyes, or hands – hover in an undefined and boundless colour space. They possess a magical aura and seem to be in a radiating process of transformation. Due to a mysterious magnetism, hands of diffuse plasma emerge and meet. These phenomena signify a state of transition from the amorphous to the organic, or vice versa. They cross the threshold into an incorporeal sphere of light, a spiritual space in which there is no up or down, no right or left, and in which time is suspended. As the Swedish theosophist Emanuel Swedenborg explained: "All movement in the spiritual world occurs through changes of inner states."[20]

Schönberg's painted visions betray a remarkable affinity to the theosophical notions of aura and astral body, as well as to parapsychological apparitions (especially the ghost-like faces or the hands that grope their way into the pictorial space from the edges, as though from the beyond). Descriptions of similar apparitions – plasma-like materialisations of limbs – were commonplace in spiritualist circles, though we do not know whether Schönberg ever actually attended a seance. Only towards the end of 1912, when these pictures had already been painted, is there any firm indication – in a letter to Richard Dehmel dated 13 December 1912 mentioning religious belief in connection with Balzac's novella **Seraphita** – that Schoenberg ever studied the ideas of Swedenborg. It is quite probable that he also heard lectures by Rudolf Steiner and that he may have been familiar to some degree with anthroposophy, even though he evidently never joined a theosophical or anthroposophical society. Nevertheless there can be no doubt that Schönberg was not averse to the concepts of theosophy and gnosis, as reflected in his musical oeuvre – particularly in the sketches for his unfinished oratorio **Jacob's Ladder**.[21]

Strongly drawn to theosophy, Kandinsky formulated his own theory in competition with Schönberg, whose **Theory of Harmony** was excerpted in 1910 in the periodical **Musik.** Kandinsky's **Concerning the Spiritual in Art** was published by Piper-Verlag at the end of 1911 (but dated 1912), shortly before Schönberg's theory. The study of Schönberg's theory and work had contributed profoundly to the clarification of his own ideas. One of the key statements of his book was that the effect of a work of art must be based on "touching the human soul", that is to say on its ability to make the soul vibrate, which Kandinsky described as the

darf sich nicht abhalten lassen, immer wieder von neuem ins dunkle Reich des Unbewussten hinabzusteigen, um Inhalt und Form als Einheit heraufzubringen."[18] Was Kandinsky bei Schönberg mit sicherem Instinkt erfasste, war dieses Schaffensprinzip, die „innere Notwendigkeit", jene Direktheit und Unbedingtheit, jene Nüchternheit und Konzentration auf das Wesentliche, die Schönbergs malerische Versuche auszeichnen. Sowohl in seinen Porträts als auch in den **Visionen** spielten dabei die Augen eine dominierende Rolle: Bei der Begegnung mit Menschen habe er nie die Gesichter gesehen, sondern nur ihre Blicke wahrgenommen, hat der Komponist später eingestanden. Daher rührt die bohrende Intensität in seinen Bildern: Augen, die ein Gesicht beherrschen, die sich zu verselbstständigen scheinen, sich sogar vereinzeln und aus dem Nichts auftauchen wie in **Roter Blick** (S. 109) und **Vision** (**Augen,** S. 108) vom April 1910, das der „Erinnerung an Oskar Kokoschka" gewidmet ist. Die Augen sind Metaphern der geistigen Schau, die sich nur widerwillig an das Bildhafte, an die Materialität von Farben und Formen bindet. Nicht Schönheit wird gesucht, sondern Wahrheit, eine Sphäre des reinen Schauens jenseits des Stofflichen und Bildhaft-Definierten.[19]
Diese isolierten Körperteile – ein Profil oder Kopf, Augen oder Hände – schweben in einem undefinierten und unbegrenzten Farbraum. Sie haben eine magische Ausstrahlung und scheinen sich in einem Transformationsprozess zu befinden, der Strahlungen freisetzt. Ein geheimnisvoller Magnetismus lässt Hände aus diffusem Plasma hervortreten und zueinander finden. Die Phänomene deuten einen Übergangszustand vom Amorphen zum Organischen an oder auch umgekehrt. Sie übertreten die Schwelle in eine körperlose LIchtsphäre, einen Geistraum, in dem weder Oben noch Unten, weder Rechts noch Links existiert und in dem die Zeit aufgehoben ist. „Alle Fortbewegungen in der geistigen Welt geschehen durch Zustandsveränderungen des Inwendigen", erklärte der schwedische Theosoph Emanuel Swedenborg.[20]
Schönbergs gemalte Visionen zeigen eine erstaunliche Nähe zu theosophischen Vorstellungen von Aura und Astralleib, aber auch zu parapsychologischen Erscheinungen (besonders die geisterhaften Gesichter oder die Hände, die von den Rändern her, wie aus dem Jenseits, in den Bildraum greifen). Von ähnlichen Erscheinungen – plasmaartigen Materialisationen von Gliedmaßen – kursierten Schilderungen in spiritistischen Zirkeln, ohne dass wir wüssten, ob Schönberg sich je an spiritistischen Sitzungen beteiligt hat. Auch findet sich erst Ende 1912, als diese Bilder bereits gemalt waren, ein konkreter Hinweis (in einem Brief vom 13. Dezember 1912 an Richard Dehmel), dass sich Schönberg über Balzacs Novelle **Seraphita** mit Swedenborgs Ideen beschäftigt hat. Wahrscheinlich hat er aber außerdem auch Vorträge von Rudolf Steiner gehört oder kam auf andere Weise mit der Anthroposophie in Berührung, wenngleich er offenbar nie der theosophischen oder anthroposophischen Gesellschaft beitrat. Trotzdem besteht kein Zweifel, dass Schön-

"principle of inner necessity".[22] Another crucial factor was Schönberg's assertion that there is no invariant concept of harmony, but that this, too, is subject to a transformation in which dissonance (or that which is perceived as dissonance in the tonal system) is emancipated. Dissonance is no longer tolerated only in connection with the counterbalance of consonance, but emerges independently of it to become an equal and even dominant means of expression. This new notion of harmony is circumscribed by Kandinsky as "the battle of tones, the lost balance ... unexpected drum-rolls, broken chains and fetters ... opposites and contradictions – that is our harmony. Composition based on this harmony is a juxtaposition of colours and signs that exist in their own right, drawn out of inner necessity and creating a whole ... that is called a picture."[23]
Despite the minor differences, Schönberg not only provided his pictures for the first Blaue Reiter exhibition (his **Self-Portrait, Back View** and two of his "visions"), but also the manuscript score of his composition **Foliage of the Heart (after Maeterlinck) for High Soprano, Harp, Celesta, and Harmonium, op. 20,** and an essay on "The Relationship to the Text" for the almanac **Der Blaue Reiter** which Kandinsky was preparing together with Marc.
It was thanks to Kandinsky that Schönberg's significance was recognised at an early stage and that he was given a broader and more international platform through the exhibition and publication of his pictures. His discovery of the double talent is all the more remarkable since the composer's excursions into the visual arts was more or less diametrically opposed to the objectives of his own painting, which have clear affinities with Schönberg's music. The fact that Schönberg's painting differed so much from what one might have expected of him also confused his contemporaries, who accused Kandinsky and other followers of admiring Schönberg's paintings and exhibiting them for no other reason but that they had been made by the famous composer himself. That this was not the case, and that Kandinsky was genuinely persuaded of the integrity and radiance of Schönberg's paintings and drawings is evident from his intensive study of the "roots" of his work. For example, Kandinsky was fascinated by the murkiness of Schönberg's mixed colours, which even persuaded him to subdue the magnificent colours of his own paintings in favour of "dirty colours" that did not dissolve in one great harmony. Schönberg's insoluble mixed colours corresponded to the complex transitions and disharmonic chords in his atonal compositions, and Kandinsky sought to counter his "beautiful colours" with a comparable principle.[24] Nevertheless, it is difficult to understand the undisguised dislike of the composer's visionary works, which Schönberg himself preferred. The fact that Kandinsky "loved" precisely those realistic pictures, though he himself did not paint even one self-portrait, suggests that the visions he criticised as "too binding, too precise" may have come too close to his

berg der Theosophie und Gnosis nahe stand, was sich bei seinem musikalischen Werk besonders in den Skizzen zu seinem unvollendet gebliebenen Oratorium **Die Jakobsleiter** aufspüren lässt.[21]
Im Wettstreit mit dem Komponisten, dessen **Harmonielehre** schon 1910 auszugsweise in der Zeitschrift **Musik** veröffentlicht wurde, formulierte Kandinsky, der sich seinerseits recht intensiv zur Theosophie hingezogen fühlte, seine Abhandlung **Über das Geistige in der Kunst,** die kurz vor der Drucklegung von Schönbergs Lehre Ende 1911 (mit Datierung 1912) im Piper-Verlag erschien. Dabei trug die Auseinandersetzung mit Theorie und Werk von Schönberg ganz wesentlich zur Klärung seiner Gedankengänge bei. Eine der Kernaussagen des Buches war, dass die Wirkung eines Kunstwerks auf der „zweckmäßigen Berührung der menschlichen Seele" beruhen müsse, das heißt ihrer Fähigkeit, die Seele in Vibration zu versetzen, die Kandinsky als „Prinzip der inneren Notwendigkeit" bezeichnet.[22] Ganz entscheidend war aber auch die durch Schönberg zu Bewusstsein gebrachte Erkenntnis, dass es keinen invarianten Harmoniebegriff gibt, sondern dass auch dieser einem Wandel unterliegt, in dem die Dissonanz (oder das, was im tonalen System seither so empfunden wurde) sich emanzipiert. Sie wird nicht mehr nur noch in Verbindung mit einer ausgleichenden Konsonanz geduldet, sondern steigt unabhängig davon zu einem gleichrangigen, ja sogar dominanten Ausdrucksmittel empor. Das neue, auch für die Malerei gültige Harmonieverständnis umschreibt Kandinsky mit den Worten: „Kampf der Töne, das verlorene Gleichgewicht, [...] unerwartete Trommelschläge, zerschlagene Ketten und Bänder, [...] Gegensätze und Widersprüche – das ist unsere Harmonie. Auf dieser Harmonie fußende Komposition ist eine Zusammenstellung farbiger und zeichnerischer Formen, die als solche selbständig existieren, von der inneren Notwendigkeit herausgeholt werden und im dadurch entstandenen gemeinsamen Leben ein Ganzes bilden, welches Bild heißt."[23]
Über alle kleinen Unstimmigkeiten hinweg, steuerte Schönberg für die erste Ausstellung des Blauen Reiter nicht nur seine Bilder bei (das **Selbstporträt von hinten** und zwei **Visionen**), sondern auch die handschriftliche Partitur seiner Komposition **Herzgewächse (nach Maeterlinck) für Sopran, Celesta, Harmonium und Harfe, op. 20** sowie einen Aufsatz über „Das Verhältnis zum Text" für den Almanach **Der Blaue Reiter,** den Kandinsky gemeinsam mit Marc vorbereitete.
Kandinsky gebührt das Verdienst, die Bedeutung des malenden Komponisten Schönberg früh erkannt und ihm durch die Ausstellung und Publizierung seiner Bilder auch eine breitere, internationale Plattform verschafft zu haben. Seine Entdeckung dieser Doppelbegabung ist umso bemerkenswerter, als die Ausflüge des Komponisten ins Bildkünstlerische der Zielsetzung seiner eigenen Malerei, die ja viel eher als eine Analogie zur Schönberg'schen Musik anzusehen ist, antipodisch gegenüberstand. Dass Schönberg so anders malte, als man es von ihm erwartet hätte, irritierte auch die Zeitgenossen, die Kandinsky und anderen

own sphere of "dematerialization – romantically mystical sonority."[25]
Today, Schönberg's painterly oeuvre can be recognised as more innovative than it appears to be at a first glance. The confusing synthesis of simplicity, sobriety, and ecstasy, even exaltation, the undisguised clumsiness used to heighten the power of expression, the tendency towards realistic precision on the one hand and grotesque deformation on the other hand, the indistinct blends of colour, alternating between murky and lurid (preferably yellow or red) – these are the elements of tension that make Schönberg a pacemaker of modern aesthetics, establishing the dissonant, the ugly, and the contradictory as a new concept of harmony.
The first decade of the 20th century saw an almost simultaneous musical and visual revolution. With Schönberg, musicians were freed from the system of tempered tonality and at the same time the painters, especially Kandinsky, broke away from the system of central perspective and figural imitation. Both systems had been legitimated for centuries by an overwhelming production of masterpieces and so fully sanctioned that they had come to be regarded as the unquestioned essence of both arts. This explains the anarchist energy that had to be unleashed for this radical act of liberation from the bonds of tradition, and at the same time illuminates the atonal character of pre-war painting in Europe (Expressionism, Cubism, Futurism, Orphism) which reflect this revolution.

[1] First published in 1766 by C. F. Voss in Berlin under the title Laokoon oder über die Grenzen der Mahlerey und Poesie.
[2] See Karin von Maur, in Vom Klang der Bilder, Munich 1985, p. 5, and the revised edition, Munich 1999, pp.10 f. The introductory text on the dialogue between the arts is based on these publications (which list sources).
[3] Published in April 1861 in Revue Européenne, reprinted in Charles Baudelaire, Durioaistés esthétiques/L'Art romantique et autres œuvres critiques, ed. Henri Lemaitre, Paris 1962, pp. 696 f.
[4] Published in July 1885. See Stéphane Mallarmé, Œuvres complètes, ed. Henri Mondor and Gérard Jean Aubry, Paris 1950, pp. 541–546.
[5] Theodor W. Adorno, "Zum Verhältnis von Malerei und Musik heute" [c. 1950], vol. 18 of Gesammelte Schriften, ed. Gretel Adorno and Rolf Tiedemann, Frankfurt 1984, pp.143–144.
[6] Cited in Mikolajos Konstantinas Čiurlionis (1875–1911). Die Welt als große Sinfonie, exh. cat. Wallraf-Richartz-Museum, Cologne, 1998, p. 53.
[7] Schönberg in Merker – Österreichische Zeitschrift für Musik und Theater: "Gustav Mahler was a saint. Everyone who knew him even a little must have sensed it. Perhaps only a few understood it." Cited in Matthias Henke, Arnold Schönberg, Munich 2001, p. 65.
[8] Ibid.
[9] Kandinsky to Schönberg, 18 January 1911, in Arnold Schönberg – Wassily Kandinsky, Briefe, Bilder und Dokumente einer außergewöhnlichen Begegnung, ed. Jelena Hahl-Koch, Munich 1983, p. 19.
[10] Marc to Macke, 14 January 1911, in August Macke – Franz Marc, Briefwechsel, ed. Wolfgang Macke, Cologne 1964, pp. 40 ff.
[11] Schönberg to Kandinsky, 24 January 1911, in Hahl-Koch 1983 (see note 9), p. 21.
[12] Ibid., p. 22.
[13] Ibid.
[14] Wassily Kandinsky in Journal of the Arnold Schönberg Institute (Los Angeles), vol. 2, no. 3 (1978), pp. 181–184.
[15] Ibid., p. 184.
[16] Ibid., p. 183.

Anhängern vorwarfen, die Malerei von Schönberg nur deshalb zu bewundern und auszustellen, weil sie von dem berühmt-berüchtigten Komponisten stammte. Dass dem nicht so war, sondern dass Kandinsky ehrlich überzeugt war von der Integrität und Ausstrahlungskraft der Bilder und Zeichnungen von Schönberg, geht aus seiner intensiven Beschäftigung mit den Wurzeln seines Schaffens hervor. So war er zum Beispiel fasziniert von der für die meisten abstoßenden Trübheit seiner Mischfarben, die ihn sogar anspornte, die schöne Farbenpracht seiner eigenen Bilder zugunsten von „Schmutzfarben", die sich nicht in einer großen Harmonie auflösen, zurückzudämmen. Schönbergs unauflösbare Mischfarben entsprachen den komplexen Übergängen und disharmonischen Akkorden in seinen atonalen Kompositionen, und Kandinsky suchte mit einem vergleichbaren Prinzip seine „Schönfarbigkeit" zu bekämpfen.[24] Schwer nachvollziehbar bleibt freilich die kaum verhohlene Abneigung gegen die visionären Arbeiten des Komponisten, die dieser selbst bei weitem bevorzugte. Dass Kandinsky gerade die realistischen Bilder „liebte", wo er doch selbst noch nicht einmal ein Selbstbildnis gemalt hat, lässt vermuten, dass die **Visionen,** die er an anderer Stelle als „zu bindend, zu präzis" kritisierte, seiner eigenen Sphäre der „Dematerialisation – romantisch-mystischer Klang" zu nahe kamen.[25]
Aus heutiger Sicht stellt sich das malerische Œuvre des Komponisten innovativer dar, als es auf den ersten Blick erscheinen mag. Die irritierende Synthese aus Schlichtheit, Sachlichkeit und Ekstase, ja Exaltation, die nicht kaschierte Unbeholfenheit, die zur Pointierung der Ausdruckskraft eingesetzt wird, die Neigung zu realistischer Genauigkeit einerseits und grotesker Deformation andererseits, die undifferenzierten Farbmischungen, die zwischen trüb und grell (bevorzugt gelb oder rot) wechseln – mit solchen Spannungselementen wird Schönberg zum Schrittmacher einer modernen Ästhetik, die das Dissonantische, den Missklang, das Hässliche, Gegensätzliche und Widersprüchliche als neuen Harmoniebegriff statuiert.
So gelang in der ersten Dekade des vorigen Jahrhunderts nahezu gleichzeitig eine musikalische und bildnerische Revolution. Mit Schönberg befreiten sich die Musiker aus dem System der temperierten Tonalität und im gleichen Zuge brachen die Maler, allen voran Kandinsky, mit dem System der perspektivischen Raumeinheit und Abbildlichkeit. Beide Systeme waren jahrhundertelang durch eine überwältigende Produktion an Meisterwerken legitimiert und so sehr sanktioniert, dass sie als unverrückbare Wesensbestandteile beider Künste galten. Das erklärt die anarchistische Energie, die aufgebracht werden musste, um sich dieser Übermacht der Tradition in einem radikalen Befreiungsakt zu entringen, und erhellt zugleich den „atonalen" Charakter der Vorkriegsmalerei in Europa (Expressionismus, Kubismus, Futurismus, Orphismus), die diesen Aufbruch reflektiert.

[17] Albert Paris von Gütersloh, "Schönberg als Maler", in ibid., p. 69.
[18] Cited in Eberhard Freitag, Arnold Schönberg in Selbstzeugnissen und Bilddokumenten, Reinbek 1973, p. 69.
[19] See Thomas Zaunschirm, Arnold Schönberg – Das bildnerische Werk, Klagenfurt 1991, p. 84.
[20] See Karl H. Wörner, "Musik zwischen Theologie und Weltanschauung: Das Oratorium 'Die Jakobsleiter'", in Karl H. Wörner, Die Musik in der Geistesgeschichte, Bonn 1970, p. 195.
[21] See Walter Klein, "Das theosophische Element in Schönbergs Weltanschauung", in Musikblätter des Anbruch (Sonderheft zu Schönbergs 50. Geburtstag), Vienna 1924, pp. 273–274; Wörner (see note 20), pp. 171–200; Sabine U. Bock, "Schönbergs unvollendetes Oratorium 'Die Jakobsleiter'", master's thesis, Paderborn 1999.
[22] Wassily Kandinsky, Über das Geistige in der Kunst, 4th edition, with an introduction by Max Bill, Bern-Bümpliz 1952, p. 64.
[23] Ibid., p. 109.
[24] See Marc to Macke, 14 February 1911, in Macke 1964 (see note 10), pp. 46–47.
[25] See Kandinsky to Schönberg, 16 November 1911, in Hahl-Koch 1983 (see note 9), p. 35.

[1] Die Schrift erschien zuerst 1766 bei C. F. Voss in Berlin.
[2] Vgl. Karin von Maur, in: Vom Klang der Bilder, München 1985, S. 5 sowie veränderte Neufassung mit gleichem Titel, München 1999, S.10f. Auf diesen Publikationen (inklusive Quellenangaben) basiert der einleitende Text zum Dialog der Künste.
[3] Erschienen im April 1861 in Revue Européenne, wiederabgedruckt in: Charles Baudelaire, Durioaistés esthétiques/L'Art romantique et autres œuvres critiques, hrsg. von Henri Lemaitre, Paris 1962, S. 696f.
[4] Erschienen im Juli 1885. Vgl. Stéphane Mallarmé, Œuvres Complètes, hrsg. von Henri Mondor und Gérard Jean-Aubry, Paris 1950, S. 541–546.
[5] Theodor W. Adorno, „Zum Verhältnis von Malerei und Musik heute" (ca. 1950), in: ders., Gesammelte Schriften, Bd. 18, hrsg. von Gretel Adorno und Rolf Tiedemann, Frankfurt/M. 1984, S. 143f.
[6] Zit. nach: Mikolajos Konstantinas Čiurlionis (1875–1911). Die Welt als große Sinfonie, Ausst.Kat. Wallraf-Richartz-Museum, Köln, 1998, S. 53.
[7] Schönberg im Merker – Österreichische Zeitschrift für Musik und Theater: „Gustav Mahler war ein Heiliger. Jeder, der ihn nur einigermaßen kannte, muss das gefühlt haben. Verstanden haben es vielleicht nur wenige." Zit. nach: Matthias Henke, Arnold Schönberg, München 2001, S. 65.
[8] Ebenda.
[9] Brief an Schönberg vom 18.1.1911, in: Jelena Hahl-Koch (Hrsg.), Arnold Schönberg – Wassily Kandinsky, Briefe, Bilder und Dokumente einer außergewöhnlichen Begegnung, München 1983, S. 19.
[10] Brief vom 14.1.1911 an Macke, in: Wolfgang Macke (Hrsg.), August Macke – Franz Marc, Briefwechsel, Köln 1964, S. 40ff.
[11] Brief von Schönberg an Kandinsky vom 24.1.1911, in: Hahl-Koch 1983 (s. Anm. 9), S. 21.
[12] Ebenda, S. 22.
[13] Ebenda.
[14] Wassily Kandinsky, „Die Bilder", in: Arnold Schönberg – in höchster Verehrung, München 1912, S. 63.
[15] Ebenda, S. 64.
[16] Ebenda, S. 63.
[17] Albert Paris von Gütersloh, „Schönberg als Maler", in: Arnold Schönberg (s. Anm. 14), S. 69.
[18] Zitiert nach Eberhard Freitag, Arnold Schönberg in Selbstzeugnissen und Bilddokumenten, Reinbek 1973, S. 69.
[19] Vgl. Thomas Zaunschirm, Arnold Schönberg – Das bildnerische Werk, Klagenfurt 1991, S. 84.
[20] Vgl. Karl H. Wörner, „Musik zwischen Theologie und Weltanschauung: Das Oratorium 'Die Jakobsleiter'", in: Karl H. Wörner, Die Musik in der Geistesgeschichte, Bonn 1970, S. 195.
[21] Vgl. Walter Klein, „Das theosophische Element in Schönbergs Weltanschauung", in: Musikblätter des Anbruch (Sonderheft zu Schönbergs 50. Geburtstag), Wien 1924, S. 273–274; Wörner (s. Anm. 20), S. 171–200; Sabine U. Bock, Schönbergs unvollendetes Oratorium „Die Jakobsleiter", Magisterarbeit, Paderborn 1999.
[22] Wassily Kandinsky, Über das Geistige in der Kunst, 4. Auflage, mit einer Einführung von Max Bill, Bern-Bümpliz 1952, S. 64.
[23] Ebenda, S. 109.
[24] Vgl. Brief von Marc an Macke vom 14.2.1911, in: August Macke – Franz Marc (s. Anm.10), S. 46f.
[25] Vgl. Brief von Kandinsky an Schönberg vom 16.11.1911, in: Hahl-Koch (Hrsg.) (s. Anm. 9), S. 35.

AHNENFIGUR UND INNOVATIONSMODELL – REFLEXIONEN ÜBER DIE AKTUALITÄT SCHÖNBERGS
FATHER FIGURE AND INNOVATOR: REFLECTIONS ON SCHÖNBERG'S TOPICALITY

Robert Fleck

„Ich suchte Schönberg in seinem Heim in der Liechtensteinstraße auf. Freundliche Räume, von schlichter, durch Geschmack verschönter Einfachheit. Ein paar Bilder, die die Wände zieren, verraten mir, dass der Künstler auch den Pinsel führt. Und zwar mit einer merkwürdigen Begabung, in einer breiten, impressionistischen Manier, mit starker Wirkung der Fläche. Ein kleiner Kopf, der interessante Versuch eines Selbstporträts fällt mir auf durch die Kunst, mit der Schönberg den eigentümlich milden und doch zuweilen flackernden Blick seines Auges festzuhalten vermochte." Paul Wilhelm[1]

Im Oktober 1995 fand sich ein Teil des Wiener Karlsplatzes in eine befremdliche Stimmung getaucht. Eine dunkle Malerei auf Papier, nahezu abstrakt und symbolistisch aufgeladen, mit einer visionären Raumöffnung in der Bildmitte versehen, fand sich durch Computerverfahren auf die Dimension einer Seitenwand der Kunsthalle Wien vergrößert. Tagsüber fuhren mehrere tausend Autos pro Stunde an dem Medienkunstwerk von 10 mal 15 Metern vorbei, mit dem ein Gemälde von Arnold Schönberg aus der Wiener Jahrhundertwende reaktiviert wurde.
Nachts war das Bild erleuchtet. Eine Frauengestalt, per Diaprojektion auf die Bildfläche geworfen, wanderte mechanisch in dem gemalten Raumentwurf umher. Dazu war auf dem Bild der expressionistische Text des Librettos zu lesen, das den inneren Monolog einer verzweifelten Frau darstellt und von Marie Pappenheim, einer damals 27-jährigen Medizinstudentin, im Jahr 1909 für Schönberg verfasst worden war. Es handelte sich dabei um eine Arbeit für den öffentlichen Raum von Dara Birnbaum, einer Vorreiterin der Performance- und Videokunst in New York in den frühen siebziger Jahren. Dara Birnbaum hatte eine Retrospektive ihres Werkes in der Kunsthalle Wien und verwendete einen Bühnenbildentwurf von Arnold Schönberg von 1909, um an der Außenfassade des Ausstellungsgebäudes eine feministische, medienanalytische und politische Geste zu setzen.[2] Die eigens für die Außenfassade der Kunsthalle geschaffene Arbeit mit dem Gemälde von Arnold Schönberg war für die Künstlerin ein öffentliches Anliegen, ein Manifest und ein Bekenntnis. Schönbergs visuelles und auditives Werk **Erwartung** habe zu Beginn des 20. Jahrhunderts „eine neuartige expressive Form" geschaffen, meinte die Künstlerin, wogegen ihre Version „die Bedeutungsmöglichkeiten aufzeigt, die nun zu Beginn eines neuen Jahrtausends hinzutreten können".[3]
Die amerikanische Medienkünstlerin sieht mehrere aktuelle Aspekte in Schönbergs bildnerischem und musikalischem Werk angelegt. Seine freie, expressionistische Raumauffassung in dem Bühnenbildentwurf von 1909 nimmt durch die Flächigkeit, die fehlende Raumtiefe und das „all over" der Pinselstriche die Welt der Bildschirme vorweg, von Film, Video und Computer, mit denen Dara Birnbaum sich seit den siebziger Jahren beschäftigt. Wie in ihren meisten Arbeiten hat Dara Birnbaum in ihrer Version von **Erwartung** verschiedene Medien und Bildformen (Großbildmalerei, Diaprojektion, Scheinwerfer, elektronisch gesampelte Musik) in solcher Weise „collagiert", dass das visuelle Erlebnis für den Betrach-

"I visited Schönberg at his home on Liechtensteinstrasse. Pleasant rooms of uncluttered simplicity, enhanced by good taste. A few pictures on the walls told me the composer was also a painter. And one of remarkable talent at that, working in a broadly Impressionist manner with a strong emphasis on planarity. A small head, an interesting self-portrait, struck me particularly for the skill with which Schönberg captured the strangely mild yet sometimes flickering gaze of his eye." Paul Wilhelm[1]

In October 1995, Vienna's Karlsplatz was steeped in an unfamiliar atmosphere. A dark painting on paper, verging on the abstract and charged with symbolism, had been enlarged by computer and projected onto the side wall of the Vienna Kunsthalle, with a "visionary" opening in the middle. By day, thousands of cars filed past this ten-by-fifteen-metre work of media art that reiterated a turn-of-the-century painting by Arnold Schönberg. By night, it was illuminated. Projected onto the picture plane were a female figure wandering mechanically through the painted scene and the Expressionist libretto of a tormented woman's inner monologue written for Schönberg in 1909 by the twenty-seven-year-old medical student Marie Pappenheim.
The work in question was an outdoor video installation by the pioneering performance and video artist Dara Birnbaum, who has been working in New York since the early 1970s. The Karlsplatz installation coincided with a retrospective exhibition of Dara Birnbaum's work at the Vienna Kunsthalle. She used a 1909 stage set design by Arnold Schönberg to make her feminist, media-analytical, and political comment.[2] For Birnbaum, the work featuring a painting by Arnold Schönberg was at one and the same time a public issue, a manifesto, and a credo. She saw in Schönberg's **Expectation** the emergence of a new expressive form at the beginning of the 20th century and intended that her own version should indicate the possible meanings that could be added today, at the beginning of the new millennium.[3] Indeed, on the whole, this American media artist finds much that is topical in Schönberg's music and painting. Schönberg's free, Expressionist handling of space in the 1909 set design displays a planarity, flatness, and "all-over" brushwork that foreshadow the screen aesthetics of film, video, and computer which have been the focus of Dara Birnbaum's own art since the 1970s. Like most of her works, Birnbaum's version of **Expectation** involves a collage of media and pictorial forms (large-scale painting, slide projection, spotlighting, electronic sampling) whose visual impact on the viewer is one of critical shock, as though the positive visual content had imploded. In her work on the wall of the Vienna Kunsthalle, this contemporary media-art approach corresponded strangely with the highly Expressionistic mood of Schönberg's painting. Birnbaum has been interested for more than thirty years in Schönberg's multiple creative talent as a composer, writer, painter, and set designer – manifested in his 1909 mono-

DARA BIRNBAUM
ERWARTUNG / EXPECTATION, 1995
AUSSENINSTALLATION / EXTERIOR INSTALLATION,
KUNSTHALLE WIEN

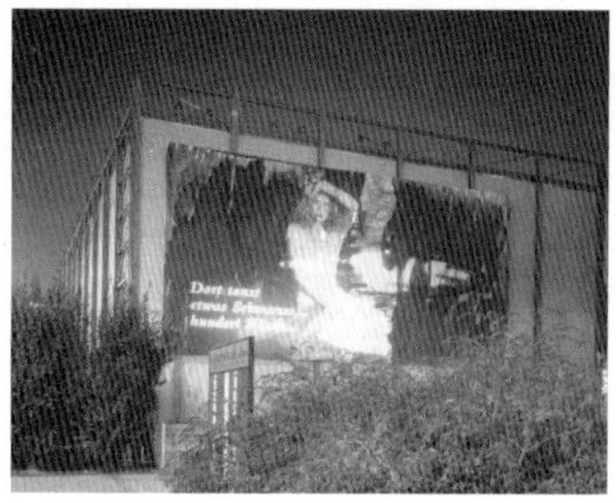

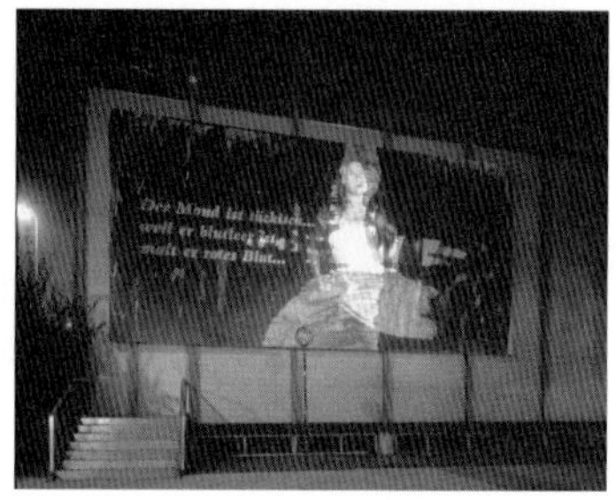

ter einen kritischen Schock-Effekt ergibt, eine Art Implosion des positiven Bildinhalts. Dieses heutige, medienkünstlerische Anliegen korrespondierte an der Außenfassade der Kunsthalle Wien eigentümlich mit der hochexpressionistischen Stimmung von Schönbergs Gemälde. Die Künstlerin interessiert sich seit dreißig Jahren für Schönbergs mehrfachbegabte Kunstpraxis als Komponist, Textautor, Maler und Bühnenbildner – wie im Fall des Monodrams **Erwartung** von 1909 –, weil verschiedene Mitglieder der New Yorker Avantgarde, vor allem John Cage, Schönbergs herausragende Persönlichkeit wiederholt erwähnten und sie selbst in szenisch-musikalischen Formen der Moderne einen Bezug zur Medienkunst suchte. Ebenso ging es Dara Birnbaum in Wien darum, die Frauenfigur von Schönbergs **Erwartung** in ihrer Verlassenheit und Selbsterkenntnis[4] als zeitgenössische Allegorie weiblicher Identität auszubilden. Aus der männlichen Fantasie der Jahrhundertwende wurde ein feministischer Schrei in der Postmoderne. Und zuletzt hatte die Arbeit einen persönlichen Wien-Bezug. Die Großeltern von Dara Birnbaum emigrierten ebenso wie Arnold Schönberg und seine Familie aus Östereich.[5] Die medienkünstlerische Arbeit mit Schönbergs Gemälde wirkte im Wien von 1995 wie eine Wiederkehr verdrängter Bilder und Gefühlslagen. Von der Frauenfigur aus **Erwartung** spannt sich der Bogen zu den Emigranten der Zwischenkriegszeit.

Dara Birnbaum hat ihre Version von Schönbergs **Erwartung** seither an verschiedenen Orten gezeigt, zuletzt Anfang 2001 in einer Galerieausstellung in Paris. Ihre Arbeit ist ein Hinweis darauf, welche untergründige Rolle Arnold Schönberg und insbesondere die in den siebziger Jahren wieder entdeckte malerische Aktivität des Komponisten für Video-, Performance- und Medienkunst seit den Anfängen der Postmoderne vor dreißig Jahren spielt. Es geht dabei im Wesentlichen um zwei Parallelen. In Abkehr vom kollektiven Happening der sechziger Jahre brachte die individualistische Performance, die sich das neue Aufzeichnungsmedium Video zu Diensten machte, Anfang der siebziger Jahre einen expressiven, selbstbezogenen Ausdruckswillen der betreffenden Künstler ans Tageslicht, der zuvor in der Moderne als unschick, primitiv und vormodern gegolten hatte. Schönbergs freie Bilder, die Bühnenbildentwürfe und Selbstporträts, die in diesen Jahren außerhalb spezialisierter Ausstellungen bildender Kunst wieder sichtbar wurden, trafen diese Stimmungslage, während sie mit ihrer Freiheit und scheinbaren Amateurhaftigkeit in der Geschichte der frühen Moderne einzigartig dastehen. Zudem wirkten sie frisch und neu, da sie anders als die meisten übrigen Zeugnisse der Moderne nicht bereits Dutzende Male ausgestellt, abgebildet und damit „verbraucht" worden waren. Von den frühen siebziger Jahren an zieht sich die Rezeption von Schönbergs Selbstporträts und Fantasien untergründig durch Teile der Gegenwartskunst, von den neuen Medien bis zur Malerei.

Zwei besondere Rezeptionsstränge sind gegenüber der Malerei von Arnold Schönberg aus den Jahren 1906 bis 1912 auszumachen. Schön-

drama **Expectation.** Her interest was aroused by the fact that so many of the New York avant-garde, most notably John Cage, repeatedly mentioned Schönberg as an outstanding personality and pointed to his interest in various media and forms of expression. In Vienna, Dara Birnbaum also sought to present the female character in Schönberg's **Expectation** as a contemporary allegory of female identity in all her abandonment and soul-searching.[4] In this way, she transformed a turn-of-the-century male fantasy into a cry of Postmodern feminism. What is more, there is also a personal connection with Vienna. Like Arnold Schönberg and his family, Dara Birnbaum's grandparents were also forced to leave Austria in the 1930s under National Socialism.[5] In Vienna in 1995, the media installation based on Schönberg's painting seemed like the re-emergence of repressed images and emotions. The female figure in **Expectation** forged a link with the emigrants of the interwar years.

Since then, Dara Birnbaum has shown her version of Schönberg's **Expectation** at a number of venues, most recently at a Paris gallery. Her work is a reflection of the fundamental influence that Arnold Schönberg – especially his painterly oeuvre rediscovered in the 1970s – has exerted on video, performance, and media art since the beginnings of Postmodernism thirty years ago. In contrast to the collective Happenings of the 1960s, individualistic performances featuring video as the new recording medium heralded the emergence, in the early 1970s, of a self-referential expressive will among artists that had been regarded in Modernism as untoward, primitive, and pre-modern. Schönberg's free paintings, stage sets, and self-portraits, which by then were being shown beyond the confines of specialised fine art exhibitions, touched a chord in this climate. With their free and seemingly amateurish execution, they occupy a unique place in the history of Modernism. They appeared fresh and new, for, unlike most other documents of Modernism, they had not been exhibited, reproduced, and "used" countless times. From the early 1970s onwards, the reception of Schönberg's self-portraits and "fantasies" permeated entire areas of contemporary art, from new media to painting.

Two important channels in the reception of Arnold Schönberg's painting can be traced from the period between 1906 and 1912. One of the most fascinating aspects of Schönberg's oeuvre is the relationship between image and sound. The audiovisual dimension was to become a fundamental factor in art with the advent of video in the 1960s and 1970s. The American composer and artist John Cage was seminal in establishing the practice of multimedia art from the 1950s to the 1980s. Cage studied composition under Arnold Schönberg in Los Angeles from 1935, and frequently referred to these years of apprenticeship.[6] Through Cage, and in the course of his rediscovery, Arnold Schönberg became something of a father figure in what was known in the 1960s as "intermedia" art. Today, media artist Peter Weibel says of him, "For me, the composer, painter, and theoretician Schönberg always played a key role,

JOHN CAGE
MUSIC WALK FOR ONE OR MORE PIANISTS
GALERIE 22, DÜSSELDORF, SEPTEMBER 1958
PHOTO: M. LEVE

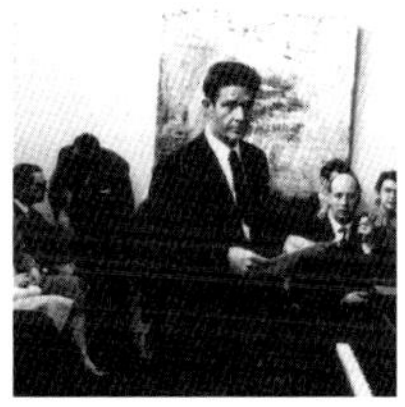

bergs Werk fasziniert zum einen durch die Beziehung von Bild und Ton. Mit dem Medium Video ist die audiovisuelle Dimension des Bildes seit den sechziger und siebziger Jahren zu einem grundlegenden Faktor der bildenden Kunst geworden. Der amerikanische Komponist und Künstler John Cage hat von den fünfziger bis zu den achtziger Jahren eine nachhaltige Rolle als Vordenker dieser multimedialen Kunstpraxis gespielt. Cage hatte ab 1935 in Los Angeles bei Arnold Schönberg Komposition studiert und bezog sich in der Folge regelmäßig auf diese Lehrjahre.[6] Über Cage und andere Verläufe der Wiederentdeckung wurde Arnold Schönberg zu einer Ahnenfigur der „Inter-Media", wie ein Schlagwort der sechziger Jahre lautete. Heute sagt der Medienkünstler Peter Weibel dazu: „Für mich hat der Komponist, Maler und Theoretiker Schönberg immer eine zentrale Rolle gespielt, insbesondere wegen seines Modellcharakters als Künstler. Er ist nämlich ein Künstler, der mit seiner **Harmonielehre** ein wichtiges theoretisches Werk geschrieben hat, sozusagen ein Theoriewerk in der großen Tradition der Künstlerbücher. Mit seiner 12-Ton-Musik hat er eine konzeptuelle Praxis in der Musik eingeführt, ähnlich wie Duchamp. Als Künstler war er also auch Theoretiker und Kurator, da er sich um die Werke anderer Komponisten gekümmert hat, und vor allem war er Innovator. Gerade die Beziehungen seiner Musik zur Malerei und seiner Malerei zur Musik, wie sie insbesondere im Briefwechsel Schönberg und Kandinsky und in der Oper **Die glückliche Hand** wie auch in **Begleitungsmusik zu einer Lichtspielscene** zum Ausdruck kommen, haben mich wegen ihrer synästhetischen Intermedialität interessiert. Sie sind wichtige Voraussetzungen und Standards für jede Bild- und Tonbeziehung. Deswegen ist sicherlich die Beobachtung richtig, dass Schönbergs Entdeckung als Maler in die Zeit fällt, als eine ähnliche synästhetische Programmatik in der Performance und Videokunst aktuell war. Es waren also weniger die Selbstporträts als vielmehr der intermediale Bezug, der sich in Form und Textur in Schönbergs Malerei ausgedrückt und mich interessiert und beeinflusst hat. Meine eigenen Medienopern **Der künstliche Wille, Stimmen aus dem Innenraum und Wagners Wahn,** die alle drei bei der **ars electronica** in Linz uraufgeführt wurden, wie auch meine Musikvideos sind direkte Erben dieser meiner Beschäftigung mit Schönbergs Malerei und Musik."[7]
Im Bereich experimenteller Medienkunst ist Dara Birnbaums Verwendung eines Werkes von Arnold Schönberg keineswegs ein Einzelfall. Nam June Paik, der Pionier der Videokunst schlechthin, schloss 1956 sein Studium an der Universität von Tokio mit einer Arbeit über Arnold Schönberg ab und kam in diesem Zusammenhang nach Deutschland, wo er den früheren Schönberg-Schuler John Cage kennen lernte. Cages Fortführung Schönberg'scher Gedanken erhob Paik dann zur Grundlage der entstehenden Medienkunst, die aus Versuchen mit der Fernsehtechnik hervorging. 1977 beschrieb Paik auf einem Plattenumschlag eine Begebenheit der New Yorker Kunstszene der siebziger Jahre: Der Choreograf Merce Cunningham wollte von ihm die Musik zu einem Ballett

especially because of his role model character as an artist. After all, he is an artist who wrote a major theoretical work. His **Theory of Harmony** is, as it were, a theoretical work in the grand tradition of artists' books. With his twelve-tone music he introduced a Duchampian conceptual practice to music. As an artist, he was also a theoretician and a curator who took a keen interest in the work of other composers. Above all, he was a great innovator. It is precisely the relationship of his music to painting and of his painting to music, as manifested in the correspondence between Schönberg and Kandinsky, in the opera **The Lucky Hand** and in the **Accompaniment to a Film-Scene for Orchestra,** that caught my interest because of their synaesthetic inter-mediality. This is an important basis that constitutes a benchmark for any interaction between image and sound. It is probably true to say that Schönberg's discovery as a painter coincided with a period when a similar synaesthetic approach was being explored in performance and video art. In this respect, it was not so much the self-portraits themselves as the inter-mediality conveyed by the form and texture of Schönberg's painting that interested and influenced me. My own media operas **Der künstliche Wille** (The Artificial Will), **Stimmen aus dem Innenraum** (Voices from the Interior) and **Wagners Wahn** (Wagner's Madness), all of which premiered at the **ars electronica** in Linz, are the direct result of my involvement with Schönberg's painting and music."[7]
In the field of experimental video art, Dara Birnbaum is by no means the only artist to have made use of a work by Arnold Schönberg. Nam June Paik, pioneer of video art, graduated from the University of Tokyo with a piece on Arnold Schönberg, and it was in this context that he came to Germany, where he met Schönberg's former student John Cage. Paik took Cage's continuation of Schönberg's ideas as the foundation of the new media art that was emerging with television technology. On a record cover in 1977, Paik described the New York art world of the time: choreographer Merce Cunningham had wanted him to provide the music for a ballet. In his homeland, Korea, Paik had had no access to any information about modern art in the 1940s, but in 1947 he can stumbled upon the name of Schönberg. Years later, he had found his first Schönberg recording – a Japanese recording of **Transfigured Night** of 1902 (p. 40). He never forgot his disappointment: "pure Wagner junk". Twenty-five years later, he found the same record in New York. For Merce Cunningham's ballet, he simply played it slowed down to 16 rpm. Merce Cunningham's response was, "You've improved Schönberg." According to Paik, it was through Schönberg that he came to understand the principle of the radical avant-garde.[8]
In the past thirty years, the influence of Schönberg's oeuvre has also been evident in painting. This may seem surprising, since neither the artists who look to Schönberg as a painter nor the critics of his work consider his pictures masterpieces. Nevertheless, or perhaps precisely because of this, the paintings of Arnold Schönberg have prompted many

JOSEPH BEUYS / NAM JUNE PAIK
PIANODUETT / PIANO DUET IN MEMORIAM GEORGE MACIUNAS,
AKADEMIE DÜSSELDORF, 1978
PHOTO: G. W. THEIL

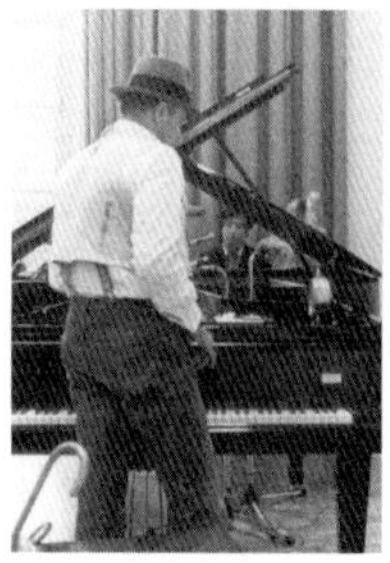

ARNOLD SCHÖNBERG
FAKSIMILE VERKLÄRTE NACHT /
FACSIMILE TRANSFIGURED NIGHT

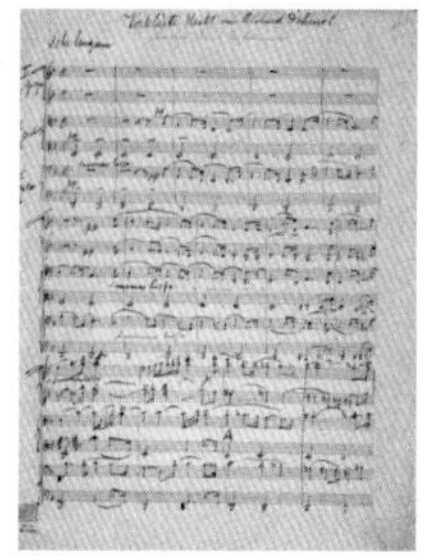

haben. In seiner koreanischen Heimat war Paik in den vierziger Jahren von jeder Information über moderne Kunst abgeschlossen gewesen, stieß aber 1947 auf den Namen Schönberg. Jahre später fand er die erste Schönberg-Platte, eine japanische Einspielung der **Verklärten Nacht** von 1902. Nie werde er die Enttäuschung vergessen: „reiner Wagner-Quatsch". Fünfundzwanzig Jahre später fand er die gleiche Platte in New York. Für Merce Cunninghams Ballett spielte er sie vierfach verlangsamt mit 16 Umdrehungen pro Minute. Daraufhin soll Merce Cunningham gesagt haben: „Du hast Schönberg verbessert." Paik fügt hinzu, dass er durch Schönberg das Prinzip der radikalen Avantgarde verstand.[8]

Ein zweiter Einflussverlauf von Schönbergs Werk in der bildenden Kunst ist seit drei Jahrzehnten im Bereich der Malerei auszumachen. Dies mag überraschen, da weder die Künstler, die sich auf den Maler Schönberg beziehen, noch die Interpreten behaupten, dass es sich bei Schönbergs Bildern um ausgefeilte Meisterwerke handle. Dennoch – oder gerade deshalb – wurden die Gemälde von Arnold Schönberg für viele Maler zum Anlass, sich an unkonventionelle Mittel und Themen heranzuwagen, jenseits der malerischen Gepflogenheiten zu agieren und die Last der Tradition zu vergessen. „Schönberg hat doch diese völlig delirierenden Experimente gemacht?", fragt der französische Maler Bernard Frize, ein führender Vertreter abstrakter Malerei. Der Schweizer Künstler Thomas Hirschhorn erinnert sich an „Gesichter mit rot- und gelbumränderten, flackernden, aufgerissenen Augen". Die Amsterdamer Malerin südafrikanischer Herkunft, Marlene Dumas, eine der wichtigsten Vertreterinnen figuraler, politischer und feministischer Malerei, setzte sich um 1985 in ihren Bildern mit Schönberg auseinander. Ihr Galerist Paul Andrisse hatte ihr Schönbergs Bilder gezeigt: „I was quite fascinated by them, to start with, not knowing them and also because of my love for the art of the insane. He apparently painted them for therapeutic reasons."

„Schönberg beginnt dort, wo die technische Beherrschung aufhört", schreibt der junge Maler und Konzeptkünstler Fabien Verschaere als Begründung dafür, dass er Schönberg als malerisches Vorbild ansieht, auf einer Stufe mit Antonin Artaud, Jean-Michel Basquiat, Joseph Beuys und Henri Michaux – die Namensliste ist nicht zufällig, wie wir noch sehen werden. Von den „theatralischen Übungen wie Schieles Selbstporträts" habe sich Schönberg beispielhaft befreit: „Seine Malerei ist nicht mehr ein Konzept, sondern eine Frage der Vitalität."[9] Diese Reaktionen heutiger Künstler lassen die Bandbreite widersprüchlichster Interpretationen erkennen, die sich gegenwärtig an Schönbergs Bildern festmachen, wobei jede für sich eine produktive Rolle für den jeweiligen Künstler spielt.

Seit der Retrospektive der Gemälde, die 1991 und 1992 in Wien, Köln und Manchester zu sehen war, dringt die Schönberg'sche Malerei ins Bewusstsein der jüngeren Künstlerschaft. Das war schon an den Rezensionen abzulesen. In der Bonner Zeitschrift **Kunstforum International**

artists to approach unconventional means and themes, going beyond the bounds of painterly custom and forgetting the burden of tradition. "Schönberg indulged in such experiments of utter delirium?" asks French painter Bernard Frize, a leading representative of abstract painting. The Swiss artist Thomas Hirschhorn recalls: "Faces with wide-open, flickering eyes rimmed in red and yellow". Marlene Dumas, an artist of South African origin living in Amsterdam and one of the most important representatives of figural, political, and feminist painting, addressed the work of Schönberg in her first exhibition catalogue in 1985. Her gallerist Paul Andrisse had shown her paintings by Schönberg. "I was quite fascinated by them, to start with, not knowing them and also because of my love for the art of the insane. He apparently painted them for therapeutic reasons."

"Schönberg starts where technical mastery stops," writes the young painter and conceptual artist Fabien Verschaere, who ranks Schönberg the painter alongside Antonin Artaud, Jean-Michel Basquiat, Joseph Beuys, and Henri Michaux. The names are not chosen at random, as we shall see later on. Schönberg, he explains, emancipated himself in an exemplary way from "the histrionics of Schiele's self-portraits." Moreover, "his painting is not so much a concept as a question of vitality".[9] The reactions of contemporary artists indicate the broad range of interpretations currently associated with Schönberg's paintings, whereby each, in its own way, plays a productive role for the respective artist.

Since the retrospective exhibition of Schönberg's paintings shown in 1991 and 1992 in Vienna, Cologne, and Manchester, his work has taken on a tangible presence in the mind of the younger generation. This was already evident in the reviews. Writing in **Kunstforum International,** the influential Austrian critic Christian Kravagna expressed his fascination: "These images display the fully blossomed freedom of an artist who, as an amateur, is bound neither to painterly conventions nor to the postulation of an avant-garde counterposition in the guise of a style."[10] Kravagna's view was informed by the ideological critique of Modernism that predominated in the nineties. It is echoed in the exhibition review by the influential artist and theoretician Jutta Koether in the New York **artforum**: "It is always interesting to observe an artist who is recognised in one arena while struggling in another with an almost more brilliant insouciance. In Arnold Schönberg's case, the struggle produced a considerable number of interesting paintings: fascination/failed paintings of bizarre curiosity."[11] In this 1992 issue of **artforum**, Schönberg as painter is presented alongside such artists as Rosemarie Trockel, Felix Gonzalez-Torres, and Dennis Adams. Jutta Koether compares the "superrealism" of Schönberg's self-portraits with a European version of Pop Art in the style of Otto Muehl.

Neo-Expressionist painter Herbert Brandl, whose work was included in the 1992 **documenta** exhibition, had been introduced to Schönberg's paintings around 1980 by Peter Weibel, his teacher at the Hochschule

MARLENE DUMAS
YOUNG BOY (WITH A BODY FROM 1997 AND A FACE FROM 1998), 1998

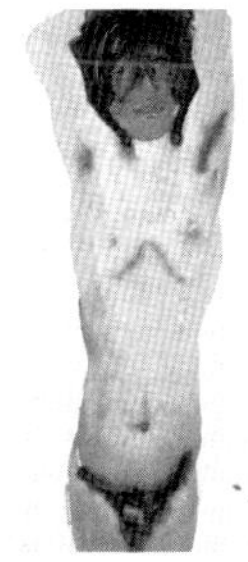

MARLENE DUMAS
THE SHRIMP, 1998

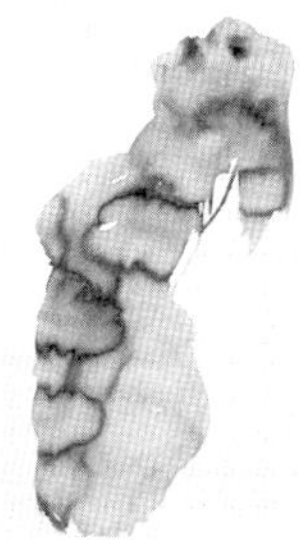

zeigte sich der einflussreiche österreichische Kritiker Christian Kravagna nachhaltig von Schönbergs Selbstporträts und „Blicken“ fasziniert: „In diesen Bildern kommt die Freiheit eines Künstlers zur vollständigen Entfaltung, der als Dilettant weder an bestimmte malerische Konventionen noch – wie der Avantgardist – an die Postulierung einer als Stil gefassten Gegenposition gebunden ist.“[10] Kravagnas Sicht war von der Ideologiekritik der Moderne geprägt, die die neunziger Jahre dann insgesamt bestimmen sollte. Dem entspricht die Ausstellungsbesprechung der einflussreichen Künstlerin und Theoretikerin Jutta Koether im New Yorker Kunstmagazin **artforum:** „It is always interesting to observe an artist who is recognized in one arena while struggling in another with an almost more brilliant insouciance. In Arnold Schönberg's case, the struggle produced a considerable number of interesting paintings: fascination/failed paintings of bizarre curiosity.“[11] In dieser Ausgabe des **artforum** aus dem Jahr 1992 findet sich der Maler Schönberg unter aktuelle Künstler wie Rosemarie Trockel, Felix Gonzalez-Torres und Dennis Adams gereiht. Jutta Koether vergleicht den „Superrealismus“ in Schönbergs Selbstporträts mit einer europäischen Version der Pop Art à la Otto Mühl.

Der neo-expressionistische Maler Herbert Brandl, **documenta**-Teilnehmer von 1992, hatte Schönbergs Gemälde um 1980 durch seinen damaligen Lehrer Peter Weibel an der Wiener Hochschule für angewandte Kunst kennen gelernt. Seither blieben diese Bilder für ihn ein konstanter Bezugspunkt, wegen ihrer Intensität und Unvollendetheit einerseits, die vieles offen und weiterführbar lässt, und wegen ihrer unorthodoxen Gehalte: wegen der flächigen Malweise, die die Deformation nicht durch eine übersteigerte Linienkunst aufbaut wie bei den „professionellen“ Expressionisten Richard Gerstl und Egon Schiele, wegen ihrer ungewohnten Farbmischungen sowie wegen des koloristisch, über Klangfarbmelodien und nicht optisch strukturierten Bildraums, der die Möglichkeit eines nichtfigurativen Expressionismus eröffnet. Schönberg interessiert Brandl als Maler, weil in seinen Bildern alles auf Wagnis und Versuch aufgebaut ist, nicht auf Vollendung, und sich dadurch koloristische und harmonische Möglichkeiten eröffnen, die im „professionellen“ Expressionismus beiseite gelegt wurden.

Der Konzeptkünstler Sarkis hat durch die Beschäftigung mit Schönbergs Malerei die autonome zeichnerische und malerische Dimension seiner eigenen Arbeit verstärkt: „Schönberg interessiert mich überaus, ebenso wie Strindberg, Tagore und Artaud. Sie haben Malerei als Fixierung betrieben: eine ‚fixe Malerei' (wie eine fixe Idee). Selbstverständlich waren sie im Übrigen große Künstler, mit einem Werk, das sich in ständiger Veränderung und stürmischer Entwicklung befand! [...] Ich höre weiterhin seine Kompositionen. In den Jahren 1984/85 war Schönbergs Musik sehr präsent in meiner Arbeit, was bis zu Zuständen der Stille ging. Ich habe mich damals auch mit Joseph Matthias Hauer auseinandergesetzt [...]“[12] „[Schönbergs] Malerei nahm ich immer ein bisschen so wahr

für angewandte Kunst in Vienna. They have been a point of reference for him ever since – not only because of their intensity and the sense of unfinished imperfection that leaves so many avenues open, but also because of their unorthodox aspects: the flatness of the brushwork which does not build up an exaggeratedly linear art in the manner of “professional” Expressionists such as Richard Gerstl or Egon Schiele; the unusual colour mixes; the handling of space by means of the tone and melody of colour, rather than by optical structuring, opening up the possibility of a non-figurative Expressionism. Brandl was interested in Schönberg as a painter because everything in his pictures emanated from boldness and experimentation, rather than from the pursuit of perfection, with the result that they tapped a potential for colour and harmony dismissed in “professional” Expressionism.

Conceptual artist Sarkis has found the study of Schönberg's painting to have strengthened the dimension of drawing and painting in his own work: “Schönberg interests me enormously, as do Strindberg, Tagore, and Artaud. All of them used painting as a fixation – a kind of ‘peinture fixe’ (as in idée fixe). Needless to say, they were great artists, whose oeuvre was constantly and dramatically changing and developing! ... I still listen to his compositions. In the period between 1984 and 1985 Schönberg's music was very much a presence in my work, right through to the states of silence. I also took a keen interest in Joseph Matthias Hauer at the time ...”[12] “His [Schönberg's] painting was something I tended to regard as the B-side of a record, which was what made it so interesting,” says painter Michel Marjus. As a youth, he had looked to Schönberg's relationship with his contemporaries: “I could clearly recognise a structure in it [Schönberg's handling of atonality] with which I could identify, and I had the impression that he wanted people to understand it, that people who didn't feel comfortable with atonality should or could understand it. I found that was a good basis for doing something of my own.”[10]

The way today's artists see Schönberg's paintings could be summarised as follows: they are “paintings for painters” in the sense that, although his work gained less popularity among a wider audience, it did influence artists, who tended to treat it as an “insider tip”, which meant that it had an underlying impact. Two aspects are emphasised by painters, in particular. In the “free” pictures – beyond portraits of other people – Schönberg had the courage to jettison all conventions. He disregarded traditional notions of painting in order to convey the desired expression as directly as possible. The Expressionist aim of conveying emotion and feeling with the greatest possible immediacy is actually achieved by Schönberg in his self-portraits, “gazes”, and stage set designs with total disregard for composition, spatial structure, three-dimensionality, light and shade, contour, draughtsmanship, the figure-ground relationship, and the laws of colour contrasts. Schönberg paints with a dirty palette, the form is not generated by contour, and the image

wie B-Seiten auf Schallplatten, was ich gerade deshalb auch interessant fand“, sagt der Maler Michel Majerus. Als Jugendlicher habe er sich an Schönbergs Verhältnis zu seinen Zeitgenossen orientiert: „Ich konnte darin [Schönbergs Umgang mit der Atonalität] ganz gut eine Struktur erkennen, mit der ich mich selbst identifizieren konnte und ich hatte so das Gefühl, er will, dass das die Leute verstehen sollen oder dürfen, die sich mit Tonalität unwohl fühlen. Das fand ich eine gute Grundlage, etwas Eigenes herzustellen.“[13]

Zusammenfassend könnte man die Beziehung heutiger Maler zu den Schönberg'schen Bildern wie folgt beschreiben: Es handelt sich um „Bilder für Maler“ in dem Sinne, dass dieses Werk weniger beim breiten Publikum populär wurde, sondern Künstler beeinflusst, von ihnen häufig als interessanter Geheimtip gehandelt wird und auf diese Weise eine untergründige Wirkung ausübt. Zwei Aspekte werden von Malern besonders hervorgehoben. In den „freien“ Bildern – jenseits der Porträts anderer Personen – hatte Schönberg den Mut, alle Konventionen abzuwerfen. Er ließ die herkömmlichen Vorstellungen von Malerei außer Acht, umso direkt wie möglich den erstrebten Ausdruck anzugehen. Das expressionistische Anliegen, Emotionen und Affekte möglichst unmittelbar zu vermitteln, erreicht Schönberg in den Selbstporträts, „Blicken“ und Bühnenbildentwürfen, ohne sich um Komposition, Raumaufbau, Dreidimensionalität, Hell-Dunkel, Konturen, Zeichnung, das Verhältnis von Figur und Grund und um gesetzmäßige Farbkontraste zu kümmern.

Schönberg malt mit Palettenschmutz, die Form ergibt sich nicht über Umrisslinien, und das Bild gewinnt seinen Halt über den radikalen Gegensatz von Flächigkeit und psychologisch dargestellten Augen. Gilles Deleuze beschrieb diese Konstellation von blassem, leinwandfüllendem Antlitz und abgrundtiefen Augen als Darstellung reiner Affekte im expressionistischen Film.[14] Dazu schuf Schönberg ein Gegenstück in den Bildern, die aus jeder kunsthistorischen Einordnung herauszufallen scheinen. Es handelt sich um eine der großen Sonderpositionen der modernen Malerei, zu denen auch die Bilder der Schriftsteller August Strindberg und Antonin Artaud gehören.

Dennoch ist Schönberg als Maler kein Außenseiter. Mit naiver oder gar zustandsgebundener Kunst haben die Bilder nichts zu tun. Schönberg war als Maler Autodidakt, zugleich aber als Musiker – trotz des fehlenden akademischen Studiums – ein überaus professioneller Künstler. Er hat diese spannende Situation im Jahr 1950 selbst beschrieben: „As a painter I was absolutely an amateur. And that I had no theoretical training and only a little esthetic training – this only from general education but not from an education which pertained to painting. In music it was different. I was also an autodidact – I always had the opportunity to study the works of the masters and to study them in quite a professional manner, so that my technical ability grew in the normal manner. This is the difference between my painting and my music.“[15] Jane Kallir hat darauf hingewiesen, dass Schönbergs hochbewanderter Umgang mit

gains its stability from the radical contrast between the overall flatness and the psychologically vivid eyes. Gilles Deleuze describes this constellation of pale, canvas-filling face and eyes as a portrayal of pure affect in Expressionist film.[14] Schönberg thus created a visual counterpoint that seems to defy all art historical classification. It is one of the outstanding special positions of modern painting, on a par with the writings of August Strindberg and Antonin Artaud.

Nevertheless, Schönberg the painter is no “outsider”. His paintings have nothing to do with naive art, let alone expressive states. Schönberg taught himself to paint, yet as a musician, in spite of his lack of academic training, he was very much a professional artist. He described this situation himself as follows in 1950: “As a painter I was absolutely an amateur. And I had no theoretical training and only a little aesthetic training – this only from general education but not from an education which pertained to painting. In music it was different. I was also an autodidact – I always had the opportunity to study the works of the masters and to study them in quite a professional manner, so that my technical ability grew in the normal manner. This is the difference between my painting and my music.”[15]

Jane Kallir has pointed out that Schönberg's approach to composition, which won the recognition even of his opponents, indirectly contributed to his finding interesting perspectives in painting.[16] Conversely, in spite of the times around 1910 when he considered earning his living, at least in part, by painting, Schönberg knew and sensed that future generations would not judge him by his painting, but by his music. The resulting freedom from institutional and professional constraints can be sensed in his pictures. They are paintings that open up and touch upon many things without actually bringing them to a conclusion. The self-portraits, “gazes”, and stage sets are full of interesting possibilities, but in conventional terms they are unfinished. This is particularly interesting for professional painters, since the unfinished possibilities can be continued elsewhere. In other words, Schönberg's status as an amateur actually works to his advantage in that Schönberg does not translate the various new angles and theories he discovers in his work on canvas or paper into the coded syntax of a new style, in the manner of, say, Kandinsky, who was exploring similar painterly innovations at around the same time. The planarity of the image, the spontaneous and impromptu non-relational handling of colour, the uncontoured line, openness of form, and extreme reduction to informal discoveries are all revealed in Schönberg's paintings as though on a palette. They make the transition to the painting of the second half of the 20th century which emerged from the Abstract Expressionism of the New York School. These discoveries can also be found in the work of other early 20th century painters, such as the Fauves or Maurice Denis. Yet professional painters had to reduce them to a personal style that could be controlled since such extreme innovation meant that not everything could be implemented in

Komposition, der selbst von seinen Gegnern anerkannt wurde, indirekt dazu beitrug, dass er in der Malerei interessante Perspektiven fand.[16] Umgekehrt wieder wusste und spürte Schönberg trotz der Episoden von 1910, als er an einen möglichen Nebenverdienst durch Malerei dachte, dass er von der Kunstgeschichte nicht an seiner Malerei gemessen werden würde, sondern an der Musik. Das gab ihm eine Freiheit von institutionellen und professionellen Zwängen, die in den Bildern zum Ausdruck kommt. Um in der Sprache der Maler zu sprechen: Es wird in diesen Gemälden viel aufgerissen, angedeutet, aber nicht voll ausgeführt. Die Selbstporträts, „Blicke“ und Bühnenbildentwürfe stecken voller interessanter Möglichkeiten, sind aber in herkömmlicher Hinsicht nicht fertiggemalt. Das ist besonders interessant für professionelle Maler, denn die unausgeführten Möglichkeiten können anderswo weitergeführt werden. Anders gesagt: Die Amateursituation von Schönberg als Maler wird darin zum Vorteil, dass Schönberg die verschiedenen neuen Perspektiven und Hypothesen, die er in der Arbeit an der Leinwand oder auf dem Papier entdeckt, nicht systematisiert und nicht zu einem neuen Stil codiert, wie es etwa der Malerprofi Kandinsky zum gleichen Zeitpunkt mit ähnlichen malerischen Neuerungen unternahm. Die Flächigkeit des Bildes, eine spontane, unbegründete, nichtrelationale Farbgebung, eine konturlose Linie, die offene Form, eine extreme Reduktion auf informelle Zeichen ohne ihre Rückführung auf ein geometrisches oder bestimmbares Vokabular – all diese Entdeckungen liegen in Schönbergs Bildern wie auf einer Palette dar. Sie leiten zur Malerei der zweiten Hälfte des 20. Jahrhunderts über, die aus dem Abstrakten Expressionismus der New Yorker Schule hervorging. Diese Entdeckungen sind auch bei anderen Malern im ersten Jahrzehnt des 20. Jahrhunderts anzutreffen, den Fauves etwa oder in Maurice Denis' koloristischen Urlaubsbildern, um nur zwei Beispiele zu nennen. Professionelle Maler aber mussten sie auf einen kontrollierbaren Personalstil reduzieren, da in der extremen Neuartigkeit nicht gleich alles umsetzbar war und zu Ende geführt werden konnte. Diesen Zwang kannte Schönberg nicht. In seinen Bildern stellen sich die Bauteile der neuen Malerei unverbunden, unverarbeitet, damit aber auch frisch und unverbraucht vor. Der polnisch-französische Maler Adam Adach, Jahrgang 1962, stellt den Maler Schönberg über Kandinsky, dessen „euphorische Verbindung von Spiritualität und Avantgarde“ ihm jahrelang zu schaffen gemacht habe: „Schönberg ist anders. Seine Kraft und Originalität beruhen darauf, dass er in der Malerei im vorprofessionellen Stadium innehielt. In einem Lexikon las ich einmal, er sei in der Malerei kein Neuerer gewesen (das bezog sich auf die Ausstellung des Blauen Reiter). Glücklicherweise hat er nicht versucht, seine musikalischen Neuerungen in der Malerei anzuwenden. Er schrieb selbst in einem Brief an Kandinsky: Wenn man fähig sei, sich selbst zuzuhorchen, seine Strebungen zu erkennen, sein ganzes Sein einzusetzen, auch sein Denken, dann sei es nicht notwendig, ein Pionier zu sein. Dieser Aspekt von ‚Amateur-Arbeiten‘ sagt mir sehr

the same manner and carried through. Schönberg was not subject to this kind of pressure. In his pictures, the components of new painting are presented unbound, unprocessed, fresh, and unused. The Polish-French painter Adam Adach, born in 1962, rates Schönberg over Kandinsky, whose "euphoric combination of spirituality and the avant-garde" had been a source of suffering for years. "Schönberg is different. His power and originality are based on the fact that he stopped painting at the pre-professional stage. I once read in a lexicon that he was not an innovator in painting (it was a reference to the Blaue Reiter exhibition). Fortunately, he did not try to apply his musical innovations to painting. He wrote in a letter to Kandinsky that if one was capable of listening to one's own inner voice, of recognising one's tendencies and applying oneself fully, including one's ideas, then it was not necessary to be a pioneer. This aspect of "amateur work" appealed to me enormously. Often, the paintings are finished even though the figure remains unfinished."[17]

"Very few people actually trust these pictures. Most instinctively hate them. So do painters: the fear of having to paint like that one day terrified the life out of the heathens," wrote Albert Paris von Gütersloh in 1912.[18] He was one of the key mediators between Schönberg and the Vienna art world, and after the Second World War he became something of a local art pope and mentor of the Vienna School of Fantastic Realism. Three questions dominate the reception of Schönberg's paintings: whether they are to be taken seriously, whether they are of any value in their own right compared to his music, and whether they can be said to have any art-historical significance. After the exhibitions in 1911 and 1912, Schönberg's paintings were more or less forgotten. No later exhibitions were held, though he was included in the Blaue Reiter show at the Haus der Kunst in Munich in 1949 and the County Museum in Los Angeles in 1950. Today, Arnulf Rainer says that in Vienna of the fifties there were no books available on Schönberg's paintings.[19] They find no mention in critical essays or surveys of modern painting until the 1980s. On the occasion of the memorial exhibition held at the Vienna Secession in June 1974 to mark the centenary of Schönberg's birth, Robert Waissenberger described the paintings in the catalogue as one-offs: "And so the spectator would be well advised to consider Schönberg's paintings in connection with his music or simply as a component of his personality as a whole, where they are to be described only as a marginal phenomenon, not least of all because they had no further influence on art."[20]

It was Werner Hofmann who was the first to point out the value of Schönberg's paintings in their own right. In connection with a 1969 exhibition at the Museum des 20. Jahrhunderts in Vienna, also shown in Eindhoven, he wrote, "Insofar as Schönberg's development can be deduced from the surviving pictures, Kandinsky's work had no part in it. The visionary heads are redolent of Redon, and Kubin also springs to mind. The physiognomic grotesques with their swelling forms – **The**

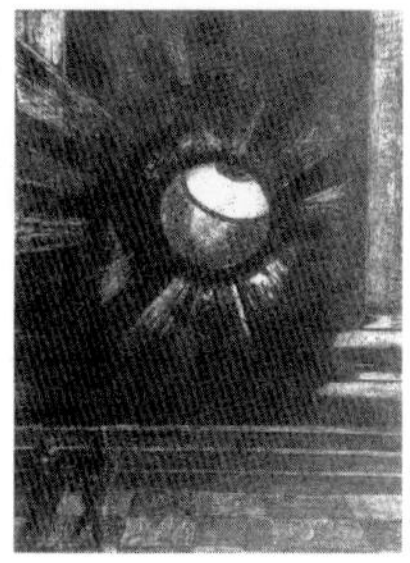

ODILON REDON
VISION, AUS DER SERIE / FROM THE SERIES "DANS LE RÊVE", 1879.
LITHOGRAPHIE / LITHOGRAPHY

zu. Oft sind die Bilder auch vollendet (nicht ohne Betulichkeit), obgleich die Figur unvollständig bleibt."[17]

„Ganz wenige haben Zutrauen zu diesen Bildern. Die meisten hassen sie beim ersten Ansehen instinktiv. So die Maler: denn die Furcht, einmal vielleicht so malen zu müssen, hat die Heiden zu Tode erschreckt", schrieb schon Ende 1912 Albert Paris von Gütersloh,[18] der als Maler, Kritiker und Schriftsteller zu den wichtigen Vermittlern zwischen Schönberg und der Wiener Malerszene zählte und nach dem Zweiten Weltkrieg zum lokalen Kunstpapst und Mentor der Wiener Schule des Phantastischen Realismus aufstieg. Die Rezeptionsgeschichte von Schönbergs Bildern ist von drei Fragen geprägt: ob sie ernst zu nehmen seien oder nicht, ob sie gegenüber Schönbergs Musik einen eigenständigen Wert besäßen und ob ihnen eine kunsthistorische Bedeutung zugesprochen werden könne. Nach den Ausstellungen in den Jahren 1911 und 1912 wurden Schönbergs Bilder weitgehend vergessen. Spätere Ausstellungen kamen nicht zustande, auch nicht 1949 im Rahmen der Blauen-Reiter-Schau im Münchner Haus der Kunst und 1950 im County Museum in Los Angeles. Arnulf Rainer sagt heute, es habe im Wien der fünfziger Jahre keine Bücher und Dokumente über Schönbergs Bilder gegeben.[19] In kritischen Essays und Handbüchern über moderne Malerei werden sie bis in die achtziger Jahre nicht erwähnt. Anlässlich der Gedächtnisausstellung zum 100. Geburtstag Schönbergs in der Wiener Secession im Juni 1974, die dann in Mailand, Amsterdam, Zürich und Bochum zu sehen war, bezeichnete Robert Waißenberger die Gemälde im Katalog als „Einzelfälle": „Und so wird der Betrachter doch eben gut daran tun, Schönbergs Bilder im Zusammenhang mit seiner Musik oder einfach als Bestandteil seiner gesamten Persönlichkeit zu sehen, innerhalb der sie nur als Randerscheinung zu bezeichnen sind, nicht zuletzt deshalb, weil von ihnen keine weitere Wirkung auf die Kunst ausging."[20] Erstmals hatte Werner Hofmann 1969 im Rahmen einer Ausstellung im Wiener Museum des 20. Jahrhunderts, die auch in Eindhoven gezeigt wurde, den Eigenwert der Bilder hervorgehoben: „Soweit Schönbergs Entwicklung aus den erhaltenen Bildern erschlossen werden kann, hat jedoch Kandinskys Schaffen daran keinen Anteil. Die visionären Köpfe stehen Redon nahe, auch Kubin bietet sich zum Vergleich an. Die physiognomischen Grotesken mit ihren Schwellformen – **Der Sieger, Der Besiegte** (S. 149) – kommen, ebenso wie verwandte Arbeiten Klees (z. B. **Lichtform**, 1910), aus der Stilisierung des Skurrilen, die man im Jugendstil häufig antrifft."[21]

1976 eröffnete die University of Southern California das Arnold Schönberg Institute mit einem großen Teil des Nachlasses. Die kalifornische Kunstszene war damals an der Performance orientiert und pflegte enge Kontakte zum Wiener Aktionismus. Im gleichen Jahr wurde ein Schönberg-Selbstporträt im bahnbrechenden Katalog von Oswald Oberhuber und Peter Weibel, **Österreichs Avantgarde, 1908–1938. Ein unbekannter Aspekt,** gleichwertig neben Bildern von Schiele, Kokoschka, Güters-

Conqueror, The Conquered (p. 149) – are, like the works of Klee (such as **Lichtform**, 1910), rooted in the stylisation of the bizarre, which one still frequently finds in Jugendstil art."[21]

In 1976, the University of Southern California opened the Arnold Schönberg Institute, holding a large proportion of his estate. The focus of the Californian art world at the time was geared towards performance, and there were strong ties with Viennese Actionism. That same year, a Schönberg self-portrait was presented alongside works by Schiele, Kokoschka, Gütersloh, Gerstl, Weber-Tyrol, Hölzel, Boeckel, and Jean Egger in the "Expressionism" chapter of the groundbreaking catalogue by Oswald Oberhuber and Peter Weibel entitled **Österreichs Avantgarde 1908–1938: Ein unbekannter Aspekt** (Austria's Avant-Garde 1908–38: An Unknown Aspect).[22] Schönberg's rediscovery by the Austrian painters of the "Junge Wilde" movement followed in the early 1980s, in part due to Oswald Oberhuber and Peter Weibel.[23] The remarkably successful major exhibitions dedicated to early 20th-century Viennese art and culture that were held in Venice, Vienna, Paris, and New York included Schönberg's paintings alongside the works of other artists as a matter of course. In 1984, the first monographic study of his paintings was published in New York. Its author, Jane Kallir, was the daughter of the émigré Viennese art dealer Otto Kallir, who had rediscovered the work of Richard Gerstl in 1931 and had introduced the American public to Klimt and Schiele in the 1940s. Kallir had also approached Schönberg, unsuccessfully, in 1944, offering to act as dealer for his early paintings. The first retrospective exhibition of Schönberg's painting to be held in a museum was in 1991.[24]

The controversy rages unabated. Schönberg's paintings count among the few documents of early Modernism that are still likely to elicit a sniggering response from art critics. In November 1995, Hervé Gauville wrote in the French daily **Libération,** "The paintings by the composer are shown at the Musée d'art moderne de la Ville de Paris – one wonders why. The museum would have been well advised to take to heart Schönberg's own reluctance to exhibit these works in 1912."[25] Petra Kipphoff, writing in the German weekly **Die Zeit** in May 1981 was no less dismissive. She claimed that the presence of paintings by Richard Gerstl and Arnold Schönberg in Werner Hofmann's exhibition **Experiment Weltuntergang: Wien um 1900** (The End of the World Experiment: Vienna 1900) at the Hamburg Kunsthalle, focusing on fin-de-siècle Vienna, actually lowered the standards of the entire undertaking.[26] In 1992, Alfred Nemeczek wrote in the Hamburg-based periodical **art,** "Schönberg wanted to paint what he missed in painting and what could not be painted: the absolute ... His high aims may be the reason for the failure of the experiment." The article was headed "Aiming Too High".[27]

In June 1910, Schönberg's friend Carl Moll – painter, co-founder of the Secession, and advisor to Galerie Miethke – turned down Schönberg's

loh, Gerstl, Weber-Tyrol, Hölzel, Boeckl und Jean Egger im Kapitel „Expressionismus“ abgebildet.[22] In der Folge ergab sich die Wiederentdeckung von Schönbergs Bildern durch die österreichischen Maler der Jungen Wilden Anfang der achtziger Jahre (zum Teil gleichfalls über Oswald Oberhuber und Peter Weibel).[23] In den Großausstellungen zur Wiener Kunst und Kultur des frühen 20. Jahrhunderts, die zwischen 1984 und 1986 mit unerwartetem Erfolg in Venedig, Wien, Paris und New York stattfanden, schien Schönberg mit seinen Bildern bereits wie selbstverständlich unter den Malern auf. 1984 erschien in New York die erste Monografie über Schönbergs Bilder von Jane Kallir, der Tochter jenes Wiener Galeristen und Emigranten Otto Kallir, der das Werk von Richard Gerstl 1931 wieder entdeckt und ab den vierziger Jahren Klimt und Schiele in den USA bekannt gemacht hatte. Kallir hatte 1944 auch Schönberg, allerdings erfolglos, vorgeschlagen, seine frühe Malerei im Kunsthandel zu vertreten. Die erste Museumsretrospektive von Schönbergs Malerei fand 1991 statt.[24]

Damit aber ist der Streit nicht verebbt. Schönbergs Malerei zählt zu den wenigen Zeugnissen der frühen Moderne, die noch heute bei Kritikern offenes Gelächter auslösen können. Im November 1995 schrieb Hervé Gauville in der Tagezeitung **Libération:** „Die Malerei des Komponisten ist im Musée d'art moderne de la Ville de Paris zu sehen. – Man fragt sich, warum.“ Das Museum wäre gut beraten gewesen, sich Schönbergs Skepsis gegenüber einer Ausstellung dieser Arbeiten aus dem Jahr 1912 zu Herzen zu nehmen.[25] Ebenso direkt urteilte Petra Kipphoff im Mai 1981 in der **Zeit**: Werner Hofmanns Ausstellung **Experiment Weltuntergang. Wien um 1900** in der Hamburger Kunsthalle werde durch die Präsenz der Gemälde von Richard Gerstl und Arnold Schönberg entwertet.[26] 1992 befand Alfred Nemeczek in der Hamburger Zeitschrift **art**: „Schönberg wollte malen, was er in der Malerei vermisste, was sich wohl auch nicht malen ließ: das Absolute. [...] Im hohen Anspruch mag der Grund für den Abbruch des Experiments liegen.“ Die Überschrift des Artikels lautete: „Die Ziele sind zu hoch gesteckt.“[27]

Schon im Juni 1910 hatte Schönbergs Freund Carl Moll – Maler, Mitbegründer der Secession und Berater der Galerie Miethke – die von Schönberg erstrebte Ausstellung mit den Worten abgelehnt, als Maler sei dieser ihm noch im Anfängerstadium verhaftet.[28] Dabei sind es die Bilder von Moll, die heute international vergessen sind, während jene von Schönberg noch ihre Wirkung ausüben. Ähnlich reagiert Otto Mühl, in den sechziger Jahren Mitbegründer des Wiener Aktionismus: „ich habe einen neffen in bad tatzmannsdorf (burgenland), 35 jahre alt, von beruf zuckerbacker. weil es mehr einbringt, arbeitet er als masseur. als ich ihn diesen sommer besuchte, ich hatte ihn ca. 15 jahre nicht mehr gesehen, sagte er, er wäre inzwischen auch ein begeisterter maler. er hätte sich die malerei selbst beigebracht. ich versuchte meinem neffen zu erklären, dass er sich auch mit der formalen entwicklung der malerei befassen müsste. es wäre nicht aufgabe der malerei, stimmungen dar-

request for an exhibition on grounds that, as a painter, he was still a beginner.[28] Today, Moll's own paintings have been forgotten by the international art world, while those of Schönberg still exert an influence. Otto Mühl, a co-founder of Viennese Actionism in the 1960s, says today, “i have a nephew in bad tatzmannsdorf, thirty-five years old, a confectioner by trade. because it is more lucrative, he works as a masseur. when i visited him this summer, not having seen him for fifteen years or so, he told me he was now a keen painter. he had taught himself to paint. i tried to explain to my nephew that he had to study the formal development of painting as well, and that it was not the task of painting to convey moods. he remained unimpressed. he was besotted with the kitsch of his emotions. what he and schönberg have in common is the expressive pathos, the strong feelings that run away formlessly under the brush. in spite of the asceticism of his twelve-tone music, schönberg was unable to control the cloying sentiment that dominates his painting. if freud were to analyse the paintings of my nephew and those of schönberg, he would note a neurotic dysfunction. a neurosis that lets feelings walk alongside reality.”[29] Mühl's reaction can be explained by the fact that he studied under the painter Matejka-Feden at the art academy in Vienna in the 1950s. She was a friend of Oskar Kokoschka, who never thought much of Schönberg's painting.

This also makes it clear just how closely the avant-garde generation of the 1960s was still linked with the founding generation of Modernism and thus with the work of Arnold Schönberg as a whole. Schönberg died in Los Angeles in 1951. Canadian pianist Glenn Gould's legendary 1963 lecture on Schönberg gives one of the most sensitive insights into the creative process that led to Arnold Schönberg's works of visual art. Gould (p. 47) avoided interpreting the paintings, as so many would later do, in terms of a response to the dramatic crisis of emotion and jealousy between Schönberg, his wife Mathilde, and their painting instructor, the young artist Richard Gerstl. Instead, Gould describes Schönberg's struggle to find his direction in a new aesthetic space that he had invented himself. In the spring of 1908, Schönberg broke away from the tonal system that had shaped Western music since the Renaissance. Until a system was re-established with twelve-tone music as “composition with twelve tones which are related only with one another” (1923), he remained within a free musical space in which everything was permitted but there was no longer any means of orientation. Glenn Gould describes the period in which Schönberg sought to enter this new and unknown world without the advantages of a clearly defined system of harmony and how he had to structure the emptiness of dissonance and imbue it with meaning.[30] In this context, painting helped him to develop his initial atonal technique. In contrast to the temporal progression of music, the frozen moment of painting allowed him to explore the brevity and immediacy that he sought for his atonal compositions. Expressions that cover several minutes in music and are subject to progressive develop-

GLENN GOULD, 1959

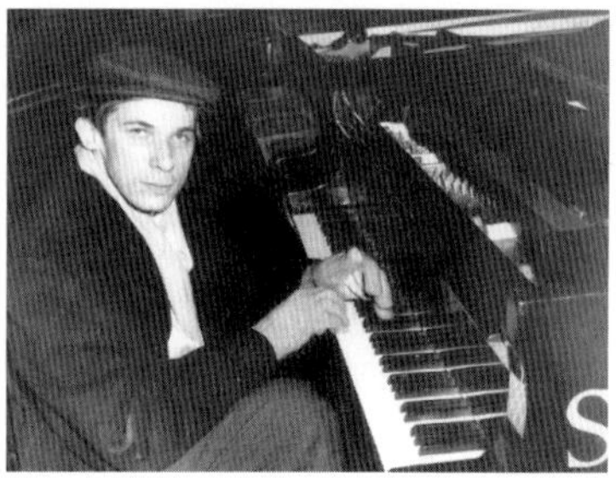

zustellen. er blieb unbeeinflussbar. er war verliebt in den kitsch seiner gefühle. was ihn und schönberg verbindet, ist das expressive pathos, das sind die starken gefühle, die ungestaltet unter dem pinsel weglaufen. trotz der asketik der 12 ton musik konnte schönberg den kitsch seiner gefühle nicht bewältigen, der besonders in seiner malerei dominiert. würde freud die malerei meines neffen und die von schönberg analytisch durchleuchten, müsste er feststellen, dass es sich hier um eine neurotische störung handelt. eine neurose, die ihre gefühle neben der wirklichkeit spazieren lässt."[29] Mühls Reaktion erklärt sich daraus, dass er selbst in den fünfziger Jahren an der Wiener Akademie bei der Malerin Matejka-Felden studierte, einer Vertrauten von Oskar Kokoschka, der nie viel von Schönbergs Bildkunst gehalten hatte.

Darin wird aber auch sichtbar, wie eng die Avantgarde-Generation der sechziger Jahre noch mit der Gründergeneration der Moderne und damit mit dem gesamten Werk von Arnold Schönberg verbunden war. Schönberg starb 1951 in Los Angeles. Der legendäre Vortrag des kanadischen Pianisten Glenn Gould von 1964 steht noch im unmittelbaren Nachleben von Schönbergs Wirken. Goulds Vortragstext ist eine der einfühlsamsten Deutungen des Schaffensprozesses, der zu den bildnerischen Versuchen von Arnold Schönberg führte. Glenn Gould vermeidet die später so geläufig gewordene Deutung der Bilder als Reaktionen auf das Eifersuchtsdrama, das sich 1908 zwischen Schönberg, seiner Frau Mathilde und dem jungen Maler Richard Gerstl ergab, der beide in Malerei unterrichtet hatte. Gould beschreibt stattdessen Schönbergs verzweifelte Versuche, sich in einem neuen ästhetischen Raum zurechtzufinden, den er selbst erfunden hatte. Schönberg brach als Komponist im Frühjahr 1908 mit dem tonalen System, das die abendländische Musik seit der Renaissance bestimmt hatte. Bis zur Wiedererrichtung eines Systems mit der Zwölftonmusik, der „Komposition mit zwölf ausschließlich aufeinander bezogenen Tönen" (1923), befand er sich in einem freien musikalischen Raum, in dem alles erlaubt war, es aber auch keine Orientierungspunkte mehr gab. Glenn Gould spricht vom „Lebensabschnitt, in dem er versucht, in diese neue, fremde Welt ohne die Vorteile eines klar definierten harmonischen Systems einzudringen. [...] [er musste] die Leere der Dissonanz organisieren und in die Hand bekommen, die er sich erschlossen hatte, und ihr einen Sinn geben".[30] In diesem Zusammenhang bot ihm die Malerei eine konkrete Hilfestellung bei der Ausbildung seiner ersten atonalen Technik. Gegenüber dem Zeitverlauf in der Musik brachte ihn das Augenblicksmedium Malerei in ein Verhältnis zu jener Kürze, Unmittelbarkeit und Knappheit, die er auch für seine nachtonalen Kompositionen anstrebte. Expressionen, die sich in den Musikstücken auf mehrere Minuten verteilen und einer Entwicklung unterliegen, ließen sich in den Selbstporträts zu einer einzigen zusammenfassen. Und zuletzt ermöglichte ihm die Malerei, den Bereich des Sichtbaren und der bildenden Kunst als solchen kennen zu lernen, der ab 1909 für die erstrebte Parallelaktion der Ausdrucksmittel Ton, Licht,

ment can be condensed into a single moment in the self-portraits. Finally, painting enabled him to discover the realms of the visual in fine art which played an increasingly important role from 1909 onwards in his quest for the "parallel action" of sound, light, language, and image in his stage sets.

This multifaceted approach is underpinned by much of what Schönberg himself said in the period from 1908 to 1912. In August 1909 he wrote to Ferrucio Busoni, "Away from harmony as the centre or module of an architecture. Harmony is expression and nothing else." On 24 January 1911, in a letter to Kandinsky, he wrote that he felt painting was "the expression of inner processes, inner images," and that the object of painting ceased to "belong merely to the reproducing eye". He also spoke of "eliminating the conscious will in art".[31] His self-portraits are painted without preliminary studies, under the direct impression of emotion, in contrast to the works of Schiele, Gerstl, and Kokoschka. He achieved the same direct expression in composition, with an improvisational approach that paralleled his paintings of the time. Like the work of the Surrealist movement, which emerged a few years later at the end of the First World War, Schönberg made use of the unconscious that was the focus of Sigmund Freud's studies.[32] On 14 December 1911, in a letter to Kandinsky, he spoke of unconscious, direct, and instinctive expression. This line of thought, which was seminal in preparing the ground for 20th-century art, was pursued by Schönberg in both painting and music in the period between 1908 and 1912, whereby his **Theory of Harmony** acted as a clarifying element. In this respect, it is fitting that Schönberg regularly painted whenever he was under psychological pressure – when Richard Gerstl committed suicide (1908), when Gustav Mahler died (1911), when his wife Mathilde Schönberg died (1923), when Hitler came to power (1933), and when Alban Berg died (1934).[33] In 1949, he said in retrospect, "I **was** a painter ... In fact it was the same to me as making music. To me it was a way of expressing myself, of presenting emotions, ideas, and then other feelings, and this is perhaps the way to understand these paintings or not to understand them ... I expressed myself in the same manner as I did in music. I was never very capable of expressing my feelings or emotions in words. I do not know whether this is the reason for my doing so in music and also why I did it in painting, or vice-versa. Because I had this as an outlet, I could renounce expressing something in words."[34]

There is another historical aspect that sheds some light on the singularity of these paintings. It would seem that Arnold Schönberg started painting intensively in 1908 following the first **Kunstschau** exhibition, around the same time as he abandoned tonality in his music. The 1908 Kunstschau was held by a dissident group from the Vienna Secession, headed by Gustav Klimt. As the first exhibition to include works by Oskar Kokoschka and Egon Schiele, the Kunstschau marked Austria's first presentation of Expressionism in the field of painting, a year after

Sprache und Bild in seinen szenischen Kompositionen eine zunehmende Rolle spielte.
Dieser mehrgliedrigen Interessenslage lassen sich zahlreiche Zitate Schönbergs aus den Jahren 1908 bis 1912 zur Seite stellen. Im August 1909 schrieb er an Ferrucio Busoni: „Weg von der Harmonie als Zentrum oder Baustein einer Architektur. Harmonie ist Ausdruck und nichts als das." Am 24. Januar 1911 heißt es in einem Brief an Kandinsky, Malerei sei für ihn „nur der Ausdruck innerer Vorgänge, innerer Bilder", wodurch das Objekt der Malerei aufhöre, „bloß dem reproduzierenden Auge anzugehören". Er spricht von der „Ausschaltung des bewussten Willens in der Kunst".[31] Seine Selbstporträts malt er anders als Schiele, Gerstl und Kokoschka ohne Vorzeichnung direkt unter dem Gefühlseindruck. Den gleichen direkten Ausdruck hatte er sich in der Komposition erarbeitet, wobei er wie in den gleichzeitigen Bildern improvisierend vorging, in Verbindung mit dem von Sigmund Freud analysierten Unbewussten, ähnlich wie im späteren Surrealismus, der wenige Jahre später, am Ende des Ersten Weltkriegs, aufkam.[32] Am 14. Dezember 1911 schrieb er an Kandinsky von unbewusstem, direktem und instinktivem Ausdruck. Diese Leitlinie, die bedeutendes Terrain für die Kunst des 20. Jahrhunderts erschließt, erarbeitete sich Schönberg zwischen 1908 und 1912 in der Malerei und der Komposition, wozu noch die Abfassung der **Harmonielehre** als klärendes Element trat. Deshalb ist es auch durchaus stimmig, dass Schönberg regelmäßig Bilder malte, wenn er unter psychischem Druck stand, beim Selbstmord von Richard Gerstl (1908), beim Tod von Gustav Mahler (1911), beim Tod seiner Frau Mathilde (1923), bei Hitlers Machtergreifung (1933) und nach dem Tod von Alban Berg (1934).[33] 1949 meinte er rückblickend: „Ich war ein Maler [...] Malen bedeutete für mich in der Tat dasselbe wie Komponieren. Es war für mich eine Möglichkeit, mich auszudrücken, meine Gefühle, Ideen, Stimmungen; das ist vielleicht der Schlüssel zum Verständnis dieser Bilder – oder zum Nichtverständnis [...] Ich habe mich auf dieselbe Weise ausgedrückt wie in der Musik. Ich konnte meine Stimmungen oder Gefühle nie in Worten ausdrücken. Ich weiß nicht, ob das die Ursache dafür ist, dass ich das eben mit Musik und Malerei zu tun versucht habe, oder umgekehrt. Da ich diese Möglichkeit als ein Ventil benutzen konnte, konnte ich darauf verzichten, etwas in Worten ausdrücken zu müssen."[34]
Ein weiterer historischer Aspekt beleuchtet die Eigenart dieser Gemälde. Arnold Schönberg scheint im Jahr 1908 nach der ersten **Kunstschau** intensiv zu malen begonnen zu haben, was mit der Abkehr vom tonalen System in seiner Musik zusammenfällt. Die Kunstschau von 1908 wurde von einer Dissidentengruppe der Wiener Secession unter Führung von Gustav Klimt organisiert und brachte mit der ersten Ausstellungsbeteiligung von Oskar Kokoschka und Egon Schiele den ersten Auftritt des Expressionismus in Österreich im Bereich der Malerei, ein Jahr nach dem bahnbrechenden Buch **Abstraktion und Einfühlung** von Wilhelm Worringer und nach anderen Ausstellungen in Dresden und Paris.[35]

Wilhelm Worringer's groundbreaking book **Abstraction and Empathy** and following other exhibitions in Dresden and Paris.[35] Although Schönberg felt firmly rooted in Expressionism he did not adopt the Fauvist style of figural deformation and abruptly broken lines that are to be found in the work of Gerstl, Kokoschka, and Schiele. The moment of aggression and the portrayal of emotional states are countered by the notion of clarification propounded by Karl Kraus, whom Schönberg deeply admired. Apart from the flatness and the focus on the eyes, concentrating on the essence is the hallmark of Schönberg's painting. The structure is extremely clearly exposed in the paintings, which is why the expression breaks through without pathos or wildness. Schönberg describes himself as a Constructivist. On the other hand, he developed his amorphous sign language beyond the bounds of conventional pictorial means in the context of theosophy, whose most high-profile proponent was the Austrian Rudolf Steiner. Theosophy is also the strongest link with Kandinsky (and later Mondrian),[36] whereas the path from Rudolf Steiner to Beuys is direct. Other references can be found to Munch, whose work Schönberg saw on several occasions in Vienna and Prague, and to Erich Mallina, whose blend of Symbolism and Jugendstil created "visionary" images verging on the abstract around 1905, albeit without the power and Expressionist will of Schönberg's painting.
In the second half of the 20th century, Schönberg became a focus of the avant-garde in two very different ways. From the post-war years to the 1960s, the "second Schönberg", with his twelve-tone method and serial technique, played an outstanding role in the emergence of Constructivist art forms which no longer refer, as in the abstract art of the interwar years, to natural forms and natural harmonies, but were entirely autonomous. This applies both to serial music and to experimental writing, concrete and visual poetry, abstract experimental film. Peter Kubelka, Kurt Kren, Mark Adrian, and John Whitney elevated serial technique to a structural method of non-narrative film art. An important mediating role was played in this context by the musician, composer, writer, painter, and theorist Gerhard Rühm, who was the first to graduate at the Vienna Conservatory with an examination on the works of Arnold Schönberg. Rühm later foreshadowed Viennese Actionism with his "Wiener Gruppe" (Friedrich Achleitner, Konrad Bayer, Gerhard Rühm, and Oswald Wiener) and was very active in the world of art and literature. The influence of "serial Schönberg" reaches as far as Art Informel, with artists such as Hans Hartung taking direct inspiration from Schönberg's twelve-tone music in their spontaneous acts of painting.
Since the 1970s, primarily through his painting, Arnold Schönberg has become a something of a clandestine key figure in Neo-Expressionism, as the various art directions based on primacy of expression as opposed to the consciously formalist approach of Minimalist and Conceptual, may be termed. This includes performance art and the Happenings of the 1960s, as well as a considerable proportion of photography and vi-

Obgleich sich Schönberg zutiefst im Expressionismus verwurzelt fühlte, übernahm er in seiner Malerei nicht jenen fauvistischen Stil, mit der Deformation der Figur und der gewalttätigen, aufbrechenden Linie, den Gerstl, Kokoschka und Schiele teilen. Dem Aggressionsmoment und der Aufzeichnung von Gefühlszuständen stellte er die Idee der Klärung entgegen, die der von ihm so verehrte Karl Kraus in seiner Sprachtheorie vertrat. Neben der Flächigkeit und der Zuspitzung auf ein malerisches Element, als das – beliebig herausgegriffen – die Augen fungieren, prägt die Komprimierung auf das Wesentliche Schönbergs Malerei. Die Struktur wird in den Bildern extrem klargelegt, und deshalb bricht die Expression gerade ohne Pathosgesten und Wildheit durch. Schönberg selbst spricht von sich als einem Konstruktivisten. Zum anderen entwickelte er seine amorphe Zeichensprache außerhalb der konventionellen Bildmittel im Zusammenhang der Theosophie, die im Österreicher Rudolf Steiner einen prägnanten Vertreter gefunden hatte. Die Theosophie bildet auch die nachhaltigste Verbindung zu Kandinsky (und später zu Mondrian),[36] während von Rudolf Steiner ein direkter Weg zu Beuys verläuft. Andere Bezüge liegen bei Munch, dessen Werk Schönberg wiederholt in Wien und Prag sehen konnte, sowie in der Verbindung von Symbolismus und Jugendstil bei Erich Mallina, der um 1905 fast abstrakte, visionäre Bilder erreichte, allerdings ohne die Kraft und das expressionistische Kunstwollen von Schönbergs Malerei.

In der zweiten Hälfte des 20. Jahrhunderts wurde Schönberg zweimal auf ganz verschiedene Weise zu einem Bezugspunkt der Avantgarde. Von der Nachkriegszeit bis in die sechziger Jahre spielte der „zweite Schönberg", mit der Zwölftonmethode und der Reihentechnik, eine eminente Rolle bei der Ausbildung konstruktivistischer Kunstformen, die sich nicht mehr – wie in der abstrakten Kunst der Zwischenkriegszeit – auf Naturformen und natürliche Harmonien bezogen, sondern völlig autonome Setzungen vornahmen. Dies gilt sowohl für die serielle Musik als auch für die experimentelle Dichtung, mit der konkreten und der visuellen Poesie, sowie für den abstrakten Experimentalfilm. Peter Kubelka, Kurt Kren, Mark Adrian und John Whitney haben, neben vielen anderen, die Reihentechnik zu einer strukturellen Methode nichtnarrativer Filmkunst erhoben. Eine wichtige Vermittlerrolle spielte in diesem Zusammenhang der Musiker, Komponist, Dichter, Maler und Theoretiker Gerhard Rühm, der 1950 als Erster am Wiener Konservatorium die Diplomprüfung mit Werken Schönbergs ablegte. In der Folge nahm Rühm mit der Wiener Gruppe, zu der außerdem Friedrich Achleitner, Konrad Bayer und Oswald Wiener gehörten, den Wiener Aktionismus vorweg und war in der Kunst- und Literaturszene höchst aktiv. Der Einfluss des „seriellen Schönberg" reicht bis in die informelle Malerei, denn Maler wie Hans Hartung ließen sich in den fünfziger Jahren von Schönbergs Zwölftonmusik unmittelbar beim spontanen Malakt inspirieren. Seit den siebziger Jahren dagegen ist Arnold Schönberg – vornehmlich mit seiner Malerei – zu einem heimlichen Hauptzeugen des Neo-

deo art and various forms of figurative painting. For many Neo-Expressionist artists, Schönberg's painting was a major influence. The sheer diversity of interpretations and the range of ways in which Schönberg's work has been applied to Neo-Expressionist art include the use of sound in recent contemporary art, as in the work of Franz Pomassl and Carsten Nicolai. Schönberg has remained very much an artist's artist. Yet when Hermann Nitsch says that "Schönberg's **Moses and Aron** gave me enormous courage to do my stuff,"[37] there can hardly be a finer tribute to any artist.

[1] Paul Wilhelm, "Bei Arnold Schönberg", in: Neues Wiener Journal, 10 January 1909, p. 3.

[2] Dara Birnbaum, exh. cat. Kunsthalle Wien, Vienna 1995, esp. pp. 94–97. The work was produced by museum in progress, Vienna. See the interview with Hans Ulrich Obrist in the cataloque.

[3] Dara Birnbaum. Erwartung Expectancy, exh. cat. Marian Goodman Gallery, Paris 2001.

[4] The plot of Schönberg's Expectation is very succinct: a woman lost in a forest at night suddenly finds the body of her lover lying on the ground and lets out a harrowing scream. "The entire piece can be regarded as a dream of fear." (Schönberg) The monodrama was staged for the first time in 1924.

[5] Schönberg died in 1951 as "an American composer of Austrian origin", having become an American citizen in 1941. Because of his father's birthplace, he was Hungarian, but had Czech citizenship. Although he repeatedly applied for Austrian nationality, it was never granted. See Nuria Nono-Schönberg (ed.), Arnold Schönberg 1874–1951. Lebensgeschichte in Begegnungen, Klagenfurt 1992, no. 1035.

[6] There is a fine portrait of Schönberg in Cage's legendary book A Year from Monday, Middletown 1969, pp. 43–49. Cage initially shared Schönberg's attraction to painting. His composition class at Black Mountain College shaped a whole new generation of artists from the late 1940s onwards. Even Cage's most radical concepts were foreshadowed by Schönberg. In 1924, introducing Berg's Six Bagatelles for String Quartet, op. 9 (1913), Schönberg announced "May you enjoy the sound of this silence!" Cited by Werner Hofmann in Gegenstimmen. Aufsätze zur Kunst des 20. Jahrhunderts, Frankfurt am Main 1979, p. 109 (also cited in Hofmann's essay "Beziehungen zwischen Malerei und Musik" in Schönberg – Webern – Berg, exh. cat. Museum des 20. Jahrhunderts, Vienna 1969).

[7] Peter Weibel to the author, August 2001. Schönberg had considered using film for The Lucky Hand (1910–13). See Sabine M. Feisst, "Arnold Schönberg and the Cinematic Art" in The Musical Quarterly 83, no. 1 (spring 1999), pp. 93–113. On early video art and Schönberg, see Hans Schengl and Ernst Schmidt Jr., Eine Subgeschichte des Films. Lexikon des Avantgarde-, Experimental- und Undergroundfilms, Frankfurt am Main 1974, p. 1012.

[8] Nam June Paik, "My Jubilee ist unverhemmet" (1977), in Nam June Paik, Du cheval à Christo et autres écrits, ed. Edith Decker and Irmeline Lebeer, Brussels et al. 1993, p. 119.

[9] Statements made by the artist to the author, August 2001.

[10] Kunstforum international 117 (March 1992), p. 352.

[11] artforum, May 1992, p. 130.

[12] Sarkis to the author, August 2001.

[13] Michel Majerus to the author, August 2001.

[14] Gilles Deleuze, L'Image-mouvement. Cinéma I, Paris 1983. The close-ups and full-frame faces in Schönberg's paintings recall film techniques. Similar techniques are used today by Marlene Dumas (as Elly Stegeman pointed out). On Schönberg's interest in Expressionist film, see Sabine M. Feisst (see note 7). Schönberg himself maintained that "In Expectation the intention is to draw out to half an hour, as it were in slow motion, what happens in a moment of extreme emotional excitement." Cited by Nono-Schönberg 1992 (see note 5), fig. 132.

[15] "Schönberg as a Painter: Interview with Halsey Stevens," interview conducted in English in 1950, track 24 on Schönberg: The Expressionist Years, 1908–1920, Sony Classical SMK 62020 compact disk.

Expressionismus geworden. Mit diesem Stichwort kann man eine Reihe unterschiedlicher Kunstrichtungen zusammenfassen, die sich im Gegensatz zum bewussten Formalismus der minimalistischen und konzeptuellen Gegenwartskunst auf ein Primat des Ausdrucks stützen. Dazu zählen die Performance ebenso wie das Happening der sechziger Jahre, ein großer Teil der Foto- und Videokunst sowie verschiedene figurale Strömungen in der Malerei. Für zahlreiche neo-expressionistische Künstler ist Schönbergs Malerei zu einer wichtigen Anregung geworden, wobei die Vielfalt der Interpretationen und der „Anwendungen" von Schönbergs Bildern ebenso überrascht wie die Breite des Phänomens. Der Einfluss von Schönbergs Werk auf das neo-expressionistische Kunstwollen reicht bis in die Verwendung von Sound in der jungen Kunst der Gegenwart, etwa bei Franz Pomassl und Carsten Nicolai. Schönberg ist bislang weitgehend ein Geheimtipp unter Künstlern geblieben. Doch wenn Hermann Nitsch meint: „Schönberg mit **Moses und Aron**, das hat mir großen Mut gegeben, meine Sachen zu machen",[37] so kann es ein schöneres Zeugnis der Nachwelt für einen Künstler eigentlich kaum geben

[1] Paul Wilhelm, „Bei Arnold Schönberg", in: Neues Wiener Journal, 10.1.1909, S. 3. Zit. nach: Otto Breicha, Gerhard Fritsch (Hrsg.), Finale und Auftakt, Salzburg 1964, S. 608.
[2] Dara Birnbaum, Ausst.Kat. Kunsthalle Wien, insbes. S. 94–97. Die Arbeit war von museum in progress, Wien, produziert. Vgl. das Interview mit Hans Ulrich Obrist im Katalog.
[3] Dara Birnbaum. Erwartung Expectancy, Ausst.Kat. Marian Goodman Gallery, Paris.
[4] Die Handlung von Schönbergs Erwartung ist denkbar knapp: Eine Frau irrt nachts im Wald umher, findet ihren Geliebten plötzlich tot am Boden liegend und bricht in einen markerschütternden Schrei aus. „Das ganze Stück kann als Angsttraum aufgefasst werden" (Schönberg). Die Uraufführung des Monodrams fand erst 1924 statt.
[5] Schönberg starb 1951 als „amerikanischer Komponist österreichischer Herkunft". Er hatte 1941 die US-amerikanische Staatsbürgerschaft angenommen. Aufgrund des Geburtsorts seines Vaters war er Ungar, aber tschechischer Staatsbürger. Er erhielt trotz wiederholter Bemühungen nie die österreichische Staatsbürgerschaft. Vgl. Nuria Nono-Schönberg (Hrsg.), Arnold Schönberg 1874–1951. Lebensgeschichte in Begegnungen, Klagenfurt 1992, Nr. 1035.
[6] Ein schönes Porträt Schönbergs findet sich in Cages legendärem Buch A Year from Monday, Middletown, 1969, S. 43–49. Cage teilte mit Schönberg anfangs die gleiche Hingezogenheit zur Malerei. Seine Kompositionsklasse am Black Mountain College wurde ab den späten vierziger Jahren zur Kaderschmiede bildender Künstler. Auch die radikalsten Gedanken von Cage sind bei Schönberg vorgeprägt. 1924 sagte dieser als Vorrede zu Bergs Sechs Bagatellen für Streichquartett, op. 9 (1913): „Möge Ihnen diese Stille klingen!" (zit. nach: Werner Hofmann, Gegenstimmen. Aufsätze zur Kunst des 20. Jahrhunderts, Frankfurt/M. 1979, S. 109; zuerst: ders., „Beziehungen zwischen Malerei und Musik", in: Schönberg – Webern – Berg, Ausst.Kat. Museum des 20. Jahrhunderts, Wien 1969).
[7] Peter Weibel an den Autor, August 2001. Schon für sein musikalisches Drama Die glückliche Hand (1910–13) dachte Schönberg daran, Film zu verwenden. Vgl. Sabine M. Feisst, „Arnold Schoenberg and the Cinematic Art", in: The Musical Quarterly, Spring 1999, Jg. 83, Nr. 1, S. 93–113. Zur frühen Videokunst und Schönberg, vgl. Hans Scheugl und Ernst Schmidt jr., Eine Subgeschichte des Films. Lexikon des Avantgarde-, Experimental- und Undergroundfilms, Frankfurt/M. 1974, S. 1012.
[8] Nam June Paik, „My Jubilee ist unverhemmet" (1977), in: Nam June Paik, Du Cheval à Christo et autres écrits, hrsg. von Edith Decker und Irmeline Lebeer, Brüssel, Hamburg, Paris, 1993, S. 119.

[16] Jane Kallir, Arnold Schoenberg's Vienna, Galerie St Etienne New York, 1984. There are many connections between Schönberg and the painters of fin-de-siècle Vienna. Alma Schindler, who later married Gustav Mahler, was the daughter of the well-known landscape painter Emil Jakob Schindler and the stepdaughter of Carl Moll, a co-founder of the Secession, who helped Schönberg on a number of occasions. The Futurist Max Oppenheimer (Mopp) was approached by Schönberg in 1910 as a possible set designer for Expectation. Gustav Mahler introduced Schönberg to the leading artists of the day. At the same time, thanks to the Secession in Vienna, between 1898 and 1904, the artists there had been confronted with just about everything that was radical, from Van Gogh, Cézanne, Gauguin, Munch, and Segantini to Signac and Rodin.
[17] Adam Adach, to the author, August 2001.
[18] Albert Paris von Gütersloh, "Schönberg der Maler", in Arnold Schönberg – in höchster Verehrung, Munich 1912.
"The fact Schönberg is an excellent teacher is something we knew even without this book [Theory of Harmony]. That is due to his personality, which is described by all who are close to him as utterly fascinating. He not only composes, but also draws, paints, and writes. He is even said to have invented a notation machine. Perhaps he is often clumsy and awkward outside the purely musical sphere, but his mind is constantly at work, foraying into every realm of the imagination ... He was the first living German composer to have his work performed in Paris after the war ... on his fiftieth birthday [he can] expect nothing but joy." Josef Reitler, "Arnold Schönberg. Zum fünfzigsten Geburtstag des Komponisten" in Neue Freie Presse (Vienna), 13 September 1924, pp. 1–2.
[19] Arnulf Rainer to the author, August 2001. In American university circles it was known that Schönberg had also painted and that his painting had meant a great deal to him. In his preface to Glenn Gould's Arnold Schönberg. A Perspective (University of Cincinnati, 1964) Arthus Darack notes "that Schönberg was himself a talented painter who had been praised by Kandinsky." In 1959 and 1962 Schönberg's former secretary Josef Rufer reproduced them in his books. From 1963 onwards Schönberg's descendants gave private showings of his paintings in California. The sculptor Fritz Wotruba, an influential figure in the Vienna art world, was aware of Schönberg's paintings and had advised the Kamm Collection about them as an emigrant in Switzerland (as reported by Peter Kogler, Vienna). In Paris, too, his paintings were not forgotten. Michel Leiris mentions one of the self-portraits in his diary entry of 30 November 1946 (Michel Leiris, Journal 1922–1989, Paris 1992). Leiris had known Schönberg since the 1920s and was also in exile in the USA during the Second World War.
[20] Arnold Schönberg Gedächtnisausstellung, Vienna 1974. This memorial exhibition mounted by the city of Vienna's department of arts and culture included drawings and paintings by Schönberg along with posters and concert advertisements illustrating his life.
[21] Hofmann 1979 (see note 6), pp. 82–111. See also Werner Hofmann, Moderne Malerei in Österreich, Vienna 1965, p. 92.
[22] Österreichs Avantgarde, 1908–1938. Ein unbekannter Aspekt, exh. cat. Galerie nächst St Stephan, ed. Oswald Oberhuber and Peter Weibel, Vienna 1976, p. 30.
[23] See Schönberg-Gespräch, Hochschule für angewandte Kunst in Vienna, 25 May 1984. (Georg Eisler, "Schönberg als Maler"; Peter Gorsen, "Schönberg als Maler der 'Visionen'"; Oswald Oberhuber, "Schönberg – der wichtigste Maler seiner Zeit?").
[24] See "Ausstellungsbericht" in Zu Arnold Schönberg als Maler, Klagenfurt 1991, pp. 79–82.
[25] Libération (Paris), 2 November 1995, p. 31.
[26] Experiment Weltuntergang. Vienna um 1900, exh. cat. Hamburger Kunsthalle, ed. Werner Hofmann, München1981.
[27] Alfred Nemeczek, "Die Ziele sich zu hoch gesteckt", review of Arnold Schönberg exhibition in Manchester, art, March 1992, p. 116.
[28] Cited by Kallir 1984 (see note 16), p. 42 f.
[29] Otto Mühl to the author, August 2001.
[30] Glenn Gould, Arnold Schönberg. A Perspective, University of Cincinnati, 1964.
[31] Nono-Schönberg 1992 (see note 5), fig. 191.
[32] At the Dada soirées that foreshadowed Surrealism, pieces by Schönberg were performed in 1919. See Rose Lee Goldberg, Performance Art: From Futurism to Present (1979), London 1988, p. 74.
[33] Kallir 1984 (see note 16), pp. 40, 68, 77; Nono-Schönberg 1992 (see note 5), figs. 928, 1050.

[9] Äußerungen der Künstler gegenüber dem Autor, August 2001.
[10] Kunstforum international, Band 117, März 1992, S. 352.
[11] artforum, Mai 1992, S. 130.
[12] Sarkis an den Autor, August 2001.
[13] Michel Majerus an den Autor, August 2001.
[14] Gilles Deleuze, L'Image-mouvement. Cinéma I, Paris 1983. Close-up und bildfüllende Gesichter auf Schönbergs Gemälden erinnern an den Film. Ähnliche Techniken finden sich heute bei Marlene Dumas (Hinweis von Elly Stegeman). Zu Schönbergs Interesse am expressionistischen Film vgl. Sabine M. Feisst (s. Anm. 7). Schönberg selbst meinte: „In der Erwartung ist es die Absicht, das, was sich in einer Sekunde seelischer höchster Erregung abspielt, sozusagen mit der Zeitlupe [sic!] auf eine halbe Stunde ausgedehnt, darzustellen." Zit. nach: Nuria Nono-Schönberg (s. Anm. 5), Nr. 132.
[15] Halsey Stevens, „Gespräch mit Arnold Schönberg zum Thema Malerei, 1949", in: Arnold Schönberg, Gedächtnisausstellung, Wien 1974.
[16] Jane Kallir, Arnold Schoenberg's Vienna, New York 1984. Es gab zahlreiche Beziehungen zwischen Schönberg und Malern der Wiener Jahrhundertwende. Alma Schindler, die spätere Frau von Gustav Mahler, war die Tochter des bekannten Landschaftsmalers Emil Jakob Schindler und die Stieftochter von Carl Moll, dem Mitbegründer der Secession, der Schönberg in der Folge wiederholt half. Ebenso informiert war der Futurist Max Oppenheimer (Mopp), den Schönberg 1910 beispielsweise als Bühnenbildner für Erwartung in Aussicht nahm. Bei Gustav Mahler konnte Schönberg die wichtigen Maler seiner Zeit treffen. Zugleich hatten die Künstler dank der Secession in Wien zwischen 1898 und 1904 so gut wie alles an Radikalität gesehen, von van Gogh, Cézanne, Gauguin, Munch und Segantini bis Signac und Rodin.
[17] Adam Adach an den Autor, August 2001.
[18] Albert Paris von Gütersloh, „Schönberg der Maler", in: Arnold Schönberg – in höchster Verehrung, München 1912.
„Dass Schönberg ein ausgezeichneter Lehrer ist, wüssten wir heute auch ohne dieses Buch [die Harmonielehre]. Das hängt mit seiner Persönlichkeit zusammen, die von denen, die ihm im Leben nahe stehen, als eine ungewöhnlich faszinierende geschildert wird. Er komponiert nicht nur, er zeichnet, malt und schreibt, ja er soll sogar eine Notenstichmaschine erfunden haben. Vielleicht ist er außerhalb der rein musikalischen Sphäre oft linkisch und unbeholfen, überall jedoch ist das rastlos arbeitende Gehirn, die bis ins Ausschweifende reichende Fantasie zu spüren. [...] er war der erste lebende deutsche Komponist, der nach dem Kriege in Paris gespielt wurde [...] an seinem fünfzigsten Geburtstag [kann er] nur die Freuden der allmächtigen Gegenwart erfahren." Josef Reitler, „Arnold Schönberg. Zum fünfzigsten Geburtstag des Komponisten", in: Neue Freie Presse, 13. 9. 1924, S. 1–2.
[19] Arnulf Rainer an den Autor, August 2001. In amerikanischen Universitätskreisen aber war es weiterhin bekannt, dass Schönberg auch gemalt hatte und dass dies von einiger Bedeutung für ihn gewesen war. Arthur Darack spricht im Vorwort zu Glenn Goulds Arnold Schoenberg. A perspective (Cincinnati 1964) davon, „that Schönberg was himself a talented painter who had been praised by Kandinsky". 1959 und 1962 bildete Schönbergs ehemaliger Sekretär Josef Rufer die Bilder des Komponisten in seinen Büchern ab. Ab 1963 zeigten die Nachfahren Schönbergs sie im privaten Rahmen in Kalifornien. Auch der Bildhauer Fritz Wotruba, eine einflussreiche Persönlichkeit des Wiener Kunstlebens, wusste von Schönbergs Bildern und hatte als Emigrant in der Schweiz die Sammlung Kamm dahingehend beraten (Hinweis von Peter Kogler, Wien). Auch in Paris waren die Bilder nicht völlig vergessen. Michel Leiris erwähnt das Selbstporträt von hinten in seinem Tagebuch vom 30.11.1946 (Michel Leiris, Journal 1922–1989, Paris 1992). Leiris kannte Schönberg seit den zwanziger Jahren und war während des Zweiten Weltkriegs gleichfalls in den USA im Exil.
[20] Arnold Schönberg, Gedenkausstellung 1974, Wien 1974. Die Ausstellung wurde vom Kulturamt der Stadt Wien veranstaltet. Die Zeichnungen und Gemälde Schönbergs waren wie Plakate und Konzertankündigungen zur Illustrierung der Biografie platziert.
[21] Werner Hofmann (s. Anm. 6), S. 82–111. Vgl. ders., Moderne Malerei in Österreich, Wien 1965, S. 92.
[22] Österreichs Avantgarde, 1908–1938. Ein unbekannter Aspekt, hrsg. von Oswald Oberhuber und Peter Weibel, Ausst.Kat. Galerie nächst St. Stephan, Wien 1976, S. 30.
[23] Vgl. Schönberg-Gespräch, Hochschule für angewandte Kunst in Wien, 25.5.1984. (Georg Eisler, „Schönberg als Maler", Peter Gorsen, „Schönberg als Maler der Visionen", Oswald Oberhuber, „Schönberg – der wichtigste Maler seiner Zeit?").
[24] Vgl. Ausstellungsbericht, in: Zu Arnold Schönberg als Maler, Klagenfurt 1991, S. 79–82.
[25] Libération, 2.11.1995, S. 31.

[34] Stevens 1950 (see note 15).
[35] In Schönberg's Los Angeles library, the oldest exhibition catalogues were the 1908 Kunstschau catalogue and a Goya catalogue from Galerie Miethke. See Kallir 1984 (see note 16), p. 45.
[36] Reported by Raymonde Philipps, Paris. See also Hofmann 1979 (see note 6), p. 110.
[37] Hermann Nitsch in conversation with Danièle Roussel, January 1993, typescript.
The first partial performance of Moses and Aron was given in Darmstadt in 1951.

[26] Experiment Weltuntergang. Wien um 1900, Ausst.Kat. Hamburger Kunsthalle, hrsg. von Werner Hofmann, München 1981.
[27] Alfred Nemeczek, „Die Ziele sind zu hoch gesteckt (Manchester: Arnold Schönberg)“, in: art, 3/1992, S. 116.
[28] Zit. nach: Jane Kallir (s. Anm. 16), S. 42f.
[29] Otto Mühl an den Autor, August 2001.
[30] Glenn Gould, Arnold Schoenberg. A Perspective, Cincinnati 1964.
[31] Nuria Nono-Schönberg (s. Anm. 5), Nr. 191.
[32] Bei den Dada-Soiréen, der Vorstufe zum Surrealismus, wurden 1919 Schönberg-Stücke aufgeführt; vgl. Rose Lee Goldberg, Performance Art. From Futurism to Present (1979), London 1988, S. 74.
[33] Jane Kallir (s. Anm. 16), S. 40, 68, 77; Nuria Nono-Schönberg (s. Anm. 5), Nr. 928, 1050.
[34] Halsey Stevens (s. Anm. 15).
[35] In Schönbergs Bibliothek in Los Angeles waren die ältesten Ausstellungskataloge jener der Kunstschau von 1908 und ein Goya-Katalog der Galerie Miethke. Vgl. Jane Kallir (s. Anm. 6), S. 45.
[36] Hinweis von Raymonde Philipps, Paris. Vgl. auch Werner Hofmann (s. Anm. 6), S. 110.
[37] Hermann Nitsch im Gespräch mit Danièle Roussel, Januar 1993, zitiert nach dem Typoskript. Moses und Aron wurde erstmals 1951 in Darmstadt teilaufgeführt.

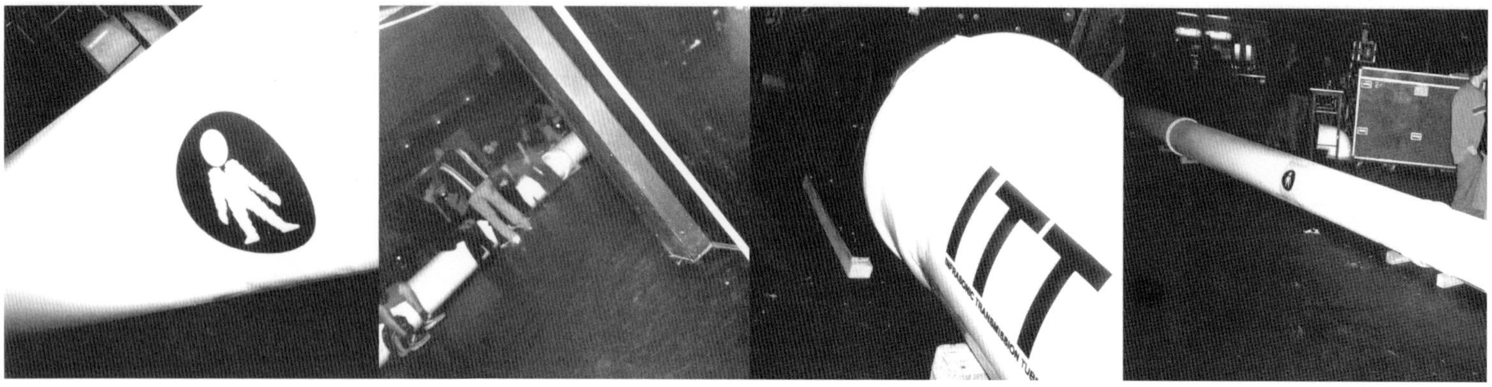

FRANZ POMASSL
ITT / INFRASONIC TRANSMISSION TUBE (MIT / WITH LATON)
STEIRISCHER HERBST, GRAZ 2001
PHOTO: FRANZ POMASSL

AUDITUS INTERRUPTUS: PSYCHO- UND PHYSIO-ELEKTRONIKMUSIKER ZU SCHÖNBERG
AUDITUS INTERRUPTUS: PSYCHO- AND PHYSIO-ELECTRONIC MUSICIAN ON SCHÖNBERG

Franz Pomassl

Wien, 1903: Gustav Klimt malte das letzte der vier Skandal-Deckenbilder für die Aula der Wiener Universität, Josef Hoffmann und Kolo Moser gründeten die Wiener Werkstätte „gegen alle Surrogate stilvoller Imitation". Wien war, wie Fackelherausgeber Karl Kraus dignostizierte, die „Versuchsanstalt des Weltuntergangs".[1]

New York City, 11.9.2001: Die Twin Towers des World Trade Center werden durch zwei Flugzeugattentate zerstört. CNN sendet die Bilder live in die ganze Welt; eine Woche später werden nur mehr unbewegte und sehr stark aufgerasterte Schwarzweiß-Bilder des Szenarios gezeigt.

Wien, 4.3.1999: Franz Pomassl produziert für das Kunstradio (ORF-Ö1) das Audiostück **AICRA**, dessen Ausgangsmaterial die von Cockpit Voice Rekordern erfassten Aufzeichnungen abgestürzter Flugzeuge sowie Signal-Analysedaten von Flugschreiberauswertungen sind. Pomassl geht es dabei um die „Heraus- und Verarbeitung radikaler Momente, die tradierte Hörgewohnheiten aufbrechen".

Graz, **Steirischer Herbst**, 11.–14.10.2001: Pomassl setzt bei der Installation **ITT** (Infrasonic Transmission Tube) Frequenzen ein, tiefer als 20 Hertz und im Grunde a-tonal, also Töne, die nicht mehr für das menschliche Ohr hörbar sind, sondern nur vom audiotaktilen System des Körpers wahrgenommen werden können, bis zur Schmerzgrenze und Übelkeit für die ungeübten „Hörerinnen und Hörer". Ein Prototyp der Installation wurde im Rahmen des Festivals **ars electronica** 1996 in Linz (A) präsentiert und diese „Infrasonare Musik" damit erstmalig umgesetzt. Mit spezifischen, extrem hohen und tiefen Frequenzen können, in dementsprechender Intension, nicht nur Insekten vertrieben, sondern auch die Wände eines Gebäudes in Schwingungen versetzt und das gesamte Gebäude somit zum Einsturz gebracht werden. Pomassl lehnt die Produktion von Bildern und Objekten kategorisch als tradiert ab.

Wien, 1912: Schönberg gibt weitgehend seine Malerei auf.

Wiener Musikverein, 31.3.1913: Es werden neben Stücken von Anton von Webern, Alexander Zemlinsky, Alban Berg, Gustav Mahler, „atonale" Werke von Schönberg aufgeführt, in denen der Komponist die Konsonanz und Tonalität durch Dissonanzen erweitert. Die Aufführung führt zu einem Tumult im Publikum. Ein Arzt interpretierte danach die Zusammenhänge zwischen Psyche und Musik: Es ist anzunehmen, dass die Musik „für einen großen Teil des Publikums entnervend und derart schädigend für das Nervensystem gewesen sei, dass viele Besucher schon äußerlich Zeichen einer schweren Gemütsdepression zeigten."[2]

Wien, 1923: Schönberg gibt seine Methode der „Komposition mit zwölf Tönen, die nur aufeinander bezogen sind", bekannt. Der traditionelle

Vienna, 1903: Gustav Klimt paints the last of the ceiling murals for the assembly hall of Vienna University that cause such a scandal; Josef Hoffmann and Kolo Moser found the Wiener Werkstätte (Viennese Workshop) "against all surrogates of stylish imitations". Karl Kraus, editor-in-chief of the journal **Die Fackel** (The Torch), recognises Vienna as the "experimental institute of the apocalypse".[1]

New York City, 11 September 2001: The twin towers of the World Trade Center are destroyed by two suicidal attacks with civilian airliners. CNN broadcasts the crashes live throughout the world; a week later only stills are shown of the scenario, blown up into highly grained black-and-white shots.

Vienna, 4 March 1999: Franz Pomassl produces his audio piece **AICRA** for the Austrian cultural radio station ORF-Ö1; it is based on material from the cockpit voice recorders of crashed planes as well as signal data analysis from black boxes. Pomassl emphasises the "elaboration and processing of radical elements that break down our customary listening habits".

Graz, Austria, **Steirischer Herbst** festival, 11–14 October 2001: For his installation **ITT** (Infrasonic Transmission Tube) Pomassl makes use of frequencies that are lower than twenty Hertz and essentially a-tonal, that is to say, tones that are no longer audible to the human ear but are only perceived by the body's audiotactile system to the point of producing physical pain and nausea among listeners not used to it. A prototype of the installation had been presented as part of the **ars electronica** festival in 1996 in Linz, Austria, where for the first time Pomassl puts forward this type of "infrasonar music". By means of specific extremely high and low frequencies, with the corresponding intensity, not only can insects be driven away, but even walls can be caused to oscillate and collapse. Pomassl categorically refuses to produce images and objects, regarding these as traditional media.

Vienna, 1912: Schönberg more or less abandons painting.

Vienna Music Association, 31 March 1913: Alongside pieces by Anton von Webern, Alexander Zemlinsky, Alban Berg, and Gustav Mahler, "atonal" works by Schönberg are also performed in which the composer has expanded consonance and tonality to include dissonance. The performance causes a tumult among the audience. Afterwards, a doctor offers an interpretation of the links between the human psyche and music: we can assume that the music was "unnerving for a large part of the audience and was so damaging to the nervous system that many visitors showed external signs of severe depression."[2]

Harmoniebegriff wird durch diese Neuordnung des musikalischen Materials revolutioniert. Schönberg legt damit „den Grund zu einem neuen musikalischen Konstruktionsverfahren, das geeignet schien, jene strukturellen Differenzierungen zu ersetzen, für die früher die tonalen Harmonien gesorgt haben". („Komposition mit zwölf Tönen", 1941). Schönberg vollendet die begonnenen **Fünf Klavierstücke, op. 23** (Februar) sowie die **Suite für Klavier, op. 25** (Februar/März) und die **Serenade, op. 24** (April/Mai), welche die neue Kompositionsmethode erstmals musikalisch konkretisieren. Aus den programmatischen, konstruierten Stücken scheint jedwede Bildhaftigkeit eliminiert.

Köln, 1997: Pomassl interessiert sich für die unausgeschöpften Möglichkeiten des Ohrs als Organ, das im Vergleich zum Auge über eine längere Entwicklungsgeschichte verfügt und in seiner Bedeutung mittlerweile zurückgedrängt ist. Dieses Projekt verfolgt Pomassl mit einiger Konsequenz, wie schon die Gestaltung seiner Platten zeigt. Blickfänge werden vermieden, die Cover sind einfach nur hellgrau, die Label schwarz, ohne weitere Beschriftung.[3]

[1] Zit. nach Eberhard Freitag, Arnold Schönberg, Reinbek 2000, S. 23.
[2] Dr. Albert, vgl. Egon Wellesz, Arnold Schönberg, Leipzig, Wien, Zürich 1921, S. 44.
[3] Vgl. Michael Kerkmann, „Das dritte Ohr: ‚Fühl dich wie ein Pingpong-Bällchen auf den sanften Wellen der DJ-Klänge – selbst wenn dir schlecht wird und du nicht weißt, warum das so ist'", in: Spex, Nr. 8, 1997, S. 39.

Vienna, 1923: Schönberg announces his "method of composition with twelve tones which are related only with one another". This new arrangement of the musical material completely revolutionises the traditional concept of harmony. Schönberg thus lays "the foundations for a new form of musical construction, one that seemed suitable to replace those structural differentiations that tonal harmony once afforded" ("Composition with Twelve Tones", 1941). Schönberg completes the Five Piano Pieces, op. 23, in February, as well as the **Suite for Piano, op. 25**, in February and March, not to mention the **Serenade, op. 24**, in April and May – and thus for the first time fleshes out the new method of composition. These programmatic, constructed musical pieces seem to have eliminated any images whatsoever.

Cologne, 1997: Pomassl is interested in the as-yet untapped potential of the ear – the organ which, compared with the eye, has a longer evolutionary history and the significance of which has since been repressed. Pomassl moves the project forward with a strong degree of consistency, as is apparent from the cover design for his albums. There are no eye-catchers, and the covers are simply bright grey, with black labels and no additional copy.[3]

[1] Cited in Eberhard Freitag, Arnold Schönberg, Reinbek 2000, p. 23.
[2] Dr. Albert, see Egon Wellesz, Arnold Schönberg, Leipzig, Vienna, and Zürich 1921, p. 44.
[3] Cited in Michael Kerkmann, "Das dritte Ohr: 'Fühl dich wie ein Ping-pong-Bällchen auf den sanften Wellen der DJ-Klänge – selbst wenn dir schlecht wird und du nicht weißt, warum das so ist'", Spex 8 (1997), p. 39.

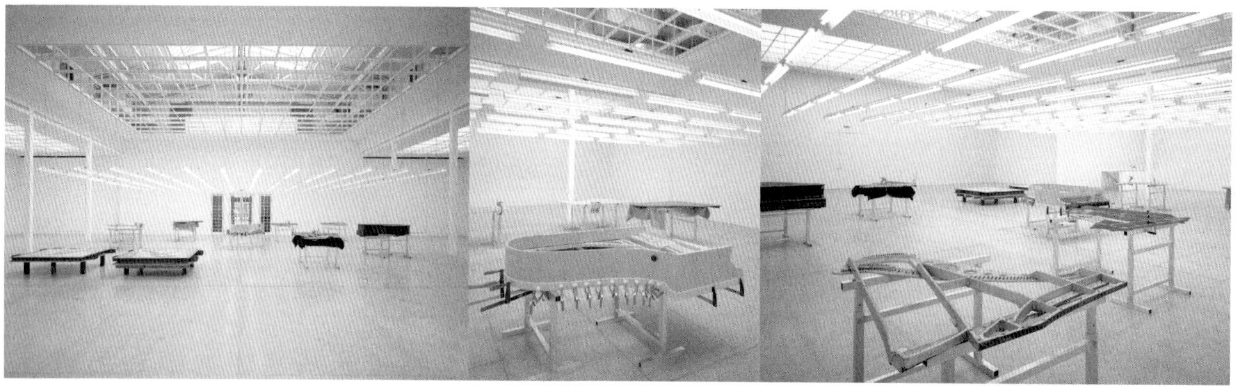

SIMON STARLING
INVERTED RETROGRADE THEME, SECESSION WIEN / VIENNA 2001
PHOTO: JEREMY MILLAR

INVERTED RETROGRADE THEME, 2001

Simon Starling

Die eigens für die Hauptgalerie der Wiener Secession geschaffene Installation **Inverted Retrograde Theme** greift die Ideen der Zwölftonmusik auf, die der in Wien geborene Komponist Arnold Schönberg Anfang des 20. Jahrhunderts entwickelte. In dem Werk vereinen sich die Architektur des berühmten „white cube“ der Secession und die „Architektur“ des Flügels mit der klar definierten „Architektur“ des kompositorischen Prinzips der Zwölftonmusik.

Durch das Absenken der zwölf Neonlichtreihen, die normalerweise in der Stahlkonstruktion des Gewölbes der Wiener Secession verankert sind, entsteht ein neuer Raum innerhalb des vorhandenen Ausstellungsraums. Es wird nicht nur eine atelierartige Atmosphäre erzeugt, sondern die anscheinend funktionsgestörten Neonleuchten übermitteln auch die Umsetzung eines exemplarischen Stückes aus Schönbergs Zwölftonmusik. Die Komposition durchzieht den Raum von einer Seite zur andern jeweils in der Abfolge „Grundthema“, „rückläufig“ (im Krebs), „Umkehrung“ und „rückläufige Umkehrung“ (Umkehrung der Krebsform).

Diese flimmernde visuelle Darstellung der dem Hörer verborgenen Struktur der Zwölftonmusik beleuchtet der Reihe nach die beiden darunter stehenden Flügel, die sich im Reparaturzustand befinden. Einer der Flügel wird restauriert, der andere ist vollkommen zerlegt und wird in umgekehrter Form neu zusammengesetzt, sodass die hohen Töne die Stelle der tiefen Töne einnehmen und umgekehrt. Ebenso wie das Entfernen der Glasplatten von der Decke die normalerweise verborgene Architektur der Wiener Secession aufdeckt, so offenbart sich durch die Umkehrung des Flügels aus dem späten 19. Jahrhundert die Struktur des traditionellen Instruments, für das Arnold Schönberg einen Großteil seiner bahnbrechenden Zwölftonmusik geschrieben hat.

Created specifically for the main gallery of the Secession Building, **Inverted Retrograde Theme** (2001) reflects on the ideas of twelve-tone music developed by the Viennese-born composer Arnold Schönberg in the early part of the 20th century. In **Inverted Retrograde Theme** the architecture of the Secession's famous "white cube" and the “architecture” of the grand piano coalesce with the clearly defined “architecture” of Schönberg's twelve-tone compositional system.

By lowering the twelve rows of fluorescent lights normally located in the Secession's radical metal roof structure, Inverted Retrograde Theme defines a new space within the existing exhibition space. As well as creating a workshop-like atmosphere, the seemingly dysfunctional fluorescent lights also carry a transcription of an exemplary piece of Schönberg's twelve-tone music. The composition tracks from side to side across the space in “basic”, “retrograde”, “inverted”, and “inverted retrograde” sequences.

This flickering visual manifestation of twelve-tone music's audibly hidden structure in turn illuminates the two pianos beneath. One piano is in a state of decorative repair, the other has been totally dismantled and is in the process of being reconfigured in inverted form, thus causing the high notes to become the low notes and vice versa. Just as the removal of the glass tiles from the ceiling above exposes the normally hidden architecture of the Secession, so the process of inverting the late 19th-century piano exposes the structure of the traditional instrument for which Arnold Schönberg wrote much of his pioneering twelve-tone music.

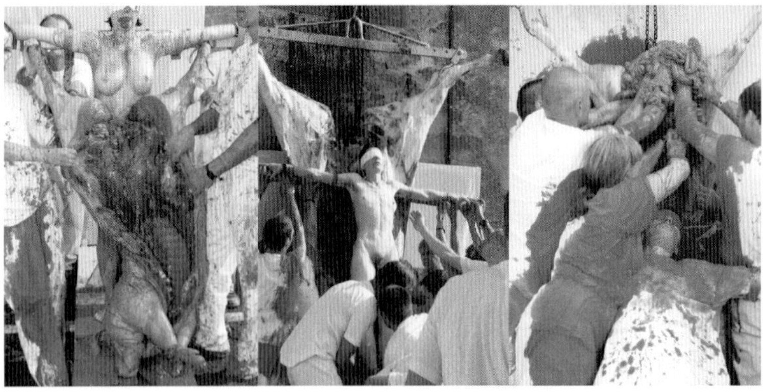

6-TAGESPIEL HERMANN NITSCH, PRINZENDORF, 1998
PHOTO: HEINZ CIBULKA

HERMANN NITSCH ZU ARNOLD SCHÖNBERG, prinzendorf im oktober 2001
HERMANN NITSCH ON ARNOLD SCHÖNBERG, prinzendorf in october 2001

die österreichische kunst der jahrhundertwende und des beginnenden 20. jahrhunderts setzte sich besonders mit unverhüllter erotik bis zu sado-masochistischer grausamkeit, bis zu intensivem wühlen im lebendigen fleisch auseinander.
ich denke vor allem an freud, schnitzler, egon schiele, musil, gerstl, kokoschka, weininger, trakl, werfel, kafka und die zweite wiener schule, angeführt von arnold schönberg.
all das vorher gesagte traf in der musik von arnold schönberg zusammen.
von der tristan-chromatik ausgehend über die **verklärte nacht** löste er die tonalität auf. es bedurfte eines täters, eines gewalttäters, der durch sein ausdrucksbedürfnis die grenzen der musik sprengte, bis er in den tonartfreien raum jenseits von dur und moll gelangte. wie nietzsche hat er alle einengungen über sich und um sich gesprengt. er wurde zum mörder seines „vaters" sowie überkommener ordnungen und schuf daher eine neue wirklichkeit.
mit dem programmwerk seines **II. streichquartetts** öffnet er die türen zur freien tonalität, „ich fühle luft von anderem planeten". eine schwerelosigkeit entsteht. trunken geraten wir in den schwerelosen raum des alls, ähnlich wie dies durch die ersten gegenstandslosen bilder von kandinsky der fall ist. keiner hat so radikal mit überkommenen traditionen gebrochen wie schönberg, keiner war so radikal wie er in dieser zeit.
die erotik spielt bei fast allen werken schönbergs eine große rolle. bei dem melodram der **erwartung**, der vielleicht konsequentesten komposition schönbergs, steigert sich die erotik bis zur exzessiven grausamkeit nahezu bis zur perversion. eine frau irrt durch den wald und sucht ihren geliebten, bis sie ihn erschlagen findet. die ausdruckskraft des klanges dieser musik übersteigt alles bisher dagewesene, selbst das makabre der salome von richard strauss.
hier kann nur die tiefenpsychologie als vergleich herangezogen werden. durch die klanganalysen schönbergs wird tief ins fleisch des lebendigen gegriffen.
die fragment gebliebene oper **moses und aron** geht, abgesehen von der radikalität der musik, neue dramaturgische wege. schönberg hielt sein werk für unaufführbar. auf der bühne sollten sich schlachtungen und vergewaltigungen ereignen. trotz der strengen 12-tontechnik gelang es eine dem geschehen entsprechende orgiastische musik zu komponieren.
moses und aron war für mich fast eine vorwegnahme meines o.m. theaters. keiner hat sich bisher mit solcher radikalität mit der tatsache des schlachtens auseinandergesetzt.
wie überhaupt die exhibitionistische drastik und die der psychoanalyse ähnliche aufdeckende dramatik seiner in erotische abgründe lotenden musik mich immer wieder anspornte und mir mut machte zu extremsten konsequenzen.
imponiert hat mir immer die fast ekstatische progression der entstehung seiner werke. er ruht sich auf keiner seiner arbeiten aus. schon das je-

austrian art at the turn of the century and the start of the 20th century dealt in particular with undisguised eroticism through to sadomasochistic cruelty, through to intensive immersion in living flesh.
i am thinking in particular of freud, schnitzler, schiele, musil, gerstl, kokoschka. weininger, trakl, werfel, kafka, and the second viennese school headed by arnold schönberg.
all of these elements came together in the music of arnold schönberg.
beginning with the chromatics of **tristan,** he transcended tonality via **transfigured night.** what was needed was a transgressor, a violent transgressor whose need for expression broke the current limits of music, until he entered that atonal space beyond major and minor keys. like nietzsche, he destroyed everything around and above him that was in some way constrictive. he became the murderer of his "father" and of traditional orders, effectively creating a new reality.
with his programmatic **second string quartet** he opened the way to free tonality, "i feel air from another planet". there is weightlessness. reeling, we enter the weightless space of the universe, with an effect similar to that produced by kandinsky's first non-representational paintings. nobody broke so radically with traditions than schönberg, nobody was as radical as he in this period.
eroticism plays a dominant role in almost all of schönberg's works. in his melodramatic **expectation,** arguably his most consistent composition, eroticism mounts to become excessive cruelty bordering on perversion. a woman wanders through the forest in search of her lover, only to find him dead. the expressive force contained in this music surpasses everything that has preceded it – even the macabre tone of richard strauss's **salome.**
here you can only draw on a comparison with depth psychology. schönberg's analysis of sound makes deep incisions into flesh of the living.
aside from the radical nature of the music, the unfinished opera **moses and aron** treads new dramaturgical ground. schönberg did not believe his work could be performed. slaughters and rape were to take place on stage. notwithstanding the strict twelve tone composition style, he succeeded in creating orgiastic music in keeping with the action. for me **moses and aron** was practically an anticipation of my o.m. theatre. to date, nobody has explored the reality of slaughter in such a radical manner.
his music, with its exhibitionist, drastic nature and excitement which is revealing in manner similar to psychoanalysis, plumbs erotic depths and has repeatedly motivated me and encouraged me to produce highly radical work myself.
i have always been impressed by the almost ecstatic progression in the evolution of his works. he does not slow down in any of his works. each new work presents the recipients with new problems. the progression starts with **transfigured night,** via the symphonic poem **pelleas and melisande,** the **chamber symphony**, the **piano piece op. 11**, the **second**

weilig nächste werk stellt den rezipienten vor neue probleme. diese progression ereignet sich von der **verklärten nacht** ausgehend über die sinfonische dichtung **pelleas und melisande**, die **kammersinfonie**, das **klavierstück op. 11**, das **II. streichquartett**, die **georgelieder**, die **erwartung** usw. bis zur findung der 12-tontechnik. das doch letzlich fertig gestellte jugendwerk der **gurre-lieder** wurde von seinen neueren arbeiten überholt. daher das janusgesichtige der riesenkomposition.
die sicher von dem maler gerstl angeregte malerei schönbergs wirft nochmals ein tiefes licht in seine gesamterscheinung. mit seiner malerei ist er eindeutig ein dilettant, wenn auch ein faszinierender. seine abgründe reichen bis in die dimension des psychotischen. ebenso leuchtet seine musik diese tiefen aus, aber in diesem fall bändigt die form seiner hohen kompositorischen könnerschaft das schaurige eines ausbruchs aus den regeln.
alles in allem gehört schönberg zu den großen umwertern des 20. jahrhunderts. nicht vergessen werden soll seine funktion als lehrer, als pädagoge. er hatte eine vielzahl von schülern zwei davon, webern und berg, waren ihm ebenbürtig. die zweite wiener schule wäre ohne diese beiden genialen komponisten nicht zu denken. er wurde von seinen schülern geliebt und verehrt. es ist bezeichnend, dass einer seiner letzten schüler in kalifornien john cage war.

string quartet, the **george songs**, **expectation,** and so on, through to his invention of the twelve-tone method. by the time he finished the **gurre-lieder** – an early work – it was outdated by his later ones. this is the source of the double-faced nature of his monumental compositions.
schönberg's painting, undoubtedly encouraged by the artist gerstl, once again casts a deep light on his persona and oeuvre. with his painting he is clearly an amateur, albeit a fascinating one. his depths extend to the dimension of the psychotic. likewise his music illuminates these depths, yet the form of his great compositional ability is a restraining force on the drastic outcome engendered by breaking with the rules.
all in all, schönberg is one of the great 20th-century personalities who instilled new meaning into existing concepts. yet one should not forget his function as a teacher and pedagogue. of the many composers who studied under him, webern and berg were his equals. the second viennese school would have been inconceivable without these two brilliant composers. he was loved and revered by his pupils. and it is telling that one of his last pupils was john cage in california.

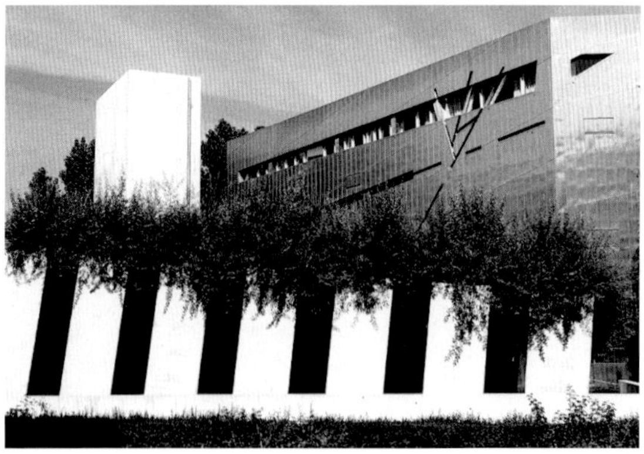

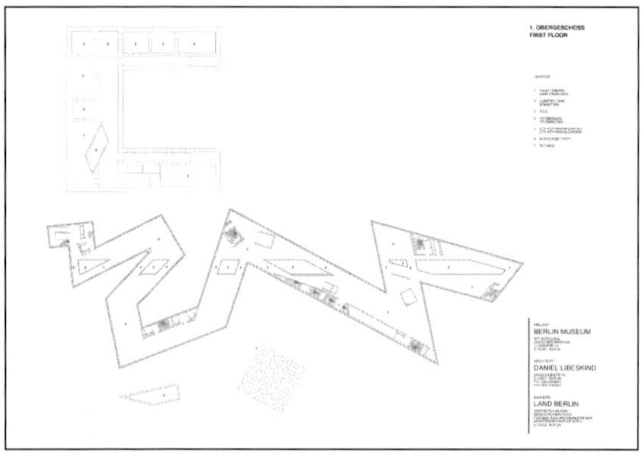

DANIEL LIBESKIND

JÜDISCHES MUSEUM / JEWISH MUSEUM, BERLIN

KEIN ORT AN SEINER STELLE – ZUR ARCHITEKTUR DES JÜDISCHEN MUSEUMS, BERLIN
NO LOCATION TO REPLACE IT: ON THE ARCHITECTURE OF THE JEWISH MUSEUM IN BERLIN

Daniel Libeskind

Die zweite Dimension des Projektes ist eine musikalische. Denn gleich zu Beginn setzte ich mir als Vorgabe die unvollendete Oper von Schönberg mit dem Titel **Moses und Aron,** die mich seit langem fasziniert hat. Allerdings war das Interessante an dieser Oper für mich nicht nur, dass sie zwölf Buchstaben in ihrem Titel und all diese anderen seriellen Aspekte enthält, sondern die Tatsache, dass Schönberg sie – in Berlin – zwar zu schreiben begann, sie aber nicht vollenden konnte. Wenn er auch den Versuch unternahm, sie zu vollenden, so bricht doch die Oper im zweiten Akt auseinander. Nur die ersten beiden Akte wurden komponiert. Der Punkt ist nicht nur der, dass ihm sozusagen die Inspiration fehlte, den dritten Akt zu vollenden, sondern die gesamte musikalische Struktur war ins Stocken geraten, sodass keine Möglichkeit mehr gegeben war, in der Form der Oper fortzufahren. Das interessierte mich, denn ich hatte die Tatsache stets als bemerkenswert empfunden, dass ein Genie – dieser herausragende Geist und große Komponist – außerstande war, den dritten Akt zu vollenden. Also nahm ich all meine Platten und Schönbergs Partitur und begann das Libretto zu lesen. Darauf wurde mir bewusst, dass die Oper im Grunde tatsächlich mit dem Berlin Museum zu tun hat. Sie wurde lange vorher geschrieben, aber wie ich schon sagte, die Zeit spielt keine so entscheidende Rolle. Es handelt sich um einen Dialog zwischen Aron und Moses, wobei Aron der „Mund", das Sprachrohr des Volkes Israel ist, und Moses der Mensch, der begreift, dass es nichts gibt, was man dem Volk zeigen könnte. Aron will sich dem Volk mitteilen, es ins gelobte Land führen, und Moses sieht sich außerstande, die Offenbarung Gottes durch irgendein Bild zu vermitteln – einschließlich des musikalischen Bildes in Schönbergs Fall. Ich werde Sie nicht langweilen, indem ich Ihnen dieses Libretto vorlese – es stammt ebenfalls von Schönberg –, ich möchte Ihnen nur eine Übersicht geben. Die Diskussion zwischen Aron und Moses endet damit, dass Aron langsam im Hintergrund abgeht und der Chor singt, „Allmächt'ger, du bist stärker als Ägyptens Götter!", woraufhin alle fortgehen, und Moses steht auf der Bühne, und angeblich, wenn Sie die Oper kennen, singt er. Er versucht, Folgendes zu singen: „Unvorstellbarer Gott! Unaussprechlicher, vieldeutiger Gedanke! Lässt du diese Auslegung zu? Darf Aron, mein Mund, dieses Bild machen? So habe ich mir ein Bild gemacht, falsch, wie ein Bild nur sein kann! So bin ich geschlagen! So war alles Wahnsinn, was ich gedacht habe, und kann und darf nicht gesagt werden!" Dies alles wird gesungen. „O Wort, du Wort, das mir fehlt!", diese letzte Zeile, „O Wort, du Wort, das mir fehlt", wird nicht mehr gesungen, sie wird tatsächlich nur gesprochen. Am Ende der Oper kann man das Wort verstehen, weil es keine Musik gibt. Man kann verstehen, was in der Oper gesagt wird, weil das Wort sozusagen isoliert und ihm ein ganz und gar nicht musikalischer Ausdruck verliehen wurde. Das ist das Ende der Oper, wie Schönberg sie komponierte. Es ist interessant, weiterzulesen,

The second dimension of the project is a musical one. For at the very beginning I took my cue from Schönberg's unfinished opera entitled **Moses and Aaron,** a piece that has long fascinated me. However, what interested me about this opera was not only that it had twelve letters in its title and all those other serial aspects, but also the fact that although Schönberg started writing it – in Berlin – he was never actually able to complete it. Even though he did make an attempt to finish it, the opera falls apart in the second act. Only the first two acts were ever composed. The point is not only that he lacked the inspiration, so to speak, to complete the third act, but also that the entire musical structure had ground to a halt and that there was consequently no longer any way he could continue with the opera in the same vein. This interested me, as I had always found it remarkable that a genius – this outstanding intellect and great composer – had been unable to complete the third act. So I took out all my records and Schönberg's score and began to read the libretto. At this point I realised that fundamentally the opera really does have something to do with the Berlin museum. Of course, the former was written much earlier, but as I mentioned before, the time factor does not play such a decisive role. The opera consists of a dialogue between Aaron and Moses, whereby Aaron is the "voice", the mouthpiece of the people of Israel, and Moses the one who understands that there is nothing to show to the people. Aaron wishes to tell the people that they will be led into the Promised Land, and Moses feels unable to find any image to explain God's revelation – including the musical image, in Schönberg's case. I will not bore you by reading out the libretto – also composed by Schönberg – I only wish to give you a general idea. The discussion between Moses and Aron ends with Aron disappearing gradually into the background and the choir singing: "Almighty, you are stronger than Egypt's gods", at which point they all depart and Moses stands on the stage and apparently, if you know the opera, he sings. He attempts to sing the following: "Unimaginable God! Unutterable thought with many meanings! Do you permit this interpretation? May Aron, my mouth, make this image? Thus have I made myself an image, as false as an image can be! Thus am I beaten! Thus, everything I thought was madness and cannot and may not be spoken!" All this is sung. "Oh word, you word that I lack", this last line, "Oh word, you word that I lack", is no longer sung but actually only spoken. At the end of the opera we can understand the word, because there is no music. We can understand what is said in the opera, because the word is isolated, so to speak, and expressed in a completely unmusical manner. This is the end of the opera as Schönberg composed it. It is interesting to read on. The second act breaks off here and, in this recording, the end of the second act is

der zweite Akt bricht hier ab, und das Ende des zweiten Aktes ist, auf dieser Aufnahme, gleichzeitig das Ende der Platte. Dann las ich ein wenig weiter, um zu sehen, wie der dritte Akt angelegt sein sollte, doch es war klar, dass Schönberg am Ende zu zeigen versuchte, dass Moses sogar in der Wüste siegreich und mit Gott vereinigt sein würde.

Aus: Kein Ort an seiner Stelle. Schriften zur Architektur – Visionen für Berlin, hrsg. von Angelika Stepken, Dresden/Basel 1995, S. 81/82.

also the end of the record. Then I read a little bit further to see how the third act was planned, but it was clear that in the end, Schönberg tried to show that even in the desert Moses would triumph and be united with God.

Daniel Libeskind, Kein Ort an seiner Stelle. Schriften zur Architektur – Visionen für Berlin, ed. Angelika Stepken, Dresden and Basle 1995, pp. 81–82.

VON STARKEN EMOTIONEN GETRIEBEN. DIE ANFÄNGE DER MALEREI BEI ARNOLD SCHÖNBERG
DRIVEN BY STRONG EMOTIONS: THE BEGINNINGS OF ARNOLD SCHÖNBERG'S PAINTING

Otto Breicha

Als Maler ist Arnold Schönberg 1910 erstmals öffentlich hervorgetreten. Bis dahin waren genug Bilder entstanden, um sie in dem auf neue Kunst und Literatur spezialisierten Wiener Kunstsalon Heller auszustellen. Sogar bezahlte Porträtaufträge wollte Schönberg übernehmen, um seine triste finanzielle Situation aufzubessern. Viel (das meiste?) von seinem interessanten Bilderschaffen muss damals entstanden sein. Bald suchte er für seine Bilder Interesse und Möglichkeiten über Wien und das damalige Österreich hinaus. Mit seinem Kontakt zum Blauen Reiter ist ihm das zunächst gelungen. Wenn auch aus gewissen Erwartungen nichts geworden ist, hat das Malen und Zeichnen Schönbergs nie ganz aufgehört. Alles in allem ist aber die frühe (expressionistische, ausdrückliche) Schaffensphase die mit Abstand lebendigste. Künstlerisch kreativ zu vielem begabt, ist aus dem bildnerischen Autodidakten Schönberg nie ein Routinier geworden.

Je mehr sich Schönbergs Bilderschaffen im Überblick erschließt, sind die Anfänge seiner Malerei um 1910 die künstlerisch ergiebigste Phase. Schönberg war (auch als Komponist!) Autodidakt, der institutionelle Schulen verabscheute (obzwar er, wie man weiß, selber ein ausgezeichneter Lehrer gewesen ist). Wovon er als Komponist anfänglich profitierte, verdankte er seinem Freund und späteren Schwager Alexander von Zemlinsky. Am Anfang seiner Beschäftigung mit Malerei steht aber der um neun Jahre jüngere genialische Richard Gerstl, gleichgültig, was Schönberg diesbezüglich später äußerte (worauf im Folgenden noch einzugehen sein wird). Gerstl hat Schönberg und den um ihn zusammenrückenden Kreis 1906 kennen gelernt. Der Musikenthusiast Gerstl wurde im durch übermäßige Anteilnahme keinesfalls verwöhnten Schönberg-Anhang bereitwillig angenommen. Er malte großformatige Bildnisse von Schönberg wie von seiner Frau Mathilde oder der Pianistin Smaragda Berg, der Schwester des Komponisten Alban Berg, um seine neuen Freunde zu beeindrucken. Er hat die Porträts des Ehepaares Schönberg den Dargestellten verehrt. Beide Bilder hingen bis zum Eklat in der Schönberg-Wohnung in der Liechtensteinstraße, wurden dann Alban Berg gegeben, aus dessen Besitz sie zu Georg, Schönbergs Sohn aus erster Ehe mit Mathilde, gelangt sind. Nachdem die Vorfälle des Jahres 1908 Gerstl für die Schönbergianer zur „Unperson" gemacht hatten, erhängte er sich gerade erst 25-jährig im November 1908. Seine Bilder wurden erst 1931 in ihrer bis dahin magazinhaften Verwahrung entdeckt, zu spät für ihn und noch dazu kurz bevor die kulturpolitischen Zustände in Deutschland wie in Österreich weiteres unmöglich machten.

Die Jahre um 1910 sind fürs kompositorische Schaffen Schönbergs auch die Phase seiner Atonalität. Zunehmend hatte er sich aus den tonalen Gepflogenheiten gelöst, aber zu seinem systematischen Komponieren mit zwölf Tönen noch nicht gefunden, zumal die **Fünf Orchesterstücke, op. 16** (1909) und das Monodrama **Erwartung, op. 17** (1909) ihrem Wesen nach durchaus expressionistisch sind. Es ist eine

Arnold Schönberg first caught the public eye as a painter in 1910. By then, he had painted enough pictures to exhibit them at the Heller art salon in Vienna, which specialised in new art and literature. Schönberg was even willing to accept paid portrait commissions to improve his desolate financial position. Much (or perhaps even most) of his interesting pictorial oeuvre must date from this period. He soon started looking for interested parties and opportunities beyond Vienna and what was then Austria, meeting with initial success through his contacts with artists of the Blaue Reiter group. And even if certain expectations were not fulfilled, Schönberg never completely stopped painting and drawing. However, all in all, the early phase of his oeuvre, emphatic in the Expressionist manner, was by far the liveliest. Artistically creative and gifted in many ways, the self-taught artist Schönberg never found that painting came easily to him.

If we begin to survey Schönberg's pictorial oeuvre, it soon transpires that the time around 1910 when he first started painting was his most productive phase. Schönberg was self-taught (as a composer, too!) and despised institutional schools (even though, as we know, he was himself an excellent teacher). Anything he learnt as a composer at this early stage was thanks to his friend and later brother-in-law Alexander von Zemlinsky. However, it was the brilliant Richard Gerstl, nine years his junior, who influenced the beginnings of his interest in painting – regardless of what Schönberg himself later had to say about the matter (which will need to be discussed at a later point). Gerstl became acquainted with Schönberg and his circle in 1906. Music enthusiast Gerstl was readily accepted by Schönberg's followers, who were by no means excessively interested. Gerstl painted large-format portraits of both Schönberg and his wife Mathilde and of Smaragda Berg, a pianist and the sister of the composer Alban Berg, in order to impress his new friends. He presented the Schönbergs with their portraits, and both pictures hung in the Schönberg's apartment on Liechtensteinstrasse until the scandal erupted. They were then passed on to Alban Berg, leaving the latter's possession to be given to Georg, Schönberg's son by his first marriage to Mathilde. After the events of 1908 had transformed Gerstl into a "non-person" as far as the Schönbergians were concerned, he hanged himself at the tender age of twenty-five in November 1908. His pictures were not discovered until 1931, having been stored all the while in a warehouse, by which time their moment had passed, and only shortly before the politico-cultural circumstances both in Germany and in Austria made it impossible to do anything more with them.

In terms of his compositional oeuvre, the years around 1910 also belonged to Schönberg's atonal phase. He had increasingly been able to free himself from accepted tonal practices, but had not yet discovered his own twelve-tone system of composition. His **Five Orchestral Pieces, op. 16** (1909), and his monodrama **Expectation, op. 17** (1909),

RICHARD GERSTL
LACHENDER MANN (SELBSTPORTRÄT) / LAUGHING MAN (SELF-PORTRAIT), 1907

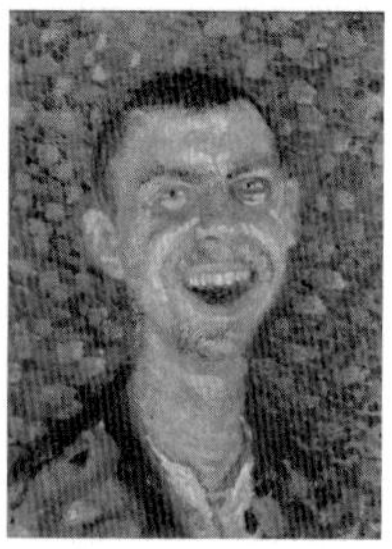

RICHARD GERSTL
PORTRÄT VON / PORTRAIT OF ARNOLD SCHÖNBERG, 1905

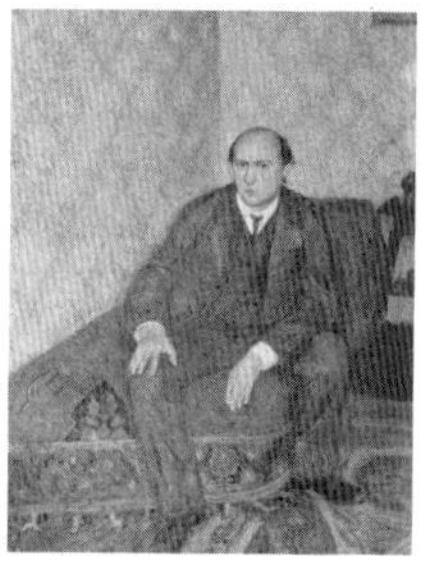

von stärksten Emotionen bestimmte Musik. Der künstlerische Einzelgänger Schönberg war zwar kein erklärter Parteigänger des um ihn in Wien und in Deutschland entstehenden Frühexpressionismus (so wenig wie Kokoschka ein solcher gewesen ist), doch sollte man nicht außer Acht lassen, was gleichzeitig in Wien und im damaligen Österreich in Bildkunst und Literatur geschah. Kokoschka debütierte auf der **Kunstschau** des Jahres 1908, Schiele im Jahr darauf im Rahmen der Neukunst-Gruppe. Mit Schriftstellern wie Albert Ehrenstein war man bekannt (mitunter sogar gut befreundet). Der Zeichner Alfred Kubin hatte eben den von ihm selbst illustrierten visionären Roman **Die andere Seite** herausgebracht. Es gärte unter den deutschsprachigen Schriftstellern in Prag wie auch im Kreis um die Zeitschrift **Der Brenner** in Innsbruck. Der österreichische Expressionismus entstand autonom. Wesentlich anregende (oder gar auslösende) Anregungen von anderswoher gab es kaum (weshalb auch andersherum das, was damals in Wien und von Wien ausgehend entstanden ist, anderswo nicht sonderlich aufgefallen ist). Eine gewisse Stimmung, ein allgemein menschheitliches Empfinden wie die Neigung zu herausfordernd starken und schroffen Formulierungen lagen überall in der Luft.

Der Wiener Frühexpressionismus, dem die heute weltbekannten Bildkünstler Kokoschka und Schiele, aber eben auch der malende Komponist Schönberg angehörten, war eine Moderne der zweiten Generation. Zuvor hatten andere jene erste etabliert, die man heute zusammenfassend als das legendäre „Wien um 1900" bezeichnet. Die dem Neuen aufgeschlossenen Künstler der älteren Generation (mit Gustav Klimt als Galionsfigur) hatten die Wiener Secession gegründet und residierten anfänglich in ihrem von Joseph Maria Olbrich entworfenen Kunsttempel am Rand des Naschmarkts. Gustav Mahler als der Inbegriff neuer Musikalität faszinierte als Dirigent und Direktor der Wiener Staatsoper und bereitete manches vor, was weiteres ermöglichte. Hugo von Hofmannsthal, Arthur Schnitzler und Hermann Bahr, Richard von Schaukal und Peter Altenberg präsentierten das literarische Neu-Wien. Die Autoren und Künstler der nächsten (expressionistischen) Generation wurden hingenommen und allenfalls protegiert. So hat sich Klimt für Schiele und Kokoschka eingesetzt oder Karl Kraus für jene jüngeren Autoren, die er anfänglich in seiner **Fackel** veröffentlichte. Gustav Mahler engagierte sich für Arnold Schönberg.

Im Übrigen waren die österreichischen Umstürzler und Ausdruckserpichten aber traditionsbefangener als anderswo. Von raren Ausnahmen abgesehen, lebte man höchst bürgerlich und musste viel Zeit und Energie aufbringen, um von den traditionellen Vorgaben und Einflüssen loszukommen. Die Person und das kompositorische Frühwerk Schönbergs sind dafür ein gutes Beispiel. Als immerhin schon 32-Jähriger komponierte Schönberg im Sommer 1906 seine **Erste Kammersymphonie, op. 9**, die seinerzeit als der tatsächliche Beginn seiner Radika-

in particular are fundamentally very much "Expressionist" works. Both pieces represent music determined by the strongest emotions. And although Schönberg was an individualist in artistic terms and never a declared follower of the early Expressionist movement emerging around him in Vienna and Germany at the time (as little as was Oskar Kokoschka an adherent of the movement), it is impossible to ignore what was simultaneously happening in art and literature both in Vienna and in Austria. Kokoschka debuted at the 1908 **Kunstschau** exhibition, followed one year later by Egon Schiele, as a member of the Neukunst group. These artists were acquainted with (and sometimes even good friends with) writers such as Albert Ehrenstein. Illustrator Alfred Kubin had just brought out his visionary novel **Die andere Seite** (The Other Side), which he had illustrated himself. Both the German-speaking writers in Prague and the circle of writers involved in the periodical **Der Brenner** in Innsbruck were in ferment. Austrian Expressionism came into being independently. There were hardly any fundamentally important (let alone instrumental) outside influences (which is why, vice versa, not particularly much attention was paid to what was happening in Vienna at the time or to what was coming out of Vienna). A certain mood was in the air, a general feeling, together with an inclination towards challengingly strong, brusque formulations.

Early Viennese Expressionism, to which both world-famous artists Kokoschka and Schiele and also the painting composer Schönberg belonged, represented a second generation of modernism. The first generation to establish itself is today referred to as the legendary "Vienna around 1900". The artists of the older generation who were open to new ideas (with Gustav Klimt as their figurehead) had founded the Viennese Secession and originally resided in their temple of art on the edge of the Naschmarkt, designed by Joseph Maria Olbrich. People were fascinated by Gustav Mahler, the epitome of a new musicality, and the conductor and director of the Viennese State Opera. Mahler paved the way for many further-reaching changes. Hugo von Hofmannsthal, Arthur Schnitzler and Hermann Bahr, Richard von Schaukal and Peter Altenberg represented the new literary Vienna. The authors and artists of the new (Expressionist) generation were accepted and protected as necessary. For example, Klimt stood up for Schiele and Kokoschka, as did Karl Kraus for the younger artists first published by him in **Die Fackel** (The Torch). Gustav Mahler championed Arnold Schönberg's work. Generally speaking, however, the Austrian revolutionaries and Expressionists were more hampered by tradition than comparable groups elsewhere. Apart from a few rare exceptions, their lifestyles were highly conventional, and they needed to invest a great deal of time and energy in freeing themselves from traditional paradigms and influences. Both Schönberg himself and his early compositional work are good examples of this. It was not, in fact, until the age of thirty-two, in the summer of 1906, that he composed his **First Chamber Symphony, op. 9**,

ARNOLD SCHÖNBERG
MATHILDE SCHÖNBERG, 1910

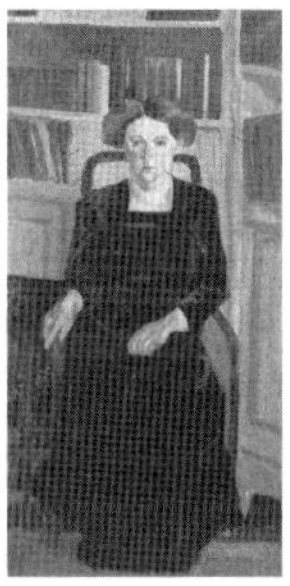

lität erkannt, beherzigt und gefeiert worden ist. Von da an dauerte es wieder zwei Jahre, bis er sich vollends aus der Tonalität löste und in die Phase seiner Atonalität eintrat. Mit dem Bildermalen dürfte er 1907 begonnen haben, und gewiss hängen diese ersten malerischen Versuche mit der Person Gerstl zusammen.

Gerstl war ein schwieriger, weil aus seinem Wesen heraus widersetzlicher, eigensinniger Mensch. Er malte und reagierte im Widerspruch. Zu seinem ersten Akademie-Lehrer Griepenkerl ohnedies, aber auch sein Verhältnis zu Heinrich Lefler, der ihn 1906 in seine Spezialklasse an der Akademie aufgenommen hatte, war ein ungewöhnliches. In vieler Hinsicht war Gerstl auch diesem Lehrer überlegen, war besser und aktueller informiert als dieser (und es soll so gewesen sein, dass der eigentliche Auszubildende den Lehrer belehrte). Das Ungleichverhältnis eskalierte, als Lefler mit der Gestaltung des Festzugs zum Kaiserjubiläum von 1908 beauftragt worden war. So wie ein Karl Kraus gegen dieses Großereignis im damaligen Wien ätzte, äußerte sich auch Gerstl gegenüber Lefler: Ein Künstler, dem es mit seiner Kunst ernst sei, dürfe sich mit dergleichen nicht abgeben. Mit einem Weiterstudium bei Lefler und der Möglichkeit, wieder an der Wiener Akademie Fuß zu fassen, war es damit vorbei. Lefler legte Gerstl nahe, seine Klasse zu verlassen.

Gerstl verdankte also dem akademischen Unterricht kaum etwas, doch soll er mehrmals versucht haben, Freunde und Bekannte zum Malen anzuhalten, wie aus Berichten seines Bruders Alois hervorgeht. Auch Schönberg und seine Frau Mathilde habe er dazu angehalten, es mit dem Malen zu probieren. Beim Komponisten – wie sich zeigte – mit anhaltendem Erfolg. Es war aber nicht so, dass Gerstl Schönberg künstlerisch direkt beeinflusste. Die frühe Bildnerei Schönbergs zeigt keinerlei künstlerische Beziehung zwischen den beiden, doch hatte Gerstl höchstwahrscheinlich Schönberg erst dazu gebracht, mit dem Bildermalen zu beginnen. Es ist dabei nicht anzunehmen, dass Gerstl Schönberg regelrecht Unterricht gab. Gewiss aber wurde manches besprochen, Handwerkliches angeraten, Malmaterial zur Verfügung gestellt. Es gibt keinen Hinweis darauf, dass Schönberg schon vor 1907 gemalt oder gezeichnet hätte.

Dass darüber hinaus jedenfalls „etwas gewesen ist", beweist die im Schönberg-Nachlass gefundene Notiz vom 11. Februar 1938, in der Schönberg ohne jeden ersichtlichen Anlass dreißig Jahre im Nachhinein abrechnet. Nie zuvor (und auch später nicht mehr) ist Schönberg auf die Person Gerstl und auf ihre Beziehung in den Jahren 1906 bis 1908 eingegangen. Man hat diese Zeilen mit späten Abgrenzungsbestrebungen Schönbergs in Zusammenhang gebracht, der so auf einer von allem unbeeinflussten Selbstständigkeit, auch seines bildnerisches Schaffens, insistierte. Die Notiz ist nicht frei von Ressentiments. Sie lautet: „Denkt man an den gewissen Herrn Gerstl, so steht diese Sache so. Als dieser Mensch in mein Haus eindrang, war er Schüler Leflers,

which was duly recognised, taken to heart, and celebrated as marking the beginning of his radical new departure. Another two years were to pass before Schönberg had liberated himself completely from tonality and entered his atonal phase. He must have started painting pictures in 1907, and it is certain that these first pictorial attempts are connected with the figure of Gerstl.

Gerstl was a difficult person because of his refractory, obstinate nature. What he painted and the way he reacted was contradictory. And if his relationship with his first academy teacher Giepenkerl was unusual, then so was his association with Heinrich Lefler, who had accepted Gerstl for his special class at the Academy. In many respects, Gerstl was superior to this teacher, too, being better than the latter and in possession of more up to date information (and it is even said that the purported pupil taught his own teacher). The inequality of this relationship escalated when Lefler was commissioned to design the festival procession for the Kaiser's jubilee in 1908. Just as Karl Kraus remarked caustically on what was a major event in Vienna at the time, Gerstl also inveighed against Lefler, saying that any artist who took his art seriously should not become involved in such events. After this, it was impossible to continue studying with Lefler and any attempts by Gerstl to re-establish himself at the Viennese Academy were doomed to failure. Lefler indicated that he no longer wished to have Gerstl in his class.

Although Gerstl's experience of academic teaching was therefore minimal, he apparently repeatedly attempted to persuade his friends and acquaintances to paint, as Gerstl's brother Alois reports. It appears that he also urged Schönberg and his wife Mathilde to try their hands at painting, in the composer's case – as it transpired – with lasting success. However, Gerstl did not, in fact, influence Schönberg directly in artistic terms. Schönberg's early attempts at painting display absolutely no artistic affinities with Gerstl's work, but it seems highly likely that it was Gerstl who had encouraged Schönberg to start painting in the first place. However, it should not be assumed that Gerstl actually gave Schönberg lessons. But without doubt they discussed a number of things, and Gerstl certainly gave Schönberg advice on technical matters and put artist's materials at the latter's disposal. There is no indication that Schönberg either painted or drew before 1907.

Whatever the case, the fact that there was "more to it" is proven by a note of 11 February 1938 found in Schönberg's estate, in which, with the hindsight of thirty years, Schönberg "squares his accounts" for no obvious reason. Never before (and never afterwards, either) did Schönberg mention Gerstl and their relationship in the years between 1906 and 1908. Some commentators have associated the words in the note with efforts in this late period to distance himself, insisting on his own originality, as well as on that of his pictorial oeuvre, and claiming that no one had influenced him in particular. The note, not without a

dem er angeblich zu radikal malte. Aber er war nicht gar so radikal, denn sein Ideal, sein Vorbild, war damals Liebermann. In vielen Gesprächen über Kunst, Musik und alles Mögliche habe ich an ihm viel angetan und verschwendet, wie an jeden, der mir zuhören wollte. Wahrscheinlich hat ihn das in seinem zur Zeit doch sehr zahmen Radikalismus bestärkt, als er einige recht missglückte Versuche zu Malen sah, die ich angestellt und ihm zeigte, er deren Aussehen für **Absicht** hielt und ausrief: ‚Jetzt habe ich von Ihnen gelernt, wie man malen muss.' Ich glaube, Webern wird das bestätigen können. – Unmittelbar darauf begann er ‚modern' zu malen. Ich habe heute kein Urteil darüber, ob diese Bilder irgendetwas taugen. Sehr begeistert war ich nie."
Dazu wäre anzumerken: Schönberg rekapituliert das, was einmal war, so wie er es sehen wollte. Zumal verkennt er die künstlerische Position Gerstls, als er den 23-Jährigen 1906 kennen lernte. Gerstl hatte bis dahin sehr wohl bedeutende und auf ihre Weise radikale Bilder gemalt, so das im Frühjahr 1905 entstandene Doppelbildnis der Schwestern Fey. Nicht Liebermann, sondern Munch (und Velázquez!) waren seine Vorbilder. Durchaus „munchisch" malte er noch 1906 das erste Porträt der sitzenden Mathilde Schönberg und jenes von Ernst Dietz, dem Cousin des Schönberg-Schülers Anton von Webern. Bald jedoch (vielleicht sogar gleichzeitig) entstanden die beiden (wahrscheinlich von Anfang an als Geschenk an die Porträtierten bestimmten) Bilder Schönbergs und seiner Frau. Der sonst so eigensinnige Gerstl hat dabei Kompromisse gemacht, wodurch Bilder entstanden, die ihn in der Entfaltung seiner Malweise beträchtlich aufgehalten haben. Gerstl wollte offensichtlich seinen Freunden als Maler, der er ja war, imponieren. Nicht sein eigener Kunstgeschmack war zahm, sondern der derjenigen, für die er malte. Bevor er sich von Gerstl porträtieren ließ, hatte sich Schönberg bei Lefler über ihn erkundigt. Und es ist nicht von der Hand zu weisen, dass Gerstl wahrscheinlich auch im akademischen Umfeld, in das er sich wiederum begeben hatte, etwas gelten wollte, sich also in gewisser Hinsicht vorläufig anpasste.
Empfand man auch in den musikalischen Angelegenheiten im Kreis um Schönberg sehr fortschrittlich, so war man in anderer Hinsicht weit weniger aufgeschlossen. Ein Bild Correggios war damals das Lieblingsbild des jungen Alban Berg, dessen Reproduktion er in seinem Arbeitszimmer hängen hatte. Lefler lud, nachdem er das Doppelbildnis der Schwestern Fey bei Viktor Hammer gesehen hatte, Gerstl in seine Spezialklasse an der Wiener Akademie. Höchstwahrscheinlich dachte Lefler an dieses Bild, als er Schönberg den Eindruck vermittelte, Gerstl male nach seinem Dafürhalten „zu radikal". Im Übrigen erinnert sich Schönberg, seine ersten „recht missglückten" bildnerischen Versuche Gerstl gezeigt zu haben und das noch dazu in Anwesenheit Weberns, den er als Zeugen nennt. Die spontane Äußerung Gerstls, von diesen Bildern Schönbergs habe er, Gerstl, gelernt, wie man malen müsse, wurde von Schönberg, wie ich meine, missverstanden. Es war

sense of resentment, runs thus: "With regard to a certain Mr Gerstl, the matter stands as follows. When this person forced his way into my house, he was a pupil of Lefler, who apparently found his painting style too radical. But he was not all that radical at all. His ideal, his hero at the time was Liebermann. I had many conversations on art, music, and all kinds of things with him, dissipating a great deal of time and energy, as I did with anybody who was prepared to listen to me. This probably encouraged his radicalism, which was at the time really very tame, so when he saw a number of rather unsuccessful attempts I had made to paint and had shown him, he thought they had been given such an appearance **on purpose** and shouted out, 'Now you have taught me how to paint.' I believe Webern can confirm this. – Immediately afterwards he began painting in the 'modern' fashion. Today, I cannot judge whether these pictures are worth anything. I was never very enthusiastic about them."
It should be noted in this respect that Schönberg's recapitulation of past events shows them as he wanted to see them. Additionally, in the note he fails to recognise the stature that the twenty-three-year-old Gerstl had already acquired as an artist when the men first met in 1906. By then, Gerstl had indeed painted important pictures, pictures that were radical in their own way, particularly his double portrait of the Fey sisters, which dates from the spring of 1905. It was not Liebermann, but Munch (and Velázquez!) who were his heroes. And the first portrait he painted of the seated Mathilde Schönberg, also in 1906, was very "Munchish", as was his picture of Ernst Dietz, the cousin of Schönberg's pupil Anton von Webern. He soon, however, produced (perhaps even simultaneously) the two portraits of Schönberg and his wife which were probably intended from the outset as a gift to the couple. Otherwise so headstrong, here Gerstl made the kind of compromises that set back his own development as a painter considerably. Gerstl evidently wanted to impress his friends as a painter, which he obviously was. It was not his taste in art that was tame, but the taste of the people for whom he was painting. Before allowing Gerstl to paint his portrait, Schönberg had made inquiries with Lefler about him. And we should not reject the possibility that Gerstl probably wished to be respected within the academic fold to which he had returned, and therefore made an effort to conform in certain respects for the time being.
Despite the progressive approach to musical matters adopted by the circle surrounding Schönberg, in other respects they were much less open-minded. At the time, a picture by Correggio was the favourite picture of the young Alban Berg, and he had a reproduction of it hanging in his study. But after seeing the double portrait of the Fey sisters at Viktor Hammer's, Lefler, on the other hand, had invited Gerstl to join his special class at the Vienna Academy. Lefler was most probably thinking about this picture when intimating to Schönberg that Gerstl's style of painting was "too radical". Moreover, Schönberg remembers

AUSSTELLUNGSVERZEICHNIS HELLER, 1910
LIST OF SCHÖNBERG'S WORKS AT HELLER'S, 1910

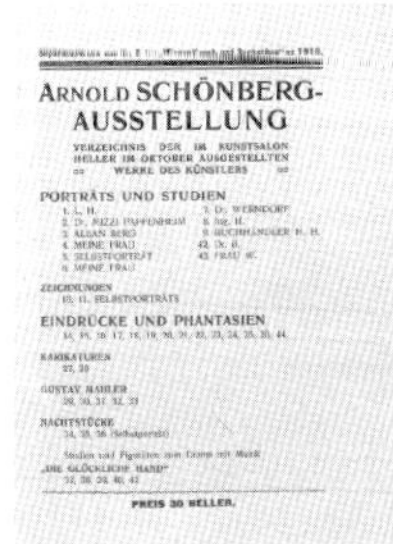

ARNOLD SCHÖNBERG-AUSSTELLUNG

VERZEICHNIS DER IM KUNSTSALON HELLER IM OKTOBER AUSGESTELLTEN WERKE DES KÜNSTLERS

PORTRÄTS UND STUDIEN

3. ALBAN BERG
4. MEINE FRAU
5. SELBSTPORTRÄT
6. MEINE FRAU

ZEICHNUNGEN

EINDRÜCKE UND PHANTASIEN

KARIKATUREN

GUSTAV MAHLER

NACHTSTÜCKE

„DIE GLÜCKLICHE HAND"

PREIS 30 HELLER.

zweifellos die Unbekümmertheit, Voraussetzungslosigkeit hinsichtlich irgendwelcher Übereinkünfte und der unmittelbare Ausdruck, die Gerstl begeisterten. Im Anschluss daran malte er selber dann seine radikalsten Bilder, voraussetzungslos und ohne Rücksichtnahme, unmittelbar, eruptiv und ganz und gar ausdrücklich.

Es waren das die Bilder aus dem kurzem Sommer 1908, die Darstellung des Komponisten Zemlinsky in ganzer Figur am Ufer des allgegenwärtigen Traunsees, aber vor allem das Bild der Familie Schönberg (jetzt im Wiener Museum moderner Kunst), die sechsfigurige Gruppe mit dem Ehepaar Schönberg, ein Bild, das unter damals Zeitgenössischem nicht seinesgleichen hat. Es ging dabei aber nicht allein um die Anregungen, die Gerstl von anderen Bildern erhielt, sondern es war für ihn zugleich ein Akt persönlichster Emanzipation. Wie in meiner 1993 im Verlag der Galerie Welz in Salzburg herausgebrachten Untersuchung **Gerstl und Schönberg. Eine Beziehung** dargestellt ist, wollte Gerstl mit diesen (wie mit benachbarten) Bildern so etwas zustande bringen, wie das, was Schönberg komponierte (oder besser: eben erst zu komponieren anfing). Wie diesem das tonale Gefüge seiner Musik zunehmend abhanden kam, verlor sich für Gerstl die augenscheinliche Entsprechung bis ins fast schon Ungegenständliche. Es sind bei Gerstl Farbemanationen, die noch immer nicht im gehörigen Zusammenhang gesehen und verglichen worden sind.

Aber zurück zu Schönbergs Malerei: Mag sein, dass der Betroffene und Eifersüchtige seinen nicht nur vermeintlichen Konkurrenten mit dessen Waffen – eben der Malerei – zusetzen wollte. Nachdem es noch immer keine Chronologie für die Bilder Schönbergs gibt (und vielleicht nie wirklich geben wird), kann man nur mutmaßen, welche Bildnereien damals nach den bewussten, ersten und, wie er meinte, „missglückten", Versuchen entstanden waren. Bei Heller waren 1910 einundvierzig Bilder und Zeichnungen ausgestellt: einerseits „Porträts und Studien" nach Personen aus dem näheren Freundes- und Bekanntenkreis, darunter die größten und bis heute wichtigsten Darstellungen, zum anderen aber „Eindrücke und Fantasien", nämlich Karikaturen, so genannte „Nachtstücke", Improvisationen über Gustav Mahler sowie einiges zur **Glücklichen Hand**. Jedenfalls gab es schon damals eine gewisse durchgehende Zweiteilung: einerseits die visionären Köpfe und grotesk übertriebenen Karikaturen, mit denen Schönberg Unmut und Schlimmeres, das ihm zusetzte, in Bildern losgeworden ist (die nicht viel weniger visionären Landschaften und Szenerien dürften 1909 und 1910 entstanden sein, als die beiden Bühnenstücke vorlagen und an ihre Aufführung zu denken war). Beim anderen Teil des Bilderschaffens handelt es sich um Porträts. Er malte, mutmaßlich um sich zu ertüchtigen, mehrere Porträts seiner Frau Mathilde, des Schwagers Zemlinsky (S. 134) und seiner Librettistin Marie von Pappenheim in der vagen Hoffnung, dergleichen Aufträge zu erhalten.

showing Gerstl his first "rather unsuccessful" artistic attempts, what is more, in the presence of Webern, whom he mentions as a witness. I also believe that Schönberg misunderstood Gerstl's spontaneous utterance that he, Gerstl, had learnt how to paint from these pictures. It was without doubt the carelessness of these pictures, their freedom from preconceptions as regards any kind of compromises, and their directness that aroused Gerstl's enthusiasm. He then subsequently painted his most radical pictures, without preconceptions and without consideration, directly, explosively, and utterly expressively.

These were the pictures of the short summer of 1908: his full-length portrayal of the composer Zemlinsky on the banks of the omnipresent Lake Traun and, above all, the picture of the Schönberg family which now hangs in the Museum of Modern Art in Vienna, a group of six figures including Arnold and Mathilde Schönberg. There was no other contemporary picture at the time to match it. However, it was more than just a matter of the stimuli which Gerstl received from other paintings; it was an act of personal liberation for him. As demonstrated in my study **Gerstl und Schönberg. Eine Beziehung** (Gerstl and Schönberg. A Relationship), published in 1993 by Verlag der Galerie Welz in Salzburg, in these pictures (as in other, adjacent ones) Gerstl wanted to accomplish something similar to what Schönberg was composing (or rather, to what he was just beginning to compose). Just as the latter's music was increasingly moving away from a tonal structure, for Gerstl art was losing its correspondence with the visual, becoming even almost abstract. In Gerstl's work the colours have become emanations that have still not been seen and compared in the relevant context.

To return to Schönberg's painting: it is possible that, wounded and jealous, the latter had no desire to attack the man whom he did not merely presume to be his rival with his own weapons – that is, painting. Since there is still no chronology for Schönberg's pictures (and perhaps there never really will be one), we can only guess which pictures he painted after his conscious first attempts – which he called "unsuccessful". Forty-one pictures and drawings were exhibited at Heller's in 1910, ranging from "portraits and studies" of people from his inner circle of friends and acquaintances, including the largest representations which are to this day considered the most important, to "impressions and fantasies", that is, caricatures, known as "night pieces", improvisations on Gustav Mahler, and a number of items relating to **The Lucky Hand**. At all events, even then there was a certain division within his oeuvre: on the one hand, the visionary heads and grotesquely exaggerated caricatures in which Schönberg used images to free himself of the ill humour and worse that he was prone to (the only slightly less visionary landscapes and scenes appear to date from 1909 and 1910, when he had completed the two stage pieces and it was time to start thinking about having them performed). The other part of his pictorial oeuvre consisted of portraits. He painted, presumably to get his hand in,

In bezeichnender Weise hat Schönberg bei späteren Ausstellungen (zum Beispiel im Rahmen des Blauen Reiter) vornehmlich seine visionären Bilder eingesetzt, seine Porträts aber kaum oder gar nicht. Wahrscheinlich hat er selbst erkannt, worin seine bildnerische Stärke bestand. Mit Porträtaufträgen wollte er Geld verdienen, das er dringend benötigte. Er argumentiert in einem Brief an den Direktor Hertzka von der Universal Edition so, dass seine Porträts den Dargestellten vielleicht nicht gefallen würden, aber allein aufgrund der Tatsache, dass er, Schönberg, sie geschaffen habe, sie bald einmal ein Vielfaches des ihm bezahlten Honorars kosten würden (S. 140).

Schönberg war eine komplexe künstlerische Persönlichkeit. Er war ein erfolgreicher und überaus folgenreicher Lehrer. Viele der von ihm vertonten Texte schrieb er selbst. Er hat gemalt und gezeichnet. Diese einzelnen künstlerischen Betätigungen bilden ein großes Ganzes und sind nicht leicht voneinander zu trennen. Am ehesten noch wäre sein bildnerisches Schaffen losgelöst von seiner Musik zu sehen. Es ist mit seinen interessantesten und intensivsten Ergebnissen ein Beitrag zum nicht nur in Wien aufkommenden Expressionismus. Ein Zeitalter, das expressionistische, und seine Künstler begannen „apokalyptisch zu reden“ – so der Malerdichter Albert Paris von Gütersloh 1912 in einer ersten monografischen Broschüre über den damals erst 22-jährigen Egon Schiele. Schönberg tat das auf seine Weise und mit seinen Mitteln und Möglichkeiten.

Der frühe Schönberg der Jahre 1908 bis 1912 ist wie in seiner Musik auch bei seinen Bildern ein vom Ausdruck Besessener und ein Ausdrucksspezialist. Seine visionären Gesichter, seine grotesken Kritikerkarikaturen sind so wie seine Bühnenszenen und Entwürfe theatralischer Spielorte Ausdruck pur, keinesfalls darstellende Wiedergabe, sondern krasse Übersteigerung und Idealität im Sinn des Expressionistischen – Bilder von einer Merkwürdigkeit und Idealität, die ihre Wirkung und das Interesse, das sie zunehmend finden, verständlich machen. Nicht nur für zeitgenössische Maler wie Gerstl und Kandinsky, sondern bis heute für alle, die sich Schönberg und seinem hinterlassenen Werk zu nähern trachten.

several portraits of his wife Mathilde, his brother-in-law Zemlinsky (p. 134) and his librettist Marie von Pappenheim in the vague hope of receiving commission for this kind of work.

Typically of him, in later exhibitions (for example as part of the Blaue Reiter) Schönberg favoured his visionary pictures, showing hardly any or none of his portraits. He probably recognised himself where his strength as a painter lay. With the commissions for portraits he wanted to earn the money he desperately needed. In a letter to Hertzka, the director of Universal Edition, he argued that although it was possible that his portraits would not please their subjects, the simple fact that he, Schönberg, had painted them would soon make them worth many times the price they had paid for them (p. 140).

Schönberg was a complex artistic personality. He was a successful teacher, and one of great consequence. He wrote many of the texts he set to music himself. He painted and drew. These individual artistic activities form a great whole, and it is not easy to separate them from one another. His pictorial oeuvre is perhaps the easiest to consider apart from his music. Its most interesting and intensive results made a contribution to the Expressionism which was becoming so widespread, not only in Vienna. An era, the Expressionist age, and its artists began "to speak apocalyptically" – in the words of painter-poet Albert Paris von Gütersloh, written in 1912 in a first monographic brochure on Schiele, who was at the time only twenty-two. Schönberg did this in his own way and using his own means and the possibilities open to him.

In the years between 1908 and 1912, in both his music and his pictures, the young Schönberg is obsessed by expression and is a specialist in expressing himself. His visionary faces, his grotesque caricatures of critics are – like his stage sets and designs for theatrical locations – pure expression. Far from being representative reproduction, they are crass exaggeration and ideality in the Expressionist sense – images with a peculiarity and ideality that makes their effect and the increasing interest that they meet with understandable. This applies not only to contemporary painters such as Gerstl and Kandinsky, but to everybody, right up to the present day, who aspires to approach Schönberg and the work he has bequeathed us.

VERKLÄRUNG UND VISION: SCHÖNBERGS WEG VON DER ROMANTIK ZUM EXPRESSIONISMUS
TRANSFIGURATION AND VISION: SCHÖNBERG'S PROGRESS FROM ROMANTICISM TO EXPRESSIONISM

Christian Meyer

Arnold Schönbergs musikalisches Schaffen gliedert sich im Wesentlichen in drei zeitliche Abschnitte: in die frühen, der Spätromantik zugehörigen Werke der 1890er Jahre bis etwa 1907, in freitonale Kompositionen und in die nach Entwicklung der Zwölftonmethode zu Beginn der zwanziger Jahre des 20. Jahrhunderts entstandenen Werke. Die Übergänge erfolgen allmählich, etwa in seinem **II. Streichquartett**, das noch traditionell tonal ist (in fis-Moll), das „in Tönen lösend" aber die Grenzen der Tonalität überwindet, „Luft von anderem Planeten" kündend; oder auch in den **Fünf Klavierstücken, op. 23**, deren fünftes (Walzer) das erste zwölftönig durchgearbeitete Stück ist.
Schönbergs bildnerisches Werk entstand großteils zwischen 1908 und 1912, ohne nachvollziehbare Genese und auf höchst eigenständige Art und Weise. Gerade die **Blicke** und **Visionen** schafft er etwa parallel zu den meisten seiner freitonalen Musikstücke. Der Maler Schönberg verwehrte sich vehement gegen behauptete Einflüsse Richard Gerstls, Oskar Kokoschkas und auch Wassily Kandinskys, gestand dies Edvard Munch und Vincent van Gogh, deren Werke Schönberg in Wiener Ausstellungen kennen lernen konnte, hingegen zu. „Als Maler war ich ein absoluter Amateur und hatte keine theoretische Schulung"[1], erklärte Schönberg ein Jahr vor seinem Tod anlässlich einer Veranstaltung des Los Angeles County Museum, das eine Ausstellung von Schönbergs Bildern abgelehnt hatte und stattdessen ein Komponistengespräch mit Konzert veranstaltete. Dieses Diktum gilt allerdings auch für den Komponisten, der mit Ausnahme einiger Monate Unterricht bei seinem späteren Schwager Alexander von Zemlinsky sein musikalisches Wissen autodidaktisch erwarb. Als seine Lehrmeister bezeichnete er die deutschen Komponisten von Bach bis Wagner und Brahms, deren Œuvres ihm im Detail vertraut und wesentlicher Bestandteil seiner Handbibliothek waren.
Schönbergs Ästhetik entwickelte sich auch im bildnerischen Schaffen aus der Tradition seines musikalischen Umfeldes. In der Malerei fand er Wege ebenso sublimen, wenn auch unmittelbaren künstlerischen Ausdrucks wie durch musikalische Mittel. Im bereits oben erwähnten Interview stellt er fest: „Malen bedeutete für mich in der Tat dasselbe wie Komponieren. Es war für mich eine Möglichkeit, mich auszudrücken, meine Gefühle, Ideen, Stimmungen [...]." Er fügt hinzu: „Ich konnte meine Stimmungen oder Gefühle nie in Worten ausdrücken."
Das Streichsextett **Verklärte Nacht, op. 4** (1899), von welchem auch Fassungen für Streichorchester (1917, 1943) existieren, ist ein erster Höhepunkt in Schönbergs Schaffen. Es steht im musikalischen Ausdruck ebenso wie in der Organisationsform der symphonischen Dichtung den frühen Orchesterwerken Richard Strauss' nahe, der kurz nach der Jahrhundertwende Schönbergs großer Förderer werden sollte, bis seine Bemerkung an Alma Mahler, Schönberg solle besser Schnee schaufeln als Notenpapier zu bekritzeln, dessen Abwendung provozierte. Auch Richard Strauss beschreibt in seiner 1889 entstandenen Tondichtung

Chronologically speaking, Arnold Schönberg's musical oeuvre comprises three significant periods: the early works in the Late Romantic style composed between the 1890s and about 1907, his chromatic compositions, and the works completed after the development of the twelve-tone method in the early 1920s. The transitions from one phase to the next are gradual, as evidenced by Schönberg's **Second String Quartet**, which, though still traditionally tonal (written in F-sharp minor), crosses the boundaries of tonality, dissolving into tones, heralding "air from another planet"; or by the **Five Pieces for Piano, op. 23**, the fifth of which ("Waltz") is the first of his twelve-tone compositions.
Schönberg completed most of his works of visual art between 1908 and 1912, without recognisable genesis and in a highly unconventional approach. His "gazes" and "visions" were roughly concurrent with most of his chromatic musical compositions. As a painter, Schönberg vehemently denied the purported influence of Richard Gerstl, Oskar Kokoschka, and Wassily Kandinsky, though he admitted having been inspired by Edvard Munch and Vincent van Gogh, whose works he had opportunity to view at exhibitions in Vienna. "As a painter I was absolutely an amateur and had no theoretical training",[1] Schönberg recollected at an event hosted by the Los Angeles County Museum, which had rejected a proposal to exhibit Schönberg's paintings and opted instead to organise a concert and discussion with the composer. This remark applies to the composer Schönberg as well, however, who, apart from several months of instruction from his brother-in-law-to-be, Alexander von Zemlinsky, learned everything he knew about music on his own. Schönberg cited German composers from Bach to Wagner and Brahms as his teachers. He was thoroughly familiar with their oeuvres, which accounted for a significant portion of his reference library.
Schönberg's visual aesthetic developed from the intellectual tradition of his musical environment. In painting, he discovered approaches to an equally sublime yet more immediate form of artistic expression than in music. In the interview cited above he stated: "In fact painting was to me the same as making music. It was to me a way of expressing myself, of presenting emotions, ideas, and other feelings", and, he added, "I never was very capable of expressing my feelings or emotions in words."
The string sextet **Transfigured Night, op. 4** (1899), for which orchestral arrangements also exist (1917 and 1943), represents a first milestone in Schönberg's career as a composer. In terms of musical expression and its structure as a symphonic tone poem, it has much in common with the early orchestral works of Richard Strauss, who became a prominent patron of Schönberg after the turn of the century, a role he played until Schönberg turned away from him in anger in response to his remark to Alma Mahler that Schönberg would be better off shovelling snow than scribbling on blank sheets of music. In his tone poem **Death and Transfiguration, op. 24**, composed in 1889, Richard Strauss al-

Tod und Verklärung, op. 24 jenen überhöhten Seelenzustand der Transfiguration, welcher in der Kunst bereits seit Jahrhunderten in der Verklärung Christi auf dem Berg Tabor (Matth., 17) dargestellt wurde, etwa von Raffael und Hans Holbein d. Älteren. Der Kritiker Eduard Hanslick kommentierte, es fehle nur noch „der letzte entscheidende Schritt: die matt erleuchtete Krankenstube mit dem Verscheidenden auf wirklicher Bühne; sein Todeskampf, seine Visionen, sein Sterben – und dazu die Strauss'sche Musik im Orchester." Richard Strauss näherte sich dem Thema nach einer eigenen Idee. Er schildert den Tod eines Menschen und lässt aus dem Dunkel die Verklärung seiner Jugend, jener Ideale aufsteigen, deren Verwirklichung auf Erden versagt geblieben ist.
Schönberg hingegen nahm das Gedicht **Verklärte Nacht** (1896) von Richard Dehmel als Sujet. Bereits der Titel mag Schönbergs Interesse an einer Vertonung geweckt haben, sicherlich aber der „Pathos einer neuen, unbürgerlichen Geschlechtsmoral und der Idee des alles überwindenden, jede Konvention beiseite schiebenden Eros"[2]. „Du treibst mit mir auf kaltem Meer, doch eine eigne Wärme flimmert von Dir in mich, von mir in Dich. Dies wird das fremde Kind verklären, Du wirst es mir, von mir gebären." (aus: Richard Dehmel **Verklärte Nacht**). Schönberg nannte dies später Programmmusik, die „sich darauf beschränkt, die Natur zu zeichnen und menschliche Gefühle auszudrücken", und bezeichnete damit die romantische Position einer zum Gefühlvollen, Wunderbaren neigenden Weltauffassung, die im Englischen („romantic") ab 1650 für „unwirklich" stand, ehe sie über die Zwischenstufe von Pathoswirkungen zerklüfteter Landschaften bei Jean-Jacques Rousseau schließlich zum Ausdruck der Einheit von landschaftlichen und seelischen Qualitäten diente (Prang). Im selben Geiste stehen neben **Pelleas und Melisande, op. 5** (1902) noch Schönbergs **Gurrelieder** (1900/11) nach Texten von Jens Peter Jacobsen, etwa im Lied Waldemars:

„Und unsere Gedanken
Gleiten entstehend zusammen,
Wie Wolken, die sich treffen
Und in wechselnden Formen zusammen sich wiegen.
Und meine Seele ist still,
Ich seh in Dein Auge und schweige,
Du wunderschöne Tove."

Die romantische Epoche hat die Anerkennung der Musik als universales Medium künstlerischer Aussage bestätigt, zugleich allerdings die in ihr selbst angelegten Widersprüchlichkeiten offenbart, sodass der totale Umschlag zur Neuen Musik des 20. Jahrhunderts als konsequente Folgerung aus der romantischer Musik innewohnenden Tendenz angesehen werden muss (Ernst Kurth). Analog wurden die romantischen Ideale in der wissenschaftlichen Auseinandersetzung mit Fragen der menschlichen Psyche (Sigmund Freud, **Traumdeutung**, 1900) ebenso wie der Abbildung des Universums (Albert Einstein, **Spezielle Relativitätstheorie**, 1905) überwunden, der schließlich der langwierige gesellschaftspoliti-

so describes the sublime spiritual state of transfiguration painters had been depicting for centuries in scenes of the Transfiguration of Christ on Mount Tabor (Matthew 17) – among them Raphael and Hans Holbein the Elder. The critic Eduard Hanslick has remarked that the only thing missing is "the last crucial step: the palely lit room with the dying patient on a real stage; his final struggle, his visions, his death – and that accompanied by the music of Strauss from the orchestra pit." Richard Strauss approached the theme with an idea of his own. He describes the death of a human being, and has the transfiguration of his youth and the ideals denied fulfilment on earth rise from out of the darkness. Schönberg chose the poem "Transfigured Night" (1896) by Richard Dehmel as his subject. The title itself may have stimulated Schönberg's interest in setting the motif to music, but he was surely inspired as well by the "pathos of a new, non-bourgeois sexual morality and the idea of an all-powerful eroticism that set all convention aside"[2]. "You drift with me on a cold sea, yet an inner warmth flickers in me from you, in you from me. It will transfigure the stranger's child, and you will bear it for me, from me." (Richard Dehmel, "Transfigured Night"). Schönberg later referred to this as program music that "confines itself to drawing nature and expressing human feeling", and thus described the "romantic" position of a world view inclined toward the emotional and wondrous, a position which took on the meaning "unreal" in English beginning in 1650 before passing through the intermediate stage marked by the effects of pathos in rugged, cavernous landscapes to serve Jean-Jacques Rousseau as an expression of the unity of landscape and spiritual qualities (Prang). We find the same spirit in Schönberg's **Pelleas and Melisande, op. 5** (1902), and in the **Gurrelieder** (1900-11), based upon texts by Jens Peter Jacobsen, as in the song of Waldemar, for example:

"I see our thoughts
take shape and glide together
as clouds do, when they meet,
which once united drift and change their shapes.
And my soul is still,
I gaze into your eyes and do not speak,
extraordinary Tove!"

Though the Romantic era affirmed the view of music as a universal medium of artistic expression, it also exposed its own inherent contradictions, and thus the radical turn to the New Music of the 20th century must be seen as a logical consequence of a tendency embodied in Romantic music (Ernst Kurth). By the same token, Romantic ideals were discredited in the course of scientific investigations into the human psyche (Sigmund Freud's **Interpretation of Dreams**, 1900) and the structure of the universe (Albert Einstein's **Special Theory of**

sche Umbau Europas zwischen den Weltkriegen folgte. Entsprechend groß war das Unverständnis für Schönbergs Aufbruch in die Moderne. „Mit den Liedern nach George [3]ist es mir zum erstenmal gelungen, einem Ausdrucks- und Formideal nahezukommen, das mir seit Jahren vorschwebt. Es zu verwirklichen, gebrach es mir bis dahin an Kraft und Sicherheit. Nun ich aber diese Bahn endgültig betreten habe, bin ich mir bewusst, alle Schranken einer vergangenen Ästhetik durchbrochen zu haben; und wenn ich auch einem mir als sicher erscheinenden Ziel zustrebe, so fühle ich dennoch schon jetzt den Widerstand, den ich zu überwinden haben werde; fühle den Hitzegrad der Auflehnung und ahne, dass selbst solche, die mir bisher geglaubt haben, die Notwendigkeit dieser Entwicklung nicht werden einsehen wollen.“ (Schönberg 1910). Beschreibt das Ende des Dehmel-Gedichts **Verklärte Nacht** noch eine „hohe, helle Nacht“, so schließt Georges **Buch der hängenden Gärten** mit der Zeile „Die Nacht ist überwölkt und schwül.“

Die Malerei als Projektionsraum für akustisch nicht umsetzbare Emotionen thematisiert die Möglichkeiten der Zeit als vierte Dimension in der Kunst. Während die Zeit in musikalischen Abläufen unabdingbar Berücksichtigung finden muss, steht das Bild seinem Betrachter in seiner Gesamtheit unmittelbar zur Verfügung. Erst durch eine Anhäufung von Details und durch große Formate kann der Maler das Problem der Zeitlosigkeit überwinden, indem er den Betrachter zwingt, in das Bild „hineinzuschauen“ (Leander Kaiser) und dessen Inhalt schrittweise zu lesen. Schönberg nützt hingegen die Möglichkeit einer visuellen Momentaufnahme, welche in einem akustischen Medium derart nicht abstrahierbar ist. Musikalische Annäherungen versucht er etwa im Monodram **Erwartung, op. 17** (1909), in welchem er die Gefühlswelt einer Frau, die auf ihren Mann wartet – Schönberg spricht von etwa fünf Minuten in der Wahrnehmung der Frau – als halbstündiges Psychogramm auskomponiert. Wesentlich direkter gelingen ihm derartige seelische Momentaufnahmen jedoch in seinen Bildern, namentlich in den „Blicken“ und „Visionen“, welche den Betrachter unmittelbar, ohne jede Zeitverzögerung erreichen. Dass er sich in ihnen nahe liegenderweise selbst porträtiert, entspringt nicht einer egozentrischen Geisteshaltung, sondern erinnert vielmehr an den Ausspruch der Megära: „Der Mensch ist ungleich, ungleich sind die Stunden.“[4] Das Unbewusste, Triebhafte des Schaffensprozesses ist für Schönberg entscheidend, und die Malerei dafür das geeignete Vehikel. Landschaften bis hin zur Abstraktion (**Nächtliche Landschaft**) und in Form seelischer Abbildungen (**Visionen**) sind das beherrschende Thema. Geschundene Körper erinnern nicht so sehr an seinen Zeitgenossen Egon Schiele als vielmehr an die Welt eines Francis Bacon (Visionen, Fleisch, Hände). In jüngster Zeit beginnt schließlich auch die Suche nach Hinweisen auf theosophische Inhalte in Schönbergs Bildern (Leander Kaiser).

Trotz aller äußerer Unterschiede sind die Wirkungen der Romantik auf die Werke des Expressionismus unübersehbar. Hat Schönberg sein äs-

Relativity, 1905), which preceded the protracted reconstruction of European society between and during the two World Wars. Accordingly, Schönberg's venture into Modernism was greeted with considerable astonishment. “With the songs based on [the poems of] George, I succeeded for the first time in approaching an ideal of expression and form I have imagined for many years. I simply lacked the strength and confidence to realise it before. Yet now that I have finally taken this course, I realise that I have broken through all of the barriers of a bygone aesthetic; and though I am striving for a goal that seems quite certain to me, I already feel the resistance I shall be compelled to overcome; feel the heat of opposition and suspect that even those who have believed me thus far will be unable to accept the necessity of this course of development.” (Schönberg, 1910) Whereas the concluding lines of Dehmel's poem “Transfigured Night” describe a “high, moonlit night”, **George's Book of the Hanging Gardens** closes with the line “The night is cloudy and humid.”

Painting as a field of projection for emotions that cannot be articulated acoustically addresses the possibilities of time as the fourth dimension in art. While time must inevitably be taken into account in musical sequences, the painting is immediately accessible in its entirety to the viewer. Only through the accumulation of details and the use of large formats can the painter overcome the problem of timelessness by forcing the viewer to “look into” the picture (Leander Kaiser) and read its content step by step. Schönberg, however, takes advantage of the possibilities offered by the momentary visual image, which cannot be abstracted in such a way in an acoustic medium. He attempted to approach the effect through music in the monodrama **Expectation, op. 17** (1909), for example, a piece in which he set the world of complex emotions experienced by a woman waiting for her husband – Schönberg speaks of about five minutes of the woman's feelings and perceptions – in a thirty-minute psychogram. Yet he achieved much more immediate momentary images in his paintings, specifically in his “gazes” and “visions”, works which reach the viewer directly, without time delay. That he quite naturally depicted himself in them has nothing to do with egocentricity but calls to mind instead the declaration of Megaera: “Human beings are unequal, unequal are the hours.”[3] For Schönberg, the unconscious, compulsive aspect of the creative process is crucial, and painting is its most appropriate vehicle. Landscapes extending into abstraction (**Nocturnal Landscape**) and assuming the form of portraits of the soul (“visions”) are the predominant themes. Tortured bodies are less reminiscent of the art of his contemporary Egon Schiele than of the world of a Francis Bacon (visions, flesh, hands). In recent years, scholars have also begun searching for theosophical contents in Schönberg's paintings (Leander Kaiser).

Despite the many ostensible differences, the impact of Romanticism

thetisches Grundverständnis auch in Schriften und Briefen festgehalten, so ist es gerade sein bildnerisches Werk, das dies plastisch vermittelt.

[1] Halsey Stevens, „A Conversation with Schönberg about Painting, 1949“, in: Journal of the Arnold Schoenberg Institute, Bd. 2, Nr. 3, Los Angeles 1978, S. 178–180.
[2] Hans Heinz Stuckenschmidt, Schönberg. Leben, Umwelt, Werk, Zürich/Freiburg i. Br. 1974, S. 38.
[3] Das Buch der hängenden Gärten op. 15, Liederzyklus nach Gedichten von Stefan George.
[4] Goethe, Faust II, 1. Akt, Vers 5372.

on Expressionist works is impossible to overlook. Schönberg also articulated his basic aesthetic concepts in his published writings and his letters, but it is his visual oeuvre that communicates them in concrete form.

[1] Halsey Stevens, "A Conversation with Schönberg about Painting, 1949", in Journal of the Arnold Schoenberg Institute, vol. 2, no. 3, Los Angeles 1978, pp. 178–180.
[2] Hans Heinz Stuckenschmidt, Schönberg. Leben, Umwelt, Werk, Zurich/Freiburg i. Br. 1974, p. 38.
[3] Goethe, Faust II, act 1, verse 5372.

EIN „KONSERVATIVER REVOLUTIONÄR"?
SCHÖNBERGS TRADITIONSVERSTÄNDNIS UND SEINE PHILOSOPHISCHE KODIFIZIERUNG DURCH THEODOR W. ADORNO

A "CONSERVATIVE REVOLUTIONARY"?
SCHÖNBERG'S NOTION OF TRADITION AND HIS PHILOSOPHICAL CODIFICATION BY THEODOR W. ADORNO

Ferdinand Zehentreiter

1931 notierte Arnold Schönberg in seinem Artikel „Nationale Musik": „Meine Lehrmeister waren in erster Linie Bach und Mozart; in zweiter: Beethoven, Brahms und Wagner. [...] Ich habe auch von Schubert vieles gelernt und auch von Mahler, Strauss und Reger. [...] Ich maße mir das Verdienst an, eine wahrhaft neue Musik geschrieben zu haben, welche, wie sie auf der Tradition beruht, zur Tradition zu werden bestimmt ist." Früh schon wurde dieses Selbstbild Schönbergs, sein striktes Bekenntnis zu einer kaum mehr zu steigernden Verdichtung des großen kompositorischen Erbes, als bemerkenswert, ja irritierend und paradox empfunden. Witterte der durch Schönbergs Dissonanzen schockierte Akademismus hier oft nur einen propagandistischen Akt der Selbstrechtfertigung, so wollte andererseits Schönbergs apodiktisch klingende Rückbindung seiner musikalischen Innovationen an eine Ahnengalerie übermächtiger Autoritäten gar nicht recht zu einem progressiven Geist passen, wie man ihn sich gerne vorstellte. Willi Reichs Wort vom „konservativen Revolutionär" Schönberg hat, obgleich in bester Absicht formuliert, entsprechenden Vorurteilsbildungen das unverwüstliche Schlagwort geliefert. Diese begreifen Schönberg nicht etwa als exemplarisch für den inneren Zusammenhang jeder substanziellen künstlerischen Innovation mit einer rekonstruktiven Aneignung der Tradition, sondern als Sonderfall mit einer extra Portion Konservativismus. Der Weg zur abwertenden Geste, Schönberg sei eigentlich gar kein moderner, sondern im Grunde ein traditionalistischer Komponist gewesen, ist hier nicht weit. Oft ist es ein Missbehagen an der Person des Komponisten: an zentralen habituellen Zügen wie seinem autoritären Gebaren, seinem ethischen Fundamentalismus und seinem apodiktisch erscheinenden Denken in Grundmodellen, das den Blick auf seine ästhetische Radikalität noch in der Beschwörung der großen Vorbilder verstellt. Dabei wird die Übertragung dieses Missbehagens auf das Werk durch die horrenden Schwierigkeiten befördert, die es immer noch jedem Musikologen bereitet, der sich einen allgemeinen ästhetischen Reim darauf machen möchte. Vor allem den Reihen-Kompositionen ist lange Zeit nur ein vordergründiger Blick auf Technik und ästhetische Gestalt geschenkt worden – selbst von Meistern der Moderne wie Pierre Boulez, dessen vernichtendes, ja nachgerade angewidertes Urteil über Schönbergs Zwölftonmusik in seinem berühmten Vatermord-Artikel „Schoenberg est mort" (1951) mittlerweile vor allem durch die amerikanische Schönberg-Forschung überholt worden ist.[1]

Besonders aufschlussreich für das Ineinander von Verehrung und Ressentiment gegenüber Schönberg auf Seiten progressiver Lager ist die Position seines berühmtesten philosophischen Interpreten: Theodor W. Adorno. Kein anderer Musikästhetiker hat so konsequent am Bild der Wiener Schule als Schlüsselposition in der Musik des 20. Jahrhunderts gearbeitet. Dabei rückte er stets auch das dialektische Bedingungsverhältnis zwischen der Tragweite der Schönberg'schen Innovationen und ihrer starken Verpflichtung gegenüber zentralen Tendenzen

In 1931, Arnold Schönberg wrote in his article "National Music": "My teachers were first and foremost Bach and Mozart; after that came Beethoven, Brahms, and Wagner ... I also learnt a great deal from Schubert as well as from Mahler, Strauss, and Reger ... I may be so bold as to claim to have written truly new music, which, just as it is rooted in tradition, is itself destined to found a tradition." Early on, this image Schönberg had of himself – his declaration of allegiance to a scarcely surpassable concentration of great composers – was seen as remarkable, even disconcerting and paradoxical. While the academics, shocked by Schönberg's dissonances, often felt they could detect in this stance a purely propagandist act of self-justification, at the same time the apodictic sounding lineage going back to the serried ranks of earlier masters that Schönberg mapped out for his own musical innovation hardly seemed in keeping with the progressive spirit that people fondly imagined him to be. Although well-intentioned, Willi Reich's description of Schönberg as a "conservative revolutionary" provided an indomitable battle cry for the prejudices that surrounded him. Those holding such prejudices did not see Schönberg as an exemplary instance of the intrinsic connection between all substantial artistic innovation and the reconstructive appropriation of tradition, but rather as a special case with an extra portion of conservatism. It was not far from here to dismissive claims that Schönberg was "actually" not at all a modern composer but basically a traditionalist. Often it is a feeling of discomfiture induced by the person of the composer – by innate aspects of his character such as his authoritarian demeanour, his ethical fundamentalism, and his apparently apodictic thinking in basic models – that prevents his critics from recognising his aesthetic radicalism, even in the very act of alluding to his great predecessors. The result is that the same discomfiture is all the more readily associated with his work because of the major difficulties that still face any musicologist who tries to draw some general aesthetic conclusion from it. Above all, for many years the tone row compositions received only cursory attention regarding their technique and aesthetics – even on the part of such a master of modernism as Pierre Boulez, who put forward his wholly destructive, even disdainful judgement of Schönberg's twelve-tone music in his infamous article "Schönberg est mort" (1951). Nothing short of patricide, this view has in the meantime been superseded above all by American Schönberg scholarship.[1]

Particularly revealing in the matter of the mixture of respect and resentment that greeted Schönberg from the progressive camp is the position of his most famous philosophical interpreter: Theodor W. Adorno. No other scholar in the field of music and aesthetics did as much in establishing the Viennese School as the key to the music of the 20th century. In doing so he always attached central importance to the dialectical, mutually influential relationship between the significance of the innovations introduced by Schönberg and their pronounced dependency on

THEODOR W. ADORNO,
LOS ANGELES 1940ER / 1940S

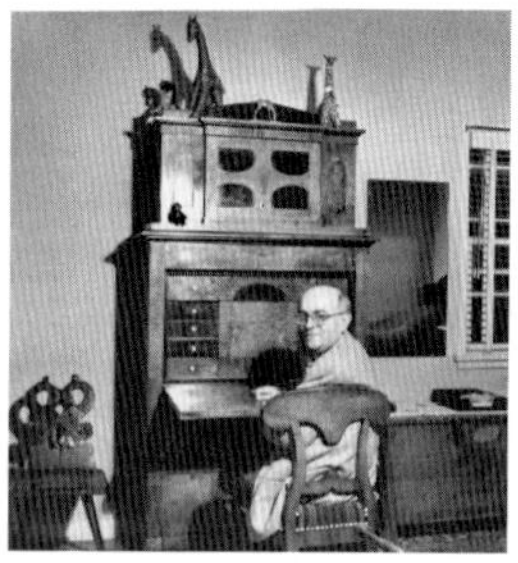

ARNOLD SCHÖNBERG

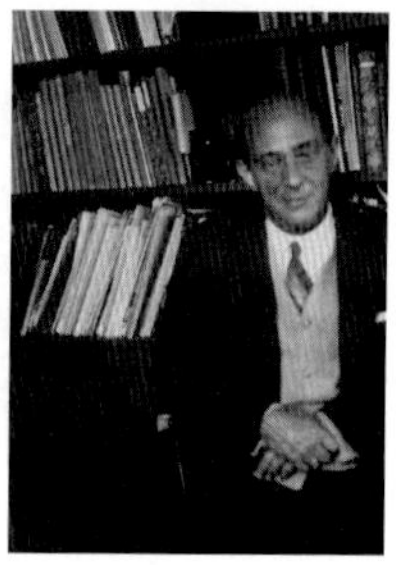

der Tradition von Bach bis Brahms, Wagner und Mahler in den Mittelpunkt. Aber dennoch, immer wieder verschafft sich dabei auch eine tief gehende Distanz zu Schönberg Ausdruck, in der sich ein idiosynkratisches Verhältnis zur Person des Komponisten mit Erwartungen an sein Werk vermischt, die diesem eigentlich fremd sind. „Ästhetischer Avantgardismus und konservative Gesinnung laufen nebeneinander her", resümiert Adorno in einem Schönberg-Porträt ein Jahr nach dem Tod des Komponisten.[2] Schärfer noch geht er mit ihm ins Gericht, wenn es um die so genannte Wende von der „freien Atonalität" zur Reihenkomposition geht. Von Revisionismus ist hier gar die Rede, indem nun auch ein Übergriff konservativer Gesinnung auf die Werkentwicklung diagnostiziert wird – etwa im Blick auf früheste Ansätze zur Reihenkomposition in Plänen zu einem gigantischen Oratorium, das sich um das Paradox der „Religiosität" des säkularisierten „Menschen von heute" (Schönberg) drehen sollte. Gegen ein solches „Bedürfnis nach Rückkehr zur theologischen Autorität [...] konnte aber bei einem Künstler wie Schönberg die musikalische Verhaltensweise nicht indifferent bleiben. Das Moment des Abrupten und Gewaltsamen im Übergang von den Erfahrungen der freien Atonalität zur systematischen Formulierung der Zwölftontechnik, und die Konzeption von Religiosität als Rückkunft mit dem drohenden Zeigefinger des Beten-Lernens, fallen nicht nur entwicklungsgeschichtlich zusammen, sondern auch dem Inhalt nach; hier wie dort wird Ordnung aus dem Bedürfnis postuliert und nicht aus der eigenen Wahrheit der Sache".[3] Den Nachweis für diesen seit seiner **Philosophie der neuen Musik** immer wieder vorgebrachten waghalsigen Befund ist Adorno stets schuldig geblieben, da er ihn nie an ausgeführten Formanalysen der gerügten Werke konkretisiert hat, sondern immer nur an vereinzelten, aus dem Zusammenhang gerissenen Belegstellen.[4] Bisweilen versucht Adorno aber doch, aus den biografischen Wurzeln des vermeintlichen Schönberg'schen Revisionismus eine Produktivkraft für dessen ästhetische Radikalität herauszulesen, es würde ihm diese Figur auch sonst unter den Händen zerbrechen. Er glaubt, diese Basis soziologisch aus Schönbergs Herkunftsposition bestimmen zu können, an der er eine Mischung aus Autoritätshörigkeit und kultureller Exterritorialität feststellt. Das Reagenzglas dieser Mischung sei Wien in seiner europäischen Randlage: „Dem Wiener aus engen Verhältnissen dünkten die Normen einer geschlossenen und halbfeudalen Gesellschaft gottgewollt. Aber solcher Aspekt fand sich mit einem konträren [...] zusammen. Etwas nicht Integriertes, nicht ganz Zivilisiertes, ja Zivilisationsfeindliches hielt ihn aus der gleichen Ordnung draußen, an der er so wenig Zweifel hegte. Wie ein Ursprungsloser, vom Himmel Gefallener, ein musikalischer Kaspar Hauser traf er jäh ins Schwarze."[5] Hier mischen sich Ressentiment und Mystifizierung. Greift einerseits die Bestimmung der „engen Verhältnisse" von Schönbergs Herkunftsmilieu zu kurz, da sie es nicht hinreichend vom Wiener Kleinbürgertum scheidet, mit dem es kulturell nicht das Geringste zu tun hat, so bleibt andererseits Schön-

the main tendencies of the tradition leading from Bach to Brahms, Wagner, and Mahler. Nevertheless, again and again we see a deep division between Adorno and Schönberg that derives from the former's idiosyncratic response to the person of the composer combined with expectations of the work that are in fact alien to it. "It combines aesthetic avant-gardism with a conservative mentality", was Adorno's summary in a portrait of Schönberg a year after his death.[2] And he takes the composer even more strictly to task when it comes to his so-called "abandonment of free atonality" in favour of tone rows. He even talks here of revisionism, supposedly diagnosing a broadly conservative approach in the development of the work – for instance in light of the earliest signs of tone rows in plans for a gigantic oratorio which was to revolve around the paradox of the "religiosity" of "human beings today" in their secularised state (Schönberg). When it came to what Adorno saw as Schönberg's "need to return to theological authority", he went on to say that "in an artist like Schönberg such a change in attitude had to have repercussions in his music. The element of violence and rupture in the transition from the experiences of free atonality to the systematisation of twelve-note technique, and the conception of religiosity as return, together with the finger-wagging admonition about learning to pray, all come together, not just historically, but also in terms of musical substance. In both dimensions order is derived from the need for order and not from the truth of the matter".[3] Adorno never presented any evidence for this reckless conclusion that has constantly been cited ever since he published his **Philosophy of Modern Music**: he never fleshed it out with detailed analyses of the works he had criticised, only ever backing it up with isolated examples taken out of context.[4]

From time to time, however, Adorno does attempt to read in the roots of Schönberg's "revisionism" a strength that helped to produce his aesthetic radicalism; had he not done so, the image he had made of the composer would surely have fallen apart in his hands. He believes he can define this basis sociologically in terms of Schönberg's own origins, in which he detects a mixture of respect for authority and cultural exterritorialism. The melting pot for this mixture was Vienna, specifically in its position on the margins of Europe: "In the eyes of the Viennese composer, coming from a parochial background, the norms of a closed, semi-feudal society seemed the will of God. Yet this respect was linked to an opposing element ... Something not integrated, not entirely civilised, indeed hostile to civilisation, kept him outside the very order of which he was so uncritical. Like a man without origins, fallen from heaven, a musical Caspar Hauser, he hit the bullseye unerringly."[5] Here resentment is mingled with mystification. While the reference to Schönberg's "parochial background" is inadequate in the sense that it does not sufficiently distinguish his milieu from that of petit bourgeois Vienna which had a wholly different culture, at the same time the exoticism of Schönberg's role as a mysterious outsider is too vague, too much of a

SAMUEL SCHÖNBERG

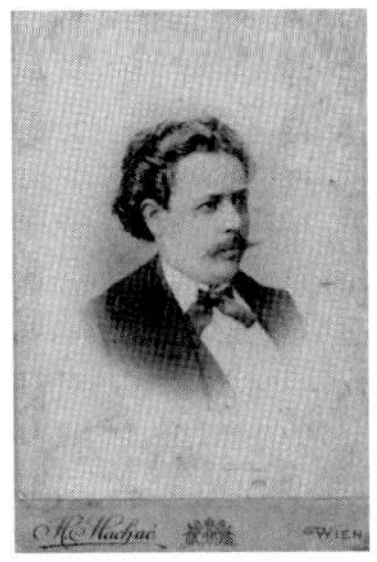

JUDEN AM MICHAELERPLATZ, WIEN, UM 1880 / JEWS ON MICHAELERPLATZ, VIENNA, C. 1880

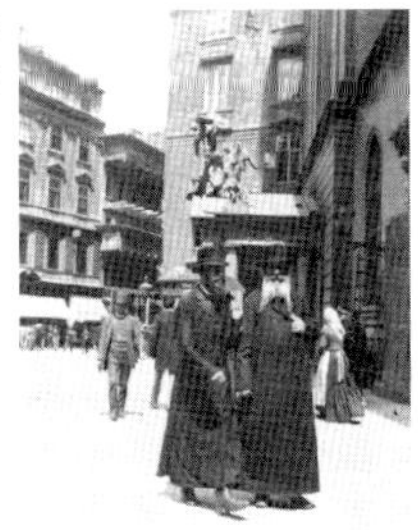

bergs Exotisierung zum geheimnisvoll Versprengten zu unkonkret, zu sehr in der vorsoziologischen Metapher. Hier helfen auch Zusatzbestimmungen, wie der Verweis auf eine „starke Kommunikation" des „nicht ganz bürgerlichen, archaischen" Wien „mit dem Osten"[6], nicht weiter. Das fragliche Ineinander von „engen", unterprivilegierten und randständigen Verhältnissen, in dem entsprechend bildungsbürgerliche Spielregeln fehlen, und einer herausgehobenen Stellung gegenüber dem geistigen Erbe bekommt kein Gesicht, solange – wovor Adorno sich offensichtlich scheut – das Kind nicht beim Namen genannt wird, nämlich: das Judentum traditioneller Prägung, und zwar in einer entscheidenden Phase der Säkularisierung.
Schönbergs Eltern entstammen beide dieser Kultur. Der Vater Samuel kommt aus einem kleinen Örtchen nördlich von Budapest (Szécsény im vormaligen Komitat Nograd) und migriert 1852 mit 14 Jahren aus Preßburg nach Wien. Er entstammt also, so könnte man sagen, einer Familie, die in einer Schtetl-Kultur wurzelt und sich schrittweise der Metropole Wien nähert.[7] Die Mutter des Komponisten, Pauline Nachod, zehn Jahre jünger als der Vater, kommt aus Prag, wie dieser aus einfachen Verhältnissen,[8] und erreicht Wien ebenfalls über Preßburg. Die väterliche Linie ihrer Familie stellte über Generationen die Kantoren der Altneusynagoge. Sie kommt also aus einer frommen jüdischen Familie. Inwiefern sie selbst die religiösen Riten noch praktizierte oder diesen innerlich anhing, ist nicht genau auszumachen.[9] Aber die immer wieder gestellte Frage, ob die Familie des Komponisten praktizierend religiös war oder nicht, ist zweitrangig gegenüber der Bestimmung ihres Siedlungsmilieus und seiner spannungsvollen kulturellen Dynamik. Die Eltern wohnten in der Leopoldstadt, dem Hauptsammelbecken der jüdischen Immigranten aus dem Osten, im Volksmund „Mazzesinsel" genannt. Joseph Roth bezeichnete sie einmal als „freiwilliges Ghetto".[10] Dort herrschte „jüdisches Leben", auch wo die religiösen Bindungen abgestreift worden waren[11] – und zwar auf völlig andere Weise als in den jüdischstämmigen Familien des bürgerlich-feinen 1. Wiener Bezirks. Unterscheidet man mit Max Weber zwischen religiösen Glaubensinhalten, darin verankerter, aber gleichzeitig historisch davon ablösbarer Ethik und der ihr folgenden sittlichen Praxis des Alltags einschließlich ihrer habituellen Ausstattung,[12] so lässt sich das Herkunftsmilieu des Komponisten als traditionelle, vorbürgerliche Kultur charakterisieren, die auf der Basis einer spezifisch jüdischen Form sittlicher Praxis gründet. Dafür sind zunächst eine starke, partikularistische Gemeinschaftsorientierung sowie die habituellen Folgen einer gleichzeitig rigoristischen und antidogmatischen, auslegungsintensiven Gesetzesethik bestimmend – Erbe des jüdischen Monotheismus, mit einer radikalen Scheidung von der Kultur des katholischen Wiener Kleinbürgertums. Zu diesem Erbe gehören, idealtypisch gesehen, neben anderem: eine gesteigerte ethische Gestaltung des Alltagslebens noch in seinen scheinbar nebensächlichsten Details, gesteigerte individuelle Verant-

pre-sociological metaphor. Additional comments made elsewhere are no help here, such as the reference to the "powerful contact" that "archaic, not yet fully bourgeois" Vienna had "with the East".[6] The questionable interplay of "parochial", underprivileged, and marginalised circumstances, necessarily lacking the conventions of a bourgeois upbringing, and an elevated position in terms of intellectual heritage remains a faceless enigma as long as the writer – which obviously applied in Adorno's case – insists on avoiding the issue, which was, in this case, traditional Judaism at a crucial stage in the process of secularisation.
Both of Schönberg's parents were Jewish. His father Samuel came from Szécsény, a small town north of Budapest in the former district of Nograd, and migrated in 1852 at the age of fourteen from Bratislava to Vienna. Thus it would be fair to say that he came from a family with its roots in shtetl culture that was moving step by step closer to the metropolis of Vienna.[7] The composer's mother, Pauline Nachod, ten years younger than his father, came from Prague from similarly modest circumstances,[8] and also arrived in Vienna via Bratislava. For generations her father's side of the family provided the cantors at the Old-New Synagogue. She thus came from a pious Jewish family. It is not possible, however, to say with any certainty to what extent she herself observed the rituals of Jewish life or was committed to her religion.[9] But the constantly repeated question as to whether the composer's family were practising Jews or not is secondary in importance compared to the influence of the milieu in which they lived and its highly charged cultural dynamics. Schönberg's parents lived in the Leopoldstadt, the main collecting point for Jewish immigrants from the East, known locally as the "Mazzesinsel". Joseph Roth once described it as a "voluntary ghetto"[10] and it was dominated by "Jewish life" – even where it had shaken off external religious trappings[11] – albeit in a very different way to the situation in the families of Jewish extraction in the smart bourgeois first district of Vienna. If one accepts Max Weber's distinction between religious faith – the ethics rooted within it yet also historically separable from it – and the moral code of daily living based on that same religion along with its customary practices,[12] then the milieu of the composer's origins could be characterised as traditional "pre-bourgeois" culture based on a specifically Jewish moral code. Fundamental to this are first and foremost a strong, particularist orientation towards the community and the inevitable consequences of a philosophy of law that is at one and the same time rigorous, anti-dogmatic, and subjected to intense analysis – the heritage of Jewish monotheism and radically different to the culture that prevailed in the Catholic Viennese "petite bourgeoisie". Typically, in its thinking this heritage involves, amongst other things, a heightened ethical shaping of daily life even in its apparently most insignificant details, heightened individual responsibility in the interpretation of the spiritual laws of human behaviour without mediating authorities (dogmas for instance), and their implementation complemented by verbal description that do not

AUSTRITT AUS DER ISRAELITISCHEN KULTUSGEMEINDE, 21. MÄRZ 1898 / RESIGNATION FROM THE HEBREW COMMUNITY, 21 MARCH 1898

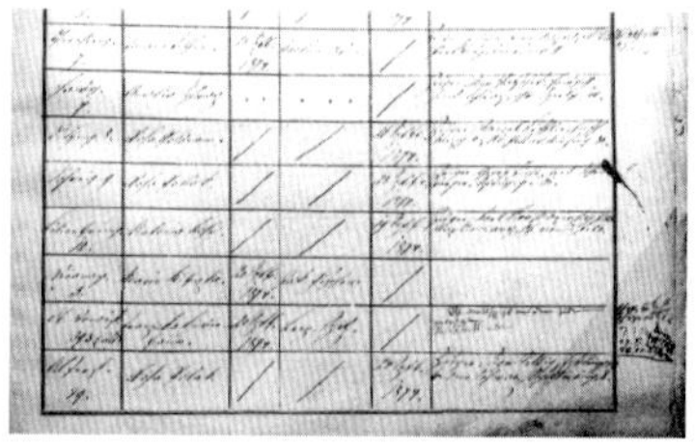

TAUFBUCH DER DOROTHEERGEMEINDE, 25. MÄRZ 1898 / BAPTISTRY REGISTER, 25 MARCH 1898

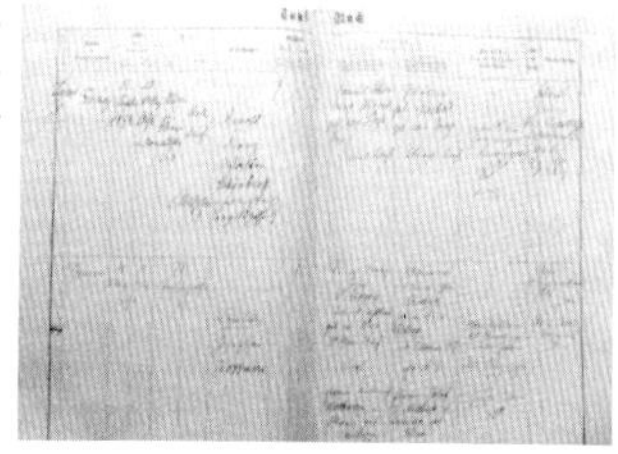

wortlichkeit in der Deutung der geistigen Gesetze des Handelns ohne mediatisierende Instanzen (etwa Dogmen) und ihre Durchsetzung in möglichst bezwingender, überraschende Paradoxien nicht scheuender sprachlicher Darstellung, daher auch eine hohe Bedeutung des fundamentalistischen Streites („pilpul“)[13] noch in scheinbar alltäglichsten Belangen und der persönlichen Übermittlung des Gesetzes durch verantwortliches Erbe und individuelle Unterweisung. Habituell darf Schönberg als herausgehobener Repräsentant dieser Form jüdischen Lebens und Denkens angesehen werden. Trotz seiner bedrängenden musikalischen Begabung fügt er sich lange Zeit den milieuspezifischen Aufstiegsvorstellungen. Er besucht die katholische Realschule, nach dem frühen Tod des Vaters beugt er sich dem Wunsch der Mutter und wird Angestellter in einer Bank – das neue soziale Phänomen der Angestelltenkarriere ist der Königsweg beruflichen Aufstiegs für Wiener Juden ohne Hochschulbildung. Seine musikalischen und intellektuellen Interessen realisiert er im Schoße von Verwandtschaft und jüdischer Peergroup. Es gibt keine Begabtenförderung, keinen regulären Kompositionsunterricht, stattdessen autodidaktische Exerzitien sowie Gespräche und Unterweisung durch exemplarische Freunde. Noch im Ausbruch aus den Angestelltenplänen seiner Eltern bleibt er zunächst dem Herkunftsmilieu und seinen Gemeinwohlnormen treu, indem er seine jungen Komponistenpläne mit dem Engagement in der Arbeitermusikbewegung der österreichischen Sozialdemokratie verquickt, in der jüdische Intellektuelle eine führende Rolle gespielt haben. Vor allem diese haben Bildung und Kunst eine ausgezeichnete Bedeutung in der Emanzipation der Arbeiterschaft beigemessen.[14] Als Schönberg schließlich den Schritt in die Existenz des autonomem Künstlers wagt, geschieht dies wiederum unter den Augen eines exemplarischen, genialen Freundes jüdischer Herkunft, Alexander von Zemlinsky, seines einzigen Kompositionslehrers. Auch die lebensweltliche Integration folgt hier auf dem Fuß: Bald nach Abschluss des Unterrichts ehelicht Schönberg die Schwester Zemlinskys, Mathilde. Die Archaik der persönlichen Meister-Schüler-Unterweisung, strengstens dem Geiste der Überlieferung verpflichtet und gleichzeitig jenseits aller akademischen Mediatisierung, führt er selbst mit äußerster Konsequenz fort, nicht nur als Haupt der Wiener Schule, sondern als Lehrer ungezählter Schüler von 1899[15] bis kurz vor seinem Tod 1951. Gesteigert drückt sie sich im gleichsam paternalistischen Einbezug der engsten Schüler in den erweiterten Familienkreis aus. Am direktesten schließlich tritt das jüdische Erbe seit den zwanziger Jahren hervor: im sukzessiven Einbezug alttestamentarischer Stoffe in das Schaffen, der Spiegelung von Schönbergs Künstlertum in der Figur der „ethischen Prophetie“ (Max Weber) – mit dem Höhepunkt in der Oper **Moses und Aron** – und an der Hauptkategorie seines ästhetischen Denkens, dem des „Gedankens“, den er selbst immer wieder auf die jüdisch-monotheistische Figur des „Gottesgedankens“ rückbezieht.[16] Auch ästhetisch schließlich geht das Erbe bis an

shy away from the most compelling, surprising paradoxes possible. This in turn led to the great importance of fundamentalist argument ("pilpul")[13] – even in the seemingly most ordinary matters – and of the personal promulgation of the law through responsibility towards the heritage of the past and through individual instruction. By his nature Schönberg may be regarded as an outstanding representative of this form of Jewish life and thinking. Despite his pressing musical gifts, for a long time he conformed to the notions of advancement that apply in that milieu. He attended the Catholic elementary school; after the early death of his father he acceded to his mother's wishes and took up employment in a bank – the new social phenomenon of moving up the career ladder from humble beginnings as a clerk was seen by Viennese Jews without any higher education as their best chance of professional advancement. Schönberg pursued his musical and intellectual interests at home with his own relatives or with his Jewish peer group. He received no "teaching for the specially gifted", no regular lessons in composition; instead he completed his own autodidactic exercises and sought out conversation and instruction from friends he looked up to. Even when he was breaking away from his planned career as a clerk, he initially remained loyal to his own milieu and its notions of the common good by combining his first composition plans with work for "Kind", the Austrian Social Democrats' workers' music movement, in which Jewish intellectuals played a leading role. The latter attached more importance than most to education and art in the emancipation of the working classes.[14] When he at last dared to embark on a career as an autonomous artist, he did so under the benevolent gaze of his highly talented friend, role model, and former composition teacher Alexander von Zemlinsky, also from a Jewish background. And this was swiftly followed by his integration into the real world: shortly after he had completed his studies Schönberg married Zemlinsky's sister Mathilde. The torch of the "archaic" personal master-pupil relationship, strictly dedicated to the process of passing on knowledge at the same time as being free of all academic mediation practices, was then taken up by Schönberg with extreme rigour, not only as the leading figure in the Viennese School but also as the teacher of countless pupils from 1899[15] until shortly before his death in 1951. This could be seen in an intense form in his almost paternalistic inclusion of the students closest to him in his wider family circle. His Jewish heritage comes most clearly to the fore after the 1920s: in the successive inclusion of Old Testament themes in his output, in the reflection of his own artistic output as "ethical prophecy" (to use a term coined by Max Weber) – reaching a high point in the opera **Moses and Aron** – and in the most important area of his aesthetic thinking, namely the "thought", which he himself repeatedly related back to the Jewish-monotheistic notion of the "divine thought".[16] In aesthetic terms his heritage affects the very roots of his work: in the central importance of a discursively pointed melos, close to language itself. The result is Schönberg's epoch-

ARNOLD SCHÖNBERG
CHRISTUS-VISION / VISION OF CHRIST, 1919
AQUARELL / WATERCOLOUR

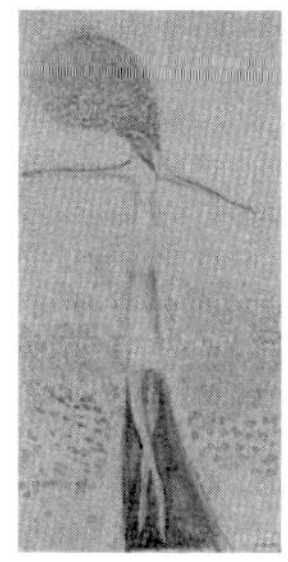

die Wurzeln: in der zentralen Bedeutung eines sprachnah-diskursiv geschärften Melos. Schönbergs epochale Synthese von Brahms'scher entwickelnder Gestaltlogik und Wagners gestischer Direktheit, die Transformation dieser Synthese zum „obligaten Rezitativ“ der „freien Atonalität“ und zum autonomen polymelodischen Geflecht der Reihenkompositionen nimmt hier ihren habituellen Ausgang. Allerdings war diese habituelle Tradierung des Herkunftserbes bei weitem nicht so harmonisch, wie es nun scheinen könnte. Im Gegenteil: Sie hatte einen raketenhaften Take-off vom Herkunftsmilieu zur Kehrseite[17] – der letztlich Vater Samuels „avantgardistische“ Migration in die Metropole lange vor dem großen Run ab 1867[18] vollendet und dabei eine Grundspannung in dieser Mobilität bis zum Extrem treibt. Es ist die zwischen Milieusolidarität und der gesetzesethisch verwurzelten grundlegenden Verpflichtung gegenüber dem geistigen Progress. In dieser partizipiert er auch an einer Säkularisierungsbewegung des Wiener Judentums, der das Wien der Jahrhundertwende fast alle seinen geistigen Neuerungen verdankt und der man mit dem Begriff der „Assimilation“ nicht im mindesten gerecht wird.
So ist denn sowohl die „Archaik“ der persönlichen Unterweisung in Schönbergs Unterricht als auch seine „Ästhetik des Gedankens“ einem modernen Individualismus verpflichtet, der sich von allen Spuren des Herkunftspartikularismus radikal befreien und diesen ins Abstrakte sublimieren musste – Schönberg hat über diesen auch zeitlebens nie viel Worte gemacht. Sollte die persönliche handwerkliche Schulung die jeweilige Individualität des Schülers, seine autonome Ausdrucksfähigkeit, in einer künstlerischen Form der „Hebammenkunst“[19] fördern, so ist die Ästhetik des „Gedankens“ im Zusammenhang mit den beiden anderen Grundkategorien „Ausdruckszwang“ und „Darstellung“ zu sehen. Der Gedanke eines Werkes liegt fundiert im individuellen Ausdrucksstreben des Künstlers. Entscheidend ist es, dafür die je angemessene Darstellung zu finden – ohne normative Orientierung an bestimmten Materialbereichen, seien es Mittel der Tonalität, der Atonalität oder des Reihenkomponierens. Schönbergs Ästhetik ist die einer artikulatorisch geschärften, ornamentlosen, gleichsam fundamentalistischen Authentizität.
Vor allem Adorno hat diese zum Dogma des Materialfortschritts verdünnt und es dem Komponisten vorgerechnet, dass er sich dem nicht fügt. Seine ersten Aufsätze zu Schönberg, wie etwa „Reaktion und Fortschritt“ (1930), benutzen seine Reihenkompositionen für eine Ästhetik der rationalen Verfügung über das Material, die zwar immer die „Freiheit“ des Komponisten im Munde führt, aber gleichzeitig keine hinreichenden Ausdruckskategorien für sie besitzt, da sie aufgeht im „blinden Vollzug eines historischen Diktums“ oder „in der Unterwerfung unters technische Diktat des Werkes“.[20] Schon wenige Jahre später wird Adorno an diesem Technizismus irre, den er selbst in Schönberg hineininterpretiert hat, und konstruiert aus den technischen Restriktionen

making synthesis of Brahmsian, logically evolving forms and Wagnerian gestural directness, the transformation of this synthesis into the “obligatory recitative” of “free atonality” and into the autonomous polymelodic interweavings of compositions using tone rows. All the same, the part played by his family heritage was by no means as harmonious as it may now seem. On the contrary it shot with rocket-like speed from Schönberg's home territory right to the other side[17] – in effect the final stage of father Samuel's “avant-garde” move to the metropolis long before the great migration that started in 1867,[18] and giving extreme expression to the underlying tension in that original move. We see here a fundamental commitment to intellectual progress – with its roots midway between solidarity with one's own milieu and “legal ethics”. In fact, Schönberg was participating here in the secularisation of the Jewish community in Vienna, to which turn-of-the-century Vienna owed almost all its intellectual innovation and to which the term “assimilation” barely does justice. Thus both the “archaic method” of personal instruction in Schönberg's teaching and his aesthetic of the “thought” are obliged to a form of modern individualism which had to radically free itself from all traces of the particulars of its origins or sublimate these to the point of abstraction – Schönberg never spoke much of this. While the personal craft training was intended to promote the individuality of the pupil, strengthening his or her capacity for autonomous expression through an artistic version of the Socratic method,[19] the aesthetic of the “thought” is evident in the connection with the other two basic categories of “expressive impulse” and “presentation”. The “thought” in any work derives from the individual artist's striving to express him or herself. It is crucial that the appropriate form of “presentation” should be found for this – without being constrained by the norms that exist for various aspects of the material, be these the means of creating tonality, atonality, or tone rows. Schönberg's aesthetic has all the hallmarks of a precisely articulated, ornament-free, as it were fundamentalist authenticity.
Adorno, more than anyone, diluted this until it was no more than a dogma of material progress with which, by his calculations, the composer did not comply. His first essays on Schönberg, such as “Reaction and Progress” (1930), use his tone row compositions to establish an aesthetic of the rational handling of the material which pays lip service to the “freedom” of the composer but at the same time has no satisfactory categories for this, since it is reduced to the “blind fulfilment of a historical dictate”, that is “in submission to the technical dictates of the work”.[20] A few short years later Adorno trips up on this very technicity that he himself has read into Schönberg's work, and extrapolates from the technical restrictions of composing with tone rows a basic paralysis in the shaping of the form. However, in the first place he does not demonstrate this using the evidence of the works themselves, and in the second place he has a blind spot for the critical mass of what he is dealing with: the strength of the creative imagination which alone

des Reihenkomponierens eine grundsätzliche Lähmung der Formgestaltung. Zum einen demonstriert er dies aber nicht an den Werken selbst, und zum anderen bleibt auch hier wieder die entscheidende Größe blinder Fleck: die Kraft der kompositorischen Fantasie, von der es allein abhängt, ob technische Restriktionen hinderlich oder produktiv werden.[21] Schließlich wollte ihm am späten Schönberg überhaupt keine „ästhetische Notwendigkeit" mehr einleuchten.[22] Sowohl Schönbergs Rückgriff auf die Tonalität als auch auf alttestamentarische Gehalte konnte er – unter der Formel des „Gleichgültigwerdens des Materials" – nur noch als beliebige kompositorische und semantische Verfügung über eine leer laufende technische Kunst verstehen. Adornos Subsumtion des Komponisten unter ein intellektuelles Schema dogmatisierte einen exponierten Teil der Schönberg'schen Technik und vermochte die künstlerische Rolle grundlegender biografisch-habitueller Dimensionen des Komponisten nicht zu würdigen. So konnte er auch die radikale, höchste Spannungen auf sich nehmende Konsequenz nicht sehen, mit der Schönberg schließlich versuchte, gerade wegen seiner halsbrecherischen Entwicklung, Vernachlässigtes zu reintegrieren[23] und Subkutanes an die Oberfläche zu holen, um nicht zu zerbrechen. Mit dem Bezug auf den jüdischen Monotheismus und die ethische Prophetie konnte Schönberg dabei nicht nur seine eigenen geistigen Wurzeln zum semantischen Bezugspunkt seines Schaffens machen,[24] sondern gleichzeitig auch die – wie Max Weber zeigen konnte – der okzidentalen Kultur überhaupt.

[1] Vgl. dazu exemplarisch die zusammenfassende Darstellung von Ethan Haimo, Schoenberg's Serial Odyssey, Oxford 1990.

[2] Theodor W. Adorno, „Arnold Schönberg (1874–1951)", in: ders., Prismen. Kulturkritik und Gesellschaft, Frankfurt/M. 1976, S. 182.

[3] Theodor W. Adorno, „Vers une musique informelle", in: ders., Quasi una fantasia. Musikalische Schriften I–III. Gesammelte Schriften, 16, Frankfurt/M. 1978, S. 497f.

[4] Adorno selbst hat den Finger darauf gelegt: Die „Philosophie der neuen Musik" gehorchte „dem eigenen Prinzip nicht so streng [...], wie [sie] verpflichtet gewesen wäre. Anstatt stets und überall der Erfahrung der Werke ohne Vorbehalt sich zu überlassen, hat [sie] doch in gewissen Abschnitten das Material als solches und seine Bewegung, vor allem die Zwölftontechnik, unabhängig von seiner Kristallisation in den Werken selber, gleichsam abstrakt behandelt". Theodor W. Adorno, Über das Verhältnis von Philosophie und Musik. Gesammelte Schriften, 18. Musikalische Schriften, V, Frankfurt/M., 1984, S. 165. Vgl. dazu die scharfsichtige Kritik von Giselher Schubert, „Adornos Auseinandersetzung mit der Zwölftontechnik Schönbergs", in: Archiv für Musikwissenschaft, 46, 1989, S. 242ff.

[5] Theodor W. Adorno, Prismen (s. Anm. 2)

[6] So ausgeführt in Adornos großem Wien-Essay: „Wien", in: ders., Quasi una fantasia (s. Anm. 3), S. 441.

[7] Samuels Vater Abraham aus Szécsény ist, wie seine Frau Theresia, geb. Löwy, noch in Preßburg gestorben.

[8] Der Vater von Pauline Nachod, Josef Gabriel Nachod, war Gastwirt.

[9] „We have no evidence concerning to what degree, if at all, Jewish rituals were performed in Schoenberg's family." Moshe Lazar, „Arnold Schoenberg and His Doubles: A Psycho dramatic Journey to His Roots", in: Journal of the Arnold Schoenberg Institute, Jg. 17, Nr. 1/2, 1994, S. 128, Anm 89.

[10] Joseph Roth, „Juden auf Wanderschaft – Wien", in: Ruth Beckermann (Hrsg.), Die Mazzesinsel, Wien 1984, S. 24.

[11] „Keineswegs [...] aber führte das Großstadtmilieu [...] zu einem Erlöschen jüdischer Gruppenidentität. Ganz im Gegenteil: In Wien brachten Juden ökonomische und

determines whether technical constraints are detrimental to the work or productive.[21] Ultimately he was not prepared to recognise any "aesthetic necessity" in the late Schönberg at all.[22] He was unable to see Schönberg's return to tonality and his Old Testament themes – what he called the "increasing non-importance of the material" – as anything other than a whimsical compositional and semantic display of a technical art that was running out of steam. The manner in which Adorno subsumes the composer in an intellectual schema (which is itself not free of the prejudices born of a bourgeois education) reduced his chosen aspect of Schönberg's technique to dogma and was not able to do justice to the crucial artistic role of the fundamental elements of the composer's biography and character. Thus he was equally unable to recognise the radical logic and readiness to accept extreme tensions with which Schönberg was ultimately seeking to reintegrate those things he had previously neglected specifically as a result of his own breakneck development,[23] at the same time hauling certain subcutaneous elements back up to the surface, so that he himself should not go under. With regard to Jewish monotheism and ethical prophecy, Schönberg was not only able to use his own spiritual roots as the semantic reference point for his creativity,[24] but – as Max Weber has shown – he was equally able to draw on the roots of occidental culture as a whole.

[1] See, for instance, the comprehensive study by Ethan Haimo: Schönberg's Serial Odyssey, Oxford 1990.

[2] Theodor W. Adorno, "Arnold Schönberg (1874–1951)", in Adorno, Prisms, trans. Samuel and Shierry Weber, London 1967, p. 151.

[3] Theodor W. Adorno, "Vers une musique informelle", in Adorno, Quasi una fantasia. Essays on Modern Music, trans. Rodney Livingstone, London 1992, pp. 274–275.

[4] Adorno himself put his finger on this: the "philosophy of modern" did not "conform as strictly to its own principles ... as it should have. Instead of always and at all times bowing unconditionally to the experience of the work, it has in certain circumstances treated the material in its own right and its movement, above all the twelve-tone technique, independently of its crystallisation in the works themselves, as though it were an abstraction", translated from Theodor W. Adorno, "Über das Verhältnis von Philosophie und Musik", in Adorno, Gesammelte Schriften, vol. 18: Musikalische Schriften, Frankfurt am Main, 1984, p. 165. See also the incisive critique by Giselher Schubert, "Adornos Auseinandersetzung mit der Zwölftontechnik Schönbergs", Archiv für Musikwissenschaft 46 (1989), pp. 242 ff.

[5] Adorno 1967 (see note 2), p. 151.

[6] See Adorno in his comprehensive essay on the city of Vienna: "Vienna", in Adorno 1992 (see note 3), p. 209.

[7] Samuel's father, Abraham, from Szécsény and his wife Theresia, née Löwy, died in Bratislava.

[8] Pauline Nachod's father, Josef Gabriel Nachod, was an innkeeper.

[9] "We have no evidence concerning to what degree, if at all, Jewish rituals were performed in Schönberg's family." Moshe Lazar, "Arnold Schönberg and His Doubles: A Psychodramatic Journey to His Roots", Journal of the Arnold Schönberg Institute, vol. 17, nos 1 & 2 (1994), p. 128 n. 89.

[10] Joseph Roth, "Juden auf Wanderschaft – Wien", in Die Mazzesinsel, ed. Ruth Beckermann, Vienna 1984, p. 24.

[11] "However, the big city milieu ... did not in any sense ... lead to a negation of Jewish group identity. On the contrary: in Vienna the Jewish population manifested behavioural

gesellschaftliche Verhaltensmuster hervor, die sie auch weiterhin [...] als Juden kenntlich machten. [...] So etwa vermieden die Juden Wiens eine bis zur Auflösung der Gruppen identität gehende Assimiliation dadurch, dass sie sich in vorwiegend jüdischen Wohngegenden ansiedelten und vorwiegend untereinander gesellschaftlichen Verkehr pflegten." Marsha L. Rozenblit, Die Juden Wiens. 1867–1914, Wien u. a. 1988, S. 9. Das gilt vor allem für die Leopoldstadt, in der um 1880 knapp die Hälfte der gesamten Wiener Judenschaft wohnte.

[12] Max Weber, „Die protestantische Ethik und der Geist des Kapitalismus", in: ders., Gesammelte Aufsätze zur Religionssoziologie, Bd. 1, Tübingen 71978, S. 85f.

[13] Wörtlich „Pfeffer" – bezeichnet die scharfsinnige dialektische Kunst zur Auslegung von Widersprüchen und tieferem Gehalt des Talmud.

[14] Im Übrigen durch direkten Anschluss an Gedanken Richard Wagners. David Josef Bach, einer der exponiertesten Repräsentanten der Bildungsbewegung innerhalb der österreichischen Sozialdemokratie und einer der wichtigsten Jugendfreunde Schönbergs, ging davon aus, dass gerade das autonome Werk die höchste gesellschaftspolitische Relevanz besitzen würde.

[15] Als erste Privatschülerin ist 1899 Wilma von Webenau dokumentiert.

[16] Vgl. zu diesem Komplex ausführlicher: Ferdinand Zehentreiter, „Überlegungen zum Judentum Arnold Schönbergs", in: Hubert Knoblauch u.a. (Hrsg.), Religiöse Konversion, Konstanz 1998, S. 147–167.

[17] Zu der auch die Konversion zum Protestantismus (1898) gehört, auch wenn der Protestantismus dem alttestamentarischen Judentum näher steht als der Katholizismus.

[18] Nach Eintreten des „Staatsgrundgesetzes", das mit der Siedlungsfreiheit für Juden ernst macht.

[19] Die Schüler hatten von den elementarsten Stufen des Handwerks an nicht nur Übungen zu machen, sondern mit den jeweils zu erwerbenden Techniken „sich auszudrücken" in der eigenen Erfindung von melodisch-harmonischen Formen. So war der Unterricht nicht nur auf die technische Korrektur gerichtet, sondern von Anfang an immer auch auf die Schärfung des individuellen Formgefühls.

[20] Theodor W. Adorno, „Reaktion und Fortschritt", in: Wolfgang Rogge (Hrsg.), Theodor W. Adorno und Ernst Krenek – Briefwechsel, Frankfurt/M. 1974, S. 176f.

[21] In Worten Schönbergs zum Komponieren mit Reihen: „Aber alles hängt, wie immer in der Kunst, nicht vom Material ab, sondern vom Genie." Zit. nach: Josef Rufer, Das Werk Arnold Schönbergs, Kassel u. a. 1959, S. 134.

[22] Theodor W. Adorno, Philosophie der neuen Musik, Frankfurt/M. 1975, S. 114.

[23] So ist etwa der Rückgriff auf die Tonalität Bestandteil einer mehrgleisigen Strategie, der Reihenkomposition wieder die harmonische Dimension verfügbar zu machen. Vgl. dazu: Ferdinand Zehentreiter: „‚Guilty Glory'. Zum Verhältnis von ästhetischer Autonomie und biografischer Krise am Beispiel der Ode to Napoleon Buonaparte, op. 41 (1942) von Arnold Schönberg", in: F. Geiger und Th. Schäfer (Hrsg.), Exinzlmusik. Komposition während der NS-Zeit, Hamburg 1999, S. 141–168.

[24] Die Rekonversion zum Judentum, die Schönberg bezeichnenderweise ohne seine (zweite) Frau vorgenommen hat, ist, ebenso wie sein zionis- tisches Engagement, eher Zeichen einer von den historischen Umständen – der Verfolgung durch den Nationalsozialismus erzwungenen – forcierten, konkreten Identifikation mit dem Judentum in harter Reibung mit seinem Künstlertum.

patterns in financial and social matters by which they could still ... be marked out as Jews ... Thus, for instance, Jews in Vienna avoided the kind of assimilation that would have dissipated their group identity by living in predominantly Jewish areas and socialising mainly with each other." Translated from Marsha L. Rozenblit, Die Juden Wiens. 1867–1914, Vienna and elsewhere 1988, p. 9. This applies above all to the Leopoldstadt: around 1880 almost half the entire Jewish population lived in this area.

[12] Max Weber, "Die protestantische Ethik und der Geist des Kapitalismus", in Weber, Gesammelte Aufsätze zur Religionssoziologie, vol. 1, 7th ed., Tübingen 1978, pp. 85–86.

[13] Literally "pepper" – meaning the acute dialectical art of analysing the contradictions and deeper meaning of the Talmud.

[14] There is also a direct link here to the thinking of Richard Wagner. David Josef Bach, one of the leading exponents of the education movement run by the Austrian Social Democrats and one of the most important friends of the young Schönberg, was of the opinion that specifically autonomous work would have the greatest socio-political relevance.

[15] The first recorded private pupil was Wilma von Webenau in 1899.

[16] For more detail on this subject see Ferdinand Zehentreiter, "Überlegungen zum Judentum Arnold Schönbergs", in Religiöse Konversion, ed. Hubert Knoblauch et. al., Konstanz 1998, pp. 147–167.

[17] His conversion to Protestantism (in 1898) is also part of this even if Protestantism is closer to Old Testament Judaism than Catholicism.

[18] After the implementation of the "Staatsgrundgesetz", that took freedom of settlement for the Jewish population seriously.

[19] Right from the most rudimentary stages of learning their craft, the pupils not only had to do exercises but were also to use the techniques they had learnt to "express themselves" in melodic and harmonic forms of their own invention. Thus the teaching was not only geared towards correcting technical faults but also towards sharpening the individual's sense of form right from the outset.

[20] Theodor W. Adorno, "Reaktion und Fortschritt", in Theodor W. Adorno und Ernst Krenek – Briefwechsel, ed. Wolfgang Rogge, Frankfurt am Main 1974, pp. 176–177.

[21] To paraphrase Schönberg's own words on composing with tone rows: "But, as always in art, everything depends not on the material but on genius", translated from Josef Rufer, Das Werk Arnold Schönbergs, Kassel and elsewhere 1959, p. 134.

[22] Theodor W. Adorno, Philosophy of Modern Music, trans. Anne G. Mitchell and Wesley V. Blomster, New York 1973, pp. 29–133.

[23] Thus the return to tonality is part of a multi-track strategy to re-introduce a harmonic dimension into row compositions. See Ferdinand Zehentreiter, "'Guilty Glory'. Zum Verhältnis von ästhetischer Autonomie und biographischer Krise am Beispiel der 'Ode to Napoleon Buonaparte' op. 41 (1942) von Arnold Schönberg", in Exilmusik. Komposition während der NS-Zeit, ed. Friedrich Geiger and Thomas Schäfer, Hamburg 1999, pp. 141–168.

[24] The reconversion to Judaism which Schönberg significantly underwent without his (second) wife, should, just like his Zionist stance, be seen as a sign of a concrete identification with Judaism forced on him by the historical circumstances – a consequence of the persecution by National Socialists – and harshly at odds with his artistic life.

„... EMOTIONEN, IDEEN UND GEFÜHLE ...“
“... EMOTIONS, IDEAS, AND OTHER FEELINGS ...”

Nuria Schoenberg Nono

MEINES VATERS BILDER

„Komm Nuria, wir gehen spazieren!“ Wir sind in unserem Haus in Brentwood Park, West Los Angeles, ich bin 5 Jahre alt, mein Vater 63. Er nimmt seinen Spazierstock, und wir machen uns auf den Weg. In der Rockingham Avenue gab es damals, 1937, nur wenige Wohnhäuser. Am oberen Ende der Straße war es noch ganz wild. Ich hüpfe, laufe meinem Vater nach und muss lachen: Von hinten sieht er genau so aus wie das Bild, das in unserem Wohnzimmer hängt. Damals wusste ich wahrscheinlich nicht, dass dieses Bild von meinem Vater gemalt und in der Ausstellung des Blauen Reiter 1912 gezeigt worden war. Und ich wusste auch nicht, dass es viel später sehr bekannt werden würde.

Aber da war ich in meinem Unwissen nicht die Einzige! Arnold Schönberg hatte zwar als Komponist in Amerika einen Namen, auch wenn man seine Musik nicht oft zu hören bekam, aber als Maler war er absolut unbekannt.

In seinem Arbeitsraum hingen einige seiner Bilder: das grüne und das blaue Selbstporträt, **Der rote Blick** (1910) und die **Vision von Gustav Mahler (S. 100, 99, 103, 133)**. Lange bevor ich eine Note von Mahler gehört hatte, wusste ich durch dieses Bild, wie sehr er von meinem Vater verehrt wurde. In einem großen Fach in dem schwarzen Schrank, den meine Eltern aus Berlin über Paris in das Exil hatten nachschicken lassen (zusammen mit dem gesamten Hausrat und der Bibliothek), lag der Großteil des malerischen Schaffens meines Vaters. Die Bilder waren von ihm selbst gerahmt worden, in einfachem, dunkelbraun gebeizten Holz. Da blieben sie viele Jahre lang unberührt. Die über 200 Zeichnungen wurden zusammen mit den ca. 6.000 Seiten Schriften aufbewahrt. Auch seine Malutensilien waren in das Exil mitgekommen: die alte Palette, die Pinsel und die Farben. Aber in Los Angeles malte mein Vater nicht mehr. Manchmal zeichnete er, meist Selbstporträts mit Bleistift oder Tusche (mit Tusche schrieb man damals auch die Lichtpausen der Musikmanuskripte für die Reproduktion, und die viereckige exotische Flasche „India ink“ stand auf seinem Arbeitstisch).

Das malerische Werk meines Vaters wurde zu seinen Lebzeiten nur selten ausgestellt. Die erste Ausstellung 1910 im Wiener Kunstsalon Heller wurde zwar von vielen seiner Anhänger besucht, hatte aber wenig Erfolg. Gustav Mahler kaufte anonym zwei Bilder. Dank der Begeisterung Kandinskys für die Bilder Schönbergs wurden drei seiner Bilder 1912 in der Ausstellung des Blauen Reiter gezeigt. In einer großen Ausstellung in Budapest, **Neukunst Wien** 1912, war er mit 23 Bildern präsent. Dort stellten unter anderem auch Paris von Gütersloh, Anton Kolig und Egon Schiele aus.

Später beschäftigte sich Schönberg nicht mehr so viel mit seiner bildnerischen Arbeit. 1930 erwähnte er in einem Brief an den Operintendanten Ernst Legal seine Bühnenbilder zu **Erwartung** und **Die glückliche Hand** anlässlich der geplanten Aufführung der beiden Opern. Das Komponieren, die Aufführungen und die Lehrtätigkeit waren die über-

FATHER'S PICTURES

“Come Nuria, let's go for a walk!” We are in our house in Brentwood Park, West Los Angeles. I am five years old, my father is sixty-three. He takes his cane, and we go on our way. In those days there were very few homes on Rockingham Avenue; at the northern end it is still quite wild. I skip and run after my father, laughing because seen from behind he looks just like the painting in our living room. At that time I probably didn't know that Daddy had painted that painting, that it had been exhibited in the Blaue Reiter exhibition in 1912, or that many years later it would become very famous.

But I was not alone in my ignorance! Arnold Schönberg was already known in the United States as a composer, although his music was seldom performed, but as a painter he was absolutely unknown. Some of his paintings were hanging on a wall in his study: I remember the green and blue self-portraits, the Red Gaze (1910), the **Vision of Gustav Mahler (pp. 100, 99, 103, 133)**. Long before I had heard a single note of Mahler's music, I knew from this picture in what great esteem my father held him. In a large compartment of the black bookcase which my parents were able to have shipped from Berlin via Paris to their exile home, together with all of their household belongings and library, lay most of my father's paintings. They had been framed by my father himself in plain wooden frames which were stained dark brown. There they remained undisturbed for many years. More than two hundred drawings were also conserved along with over six thousand pages of writings. Schönberg's artist's materials had also been brought over from Europe: the old wooden palette, paintbrushes, and paints. But in Los Angeles my father no longer painted, although he sometimes drew pictures with pencils or India ink (India ink was used in those days to copy music on “transparents” for printing and the exotic four-sided bottle of India ink stood on his desk).

My father's paintings and drawings were very rarely exhibited during his lifetime. The first exhibition in 1910 in the Heller art salon in Vienna, though visited by many of his friends and disciples, was not very successful. Gustav Mahler anonymously bought two of the paintings. Thanks to Kandinsky's enthusiasm over Schönberg's artwork, three paintings were shown in the Blaue Reiter exhibition. Schönberg was represented by twenty-three paintings in the Budapest **Neukunst Wien** 1912 exhibition along with such painters as Paris von Gütersloh, Anton Kolig, and Egon Schiele.

In the following years Schönberg hardly painted any pictures. In a letter to Ernst Legal, the director of the Berlin Opera, on the occasion of the performance of the two operas in 1930, he mentioned his designs for stage sets for **Expectation** and **The Lucky Hand**. His composing, the performances of his works, and his teaching had become the major activities in his life. He continued to draw self-portraits, portraits of friends and family; he designed furniture for his home and even an archi-

MODERN MUSIC, ZEITSCHRIFT DER / JOURNAL OF THE LEAGUE OF COMPOSERS, 1944

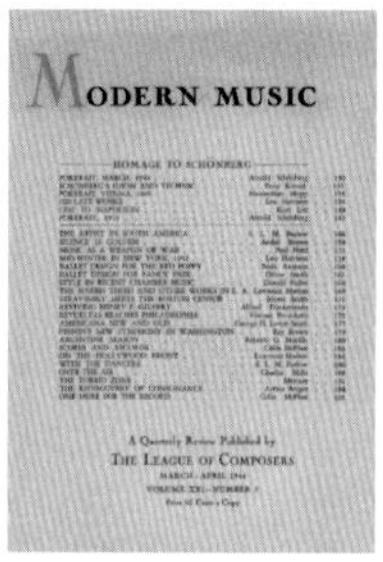

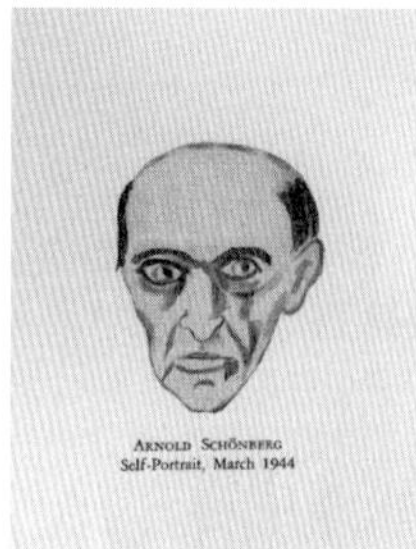

MIT SEINEN SELBSTPORTRÄTS / WITH HIS SELF-PORTRAITS PHOTO: RICHARD FISH

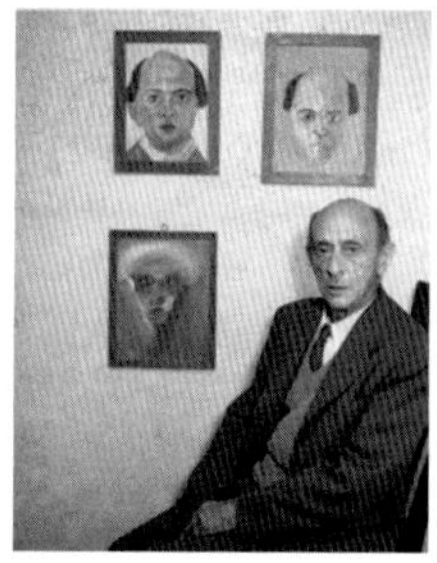

wiegenden Beschäftigungen seines Lebens geworden. Er zeichnete noch viele Selbstporträts, Porträts von Freunden und Familie, Skizzen zu eigenen Erfindungen, Entwürfe für Möbel und ein geplantes Wohnhaus. Die Selbstporträts in verschiedensten „Stilen" und Techniken dienten ihm dazu, sein Befinden in einem gewissen Moment seines Lebens zu dokumentieren. Beeindruckend ist das Selbstporträt, das er am 30. Dezember 1935, wenige Tage nach dem Tod seines Schülers und Freundes Alban Berg zeichnete.

Dass meinem Vater seine Bilder immer wichtig waren, belegt die Tatsache, dass er noch in Los Angeles einige Bilder verschenkte, z. B. an den Dirigenten Leopold Stokowski und den Rechtsanwalt Milton S. Koblitz (aus Dankbarkeit für seine Hilfe). 1944 zeichnete er ein Selbstporträt für die Zeitschrift **Modern Music**, die ihm zu seinem 70. Geburtstag eine Ausgabe widmete.

Zum 75. Geburtstag meines Vaters 1949 wurde eine größere Ausstellung seiner Bilder am Los Angeles County Museum geplant. Sie hätte mit einem Konzert eröffnet werden sollen, und Halsey Stevens machte aus diesem Anlass das bekannte Interview über das bildnerische Werk Schönbergs. Die Ausstellung wurde jedoch nicht realisiert, und mein Vater sprach zu den Konzertbesuchern über seine Bilder, ohne dass diese sie sehen konnten!

Im selben Jahr ließ sich mein Vater von dem Fotografen Richard Fish zu Hause mit drei seiner Bilder aufnehmen, **Blaues** und **Grünes Selbstporträt** und **Der rote Blick**. Mit einem sicheren, stolzen Ausdruck sitzt er auf der Aufnahme neben den Bildern.

Elf Jahre nach seinem Tod veranstaltete die University of California at Los Angeles (UCLA) eine Ausstellung. 1964 wählte das Festival Maggio Fiorentino in Florenz den Expressionismus als Schwerpunktthema; neben Inszenierungen von **Erwartung** und **Die Glückliche Hand,** die auf den Bühnenbildern meines Vaters basierten, wurde hier auch eine große Anzahl seiner Bilder ausgestellt. 1965 und 1966 wurden seine bildnerischen Werke in Universitätsgalerien in Indiana und in Pennsylvania gezeigt.

Eine breite Öffentlichkeit in Europa bekam das bildnerische Werk aber erst 1974, zum 100. Geburtstag des Komponisten und Malers, zu sehen. Die Musiksammlung der Stadtbibliothek Wien organisierte eine Ausstellung mit über 500 Exponaten, die eine repräsentative Auswahl aus dem bildnerischen Schaffen enthielt. Diese Ausstellung wurde in Wien, Bochum, Zürich, Amsterdam und Reggio Emilia gezeigt.

Mehrere Ausstellungen folgten, in denen einige Bilder meines Vaters gezeigt wurden. In den achtziger Jahren gab es größere Ausstellungen in New York (Galerie St. Etienne) und Edinburgh, in Hamburg und in Berlin, die Themen wie Expressionismus, Der Blaue Reiter oder Bildende Kunst und Musik behandelten. In der großen Wiener Ausstellung **Traum und Wirklichkeit** (später in Paris und New York) hingen mehrere seiner Bilder neben den großen österreichischen Malern des 20. Jahrhunderts.

tectural project for a house and sketches of various inventions. The self-portraits, realised in different "styles" and techniques, document his state of mind in a particular moment in his life. The self-portrait which he painted on 30 December 1935, a few days after the death of his pupil and friend Alban Berg, is a touching example of this.

The fact that he gave some of his paintings as gifts to people like the conductor Leopold Stokowski and the lawyer Milton S. Koblitz (to whom he was very grateful for his help) shows that even in his last years in Los Angeles he still considered his paintings to be of value. In 1944, he drew a self-portrait for **Modern Music,** a review which dedicated an issue to his seventieth birthday.

In 1949, the Los Angeles County Museum planned a concert of Schönberg's music to be given in a hall in which an exhibition of the composer's paintings would be displayed. On this occasion Halsey Stevens made the well-known interview with Schönberg about his paintings. For some reason the exhibition did not take place, and Schönberg spoke to the concert audience about paintings which they could not see!

The same year my father had his picture taken by the photographer Richard Fish, with three of his paintings. He is seen sitting by the **Blue** and the **Green Self-Portraits** and the **Red Gaze** looking proud and confident. Eleven years after his death, the University of California at Los Angeles (UCLA) exhibited a number of my father's paintings. In 1964, the Maggio Fiorentino festival in Florence had "Expressionism" as its theme. Schönberg's operas **Expectation** and **The Lucky Hand** were performed with the stage sets based on Schönberg's own designs, and a large number of his paintings were exhibited. In 1965 and 1966, his graphic works were exhibited in university venues in Indiana and Pennsylvania. However, the public at large in Europe was not exposed to his artworks until the one hundredth anniversary of his birth in 1974. The Music Collection of the Vienna City Library organised an exhibition of over five hundred items on the life and works of Arnold Schönberg, including a very representative section dedicated to his paintings. This exhibition was shown in Vienna, Bochum, Zürich, Amsterdam, and Reggio Emilia.

During the next seventeen years, several paintings by the composer Schönberg were included in exhibitions in various cities. In the eighties there were some larger exhibitions in New York (Gallery St. Etienne), Edinburgh, Hamburg, and Berlin. The themes of these events were: Expressionism, Der Blaue Reiter, art and music, et cetera. In the comprehensive Viennese exhibition **Traum und Wirklichkeit** (shown in Paris and New York as well) a large number of Schönberg's paintings hung alongside the great Austrian painters of the 20th century.

I believe one can say that even though his painterly works were exhibited together with great artists of his time, he was usually considered to be a composer who **also** painted. As a composer he was already famous, but as a painter very little was known about him. The turning

NURIA UND / AND ARNOLD SCHÖNBERG

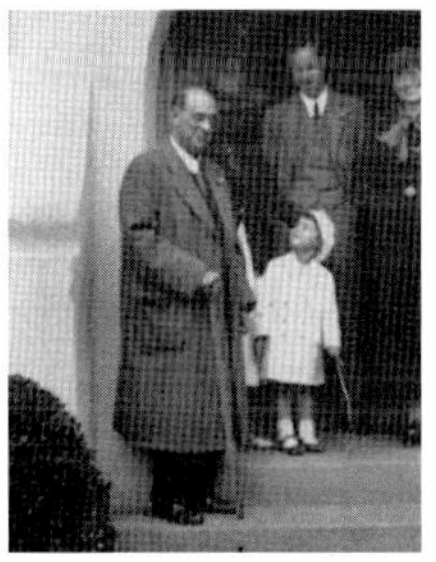

Dennoch glaube ich, dass mein Vater lange Zeit als Komponist betrachtet wurde, der auch malte. Als Komponist war er ja berühmt, als Maler dagegen wenig bekannt. Ein Wendepunkt in der Rezeption wurde erst 1991 mit einer vom Ritter Verlag in Zusammenarbeit mit der Familie Schönberg organisierten Ausstellung erreicht. Der anlässlich dieser Ausstellung gedruckte Katalog enthielt das gesamte bildnerische Werk des Malers Arnold Schönberg; sämtliche Bilder und Zeichnungen wurden in Wien, Berlin, Köln, Manchester, Mailand und Barcelona ausgestellt. 1995 ehrte das Musée d'Art Moderne de la Ville de Paris Schönberg mit der Ausstellung einer großen Anzahl von Bildern und einer Dokumentation zu seinem Leben mit Fotos und Manuskripten. Diese Ausstellung und der ausführliche Katalog wurden vom Lenbachhaus in München übernommen.
Seit der Überführung von Schönbergs Nachlass von Los Angeles nach Wien und der Gründung des Arnold Schönberg Centers 1998 sind die Bilder im Center als Dauerleihgabe deponiert. Mehrere größere Ausstellungen wurden vom Center organisiert. Im Arnold Schönberg Center selbst wurde eine Schönberg-Kandinsky-Ausstellung gezeigt, die über 25.000 Besucher zählte. Außerdem wurden in Aosta, in Petersburg und in Schwaz Ausstellungen organisiert. Für die nächsten Jahre gibt es Pläne, die beweisen sollen, dass Schönberg nicht nur als Komponist, sondern auch als Maler Anerkennung gefunden hat.

Aus dem Interview mit Halsey Stevens (1949):
„Ich möchte Ihnen erklären, was Malerei für mich bedeutet hat beziehungsweise bedeutet. Malerei bedeutet für mich in der Tat dasselbe wie Komponieren. Es war für mich eine Möglichkeit, mich auszudrücken, meine Emotionen, Ideen und Gefühle darzustellen; das ist vielleicht der Schlüssel zum Verständnis dieser Bilder – oder zum Nichtverständnis. Sie hätten wahrscheinlich dasselbe Schicksal erlitten wie ich selbst; sie wären attackiert und beschimpft worden und was weiß ich noch mehr; ich meine, dasselbe wäre passiert wie mit meiner Musik. Man versteht sie, oder man versteht sie nicht!"

point at which one began to recognise Schönberg as a painter was the exhibition organized by the publisher Ritter in collaboration with the Schönberg family in 1991. A catalogue containing reproductions of all of Schönberg's paintings and drawings was published, all of which were exhibited in museums in Vienna, Berlin, Cologne, Manchester, Milan, and Barcelona. In 1995, the Musée d'Art Moderne de Paris honoured Schönberg with a large selection of his paintings and a series of documents, photographs, and manuscripts. This exhibition and the ample catalogue were taken over by the Lenbachhaus in Munich at a later date.
Since the transfer of the entire legacy of Arnold Schönberg from Los Angeles to Vienna and the founding of the Arnold Schönberg Center in 1998, the paintings have been deposited there on long-term loan. Major exhibitions with the presence of Schönberg paintings have been organised by the centre including the Schönberg-Kandinsky exhibition in the centre's own rooms, which boasted over twenty-five thousand visitors. Other exhibitions were organized in Aosta, St Petersburg, and in Schwaz (Austria), and there are plans for the next few years that prove that Schönberg has attained recognition not only as a composer but also as a painter.

From the interview by Halsey Stevens (1949):
"I planned to tell you what painting meant – means – to me. In fact, it was the same to me as making music. It was to me a way of expressing myself, of presenting emotions, ideas, and then other feelings; and this is perhaps the way to understand these paintings – or not to understand them. They would probably have suffered the same fate as I have suffered. They would have been attacked and scolded, and I don't know what else I should say: I mean, the same would happen to them what happened to my music. They would be understood or not understood."

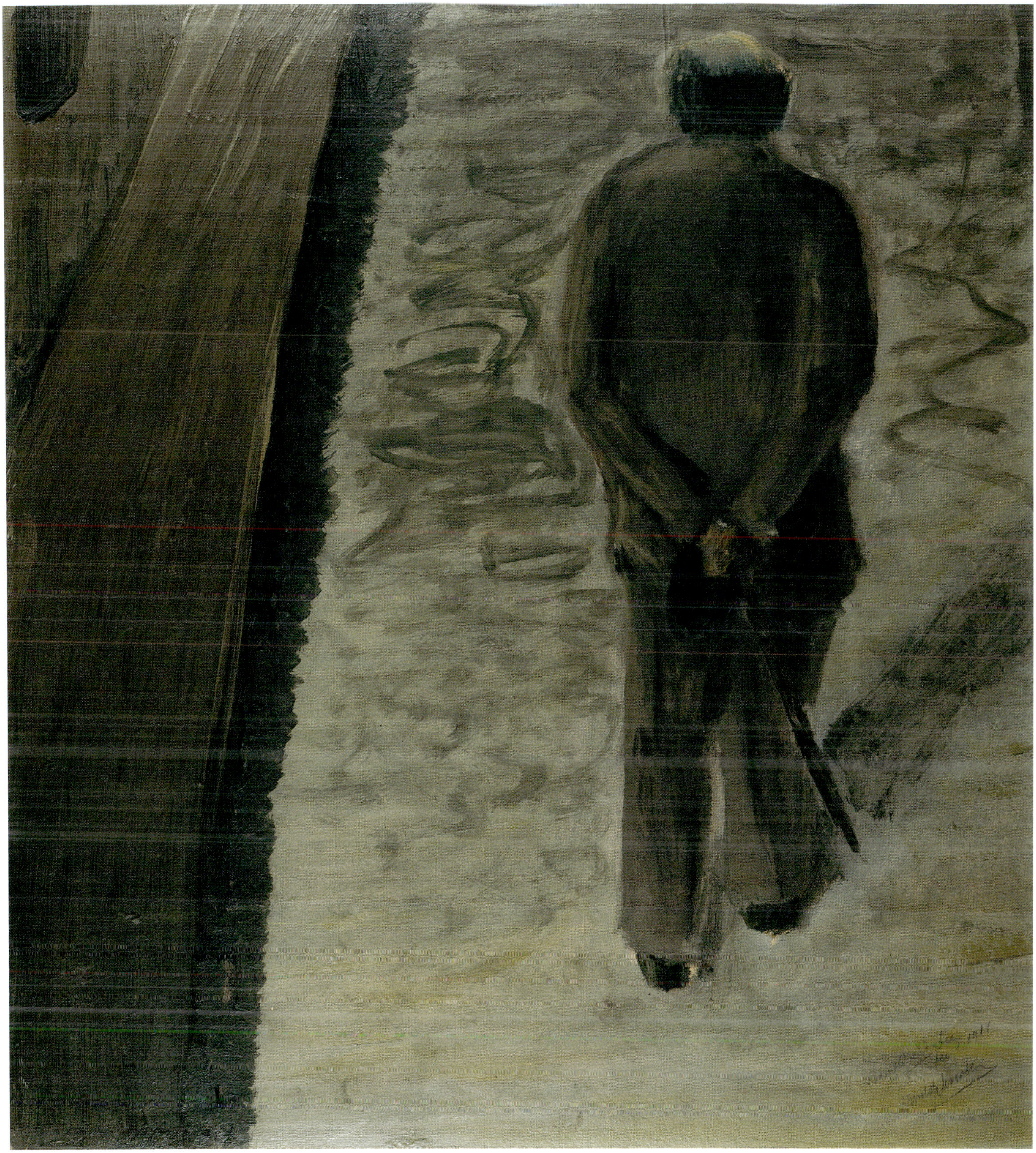

SELBSTPORTRÄT / SELF-PORTRAIT, 1911
(AUF DER STRASSE, GANZFIGURIGE RÜCKENANSICHT / ON THE STREET, FULL FIGURE, BACK VIEW)
ÖL AUF KARTON / OIL ON CARDBOARD
48 X 45 CM

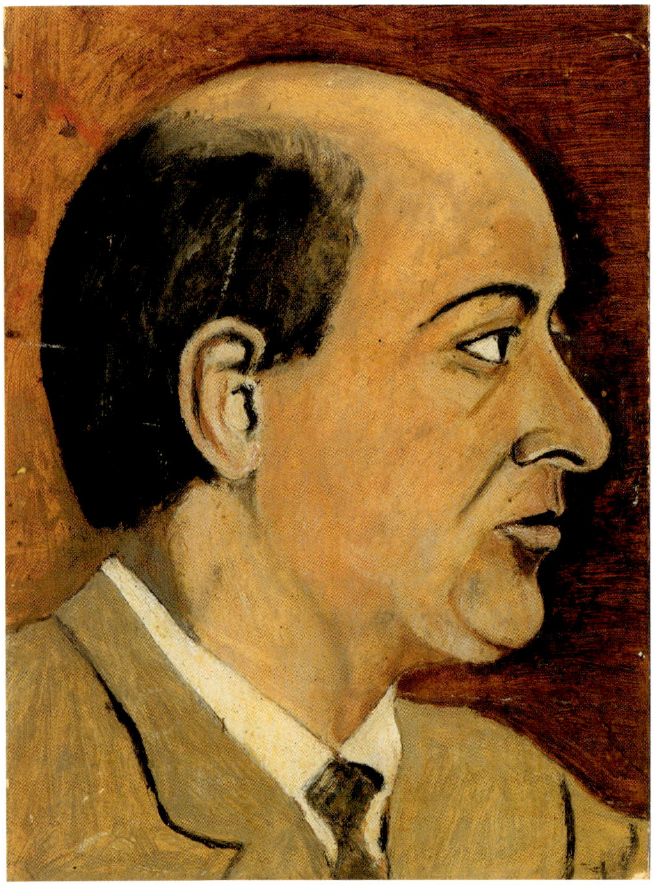

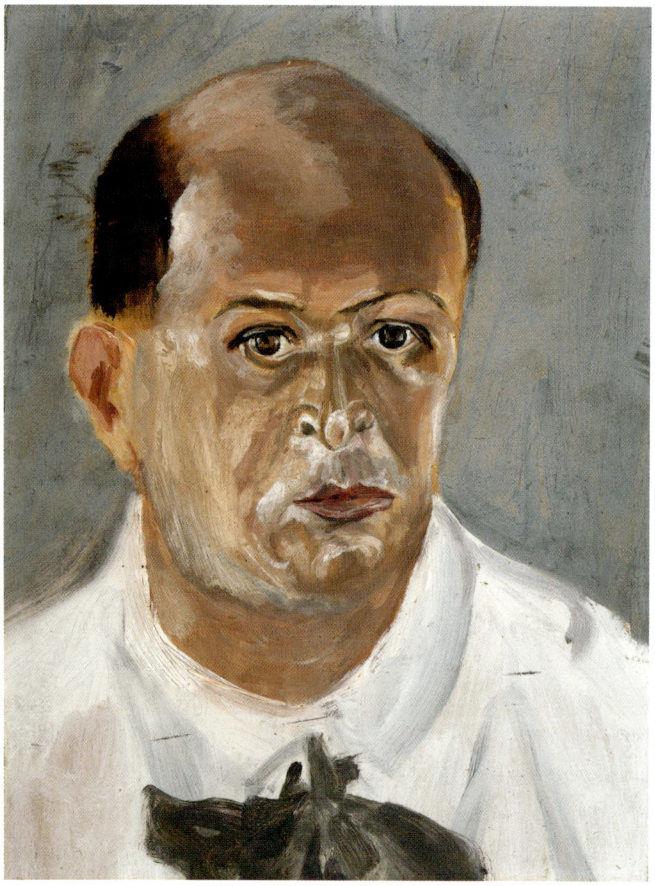

SELBSTPORTRÄT / SELF-PORTRAIT
ÖL AUF KARTON / OIL ON CARDBOARD
21 X 15 CM

SELBSTPORTRÄT / SELF-PORTRAIT
ÖL AUF KARTON / OIL ON CARDBOARD
40 X 30 CM

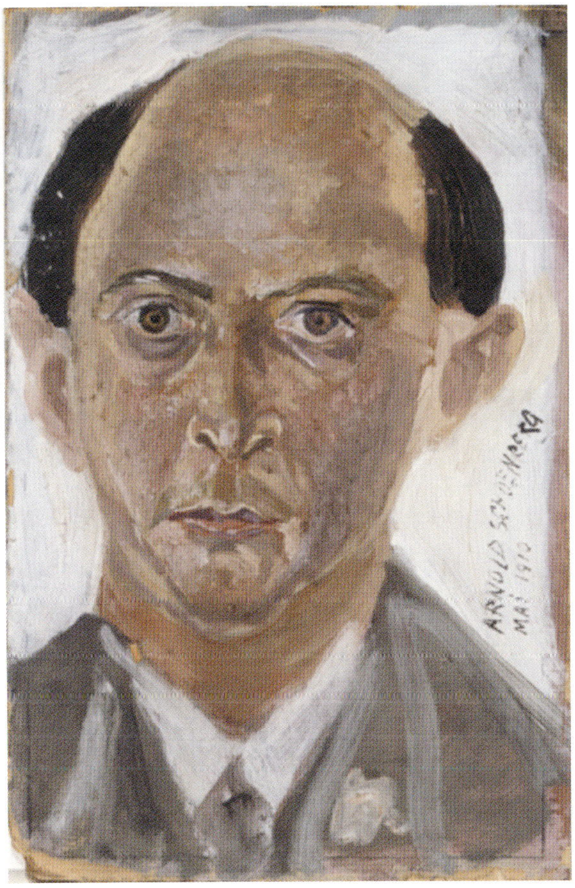

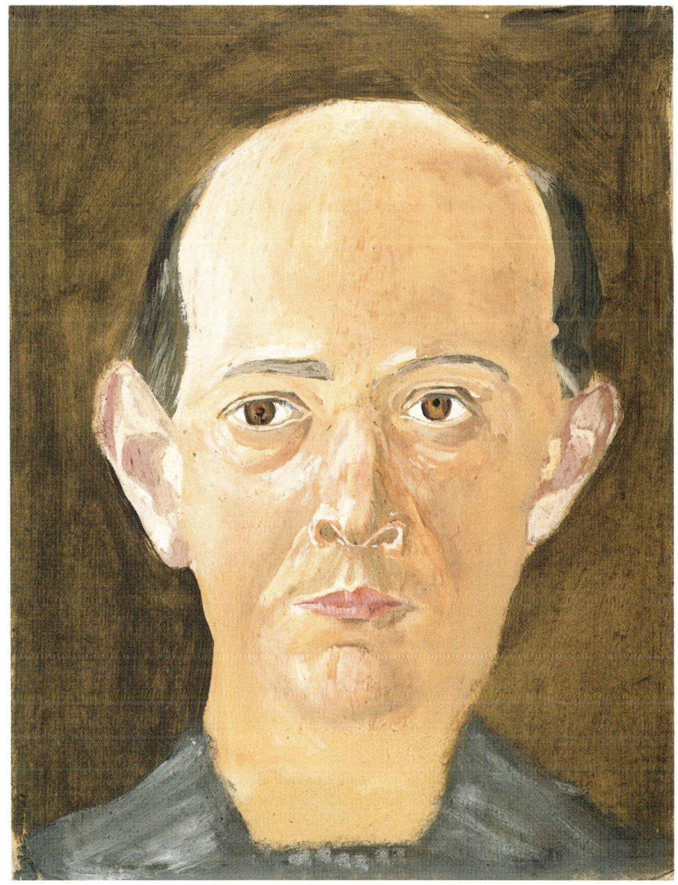

SELBSTPORTRÄT / SELF-PORTRAIT, 1910
ÖL AUF KARTON / OIL ON CARDBOARD
33 X 21 CM

SELBSTPORTRÄT / SELF-PORTRAIT
ÖL AUF KARTON / OIL ON CARDBOARD
31 X 24.5 CM

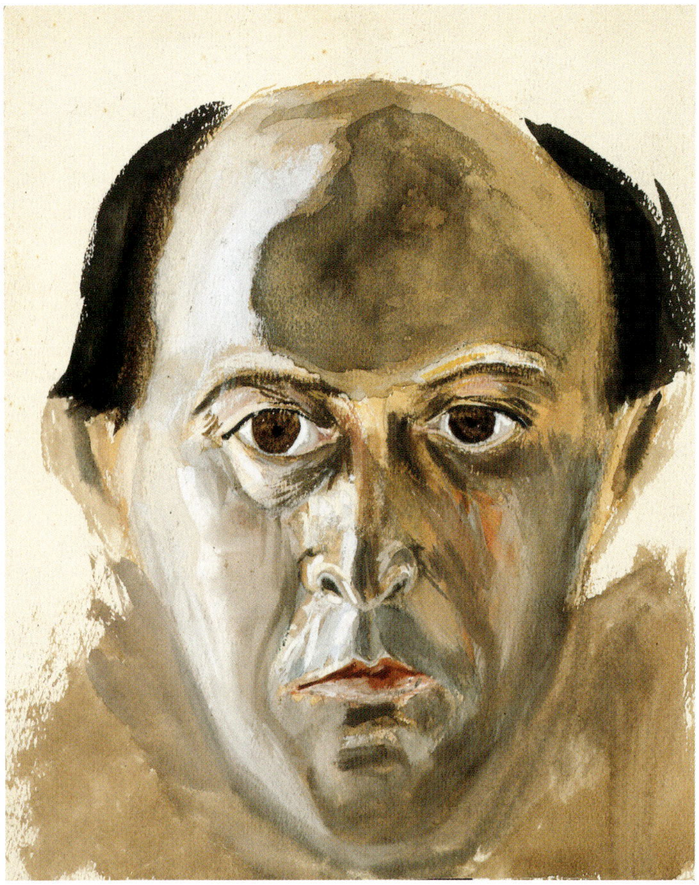

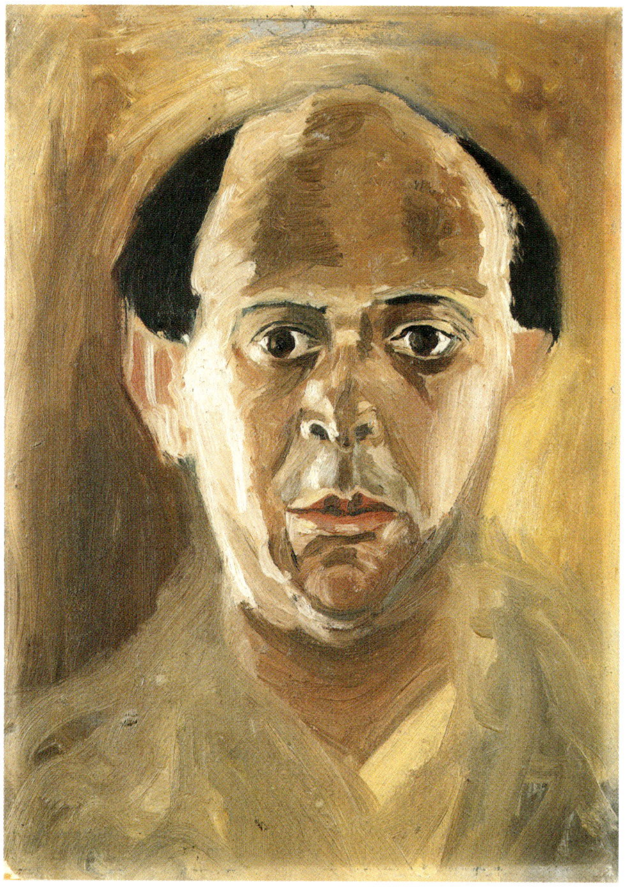

SELBSTPORTRÄT / SELF-PORTRAIT
GOUACHE AUF PAPIER / GOUACHE ON PAPER
23 X 19 CM

SELBSTPORTRÄT / SELF-PORTRAIT
ÖL AUF LEINWAND / OIL ON CANVAS
38 X 28 CM
ESTATE OF HEINRICH JALOWETZ, COURTESY OF GALERIE ST. ETIENNE, NEW YORK

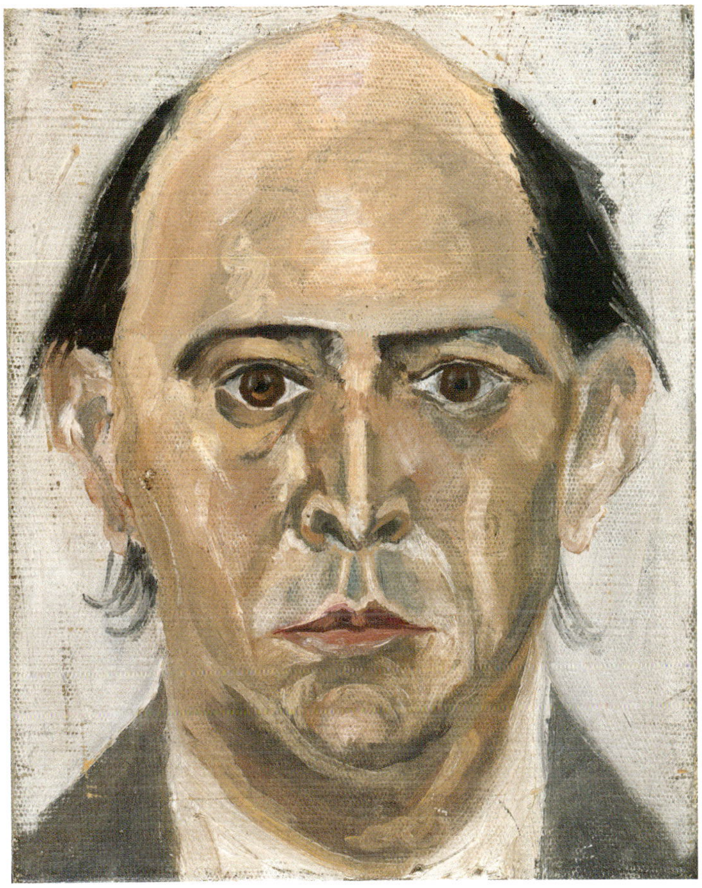

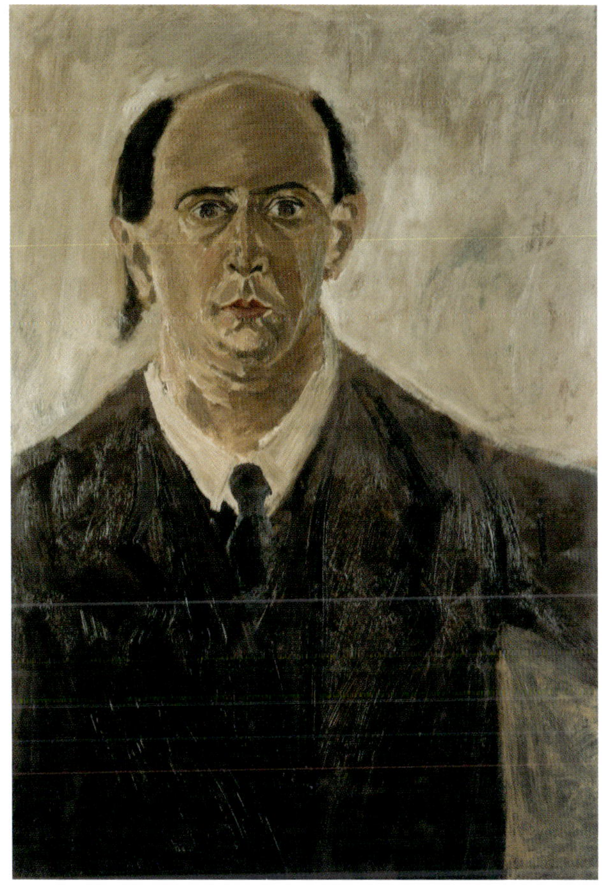

SELBSTPORTRÄT / SELF-PORTRAIT
ÖL AUF LEINWAND / OIL ON CANVAS
29 X 23 CM

SELBSTPORTRÄT / SELF-PORTRAIT
ÖL AUF KARTON / OIL ON CARDBOARD
68.5 X 49.5 CM
HISTORISCHES MUSEUM DER STADT WIEN

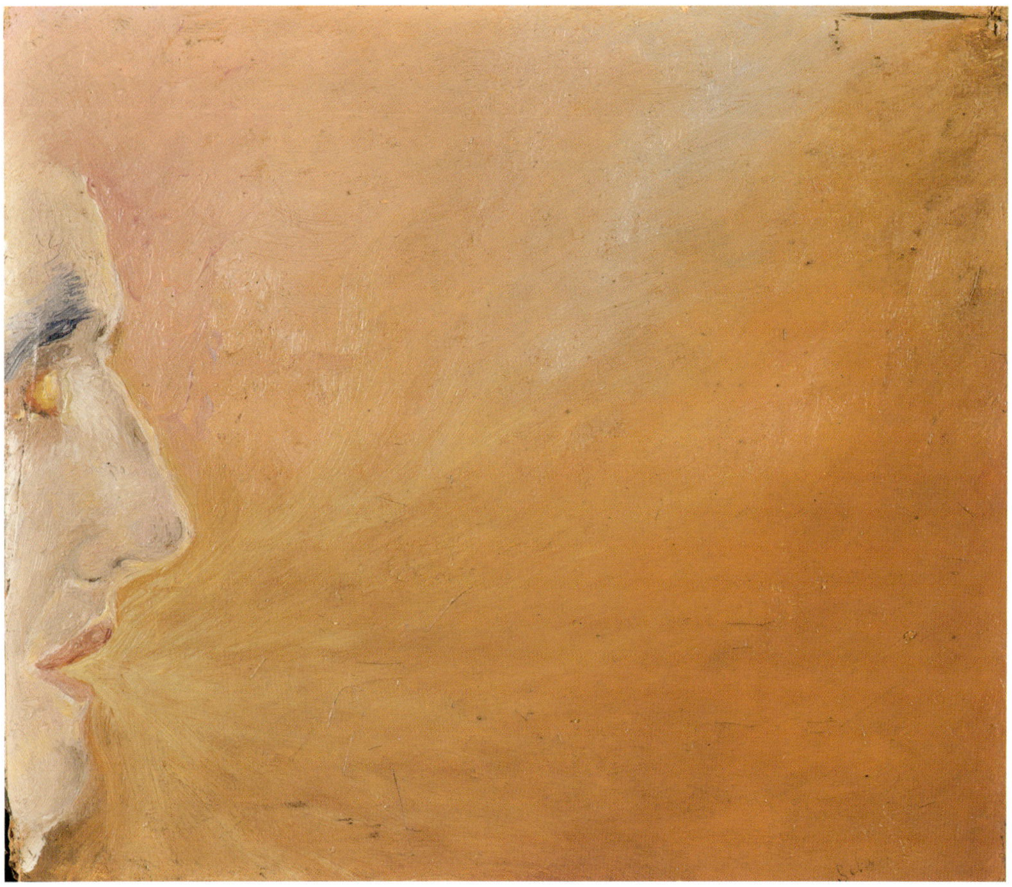

BLAUER BLICK / BLUE GAZE
ÖL AUF KARTON / OIL ON CARDBOARD
20 X 23 CM

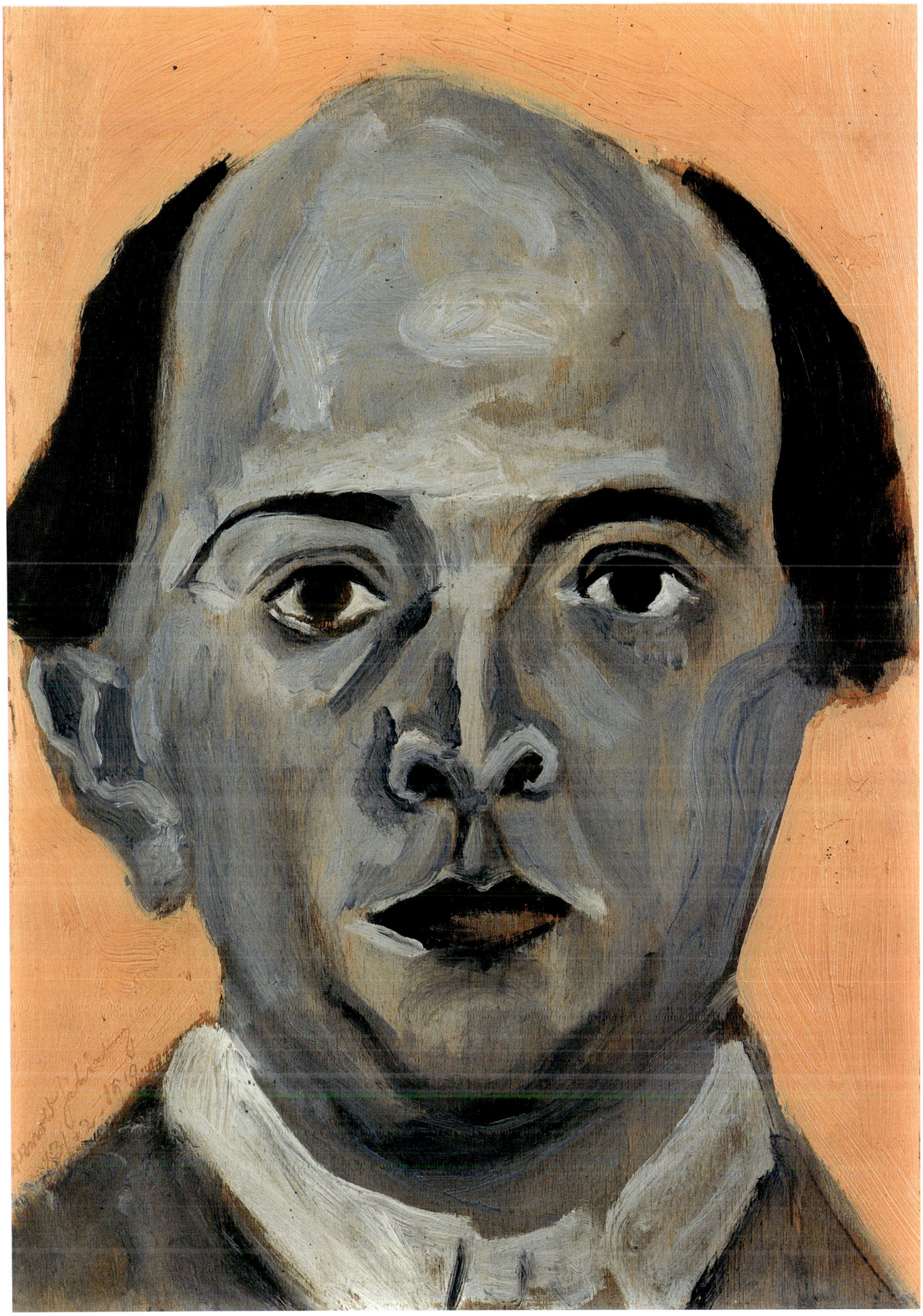

BLAUES SELBSTPORTRÄT / BLUE SELF-PORTRAIT, 1910
ÖL AUF HOLZ / OIL ON WOOD
31 X 22 CM

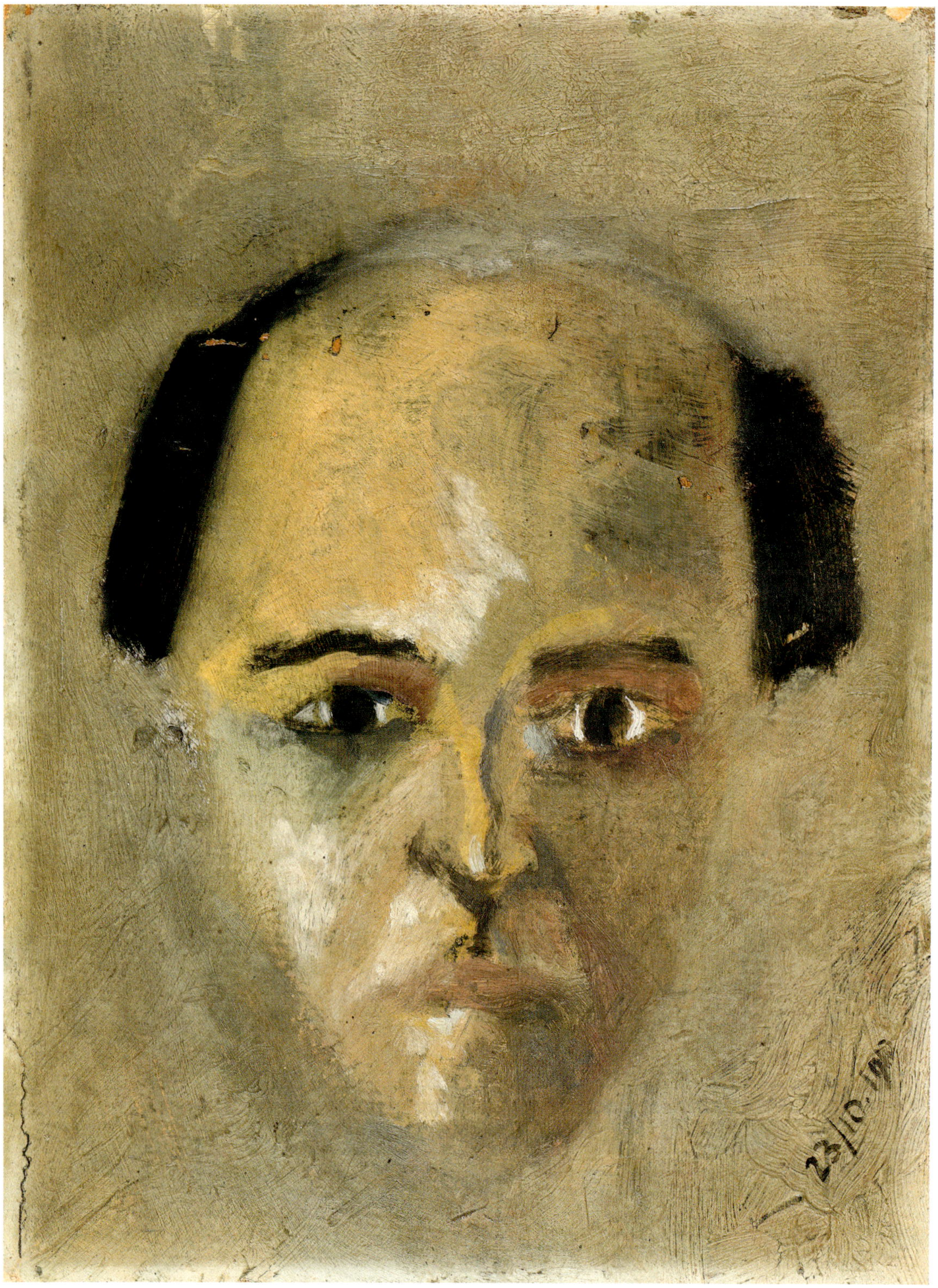

GRÜNES SELBSTPORTRÄT / GREEN SELF-PORTRAIT, 1910
ÖL AUF HOLZ / OIL ON WOOD
33 X 24 CM

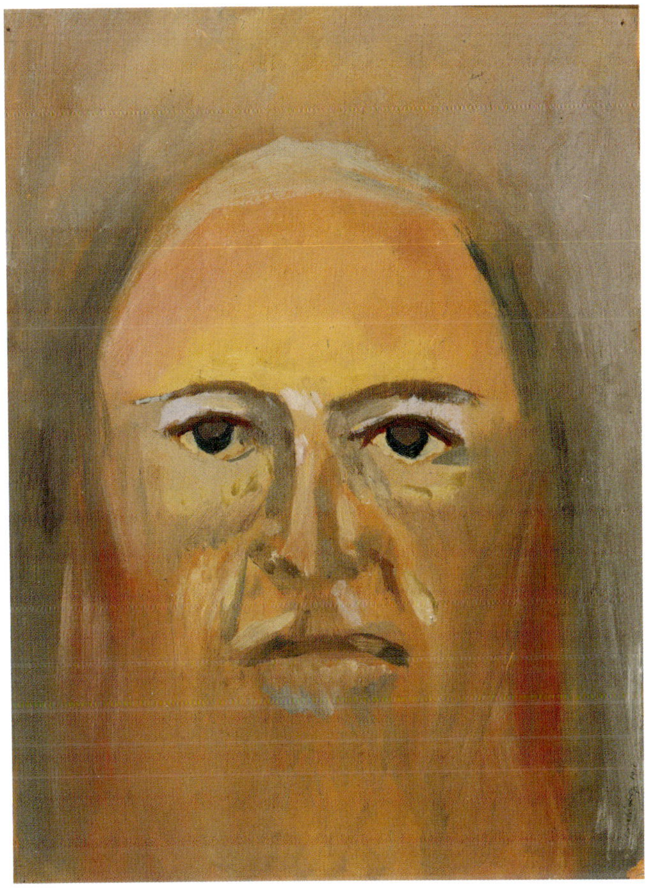

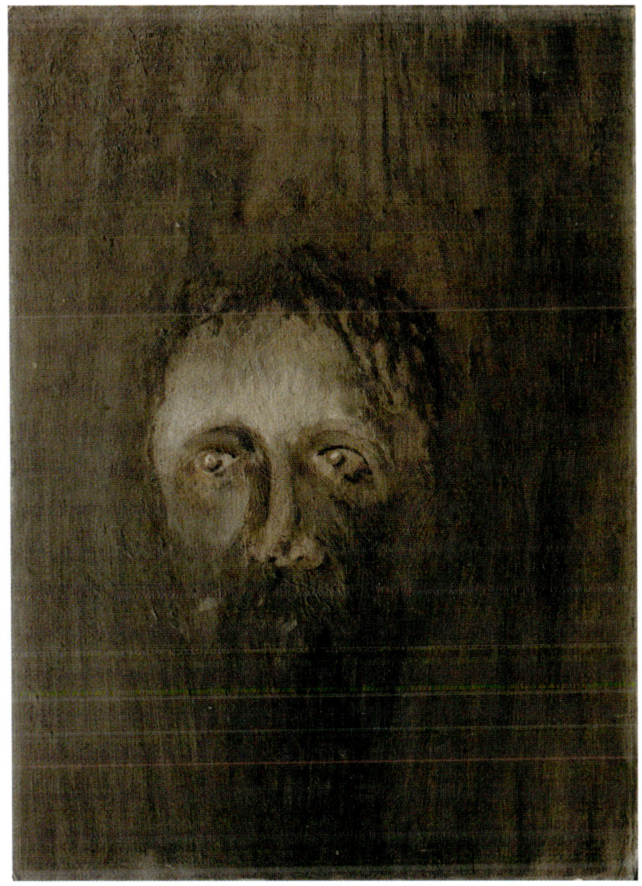

SELBSTPORTRÄT / SELF-PORTRAIT, 1910
ÖL AUF HOLZ / OIL ON WOOD
31 X 22 CM

CHRISTUS-VISION (KOPF) / VISION OF CHRIST (HEAD)
ÖL AUF KARTON / OIL ON CARDBOARD
50 X 37 CM

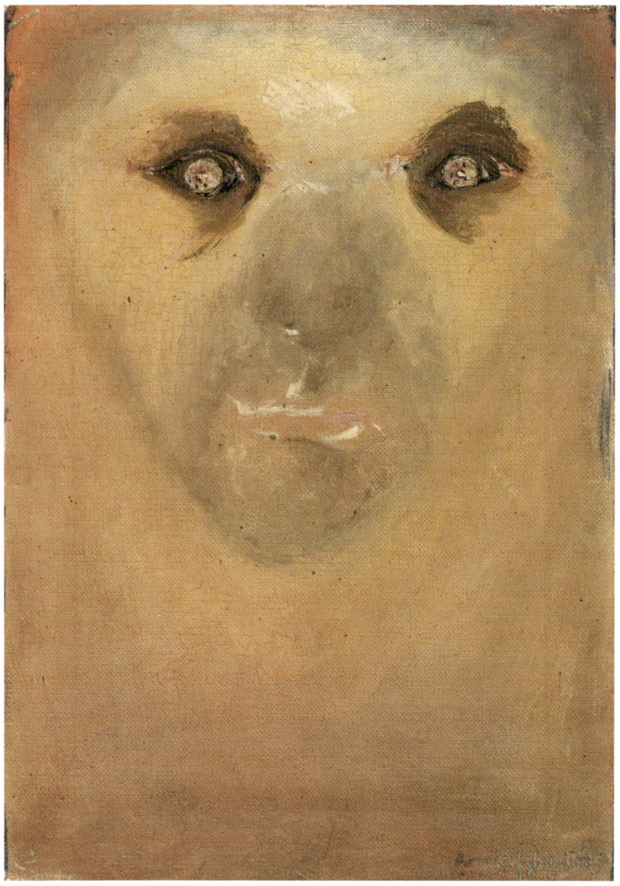

BLICK / GAZE, 1910
ÖL AUF LEINWAND / OIL ON CANVAS
28 X 20 CM

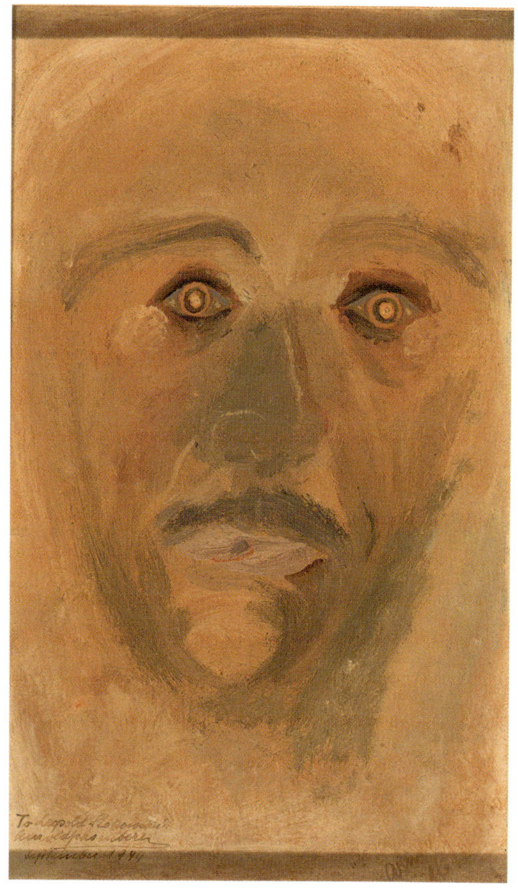

SELBSTPORTRÄT / SELF-PORTRAIT, 1910
ÖL AUF LEINWAND / OIL ON CANVAS
32 X 20 CM
MUSIC DIVISION, LIBRARY OF CONGRESS, WASHINGTON D. C.

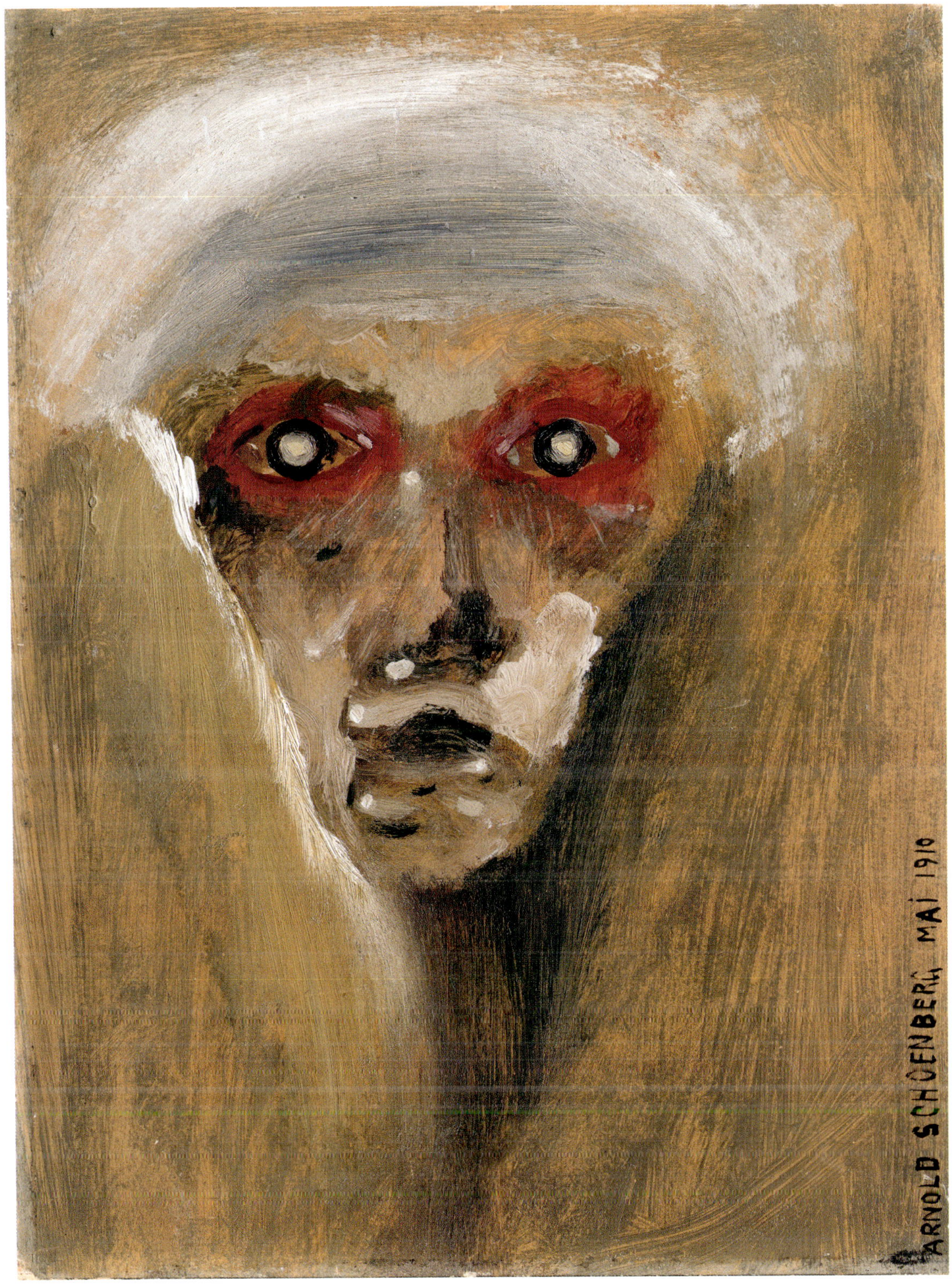

ROTER BLICK / RED GAZE, 1910
ÖL AUF KARTON / OIL ON CARDBOARD
32 X 25 CM

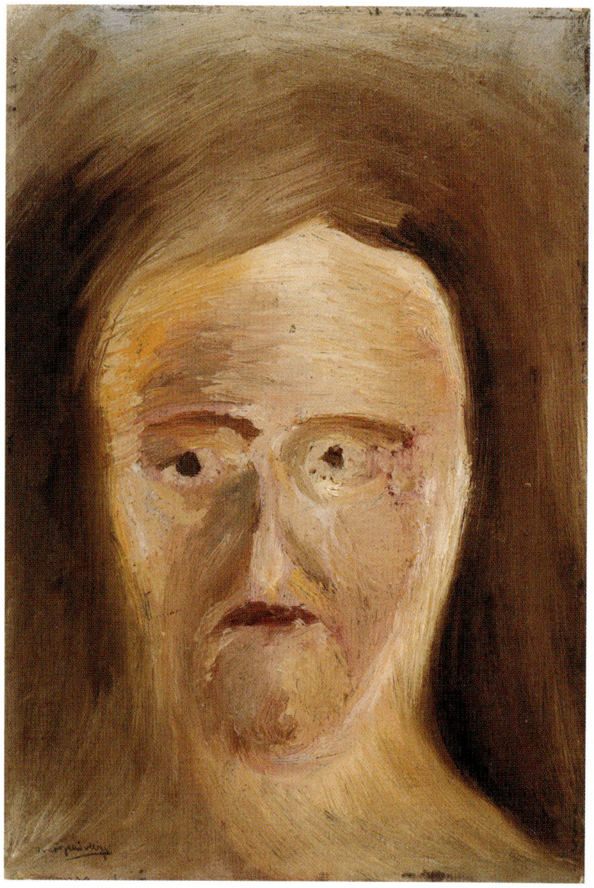

PORTRÄT / PORTRAIT
ÖL AUF KARTON / OIL ON CARDBOARD
33 X 22 CM

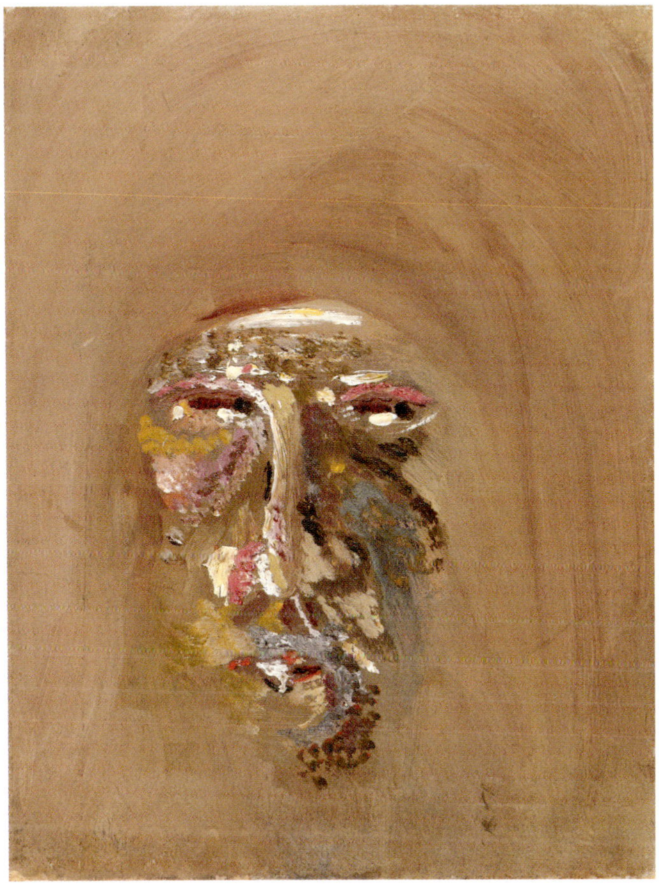

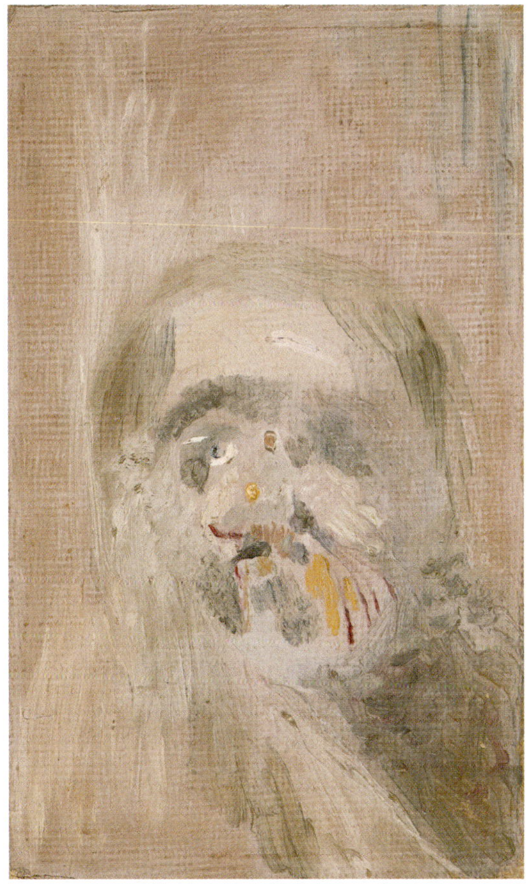

BLICK / GAZE
ÖL AUF KARTON / OIL ON CARDBOARD
23 X 18 CM

BLICK / GAZE
ÖL AUF KARTON / OIL ON CARDBOARD
28 X 17 CM

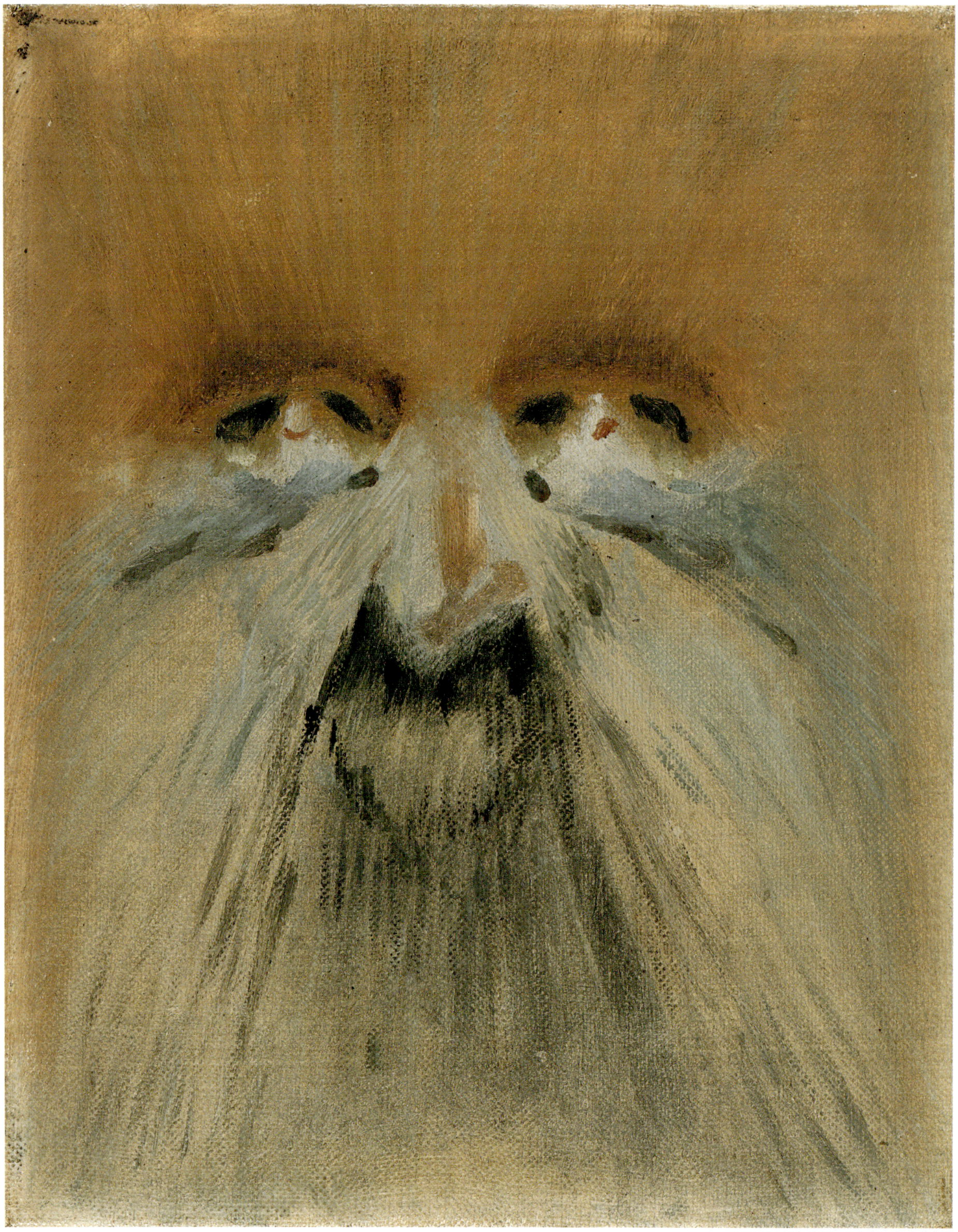

TRÄNEN / TEARS
ÖL AUF LEINWAND / OIL ON CANVAS
29 X 23 CM

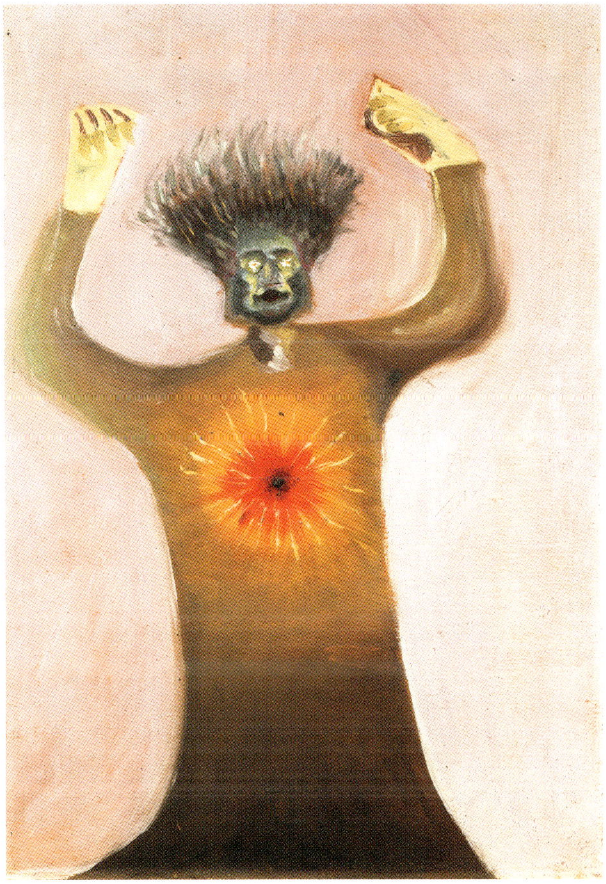

HASS / HATRED
ÖL AUF HOLZ / OIL ON WOOD
43 X 30.5
ESTATE OF HEINRICH JALOWETZ, COURTESY OF GALERIE ST. ETIENNE, NEW YORK

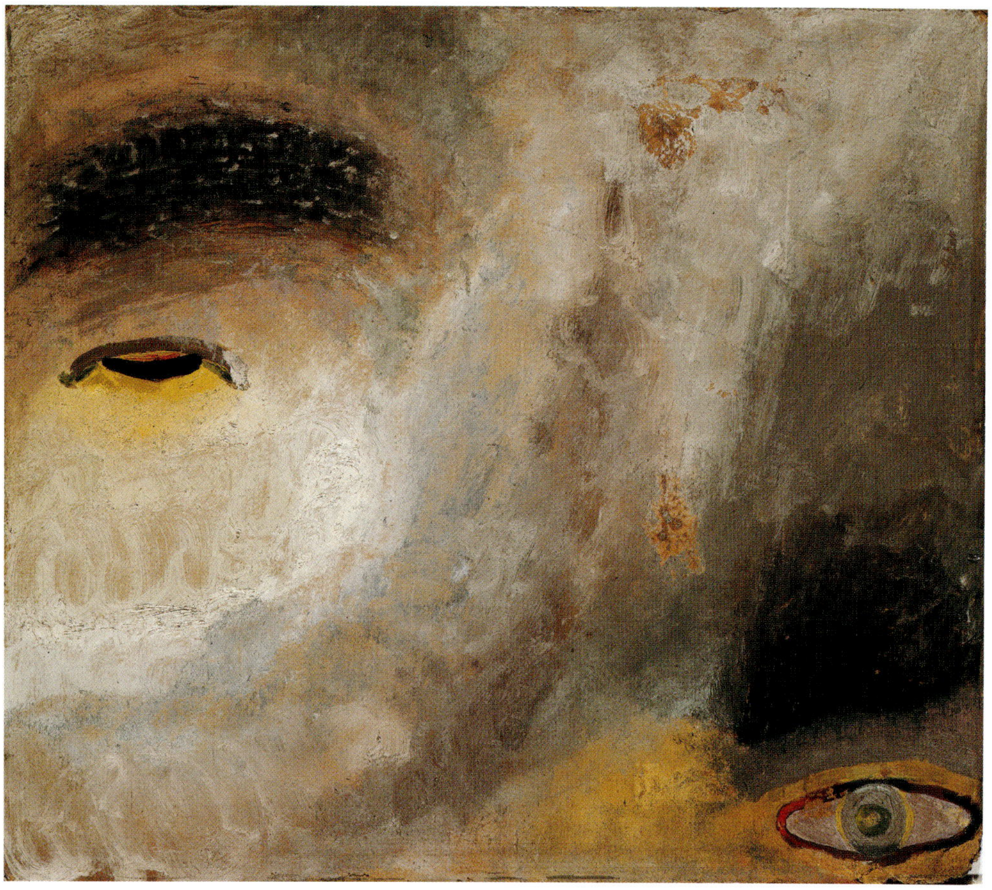

VISION (AUGEN) / VISION (EYES), 1910
ÖL AUF KARTON / OIL ON CARDBOARD
25 X 31 CM
(ERINNERUNG AN OSKAR KOKOSCHKA / REMEMBRANCE OF OSKAR KOKOSCHKA)

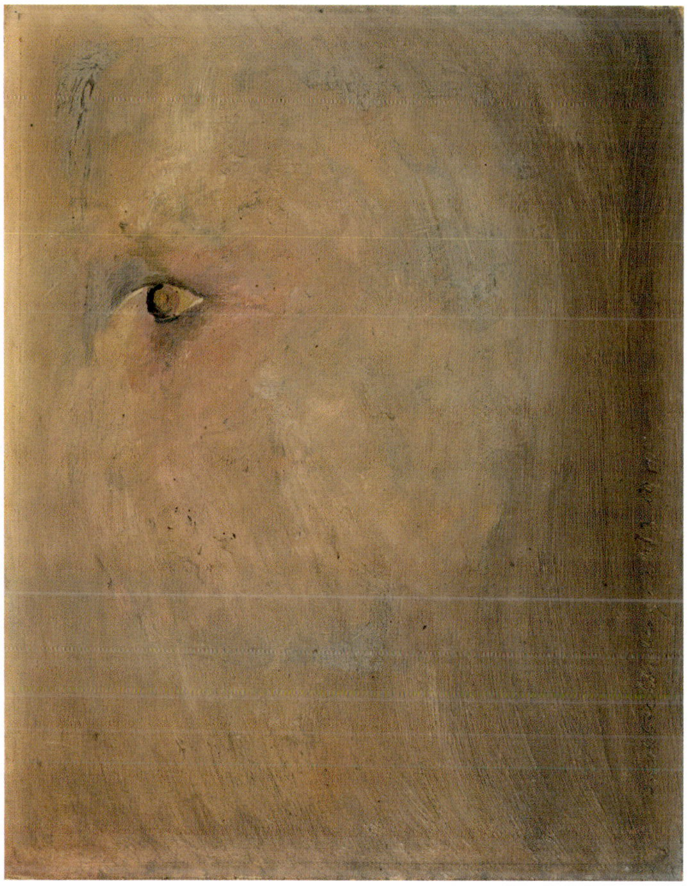

DER ROTE BLICK / RED GAZE, 1910
ÖL AUF KARTON / OIL ON CARDBOARD
28 X 22 CM

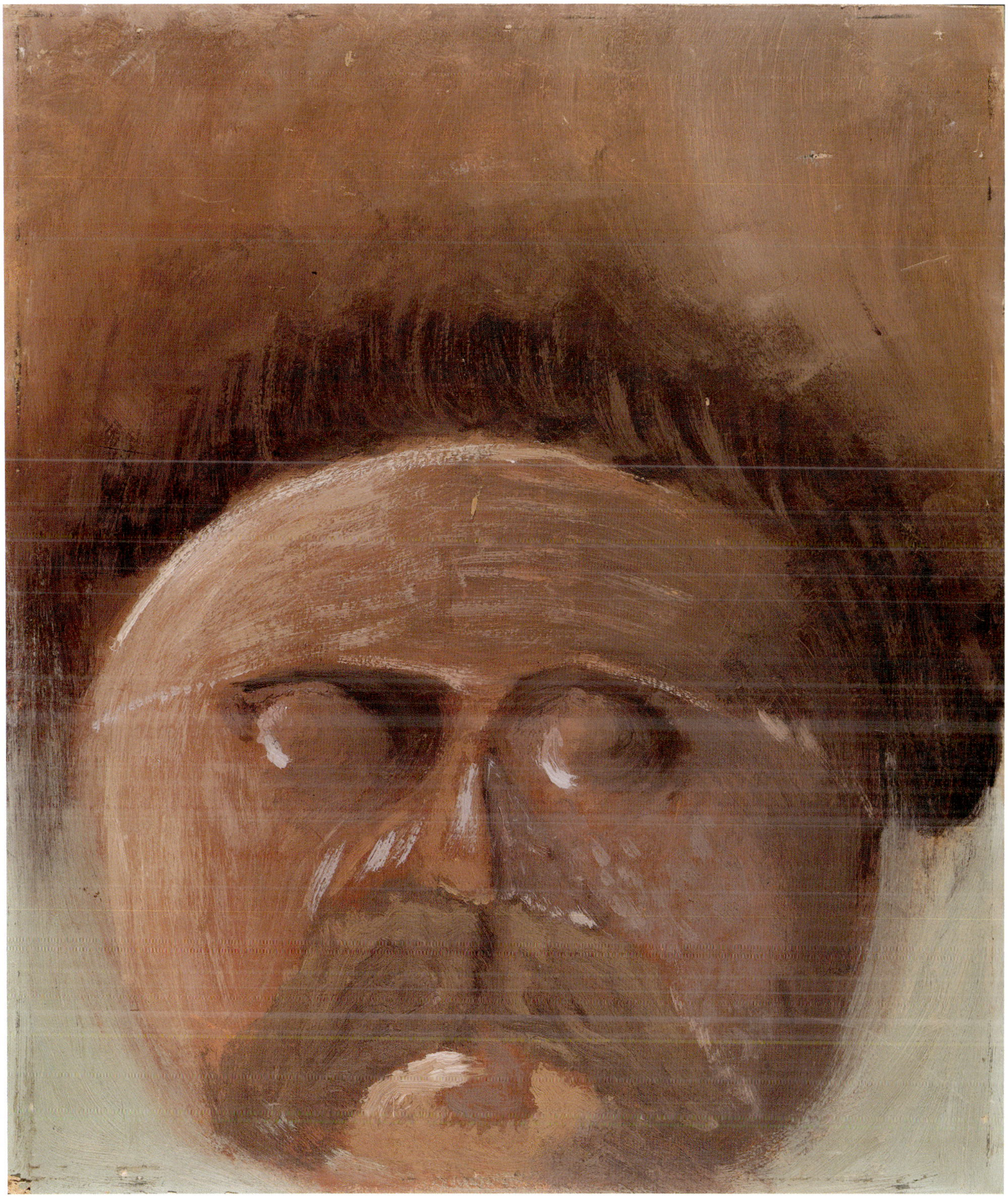

MÄZEN / ART PATRON
ÖL AUF KARTON / OIL ON CARDBOARD
37 X 32 CM

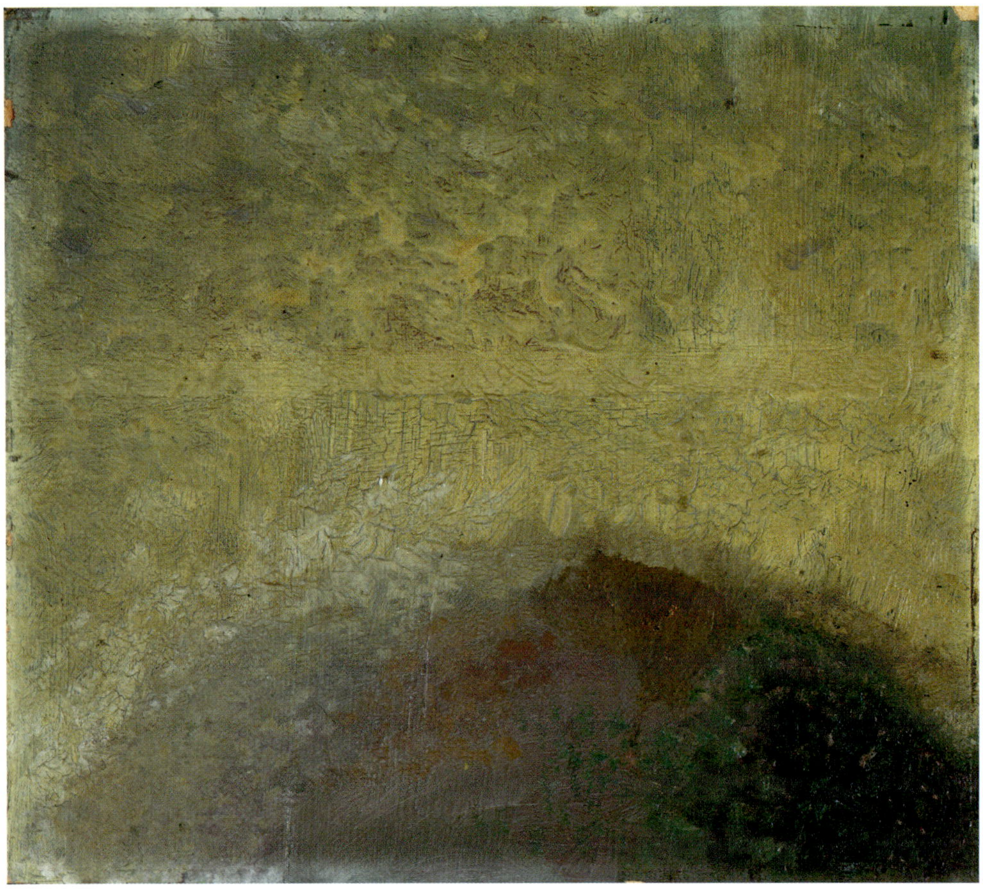

DENKEN / THINKING
ÖL AUF KARTON / OIL ON CARDBOARD
22 X 25 CM

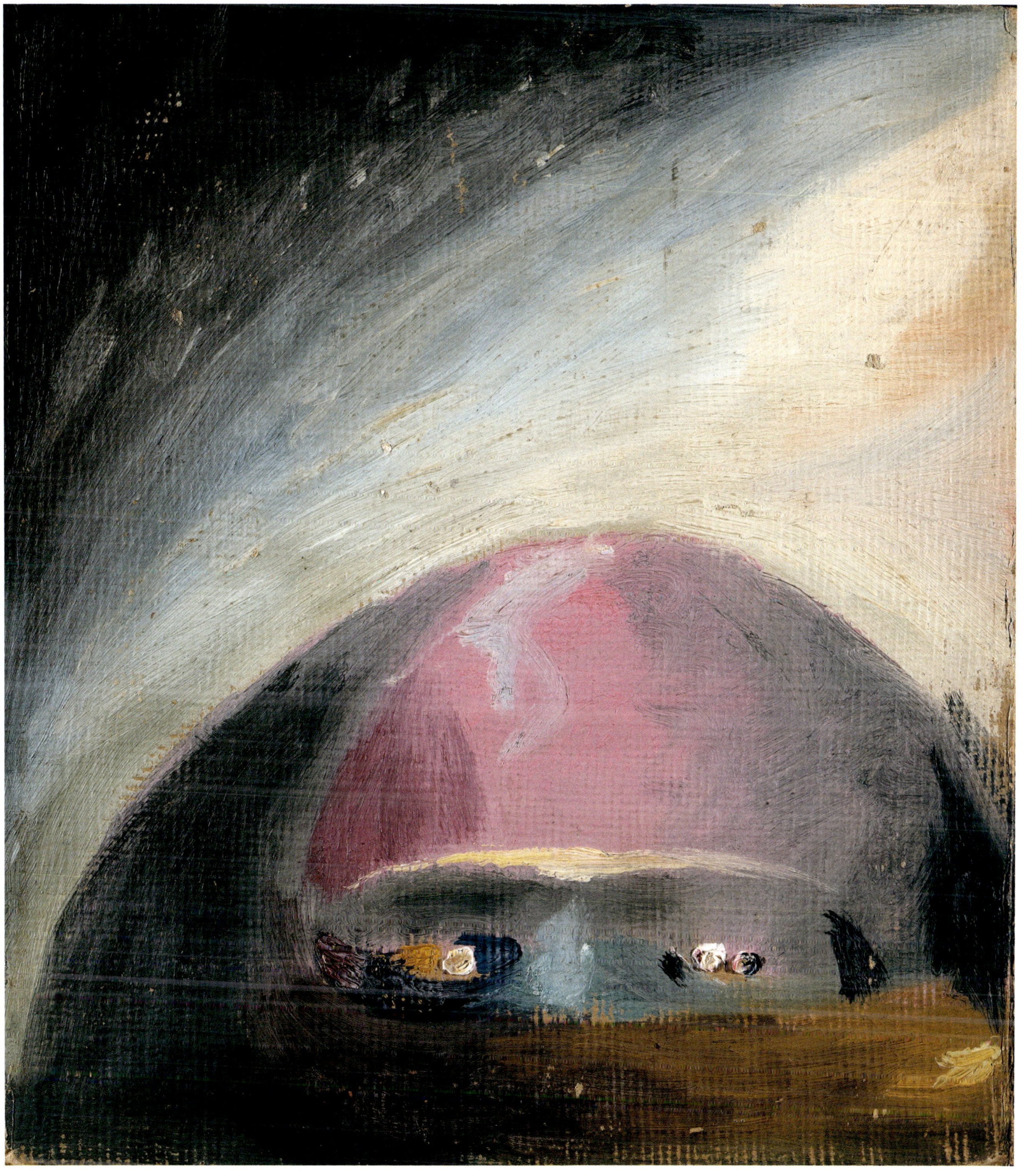

BLICK / GAZE
ÖL AUF KARTON / OIL ON CARDBOARD
31.5 X 28 CM

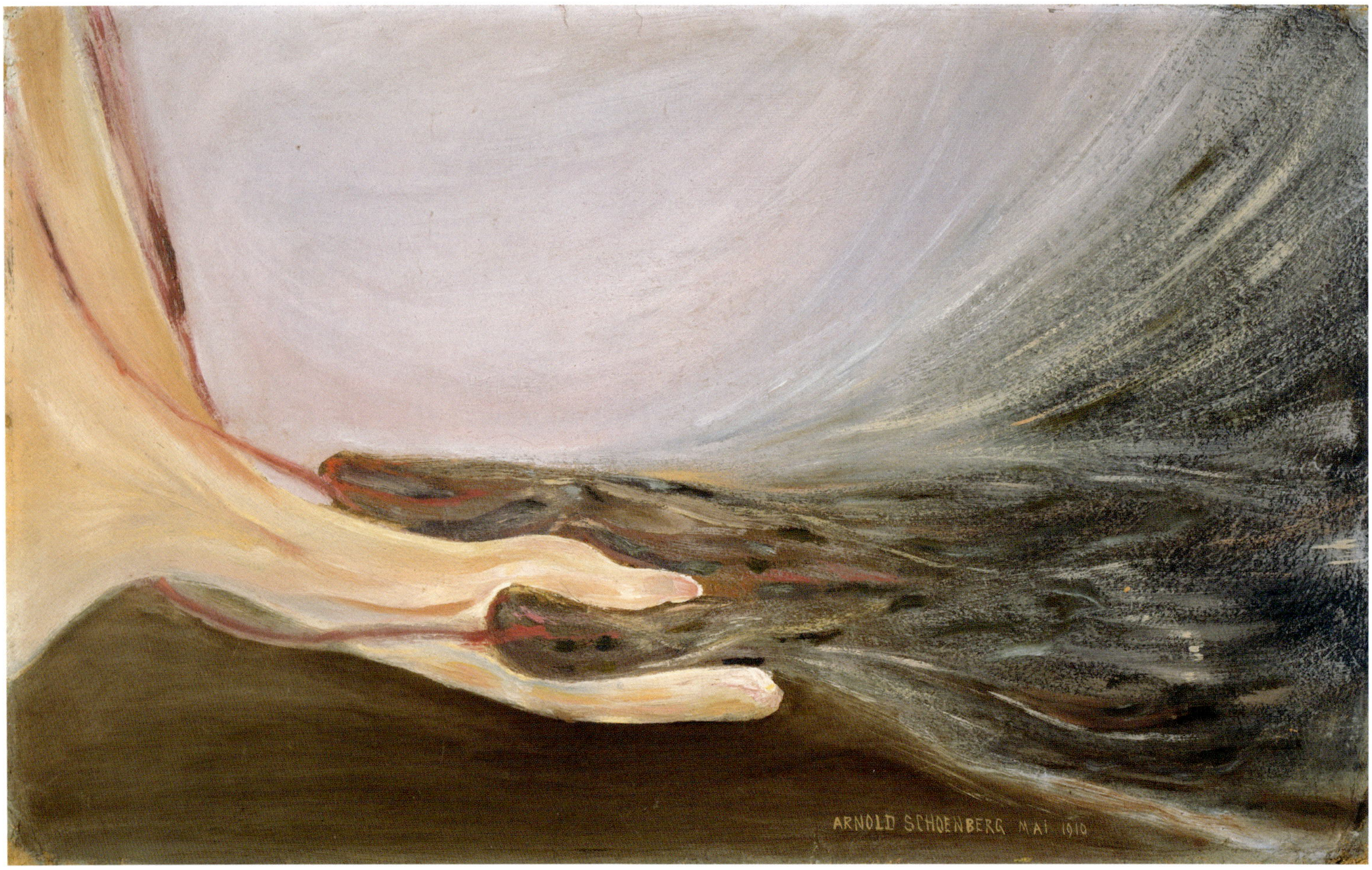

HÄNDE / HANDS, 1910
ÖL AUF KARTON / OIL ON CARDBOARD
39 X 63 CM

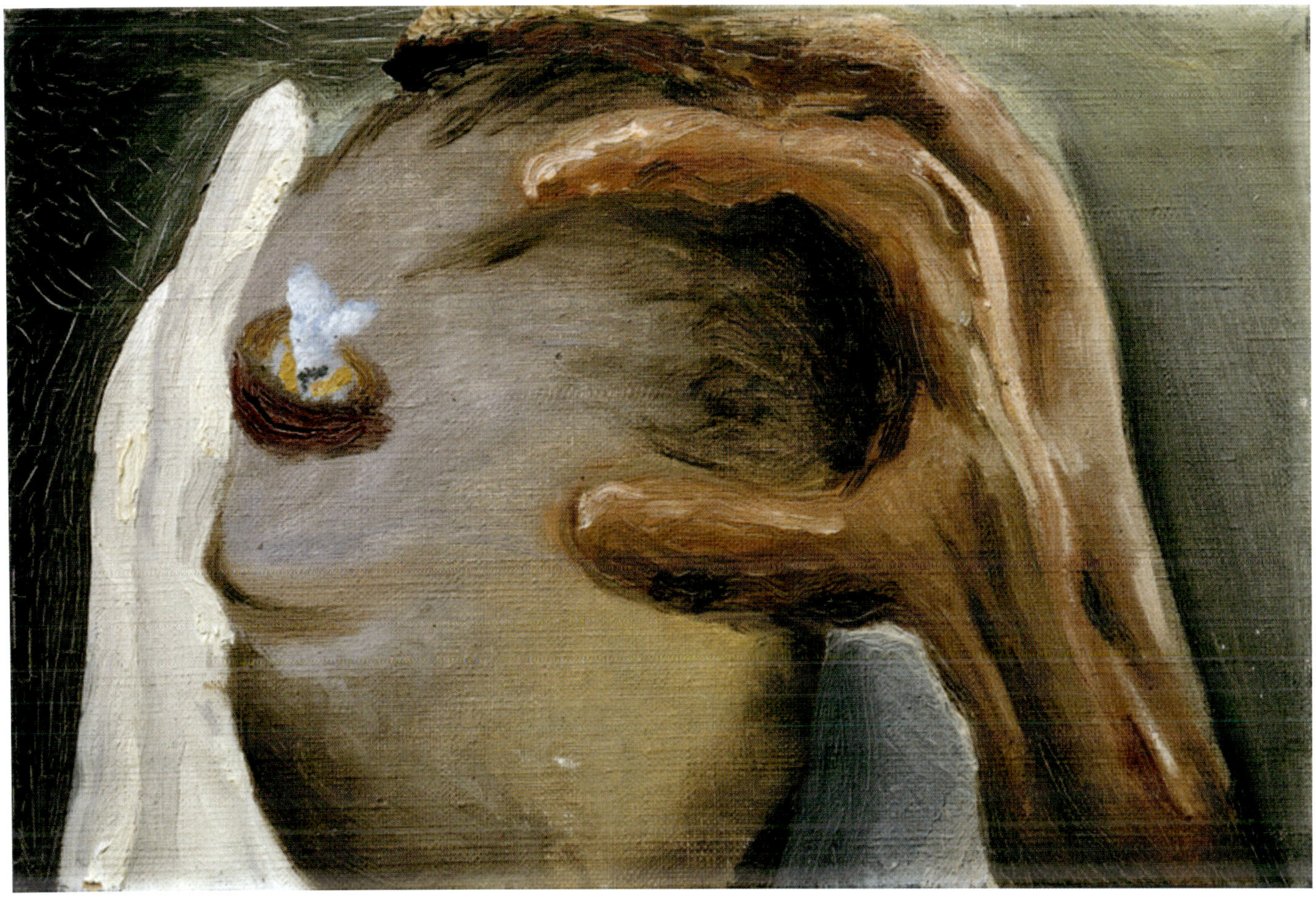

HÄNDE / HANDS
ÖL AUF LEINWAND / OIL ON CANVAS
22 X 33 CM

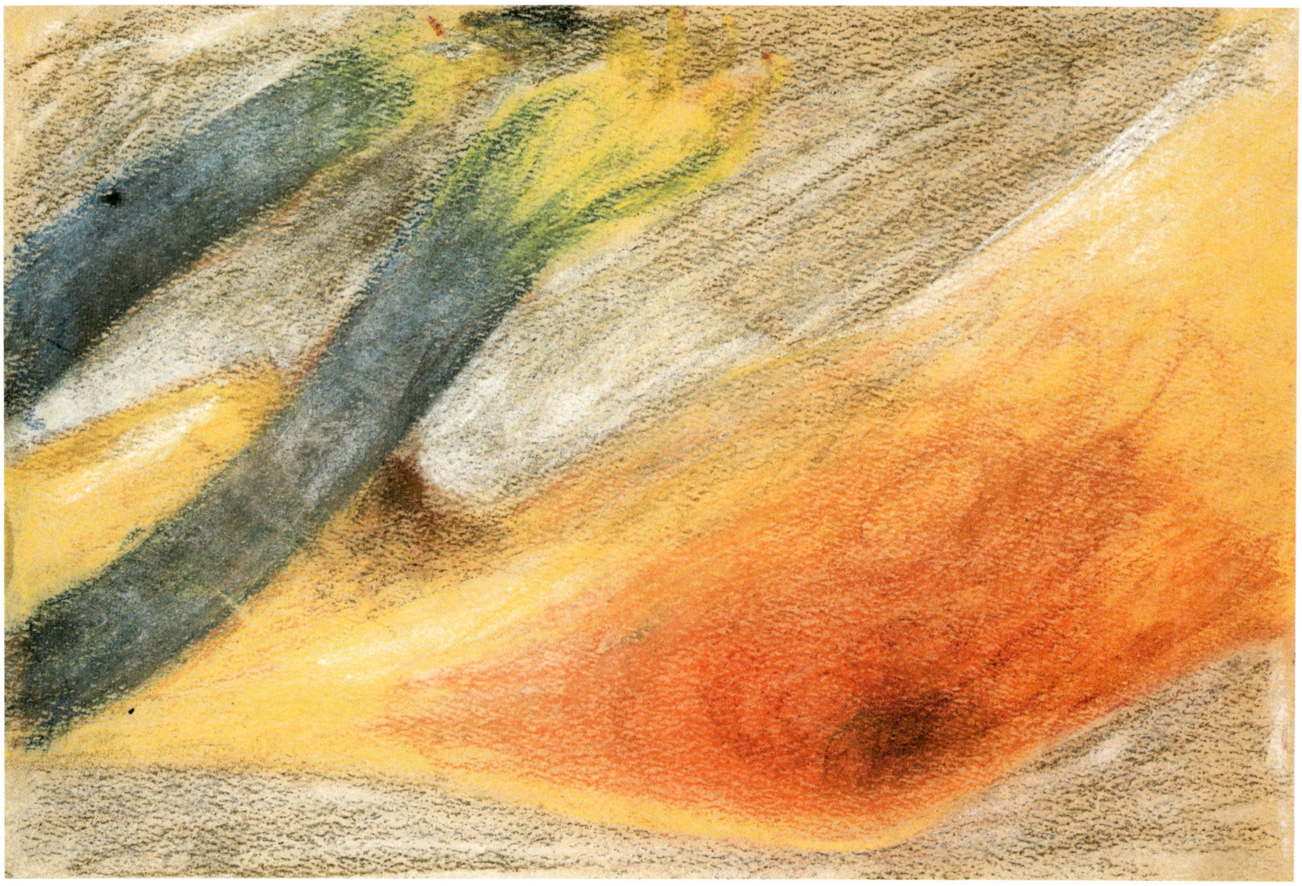

FLEISCH / FLESH
PASTELL UND KREIDE AUF PAPIER / PASTEL AND CRAYON ON PAPER
16 X 24 CM

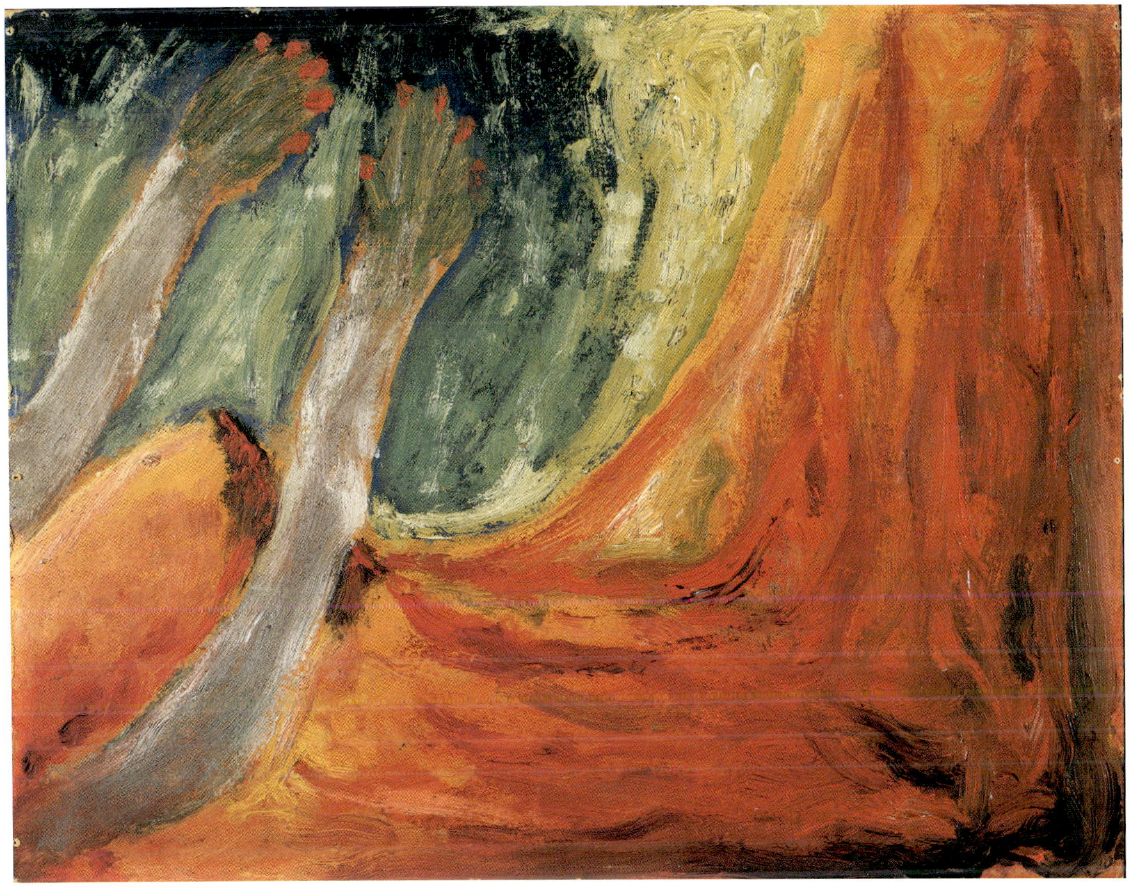

FLEISCH / FLESH
ÖL AUF KARTON / OIL ON CARDBOARD
22 X 28 CM

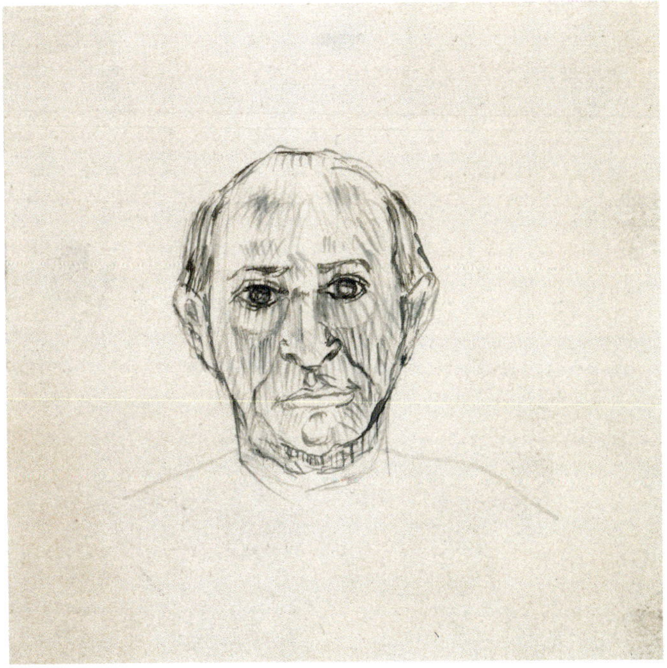

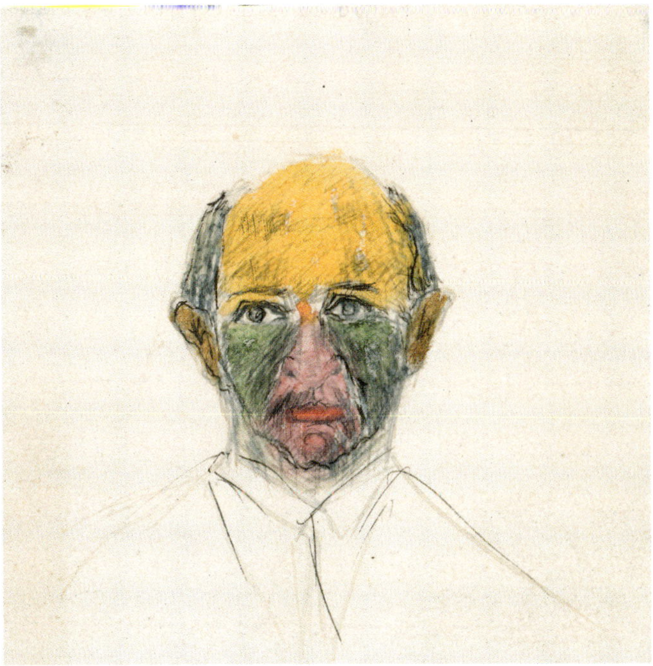

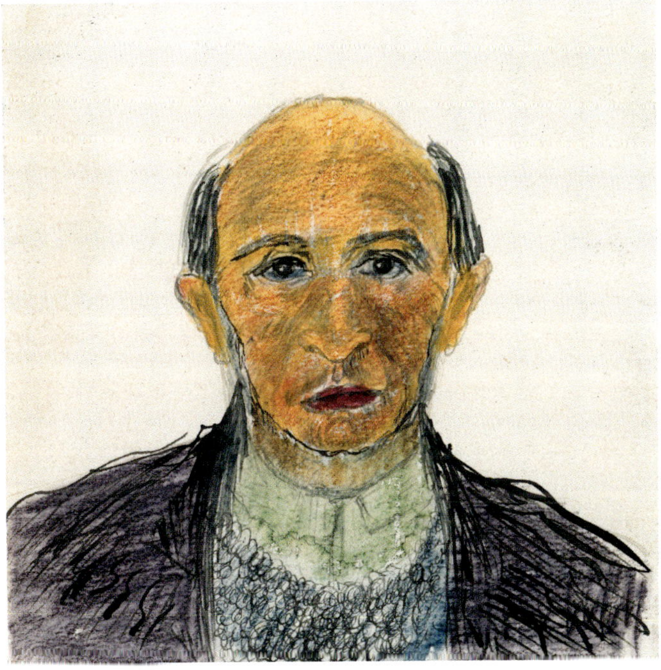

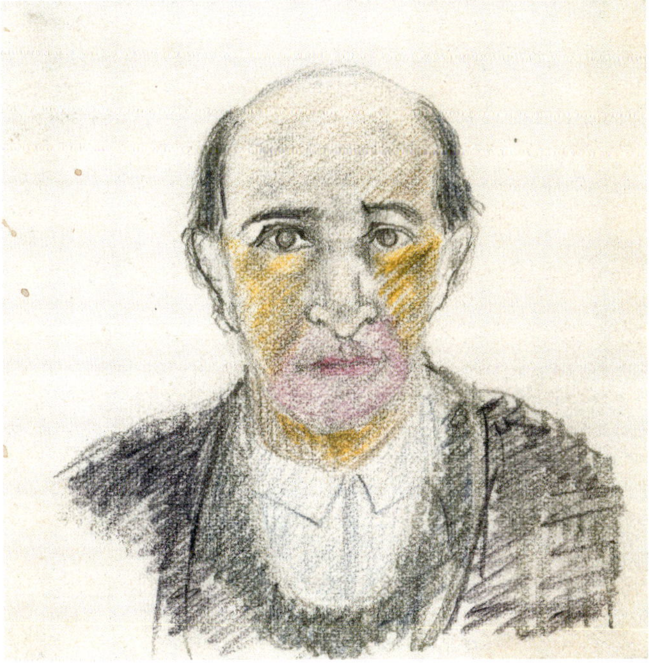

SELBSTPORTRÄT / SELF-PORTRAIT
FEDER UND TUSCHE AUF PAPIER / PEN AND INK ON PAPER
10 X 10 CM

SELBSTPORTRÄT / SELF-PORTRAIT
BLEISTIFT, TUSCHE UND AQUARELL AUF PAPIER /
PENCIL, INK AND WATERCOLOUR ON PAPER
10 X 10 CM

SELBSTPORTRÄT / SELF-PORTRAIT
FEDER UND TUSCHE, AQUARELL, BLEISTIFT UND BUNTSTIFT AUF PAPIER /
PEN AND INK, WATERCOLOUR, PENCIL AND COLOURED PENCIL ON PAPER
10 X 10 CM

SELBSTPORTRÄT / SELF-PORTRAIT
GRAPHIT, KREIDE UND BUNTSTIFT AUF PAPIER /
GRAPHITE, CRAYON AND COLOURED PENCIL ON PAPER
10 X 10 CM

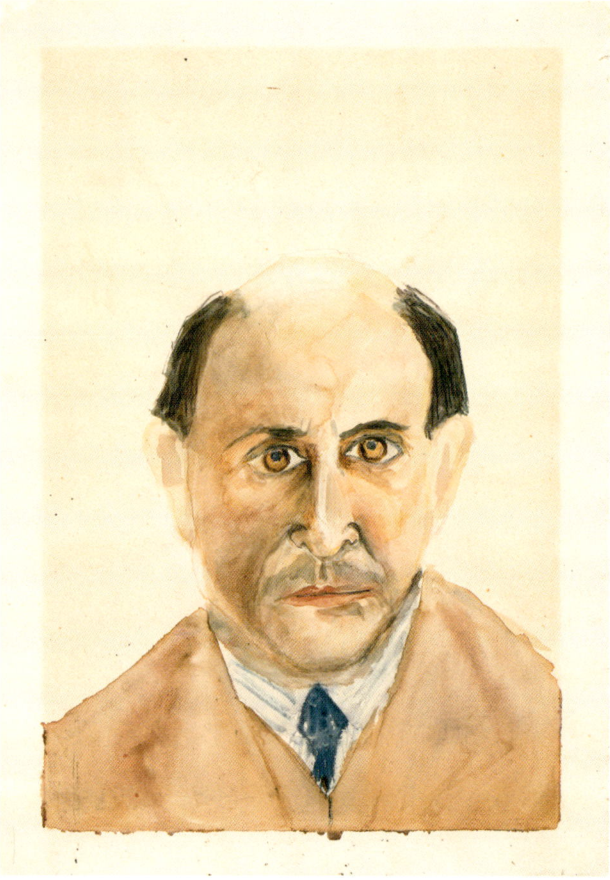

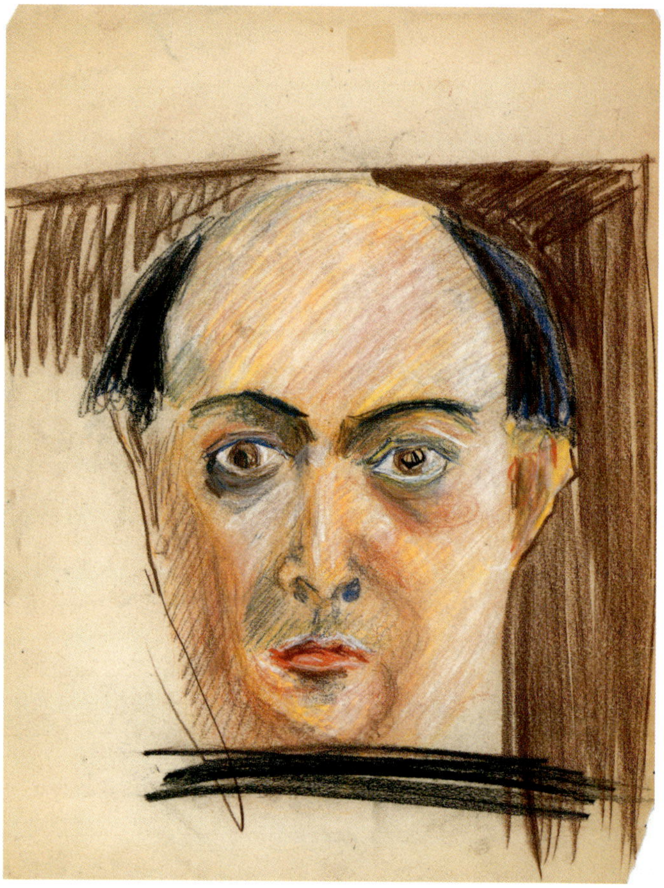

SELBSTPORTRÄT / SELF-PORTRAIT
AQUARELL UND GRAPHIT AUF PAPIER / WATERCOLOUR AND GRAPHITE ON PAPER
41 X 30 CM

SELBSTPORTRÄT / SELF-PORTRAIT
PASTELL AUF PAPIER / PASTEL ON PAPER
40 X 30 CM

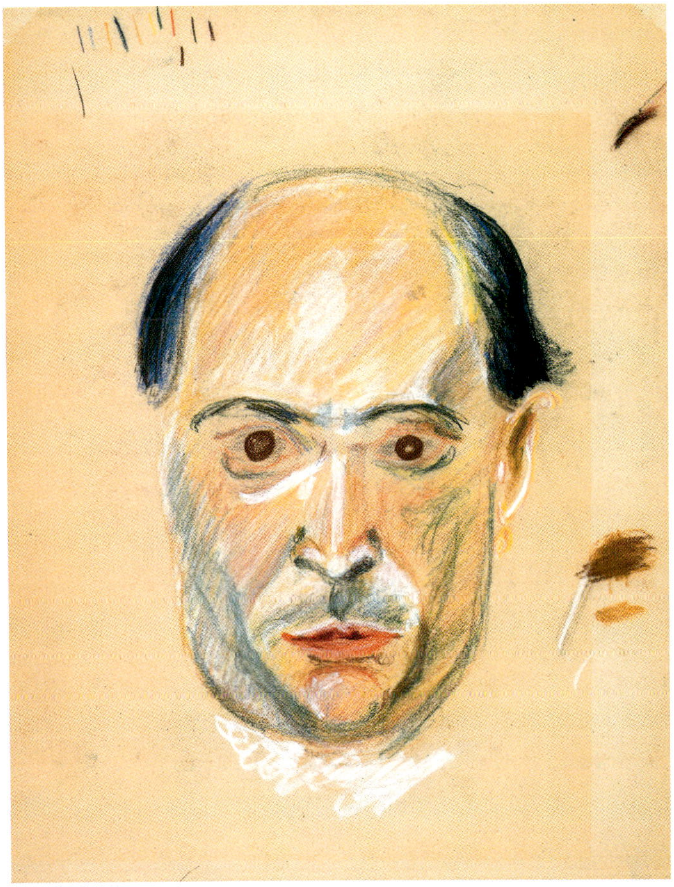

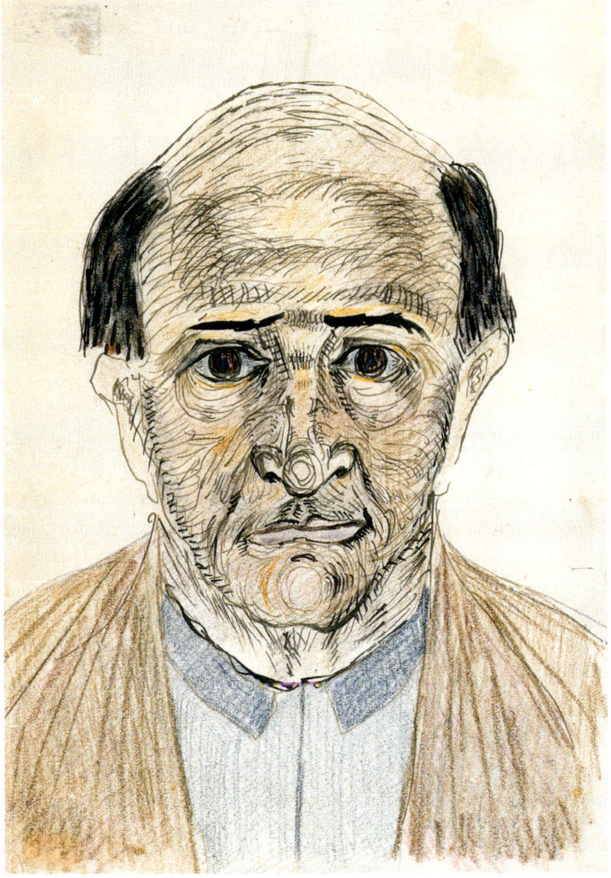

SELBSTPORTRÄT / SELF-PORTRAIT
PASTELL AUF PAPIER / PASTEL ON PAPER
40 X 30 CM

SELBSTPORTRÄT / SELF-PORTRAIT
TUSCHE, GRAPHIT UND KREIDE AUF PAPIER /
INK, GRAPHITE AND CRAYON ON PAPER
19 X 13 CM

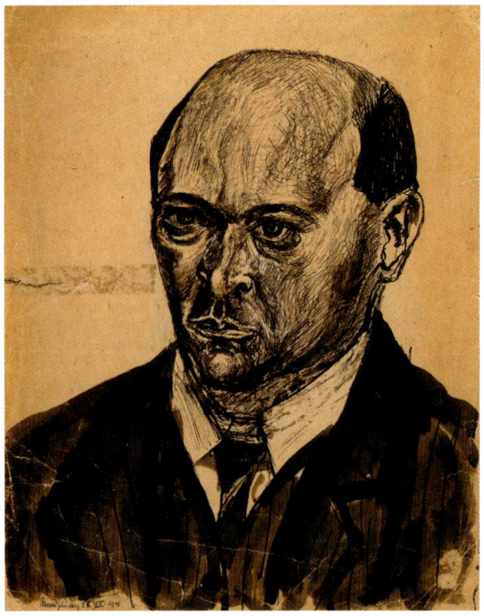

SELBSTPORTRÄT / SELF-PORTRAIT, 1908
PINSEL, FEDER UND TUSCHE AUF PAPIER /
BRUSH, PEN AND INK ON PAPER
40 X 31 CM

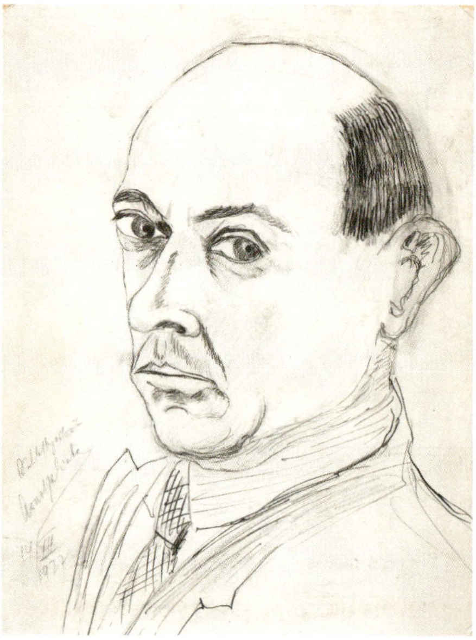

SELBSTPORTRÄT / SELF-PORTRAIT, 1927
GRAPHIT UND TUSCHE AUF PAPIER /
GRAPHITE AND INK ON PAPER
28 X 21.5 CM

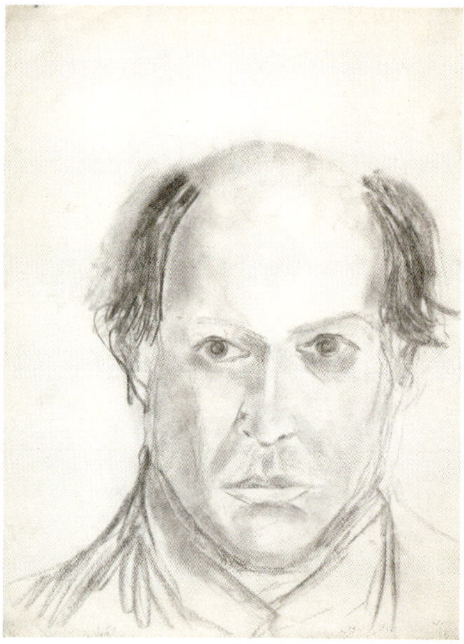

SELBSTPORTRÄT / SELF-PORTRAIT
KOHLE AUF PAPIER / CHARCOAL ON PAPER
40 X 29 CM

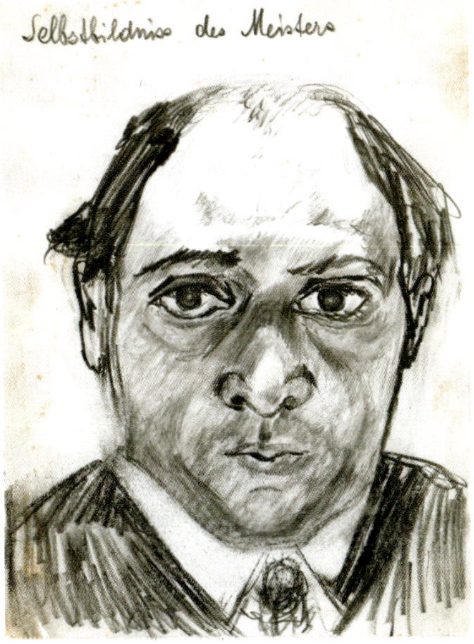

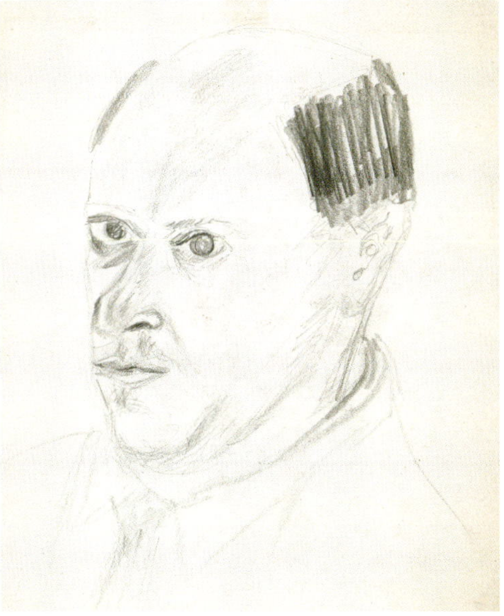

SELBSTPORTRÄT / SELF-PORTRAIT
GRAPHIT AUF PAPIER / GRAPHITE ON PAPER
15 X 11 CM

SELBSTPORTRÄT / SELF-PORTRAIT
GRAPHIT AUF PAPIER / GRAPHITE ON PAPER
32 X 26 CM

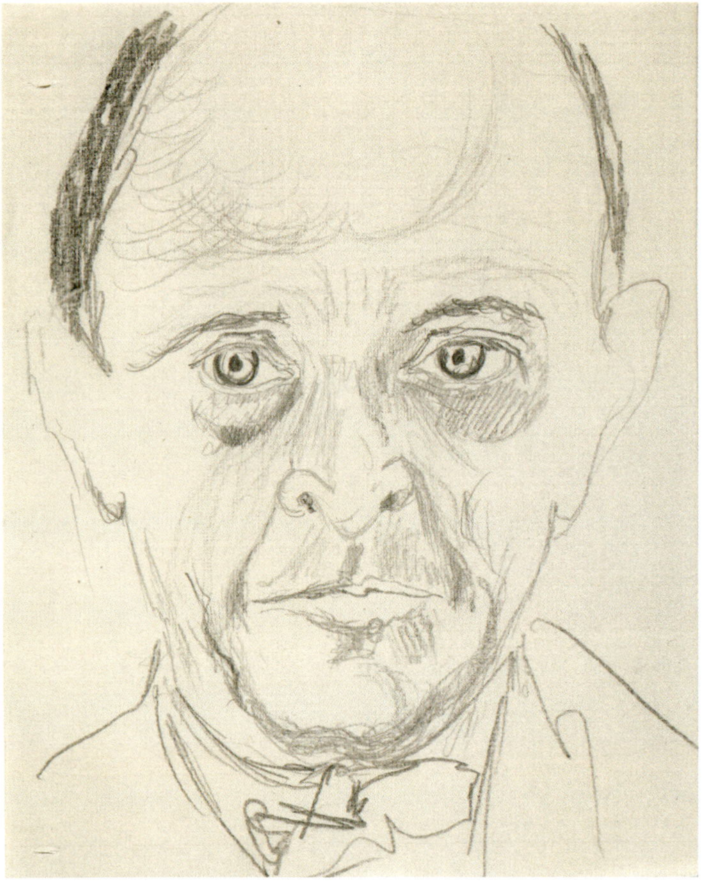

SELBSTPORTRÄT / SELF-PORTRAIT
GRAPHIT AUF PAPIER / GRAPHITE ON PAPER
14.5 X 11 CM

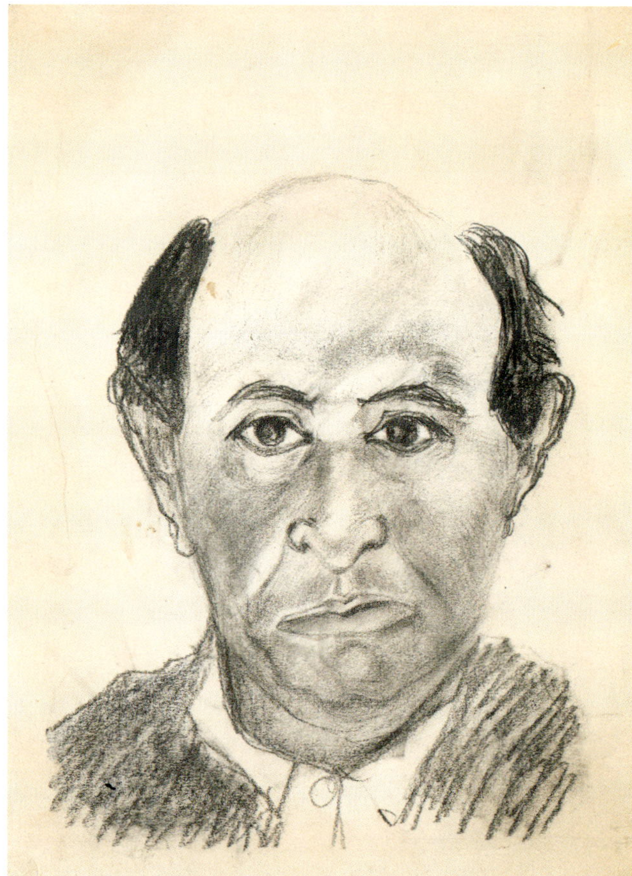

SELBSTPORTRÄT / SELF-PORTRAIT
KREIDE AUF PAPIER / CRAYON ON PAPER
41 X 29 CM

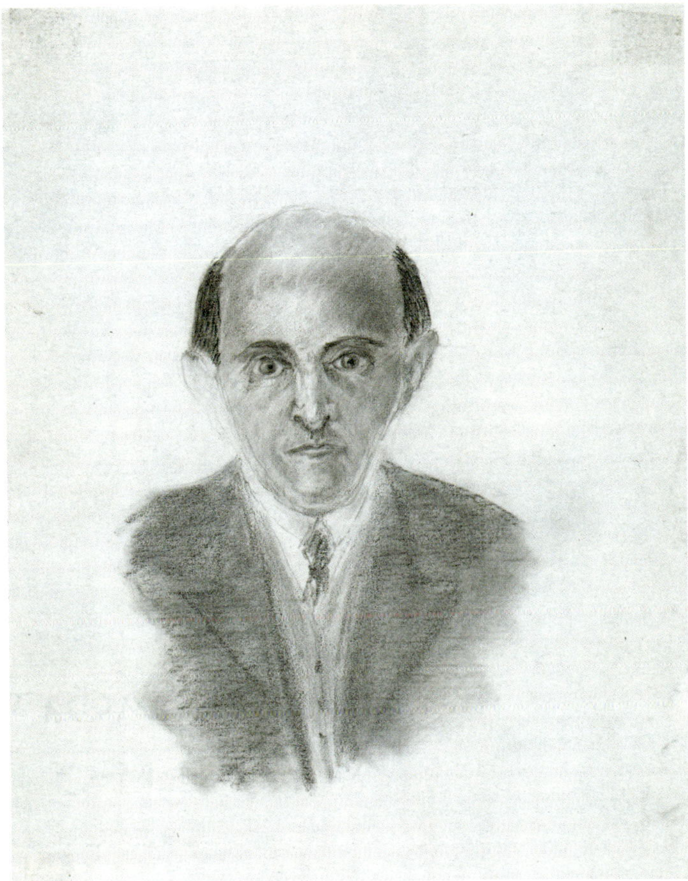

SELBSTPORTRÄT / SELF-PORTRAIT
GRAPHIT UND KREIDE AUF PAPIER / GRAPHITE AND CRAYON ON PAPER
24 X 19 CM

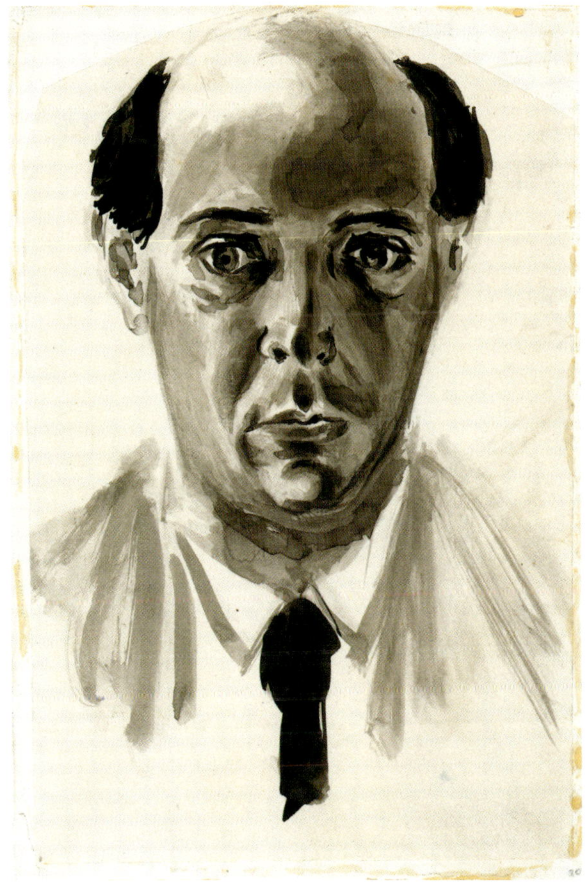

SELBSTPORTRÄT / SELF-PORTRAIT
PINSEL UND TUSCHE AUF PAPIER / BRUSH AND INK ON PAPER
23 X 15 CM

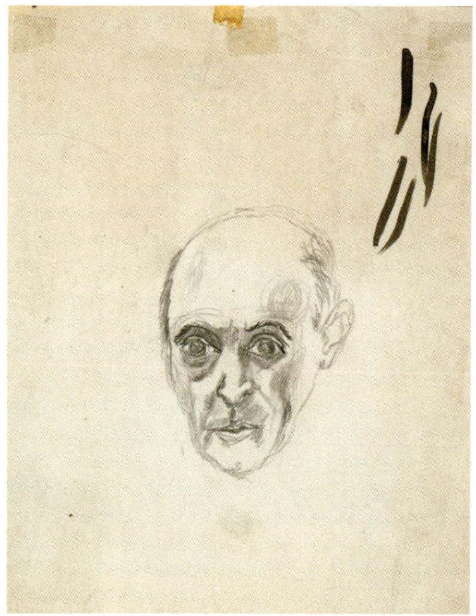

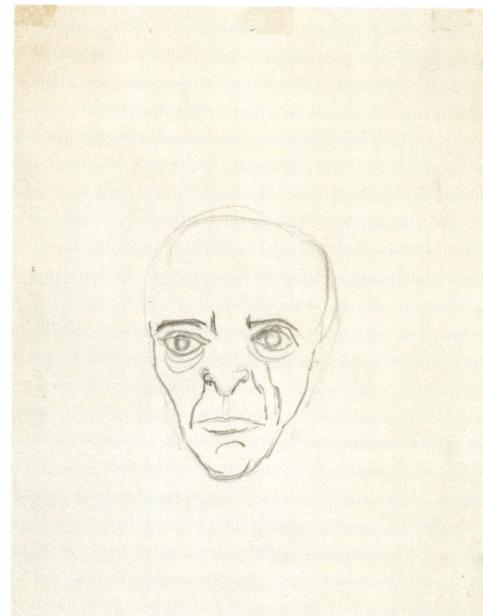

SELBSTPORTRÄT / SELF-PORTRAIT
BLEISTIFT AUF PAPIER / PENCIL ON PAPER
28 X 22 CM

SELBSTPORTRÄT / SELF-PORTRAIT
GRAPHIT AUF PAPIER / GRAPHITE ON PAPER
28 X 22 CM

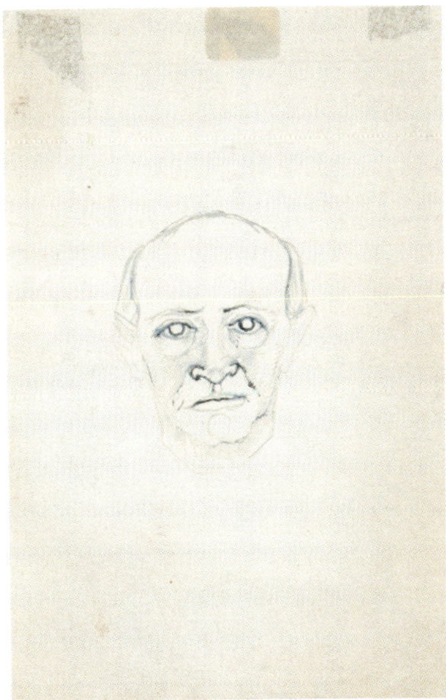

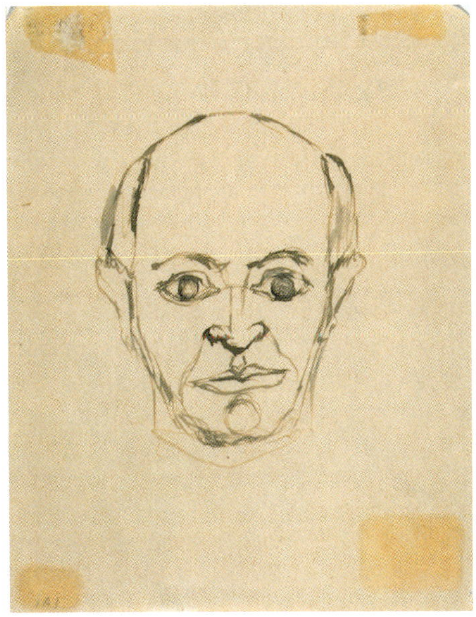

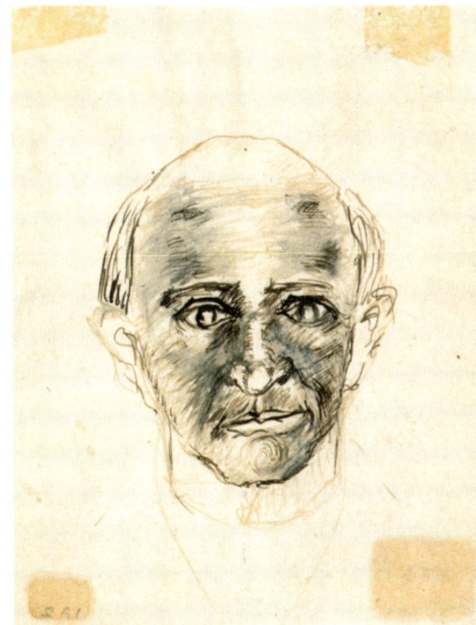

SELBSTPORTRÄT / SELF-PORTRAIT
FEDER, PINSEL UND TUSCHE AUF PAPIER /
PEN, BRUSH AND INK ON PAPER
21.5 X 14 CM

SELBSTPORTRÄT / SELF-PORTRAIT
FEDER UND TUSCHE AUF PAPIER /
PEN AND INK ON PAPER
14 X 11 CM

SELBSTPORTRÄT / SELF-PORTRAIT
FEDER UND TUSCHE AUF PAPIER /
PEN AND INK ON PAPER
14 X 11 CM

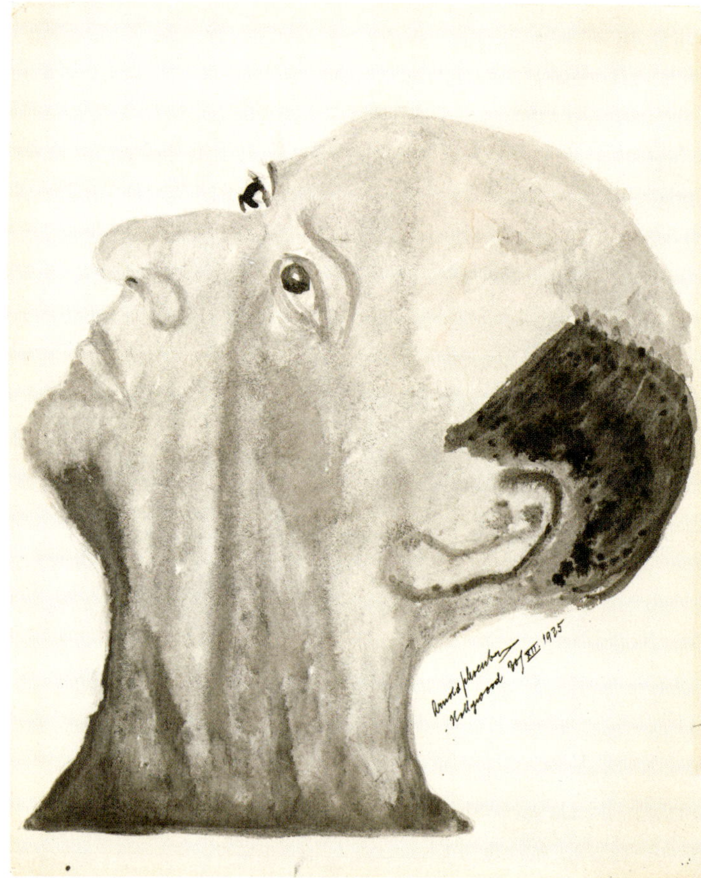

SELBSTPORTRÄT / SELF-PORTRAIT, 1935
PINSEL UND TUSCHE AUF PAPIER / BRUSH AND INK ON PAPER
29 X 23 CM

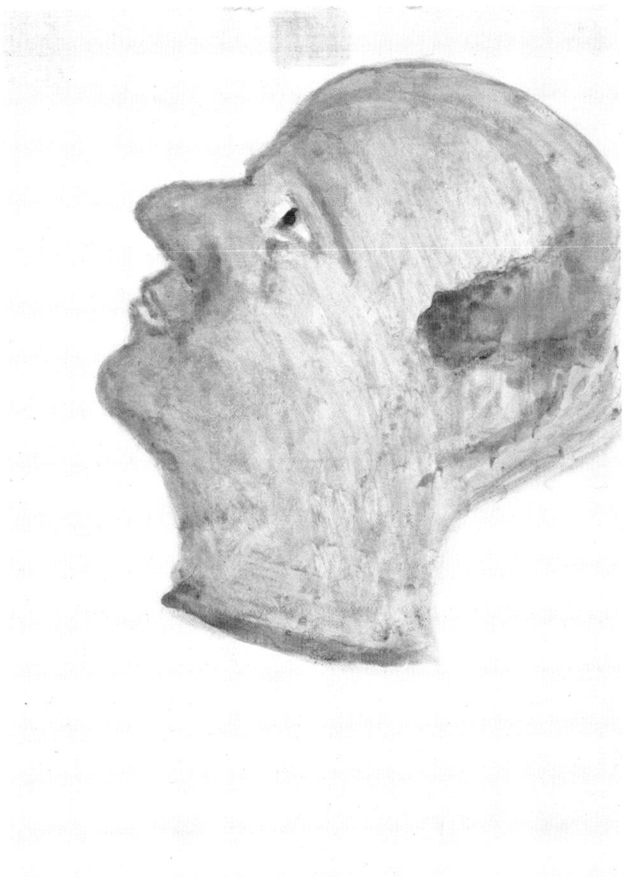

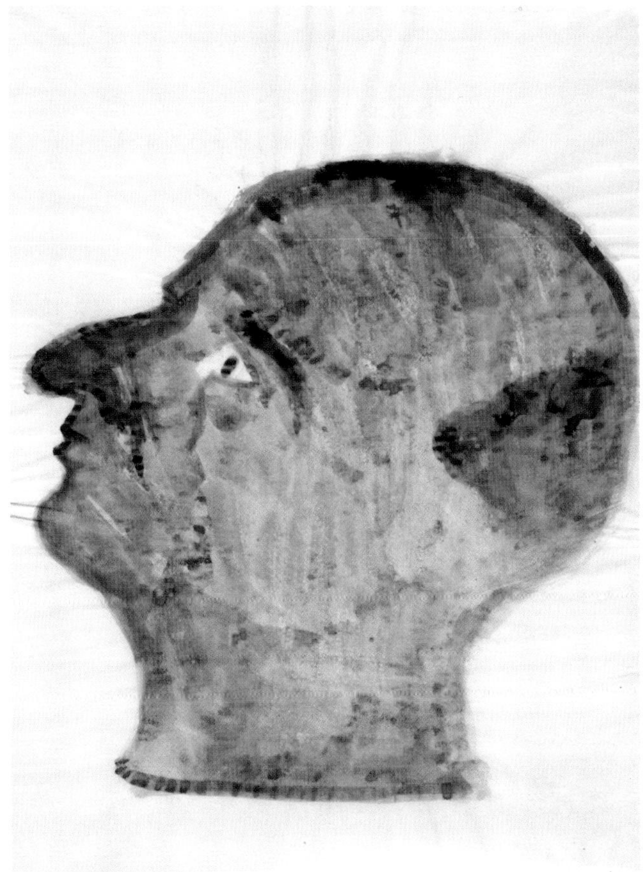

SELBSTPORTRÄT / SELF-PORTRAIT
PINSEL UND TUSCHE AUF PAPIER / BRUSH AND INK ON PAPER
27 X 18 CM

SELBSTPORTRÄT / SELF-PORTRAIT
PINSEL UND TUSCHE AUF PAUSPAPIER / BRUSH AND INK ON TRACING PAPER
28 X 20 CM

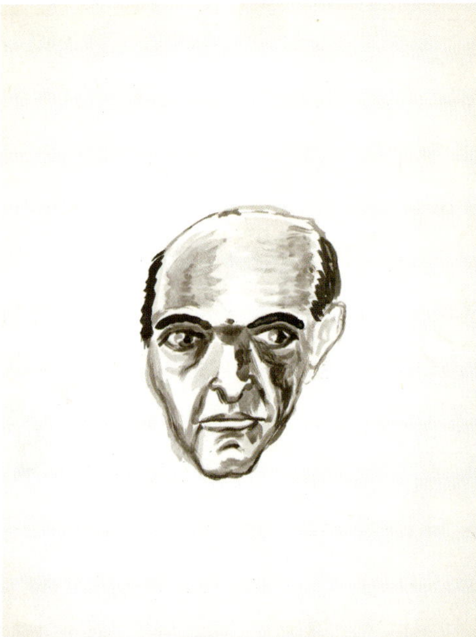

SELBSTPORTRÄT / SELF-PORTRAIT
PINSEL UND TUSCHE AUF PAPIER /
BRUSH AND INK ON PAPER
28 X 22 CM

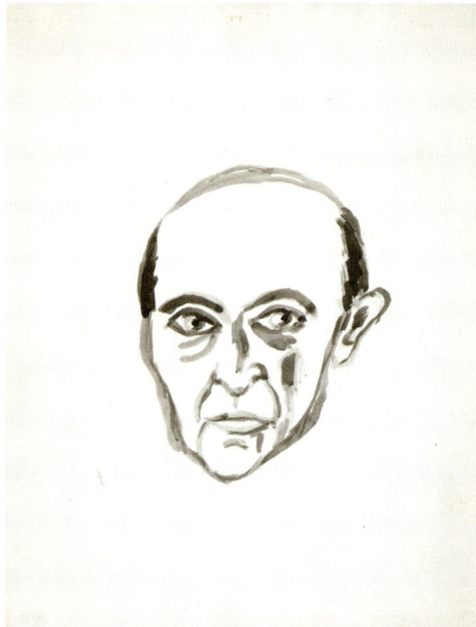

SELBSTPORTRÄT / SELF-PORTRAIT
PINSEL UND TUSCHE AUF PAPIER /
BRUSH AND INK ON PAPER
28 X 21.5 CM

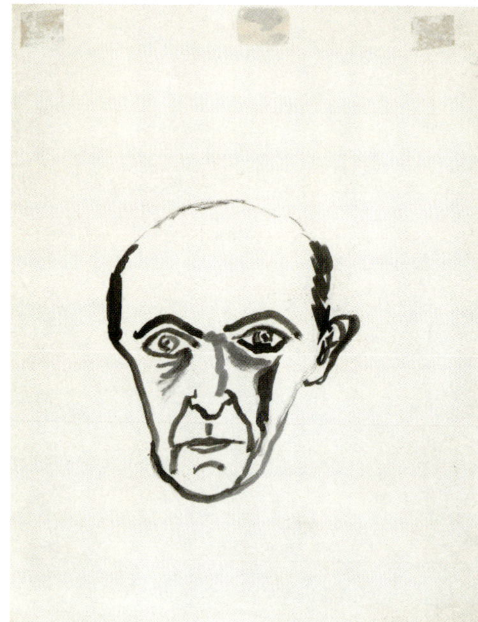

SELBSTPORTRÄT / SELF-PORTRAIT
PINSEL UND TUSCHE AUF PAPIER /
BRUSH AND INK ON PAPER
28 X 22 CM

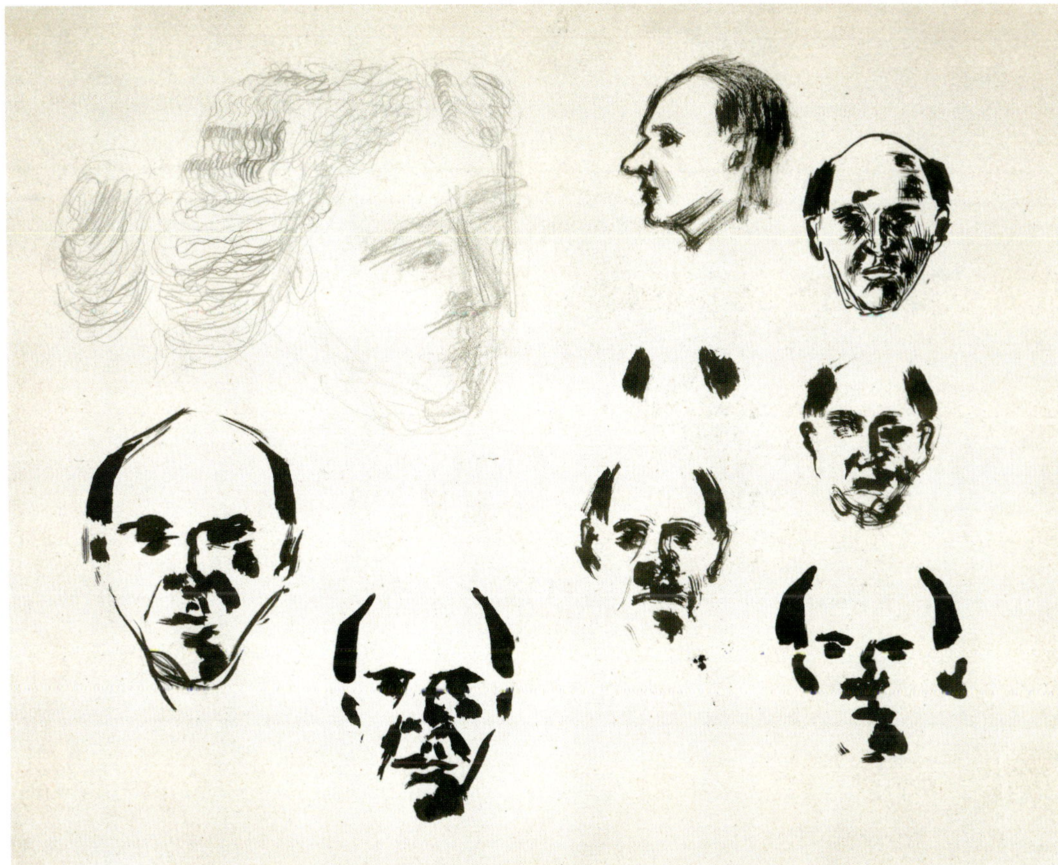

SELBSTPORTRÄTS / SELF-PORTRAITS
(7 KÖPFE EN FACE UND IM PROFIL UND SKIZZE / 7 HEADS FRONTAL AND IN PROFILE AND SKETCH)
FEDER, TUSCHE UND GRAPHIT AUF PAPIER / PEN, INK AND GRAPHITE ON PAPER
26 X 32 CM

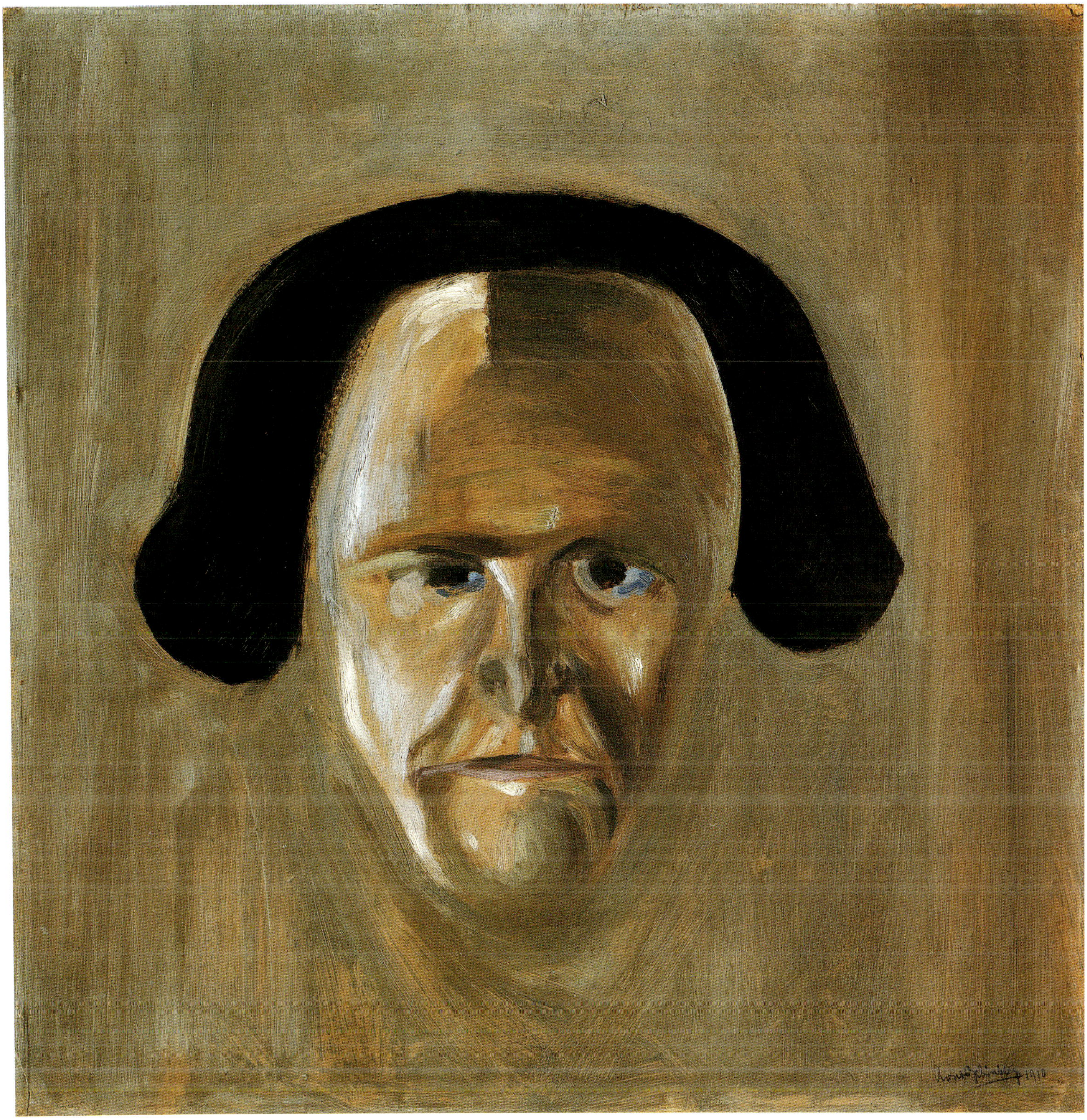

GUSTAV MAHLER, 1910
ÖL AUF KARTON / OIL ON CARDBOARD
45 X 43 CM

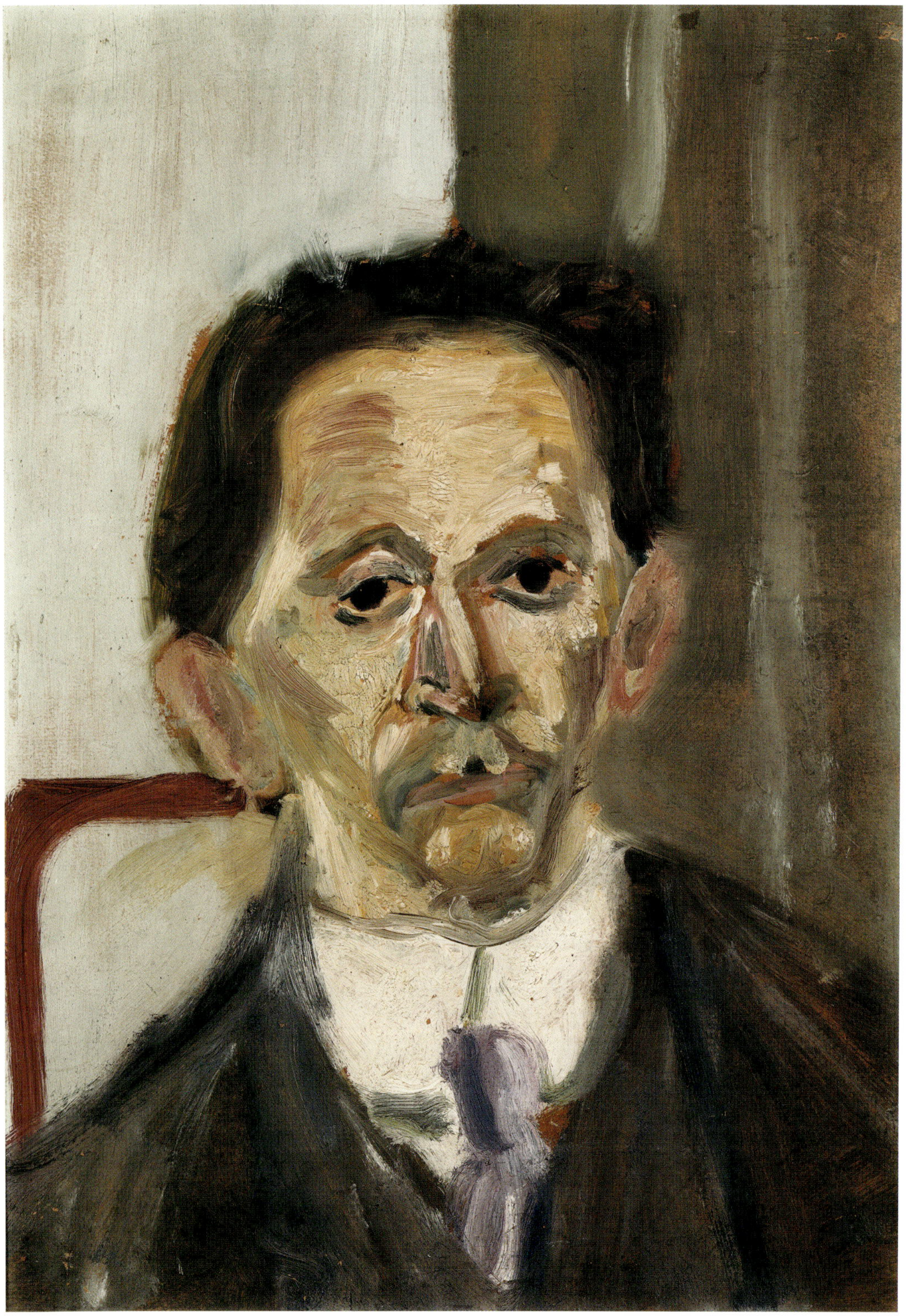

ALEXANDER VON ZEMLINSKY
ÖL AUF KARTON / OIL ON CARDBOARD
49 X 34 CM

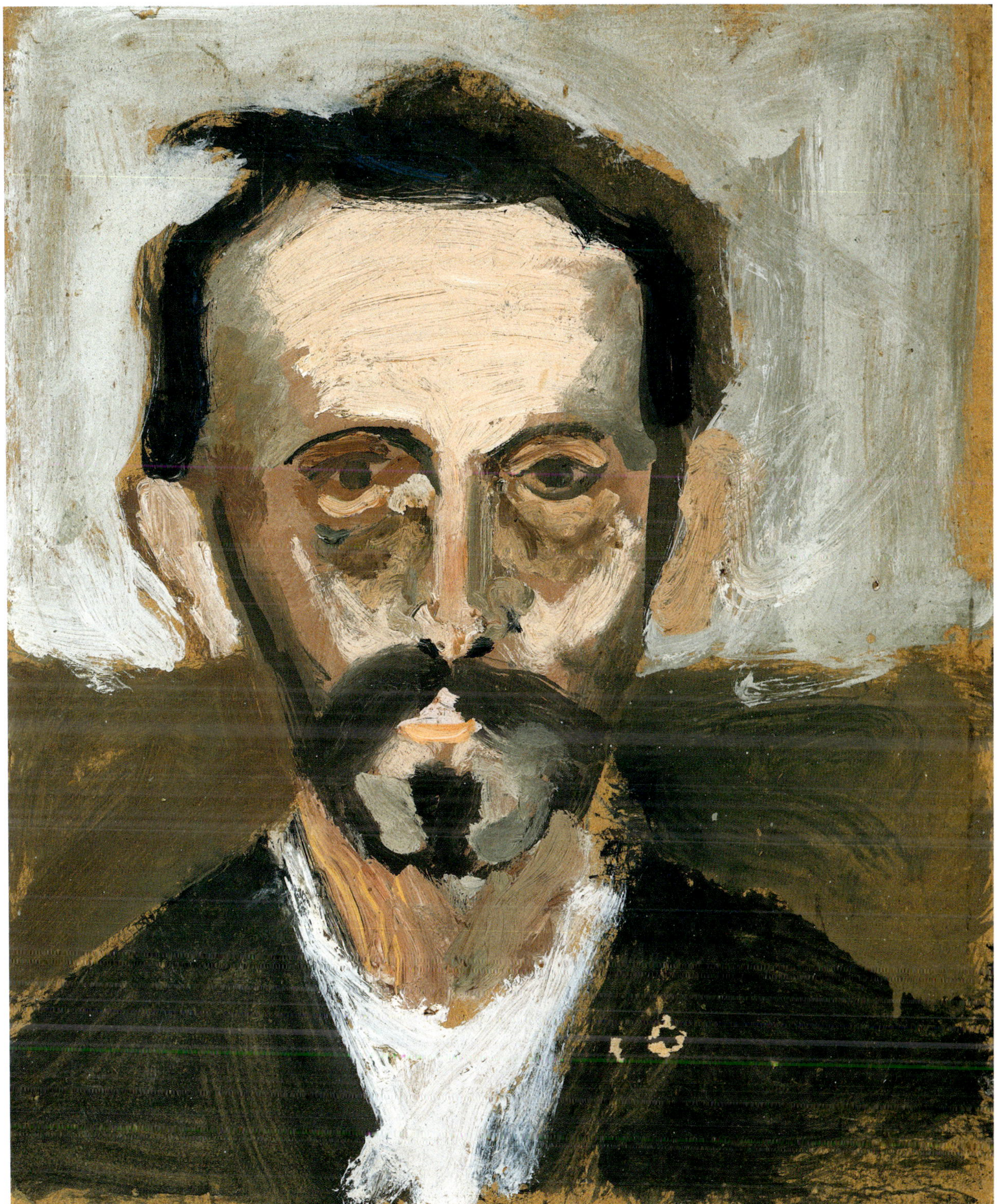

MÄNNLICHES PORTRÄT / PORTRAIT OF A MAN
ÖL AUF KARTON / OIL ON CARDBOARD
34 X 27.5 CM

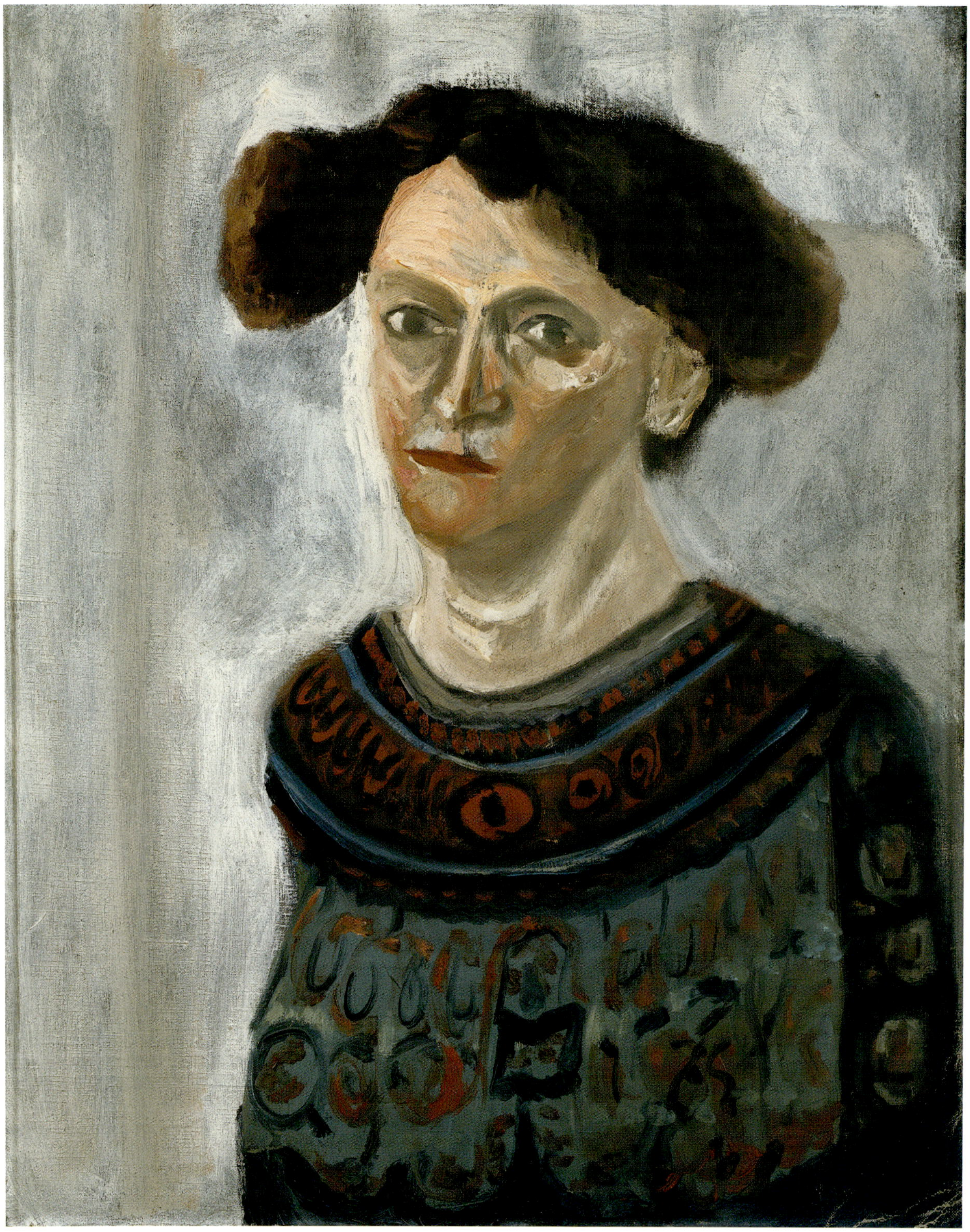

WEIBLICHES PORTRÄT / PORTRAIT OF A WOMAN
ÖL AUF LEINWAND / OIL ON CANVAS
68 X 54 CM

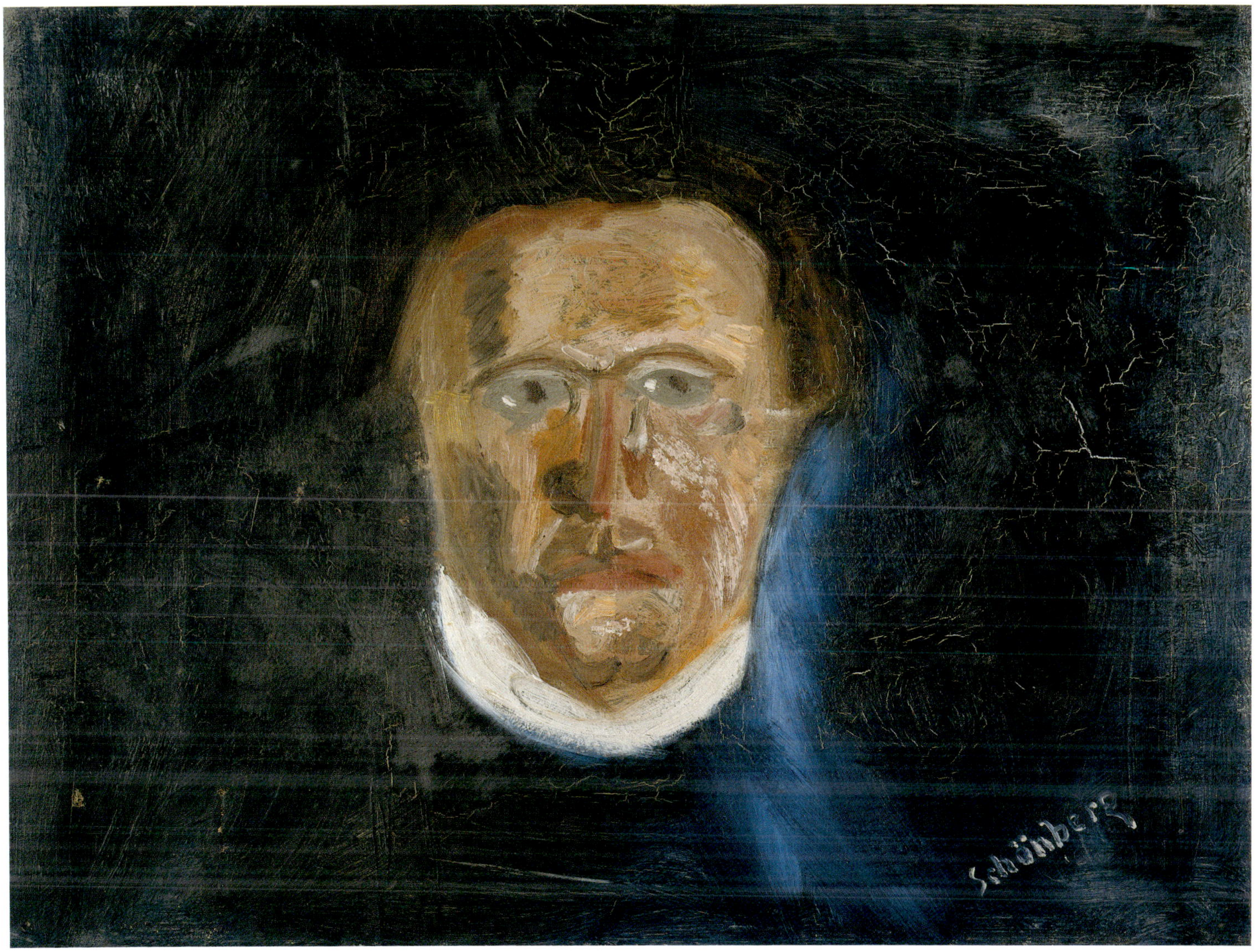

MÄNNLICHES PORTRÄT / PORTRAIT OF A MAN
ÖL AUF LEINWAND / OIL ON CANVAS
42 X 57 CM

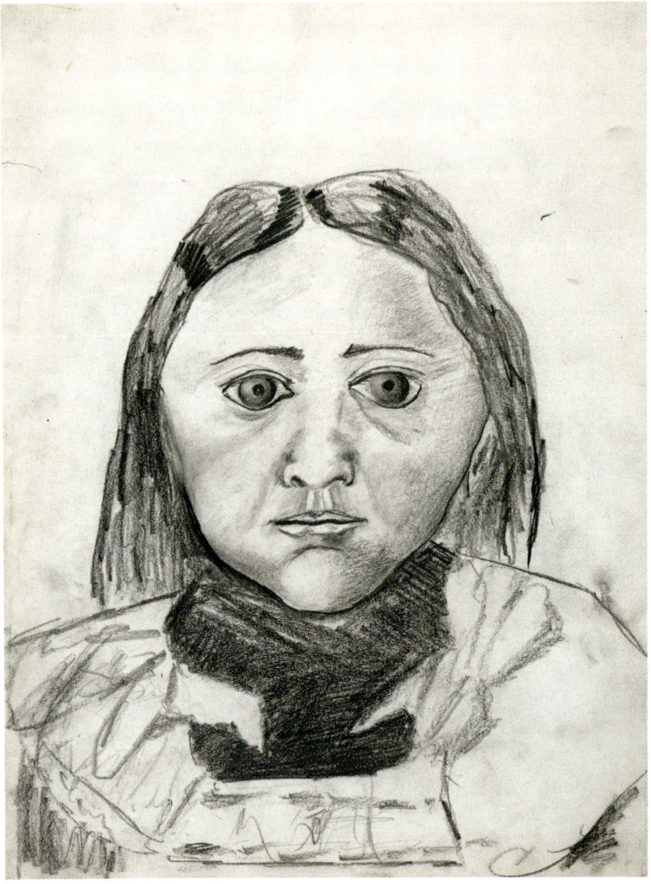

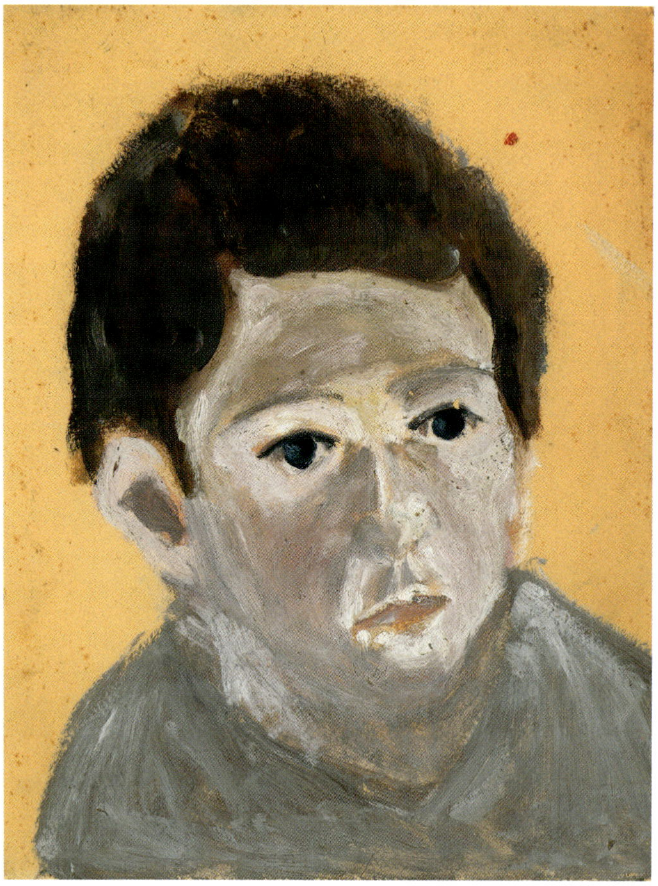

PORTRÄT EINES MÄDCHENS / PORTRAIT OF A GIRL
BLEISTIFT AUF PAPIER / PENCIL ON PAPER
40 X 29 CM

PORTRÄT EINES KINDES / PORTRAIT OF A CHILD
ÖL AUF KARTON / OIL ON CARDBOARD
33 X 24.5 CM

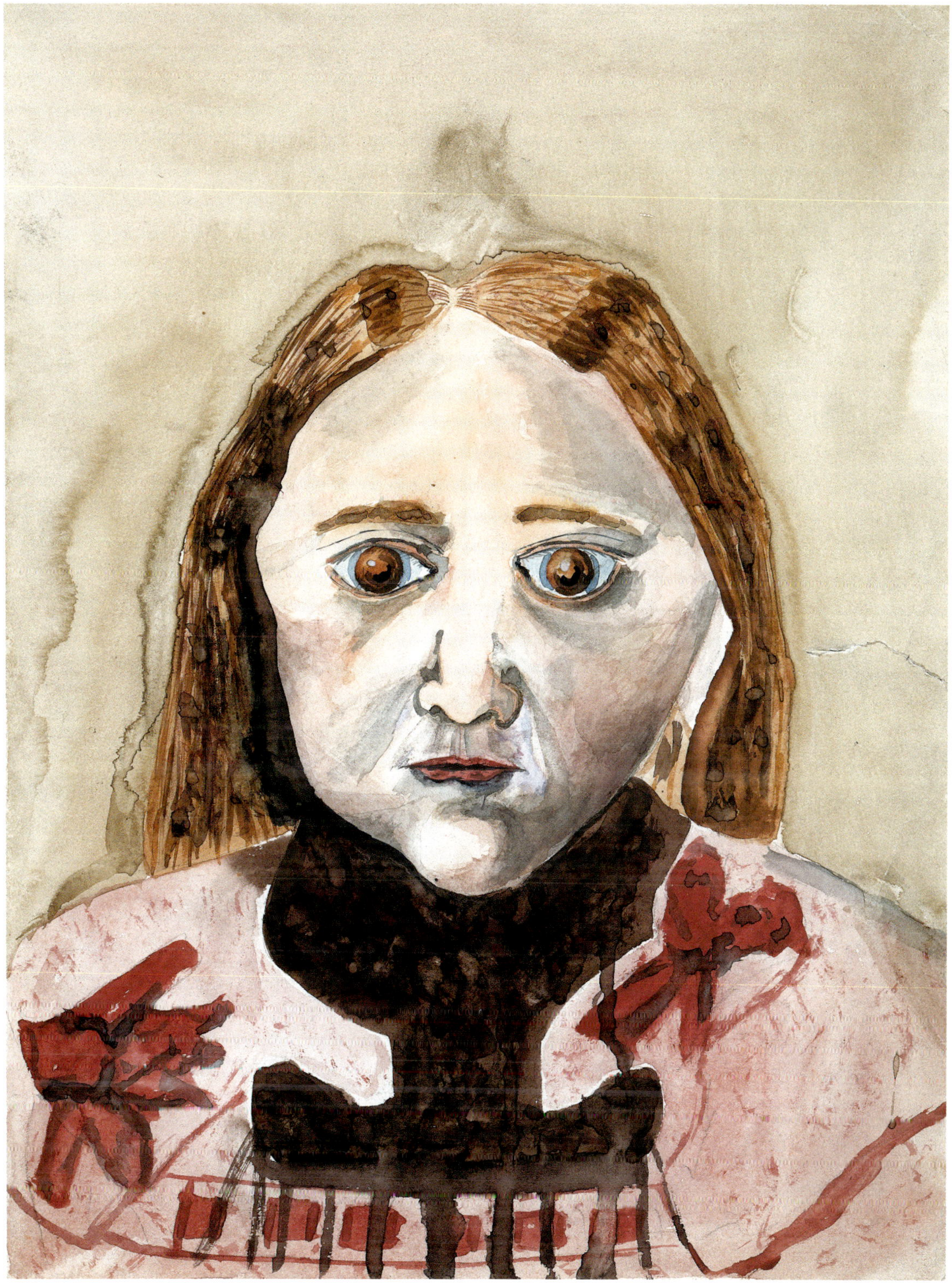

PORTRÄT EINES MÄDCHENS / PORTRAIT OF A GIRL
AQUARELL AUF PAPIER / WATERCOLOUR ON PAPER
40 X 29 CM

Sie wissen, daß ich male. Aber Sie wissen nicht, daß meine Arbeiten von Sachverständigen sehr gelobt werden. Ich soll auch nächstes Jahr ausstellen. Und da denke ich, vielleicht könnten Sie bekannte Mäzene veranlassen, mir Bilder abzukaufen oder sich von mir malen zu lassen. Ich bin gerne bereit, Ihnen ein Probebild zu machen. Ich möchte Sie unentgeltlich malen, wenn Sie mir zusichern, daß Sie mir dann Aufträge verschaffen. Nur dürfen Sie den Leuten nicht sagen, daß ihnen meine Bilder gefallen werden. Sondern Sie müssen ihnen begreiflich machen, daß ihnen meine Bilder gefallen müssen, weil sie von Fachautoritäten gelobt wurden; und vor allem aber, daß es doch viele interessanter ist, von einem Musiker meines Rufes gemalt zu werden oder ein Bild zu besitzen, als von irgend einem Kunsthandwerker, dessen Namen in 20 Jahren kein Mensch mehr kennt, während meiner schon heute der Musikgeschichte angehört. Ich verlange für ein Porträt in Lebensgröße 2 bis 6 Sitzungen und 200 bis 400 Kronen. Das ist doch sehr billig, wenn man bedenkt, daß man für diese Bilder in 20 Jahren das 10-fache und in 40 Jahren das 100-fache bezahlen wird …
Allerdings aber: darauf lasse ich mich nicht ein, daß der Ankauf eines Bildes davon abhängt, ob es dem Besteller gefällt. Der Besteller weiß, wer malt; er muß auch wissen, daß er nichts davon versteht, daß aber das Bild Kunstwert oder doch mindestens historischen Wert hat.

Arnold Schönberg an seinen Musikverleger Emil Hertzka, in: ders., **Briefe,** hrsg. von Erwin Stein, Mainz 1958.

You know that I paint. But what you do not know is that my work has been highly praised by experts. I have been encouraged to exhibit them next year, too. And I was thinking that perhaps you could prompt a renowned patron to buy some of my paintings or to have his portrait painted by me. I would gladly paint a trial picture for you. I would like to paint you free of charge if you assure me that you then procure work on commission for me. However, you must not tell people that they will like my paintings. You must make them realise that they should like my pictures because specialists in the field have praised them; and above all that it is far more interesting to be painted by a musician of my stature or to own one of my paintings than to sit for a portrait by some artistic craftsman whose name will have been forgotten in only twenty years' time, where mine already has its firm place in the history of music. I require two to six sittings for a life-size portrait and charge two hundred to four hundred crowns. That is very cheap if you bear in mind that one of these pictures will be worth ten times that amount in twenty years' time, and one hundred times the amount in forty years' time …
However, I will not countenance a situation where the person commissioning the painting is only prepared to buy it if he likes it. The contractor knows who it is doing the painting; he must likewise realise that he will not understand it one little bit, but that the painting will have a value as art and at least an historical value.

Arnold Schönberg to his music publisher Emil Hertzka, in ibid., **Briefe,** ed. Erwin Stein, Mainz 1958.

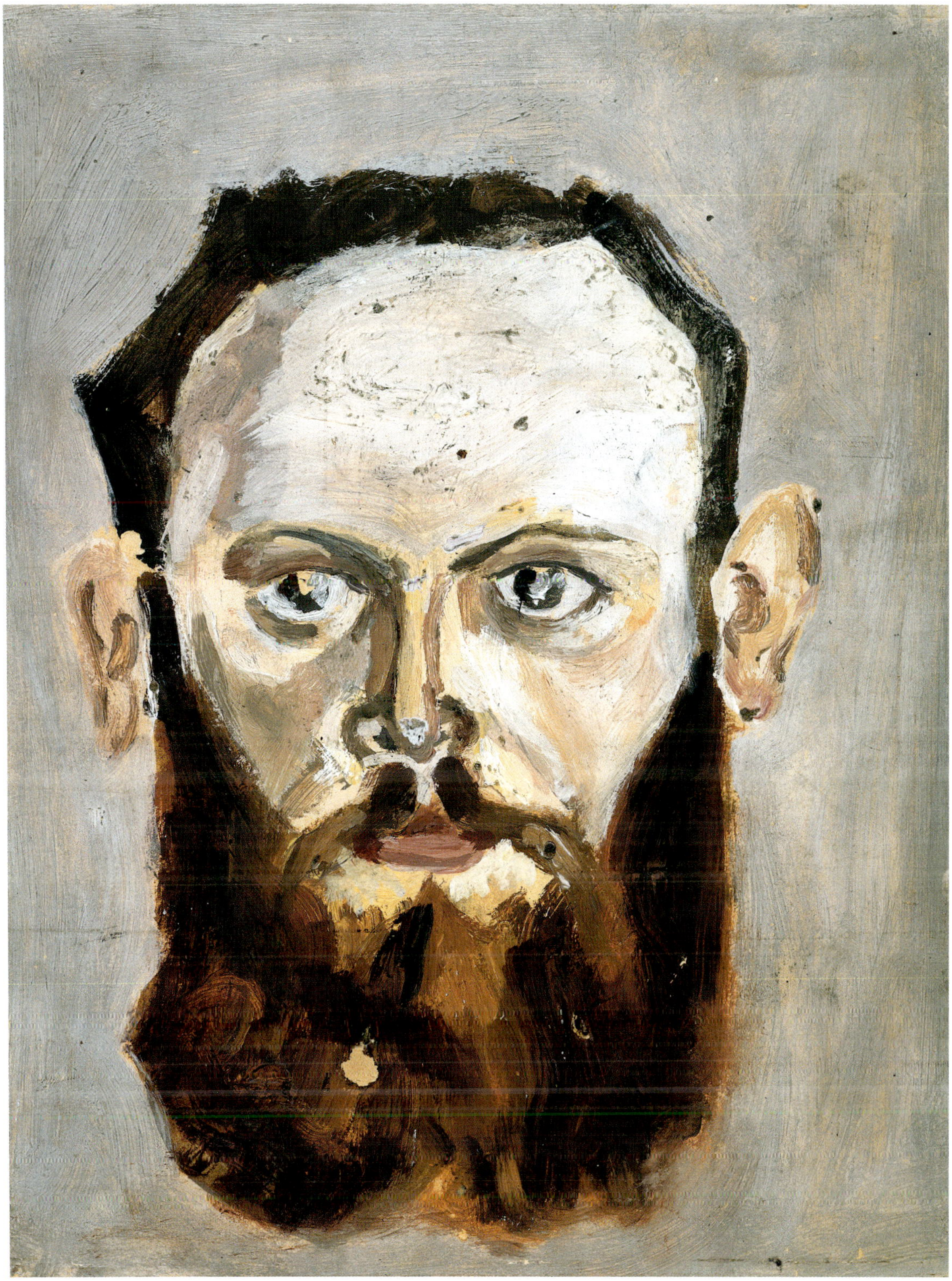

PORTRÄT EINES MANNES MIT VOLLBART (EMIL HERTZKA) /
PORTRAIT OF A MAN WITH FULL BEARD (EMIL HERTZKA)
ÖL AUF KARTON / OIL ON CARDBOARD
37 X 29.5 CM

Zu den nummerierten, teilweise mit 23. V. 1935 datierten Karikaturen (Graphit, Feder und Tusche, Kreide, Blei- und Buntstift auf Papier) hat sich Schönberg in einer Aufzeichnung fünf Jahre später geäußert: „Zehn Karrikaturen [sic] von Menschen, die ich größtetenteils [sic] erst in Hollywood kennen gelernt. Manche davon sind etwas grausamer entlarvt, als ich es gerne gehabt hätte. Ich habe nur wenige dieser Personen nicht gern gehabt.
Von einigen der Karrikaturen kann ich nicht einmal vermuten, wen sie darstellen. Offenbar sind diese Personen ganz meinem Gesichtskreis entschwunden. Merkwürdigerweise gehören dazu einige, die zeichnerisch sowohl, wie auch in der Idee zu den besten gehören, wie z. B. Nr. 7 u. 8. Bei einigen kann ich bloß vermuten. Ganz sicher sind: Nr. 1: Richard Buhlig; Nr. 2: Hugo Riesenfeld; Nr. 3: Bruno Usher; Nr. 4: Maurice Zam; Nr. 6: Richard Lert; Nr. 5 ist (wahrscheinlich) Julia Howell (U.S.C.), Nr. 9 ist (wahrscheinlich) Mrs Vertchamp, Frau eines Quartett-Primarius, der mein II. Nr. 0 [undeutlich – wahrscheinlich meint Schönberg sein **II. Streichquartett op. 10**] aufführte; Nr. 10 ist (vielleicht) Frau Zam, eine Tragödin in jeder Situation. August 1940 Arnold Schoenberg"

In notes made five years later, Schönberg commented on the numbered caricatures, some of which are dated "23. V. 1935" [23 May 1935] (graphite, pen and ink, chalk, pencil and crayon on paper): "Ten caricatures of people, most of whom I only met in Hollywood. Some of them have been exposed more cruelly than I would have liked. Only a small number of these people I did not like.
In some cases I cannot even guess who it is that the caricatures are portraying. Obviously, I have lost sight of these people. Strangely, these include several of the best examples, both in terms of the drawing and of the idea, such as nos. 7 and 8.
In some cases I can only guess. But I am quite sure about: no. 1: Richard Buhlig; no. 2: Hugo Riesenfeld; no. 3: Bruno Usher; no. 4: Maurice Zam; no. 6: Richard Lert; no. 5 is (probably) Julia Howell (U.S.C.); no. 9 is (probably) Mrs Vertchamp, the wife of the leader of a quartet that performed my II. no. 0 [unclear – Schönberg probably means his **Second String Quartet, op. 10**], no.10 is (possibly) Mrs Zam, a tragic actor in every situation. August 1940 Arnold Schoenberg"

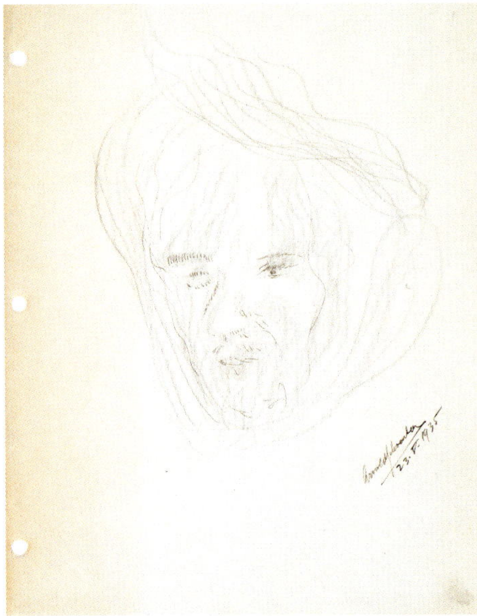

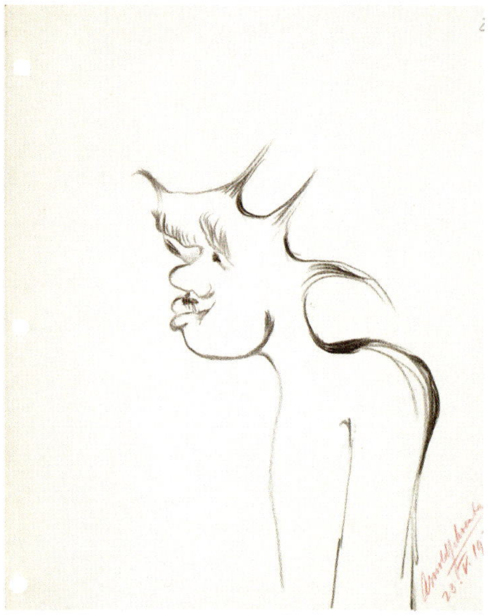

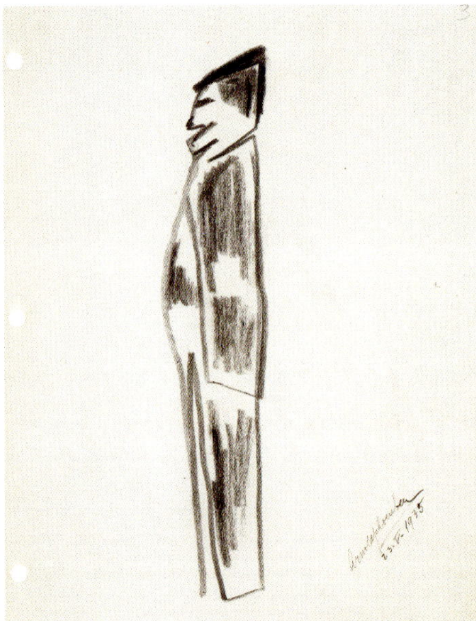

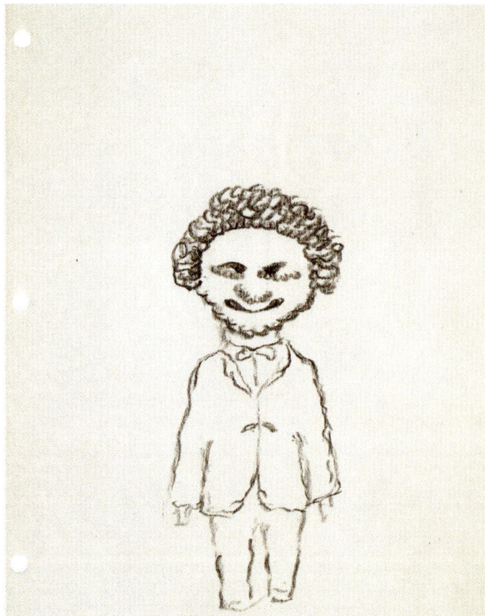

KARIKATUR 1 / CARICATURE 1, 1935
GRAPHIT, FEDER UND TUSCHE AUF PAPIER /
GRAPHITE, PEN AND INK ON PAPER
28 X 22 CM

KARIKATUR 2 / CARICATURE 2, 1935
BLEISTIFT UND KREIDE AUF PAPIER / PENCIL AND CRAYON ON PAPER
28 X 22 CM

KARIKATUR 3 / CARICATURE 3, 1935
KREIDE AUF PAPIER / CRAYON ON PAPER
28 X 22 CM

KARIKATUR 4 / CARICATURE 4, 1935
KREIDE AUF PAPIER / CRAYON ON PAPER
28 X 22 CM

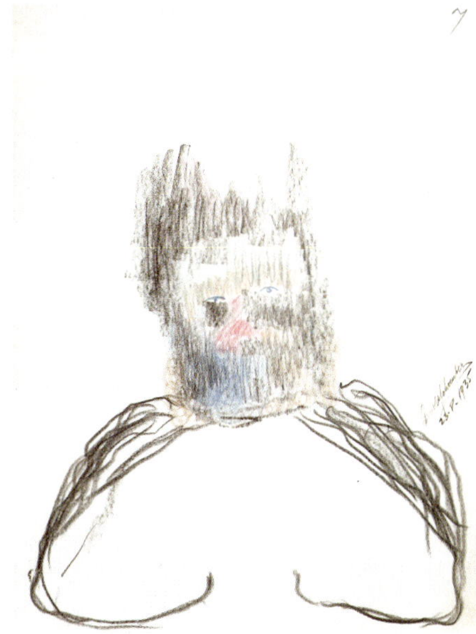

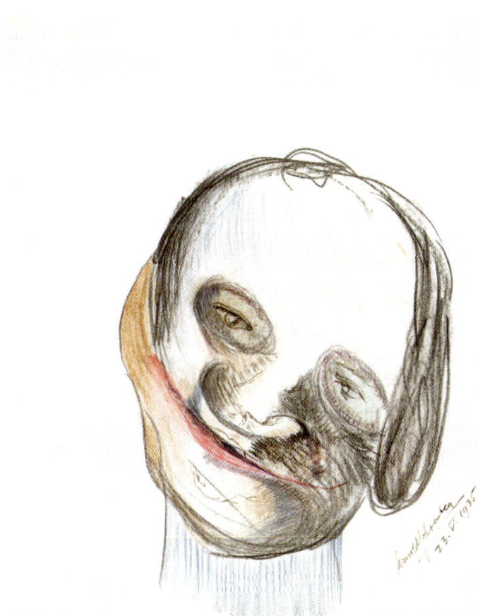

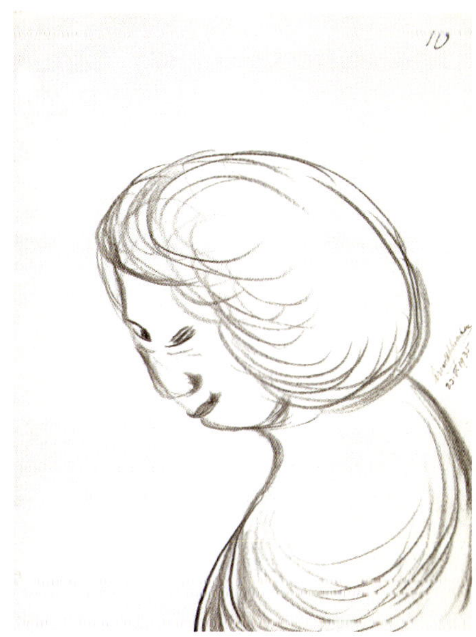

KARIKATUR 5 / CARICATURE 5, 1935
BUNTSTIFT AUF PAPIER / COLOURED PENCIL ON PAPER
28 X 22 CM

KARIKATUR 6 / CARICATURE 6, 1935
KREIDE UND BUNTSTIFT AUF PAPIER /
CRAYON AND COLOURED PENCIL ON PAPER
28 X 22 CM

KARIKATUR 7 / CARICATURE 7, 1935
BUNTSTIFT UND KREIDE AUF PAPIER /
COLOURED PENCIL AND CRAYON ON PAPER
28 X 22 CM

KARIKATUR 8 / CARICATURE 8, 1935
BLEISTIFT, BUNTSTIFTE, FEDER UND TUSCHE AUF PAPIER /
PENCIL, COLOURED PENCILS, INK AND PEN ON PAPER
28 X 22 CM

KARIKATUR 9 / CARICATURE 9, 1935
BLEISTIFT UND BUNTSTIFTE AUF PAPIER /
PENCIL AND COLOURED PENCILS ON PAPER
28 X 22 CM

KARIKATUR 10 / CARICATURE 10, 1935
KREIDE AUF PAPIER / CRAYON ON PAPER
28 X 22 CM

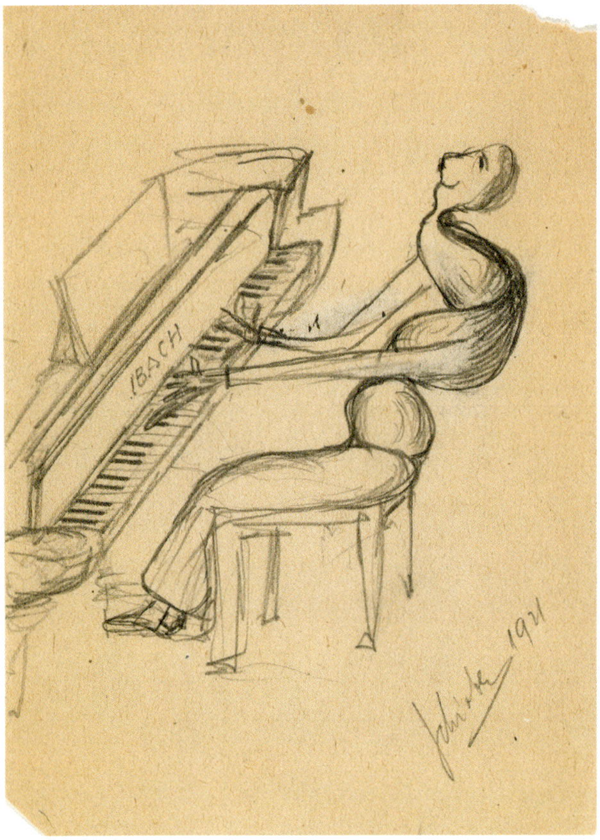

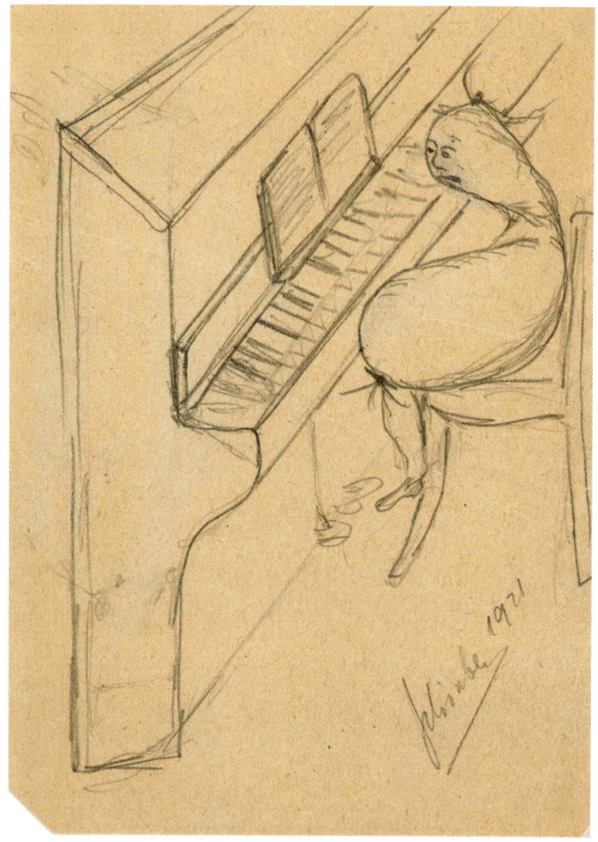

KARIKATUR (KLAVIERSPIELER) / CARICATURE (PIANIST), 1921
BLEISTIFT AUF PAPIER / PENCIL ON PAPER
14.5 X 10 CM

KARIKATUR (KLAVIERSPIELER) / CARICATURE (PIANIST), 1921
GRAPHIT AUF PAPIER / GRAPHITE ON PAPER
14.5 X 10 CM

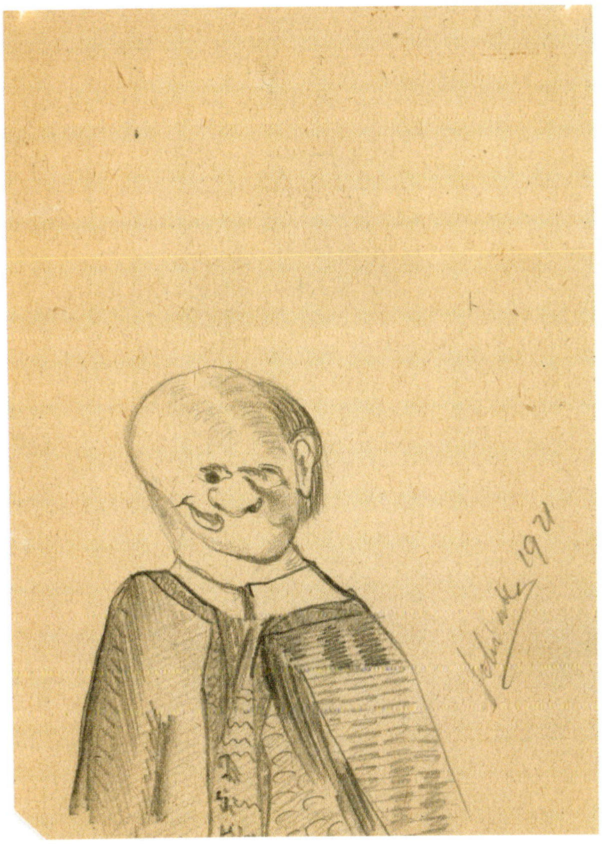

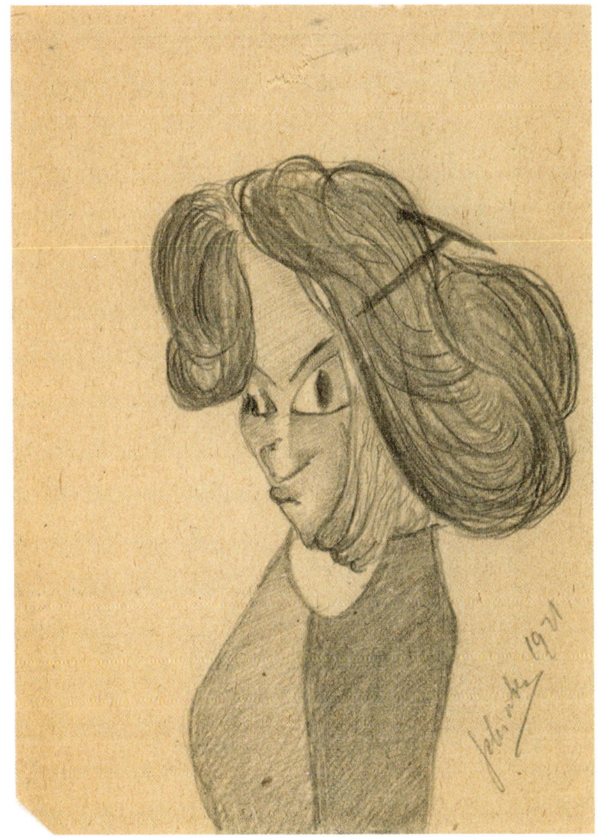

KARIKATUR (SELBSTBILDNIS) / CARICATURE (SELF-PORTRAIT), 1921
BLEISTIFT AUF PAPIER / PENCIL ON PAPER
14.5 X 10 CM

KARIKATUR / CARICATURE, 1921
BLEISTIFT AUF PAPIER / PENCIL ON PAPER
14.5 X 10 CM

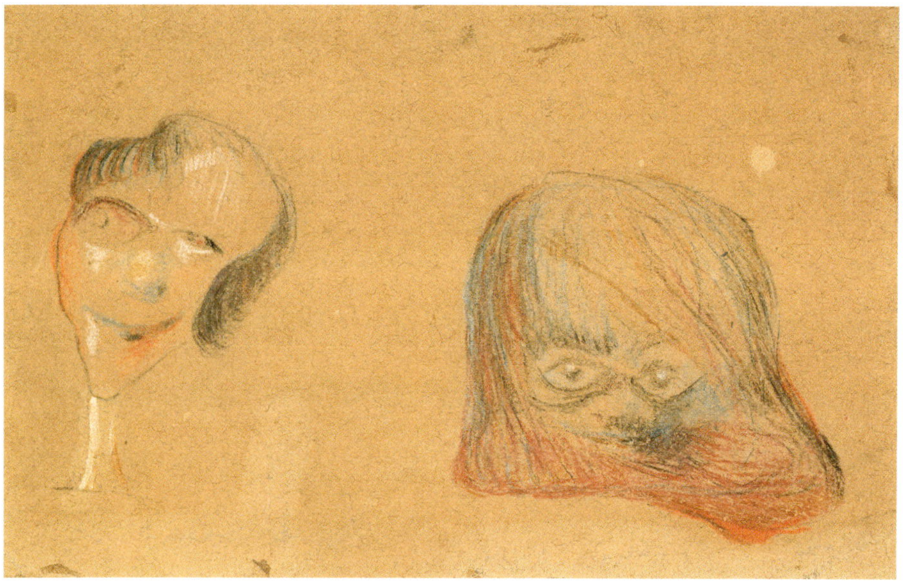

SIEGER UND BESIEGTE / CONQUEROR AND CONQUERED
BUNTSTIFT UND KREIDE AUF PAPIER /
COLOURED PENCIL AND CRAYON ON PAPER
17 X 24 CM

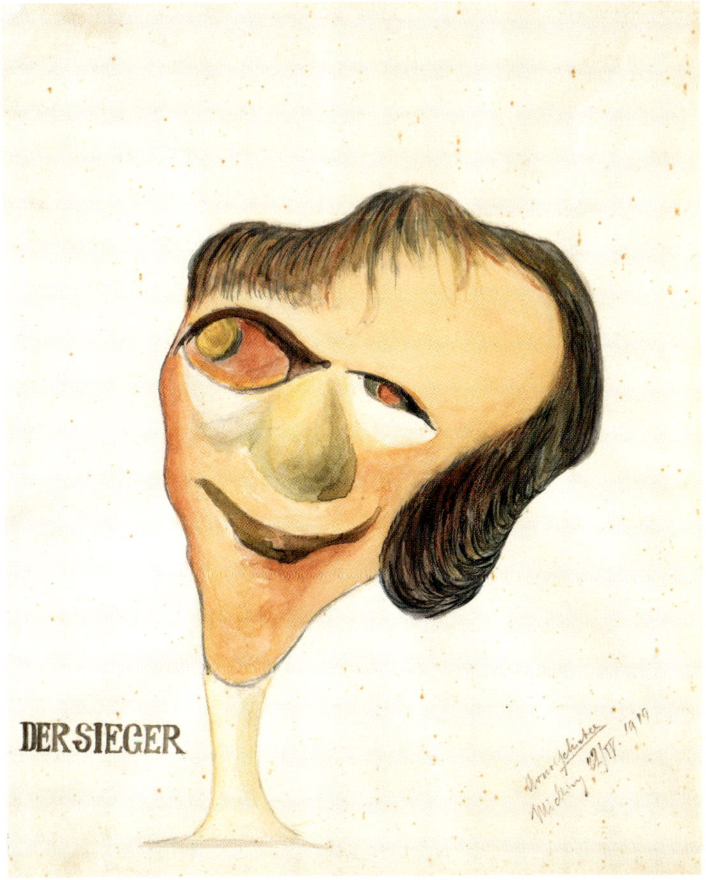

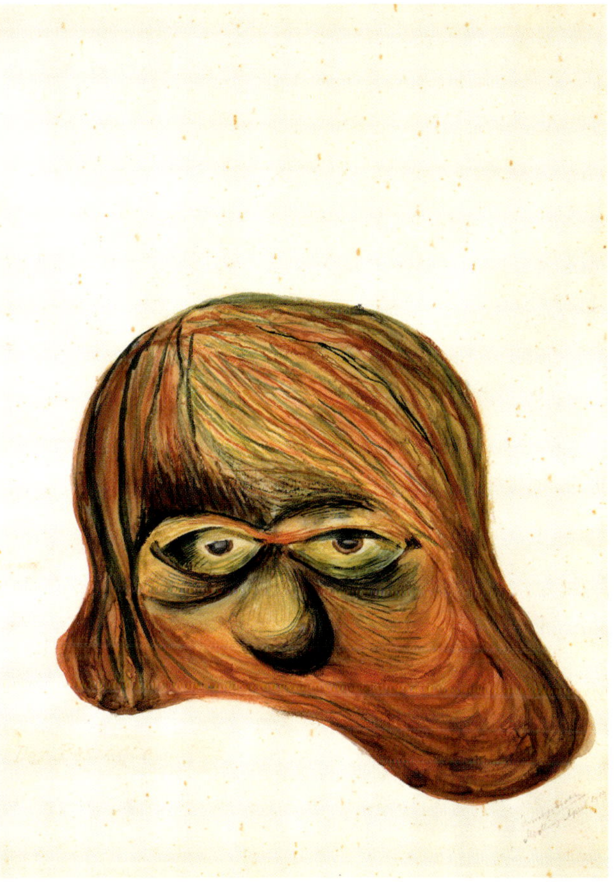

DER SIEGER / THE CONQUEROR, 1919
AQUARELL AUF PAPIER / WATERCOLOUR ON PAPER
32 X 26 CM

DER BESIEGTE / THE CONQUERED, 1919
AQUARELL AUF PAPIER / WATERCOLOUR ON PAPER
36 X 26 CM

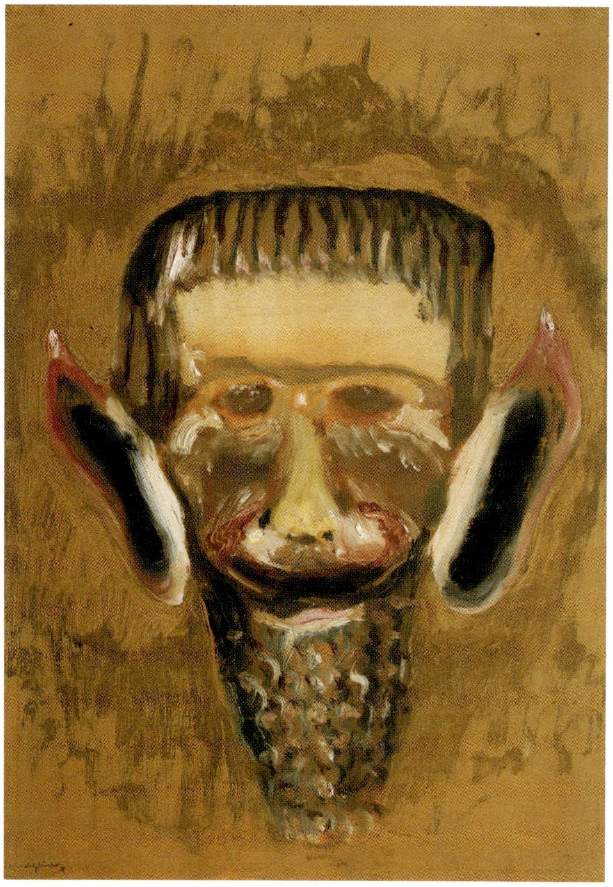

KRITIKER I / CRITIC I
ÖL AUF HOLZ / OIL ON WOOD
44 X 30 CM

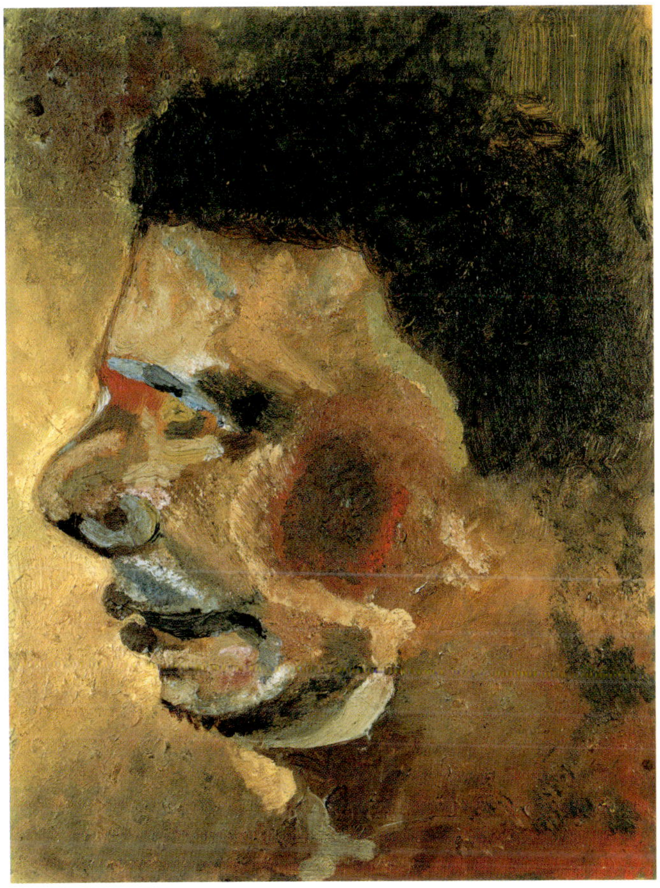

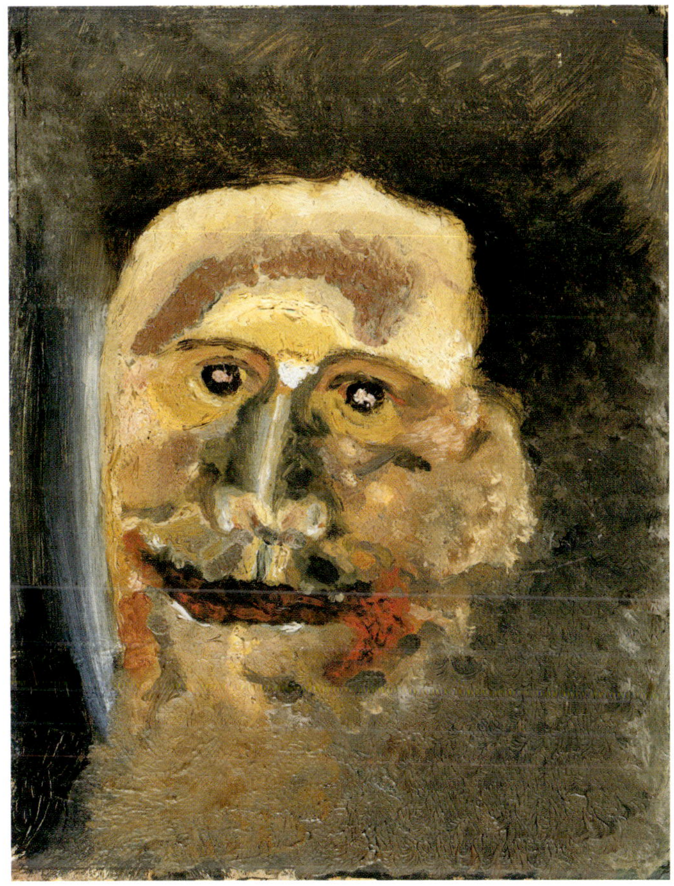

KRITIKER II / CRITIC II
ÖL AUF KARTON / OIL ON CARDBOARD
30 X 23 CM

VISION (SATIRE)
ÖL AUF KARTON / OIL ON CARDBOARD
30 X 23 CM

Wilde Felsenlandschaft; schwärzlichgraue, mit wenigen Nadelbäumen (die silbergraue Äste haben) bewachsene Felsen.
Ungefähr von der Mitte der Bühnentiefe an sind Felspartien aufgebaut, die hier ein kleines Plateau bilden. Dieses ist von hohen, steilen Felsen (die rechts und links bis vorne an die Rampe reichen) umschlossen. Das Plateau senkt sich vorne ein wenig. Etwas rechts von der Mitte der Bühnenbreite stürzt es steil ab (etwas schräg gestellt). Hier ist eine Schlucht anzudeuten, die zwischen zwei Felsstücken liegt und deren Rand sichtbar ist. Vor ihr liegt ein niedrigeres Plateau, das vorn mit dem höheren zusammenhängt. Vor der Schlucht ragt ein mannsgroßes Felsstück in die Höhe. Hinter dem Plateau (aber höher als dieses) liegen zwei Grotten, die durch dunkelviolette Stoffe vorläufig verborgen sind. Die Szene darf nur hinten von oben beleuchtet werden, so daß die Felsen über die sonst ziemlich helle Bühne Schatten werfen. Das ganze soll nicht die Nachahmung eines Naturbildes, sondern eine freie Kombination von Farben und Formen sein. Anfangs fällt (bloß von hinten) graugrünes Licht auf die Szene. Später, wenn die Grotten beleuchtet werden, wird von vorn auf die Felsen gelbgrünes und auf die Schlucht dunkelblauviolettes Licht geworfen.

Arnold Schönberg: **Die glückliche Hand, Drama mit Musik, op. 18,** 3. Bild

Wild, rocky landscape; blackish-grey, overgrown cliffs with a scattering of pine trees, their branches silver-grey.
About at stage centre, a small, rocky plateau, flanked by high, sheer rocks that stretch right and left as far as the apron of the stage. The plateau slopes forward slightly. Somewhat to the right of stage centre it towers up steep and slanting. Here a ravine winds between two rocks formations, its brim visible. Before it lies a lower plateau, connected with the higher one. Towering above the ravine stands a single, man-sized fragment of rock. In the back of the plateau (and higher than it) are two grottoes, hidden by dark-violet material. The scene must be lighted from behind and above, so that the rocks throw shadows over the otherwise rather bright stage. The entire effect should not imitate nature, but rather be a free combination of colours and forms. At first a grey-green light falls across the stage (only from behind). Later, when the grottoes are illuminated, yellow-green light is cast from the front on to the rocks, and blue-violet light on to the ravine.

Arnold Schönberg: **The Lucky Hand, op. 18,** scene 3.

Die **Glückliche Hand** ist ungefähr 1912 geschrieben, also schon sehr veraltet. Aber ich will Ihnen doch an einigen Beispielen zeigen, wie ich mir dieses Musizieren mit den Mitteln der Bühne vorgestellt habe. Sie sehen zu Anfang zwölf helle Flecke auf einem schwarzen Grund: die Gesichter der 6 Frauen und 6 Männer. Oder vielmehr: ihre Blicke. Das ist ein Teil des Mienenspiels, eines Mittels der Bühne. Der Eindruck nun, unter welchem das hingeschrieben wurde, war ungefähr der, als ob ich einen Chor von Blicken wahrnähme, so wie man eben Blicke wahrnimmt, wie man sie fühlt, auch ohne daß man sie sieht, wie sie einem etwas sagen. Was diese Blicke hier sagen, ist noch durch Worte umschrieben, die der Chor singt, und durch die Farben, die sich auf den Gesichtern zeigen. [...]
Das Spiel des Lichtes aber und der Farben ist nicht nach Intensitäten allein aufgebaut, sondern nach Werten, die man bloß mit den Tonhöhen vergleichen kann. Auch Töne verbinden sich nur leicht miteinander, wenn sie eine Grundbeziehung zueinander haben. Ebenso verbinden sich die Farbtöne nur durch ihre Grundbeziehung zu einander. Aber das Entscheidendste ist, daß ein zweifellos der Handlung entspringender seelischer Vorgang nicht nur durch Gesten und Bewegung und Musik ausgedrückt ist, sondern auch durch Farben und Licht; und es muß einleuchten, daß Gesten, Farben und Licht hier ähnlich behandelt werden wie sonst Töne: daß mit ihnen Musik gemacht wird. Daß aus einzelnen Lichtwerten und Farbtönen sozusagen Figuren und Gestalten gebildet werden, ähnlich den Gestalten, Figuren und Motiven der Musik. [...]

Arnold Schönberg: Breslauer Rede über **Die glückliche Hand** (1928).

The Lucky Hand was written around 1912, and is thus very out of date. But I would like to use a number of examples to demonstrate to you how I imagined this idea of making music with the instruments of the stage. You initially see twelve bright patches on a black background: the faces of the six women and six men. Or rather, their gazes. This is part of the pantomime, of an instrument of the stage. Now, the impression under which that was written down was approximately the same as if I were to perceive a choir of gazes, just the way that one perceives gazes, the way one senses them even without seeing them, the way they tell one something. And then what these gazes here say is paraphrased by words, which the choir sings, and by the colours which are shown on the faces ...
But the play of light and colours is not only constructed according to intensities, but according to values that can only be compared to the pitch of notes. Different notes can also only be easily combined if they have a fundamental relationship with one other. In the same way colour tones can only be combined via their fundamental relationship with one another. But the most decisive factor is that an emotional process that without doubt originates in the action does not express itself merely through gestures and movement and music, but also through colour and light, and it must make sense that in this case gestures, colours, and light are being treated similarly to the way that notes are normally treated, that music is being made with them. That figures and designs, so to speak, are being created from individual light values and colour tones, similar to the designs, figures and motifs of music ...

Arnold Schönberg, speech on **The Lucky Hand** (1928) held in Breslau.

Lieber Herr Direktor,

Sie fragen nach den künst[le]rischen Bedingungen für die kinematografische Wiedergabe meiner „glücklichen Hand". [...]
Mein wichtigster Wunsch ist also hier das Gegenteil von dem, was das Kino sonst anstrebt.
Ich will:
Höchste Unwirklichkeit!
Das ganze soll (nicht wie ein Traum) sondern wie Akkorde wirken. Wie Musik. Es darf nie als Symbol, oder als Sinn, als Gedanke, sondern bloß als Spiel mit der Erscheinung von Farben und Formen wirken. Sowie Musik meinen Sinn mit sich herumschleppt, wenigstens nicht in ihrer Erscheinungsform, obwohl sie ihn ihrem Wesen nach hat, so soll das bloß fürs Auge klingen und jeder soll meinetwegen ähnliches dabei denken oder empfinden, wie bei Musik.
Ich denke mir also folgendes.
Ein Maler (etwa I. Kokoschka oder II. Kandinsky oder III. Koller [?]) entwirft alle Hauptscenen. Danach werden die Bilder dann gestellt und das Spiel einstudiert. Wenn dann die Scenen alle genau nach dem Tempo der Musik fertig sind, wird es aufgenommen und der Film soll dann nach den Angaben meiner Dichtung von dem Maler koloriert werden (eventuell bloß unter seiner Leitung). Nun glaube ich aber, daß für das Farbenspiel und für andere Stellen wo sehr starke Farbenwirkungen erfordert werden, das bloße Kolorieren nicht genügen. An solchen Stellen müßten außerdem von farbigen Reflektoren Licht auf die Scene geworfen werden.
Eine Frage scheint mir auch noch die Anfangs- und Schlußscene, die „fast vollständig dunkel" sein soll. Ob das der Kinematograf kann weiß ich nicht, da es ja kein „dunkles Licht" giebt. Aber dafür wird es wohl Lösungen geben. [...]

Brief von Arnold Schönberg an Emil Hertzka, 1914?, Arnold Schönberg Center, Wien

Dear Mr Director,

You have asked about the artistic conditions for a cinematographic rendering of my "Lucky Hand" ...
Well, in this case my most important wish is the opposite of what cinema otherwise aims at.
What I want is:
The highest possible degree of unreality!
The whole thing should seem not like a dream but like chords. Like music. It should not appear to be a symbol, or to make sense, like a thought, but simply play with the appearance of colours and shapes. Just like music drags my meaning around with it, at least not in the shape in which it appears, although it does fundamentally have a meaning, this should merely sound to the eye and, as far as I am concerned, everybody should think or feel something similar to what they feel with music.
Thus, my view is as follows:
A painter (such as I. Kokoschka or II. Kandinsky or III. Koller [?]) shall design all the main scenes. Then the pictures will be set up accordingly and the play rehearsed. Then, when all the scenes are ready exactly in time with the music, a recording will be made and the film shall be coloured by the painter in accordance with my drama (possibly only under his guidance). But it is my belief that for the play of colours and for other points where very strong colour effects are called for, simply colouring the film will not be enough. Here, coloured reflectors should also be used to throw light onto the scene.
I believe that another question arises for the opening and closing scenes, which should be "almost completely dark". I do not know whether the cinematographer can do this, since there is no such thing as "dark light". But there are bound to be solutions to this...

Letter from Arnold Schönberg to Emil Hertzka, 1914?, Arnold Schönberg Center, Vienna

Ob man Schönberg aus der Perspektive des Dilettantismus betrachten kann, wenn es um das malerische, ja noch allgemeiner um das visuelle Schaffen geht, ist sehr die Frage. Denn auch er hat uns ein sehr charakteristisches Beispiel des **Gesamtkunstwerks** und ein sogar noch präziseres als Wagner geliefert: Während er die glückliche Hand komponiert, schreibt er nämlich erst am Schluß das Libretto, wenn man es so bezeichnen darf, und die Musik. Was er aber sehr präzise beschreibt, sind die Farbkorrespondenzen und die szenische Umgebung, die er damit verbunden sehen will. […]
Seine als Visionen betitelten Erkundungen des Imaginären wiederum gemahnen zuweilen an bestimmte Werke von Odilon Redon und implizieren einen unendlich engeren Bezug zu seiner musikalischen Welt. […]
Während dieser Periode drängt sich die visuelle Transkription seiner Gefühlsempfindungen in allen Formen der Verwendung von Farbe auf, von der utopischsten bis hin zur pragmatischsten.

Pierre Boulez, „Visionen eines Lehrlings", in: **Arnold Schönberg. Blicke,** Ausst.Kat. München et al. 1996, S. 9–11.

Whether one can view Schönberg from the perspective of dilettantism with regard to his paintings, or even, more generally, to his visual oeuvre, is very much the question. Then he too has provided us with a very characteristic example of the **Gesamtkunstwerk,** a more precise example even than Wagner. For when he was composing **The Lucky Hand** he did not write the libretto, if that is what it can be called, and the music, until the end. But what he does describe very precisely is the colour correspondences and the scenic environment that he wants to see connected with it ...
On the other hand, his forays into the imaginary, entitled visions, are occasionally reminiscent of certain works by Odilon Redon and imply an infinitely close relationship with his musical world ...
During this period the visual transcription of his feelings and emotions in all shapes and forms obtruded upon his use of colour, from the most utopian to the most pragmatic.

Pierre Boulez, "Visionen eines Lehrlings", in **Arnold Schönberg. Blicke,** exh. cat. Munich et al., 1996, pp. 9–11.

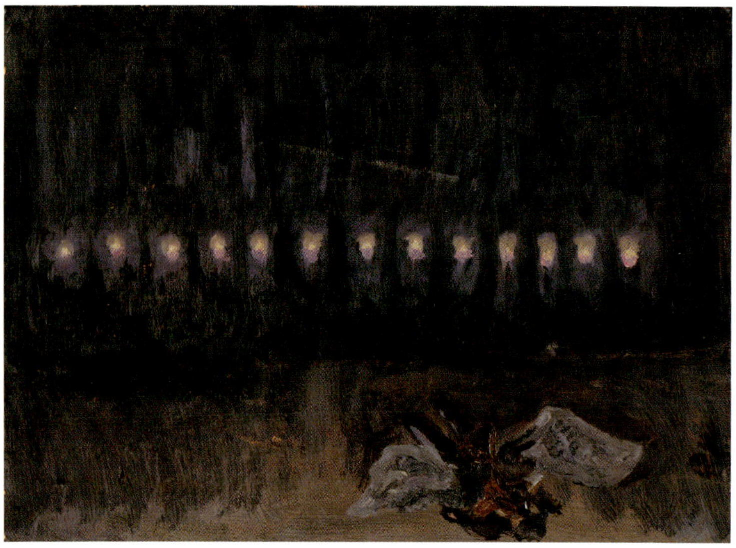

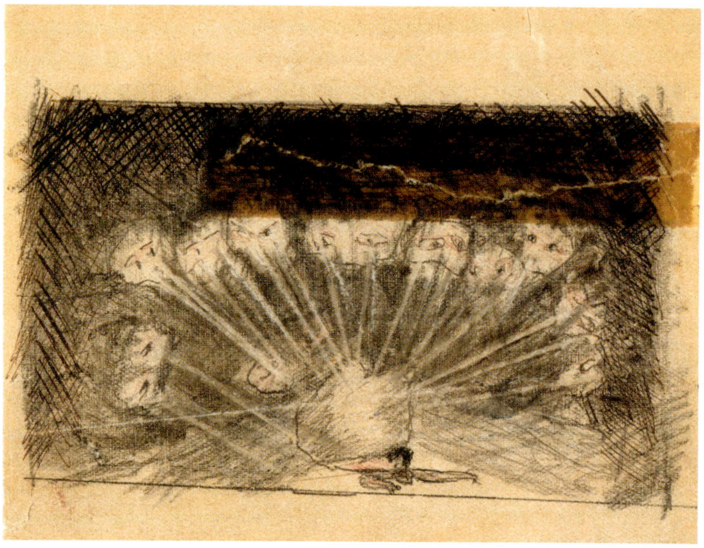

DIE GLÜCKLICHE HAND (AUSSTATTUNG, 1. BILD) / THE LUCKY HAND (STAGE SET, SCENE 1)
ÖL AUF KARTON / OIL ON CARDBOARD
22 X 30 CM

DIE GLÜCKLICHE HAND (AUSSTATTUNG, 1. BILD) / THE LUCKY HAND (STAGE SET, SCENE 1)
GRAPHIT, TUSCHE UND BUNTSTIFT AUF PAPIER / GRAPHITE, INK AND COLOURED PENCIL ON PAPER
11 X 14 CM

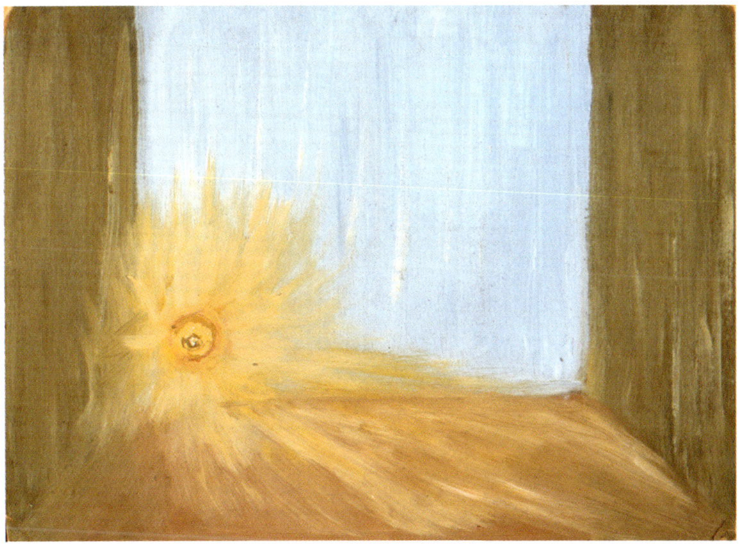

DIE GLÜCKLICHE HAND (AUSSTATTUNG, 2. BILD) / THE LUCKY HAND (STAGE SET, SCENE 2)
ÖL AUF KARTON / OIL ON CARDBOARD
22 X 30 CM

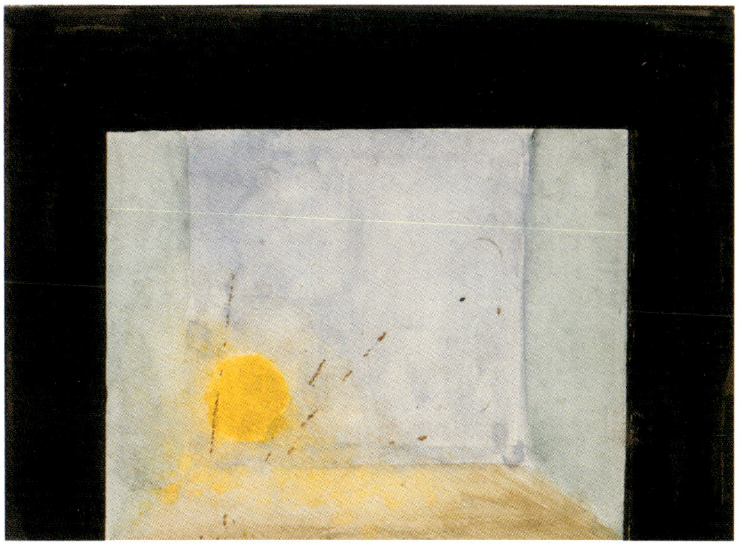

DIE GLÜCKLICHE HAND (AUSSTATTUNG, 2. BILD) / THE LUCKY HAND (STAGE SET, SCENE 2)
AQUARELL, TUSCHE UND GOUACHE AUF PAPIER / WATERCOLOUR, INK AND GOUACHE ON PAPER
10 X 14 CM

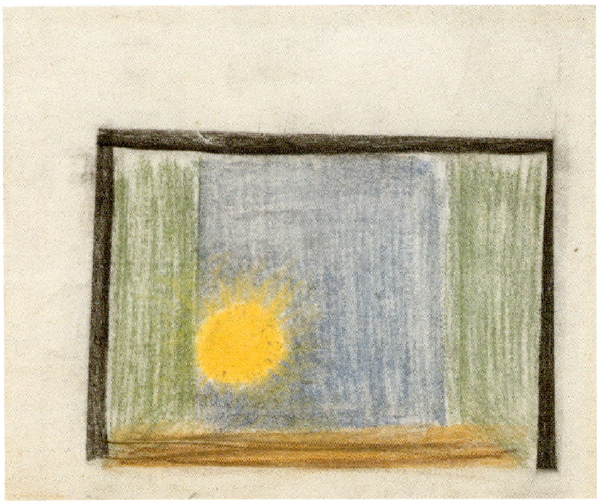

DIE GLÜCKLICHE HAND (AUSSTATTUNG, 2. BILD) / THE LUCKY HAND (STAGE SET, SCENE 2)
PASTELL AUF PAPIER / PASTEL ON PAPER
13 X 15 CM

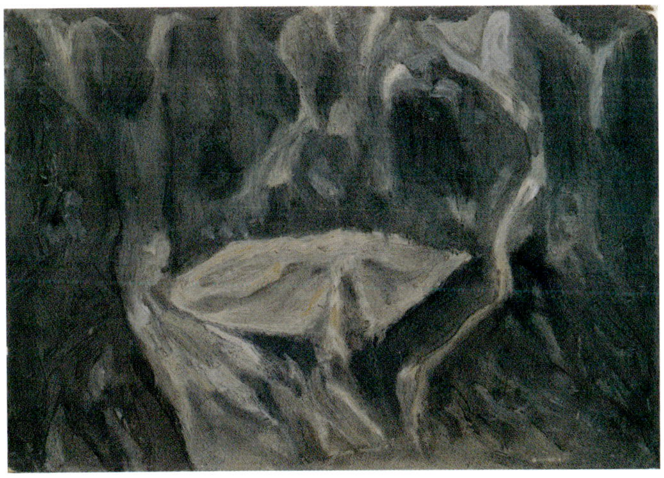

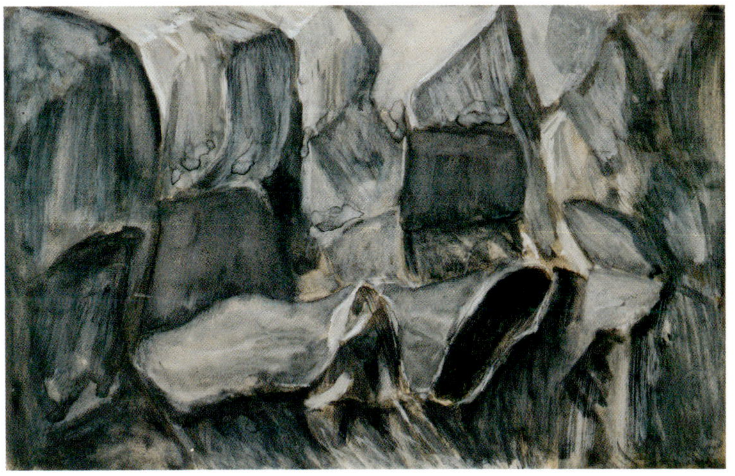

DIE GLÜCKLICHE HAND (AUSSTATTUNG, 3. BILD) / THE LUCKY HAND (STAGE SET, SCENE 3)
ÖL AUF KARTON / OIL ON CARDBOARD
25 X 35 CM

DIE GLÜCKLICHE HAND (AUSSTATTUNG, 3. BILD) / THE LUCKY HAND (STAGE SET, SCENE 3)
TUSCHE UND GOUACHE AUF PAPIER / INK AND GOUACHE ON PAPER
18 X 27 CM

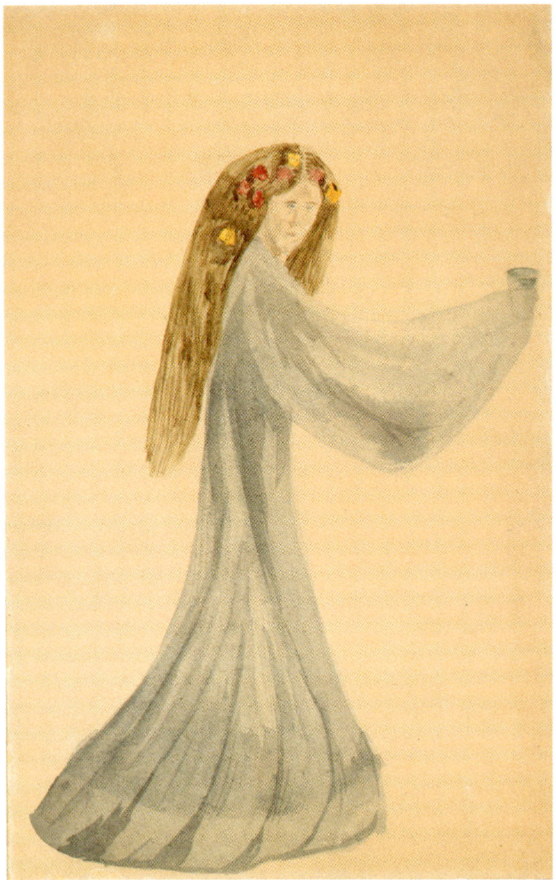

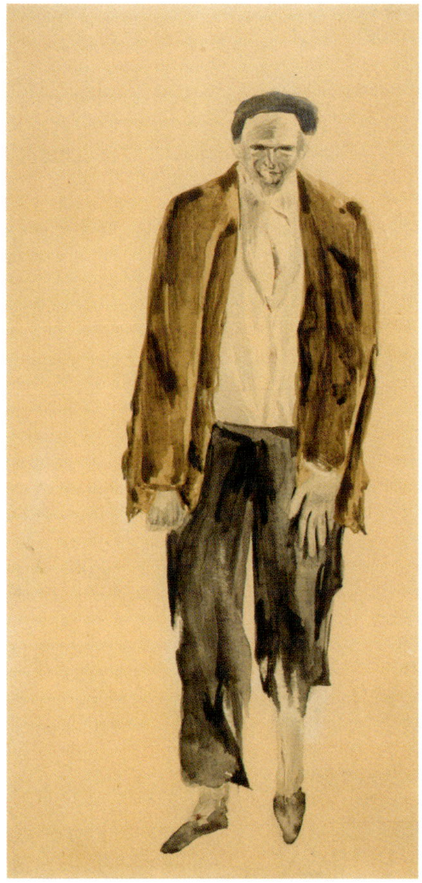

DIE GLÜCKLICHE HAND (DAS WEIB) / THE LUCKY HAND (THE WOMAN)
AQUARELL AUF PAPIER / WATERCOLOUR ON PAPER
27 X 18 CM

DIE GLÜCKLICHE HAND (DER MANN) / THE LUCKY HAND (THE MAN)
AQUARELL AUF PAPIER / WATERCOLOUR ON PAPER
27 X 13 CM

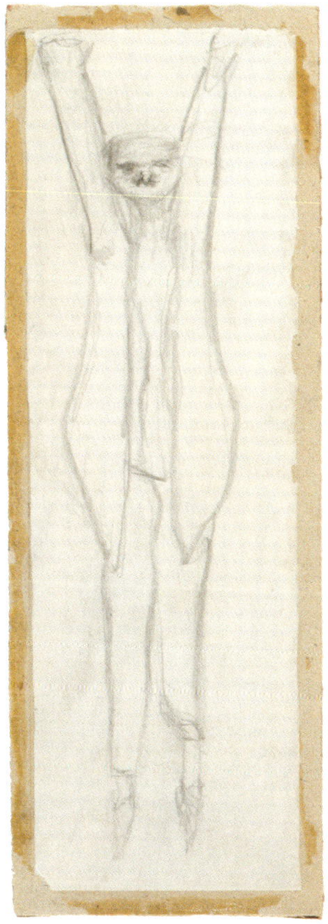

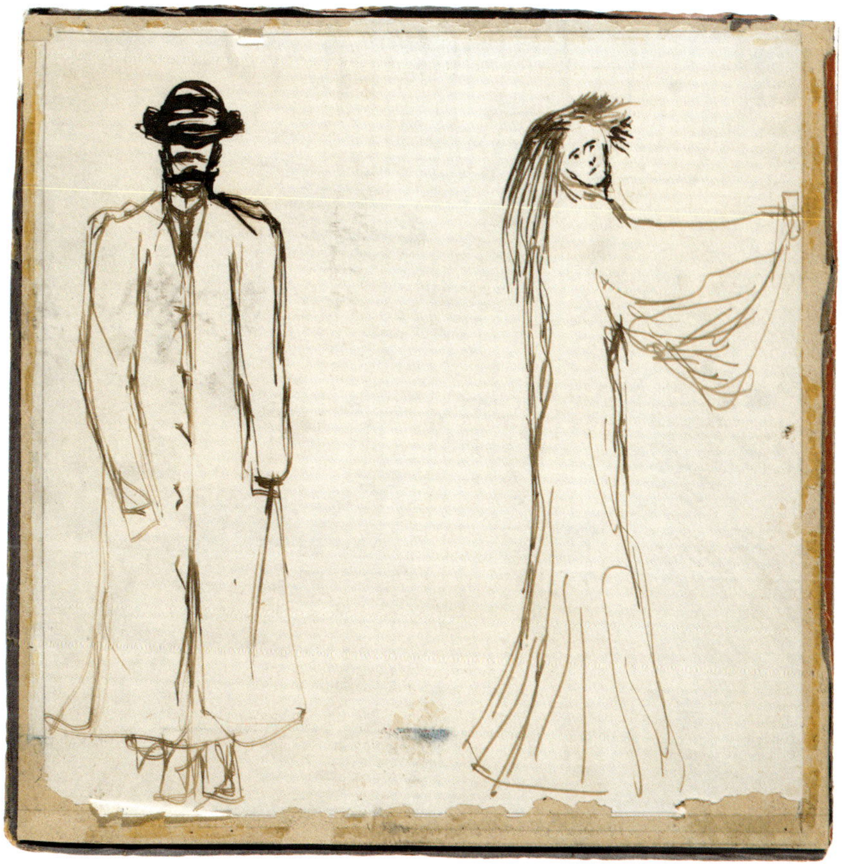

DIE GLÜCKLICHE HAND (SKIZZE) /
THE LUCKY HAND (SKETCH)
BLEISTIFT AUF PAPIER / PENCIL ON PAPER
22 X 8 CM

DIE GLÜCKLICHE HAND (DER HERR UND DAS WEIB) / THE LUCKY HAND (THE GENTLEMAN AND THE WOMAN)
SEPIA UND TUSCHE AUF PAPIER / SEPIA AND INK ON PAPER
21 X 21 CM

Die **Erwartung** wurde von Schönberg komponiert, nachdem er sich längere Zeit intensiv mit der Malerei beschäftigt hatte.
„In der **Erwartung** ist es die Absicht, das, was sich in einer Sekunde seelischer höchster Erregung abspielt sozusagen mit der Zeitlupe auf eine halbe Stunde ausgedehnt, darzustellen."
Nachlass
Die Vorgänge selbst werden durch einen inneren Monolog der auf der Bühne agierenden Frau ausgedrückt, die nachts im Walde ihren Geliebten sucht und ihn schließlich tot, als Opfer seiner Leidenschaft für eine andere, auffindet. – Schönberg war mehrfach um eine Aufführung bemüht. Er verhandelte mit Stuttgart, Leipzig, Berlin und Wien (Hofoper und Volksoper), doch zur Uraufführung kam es erst am 6. Juni 1924 unter Zemlinskys Leitung in Prag. Die Rolle der Frau wurde von Marie Gutheil-Schoder dargestellt.
Die [...] Vermutung, dass Schönbergs Schaffen von den [...] Erkenntnissen Sigmund Freuds berührt wurde, findet in dem Monodram **Erwartung,** wo durch Psychoanalyse erklärbare Vorgänge durch Musik ausgedrückt werden, ihre Bestätigung. Bertha Pappenheim, eine Verwandte der Textdichterin der **Erwartung,** war jener Fall, über den Sigmund Freud in seiner Arbeit „Der Fall der Anna O." berichtet hat.

Zu: **Erwartung** (Dichtung von Marie Pappenheim). Monodrama für Sopran und Orchester (1909)

Arnold Schönberg. Gedenkausstellung 1974, hrsg. von Ernst Hilmar, Wien 1974, S. 203.

Expectation was composed by Schönberg after he been intensively involved in painting for some time.
"In **Expectation,** the aim is to portray what takes place in one second of the greatest emotional agitation, drawing the process out over a half-hour period as if in slow motion."
Estate

The processes themselves are expressed in an inner monologue by the woman on stage, who is looking for her lover in the woods at night and finally finds him dead, the victim of his passion for another. – Schönberg made several attempts to get the opera performed. He engaged in negotiations with Stuttgart, Leipzig, Berlin, and Vienna (the Hofoper and the Volksoper), but the first performance did not take place until 6 June 1924 in Prague, with Zemlinsky as conductor. The role of the woman was played by Marie Gutheil-Schoder.
The ... supposition that Schönberg's work was influenced by the ... findings of Sigmund Freud is confirmed by **Expectation,** a monodrama in which processes that can be explained by psycho-analysis are expressed through music. Bertha Pappenheim, a relative of the author of the libretto for **Expectation**, was the person whose case was discussed by Sigmund Freud in his study entitled "Der Fall der Anna O." (The Case of Anna O.).

On **Expectation** (Text Marie Pappenheim), monodrama for soprano and orchestra (1909)

Arnold Schönberg. Gedenkausstellung 1974, ed. Ernst Hilmar, Vienna 1974, p. 203.

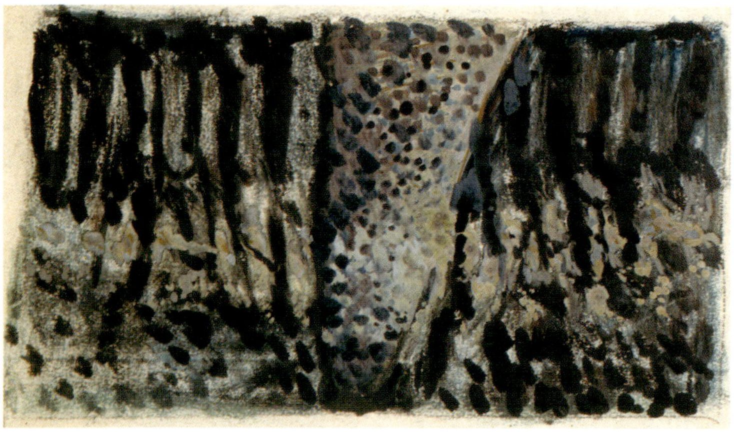

ERWARTUNG (AUSSTATTUNG) / EXPECTATION (STAGE SET)
AQUARELL AUF PAPIER / WATERCOLOUR ON PAPER
14 X 24 CM

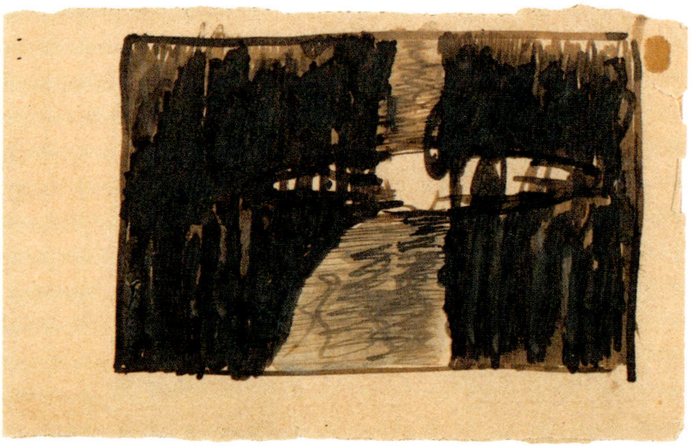

ERWARTUNG (AUSSTATTUNG) / EXPECTATION (STAGE SET)
AQUARELL AUF PAPIER / WATERCOLOUR ON PAPER
10 X 17 CM

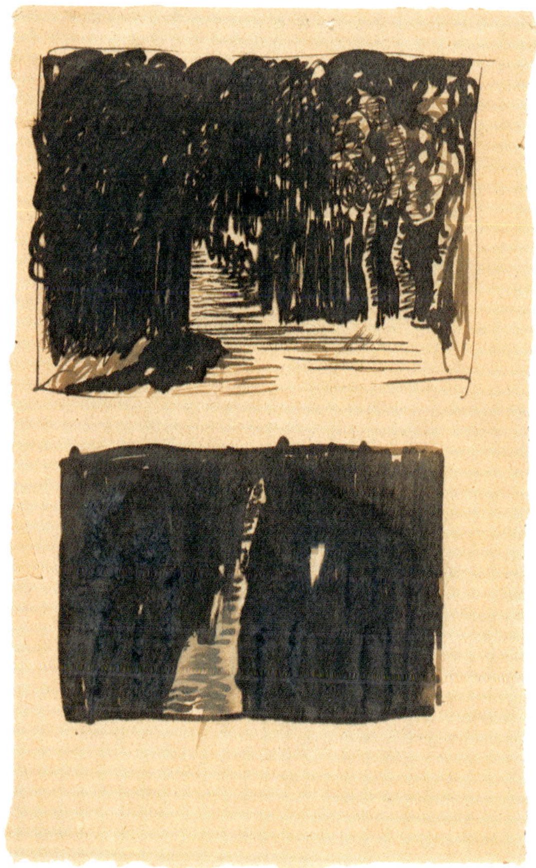

ERWARTUNG (AUSSTATTUNG) / EXPECTATION (STAGE SET)
TUSCHE AUF PAPIER / INK ON PAPER
17 X 11 CM

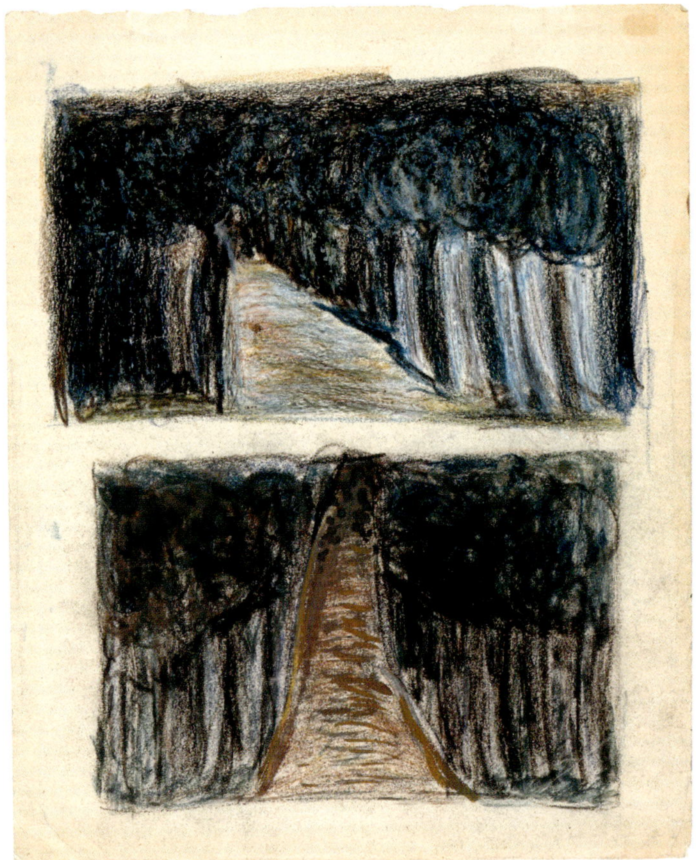

ERWARTUNG (AUSSTATTUNG) / EXPECTATION (STAGE SET)
KREIDE, PASTELL UND GOUACHE AUF PAPIER / CRAYON, PASTEL AND GOUACHE ON PAPER
32 X 25 CM

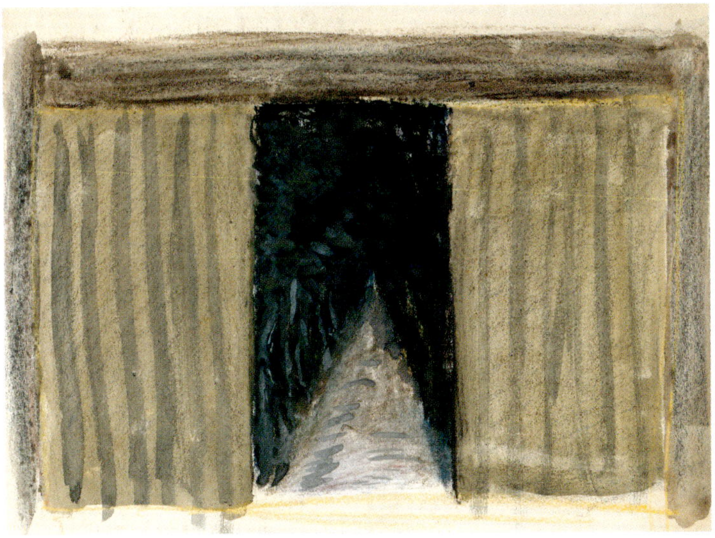

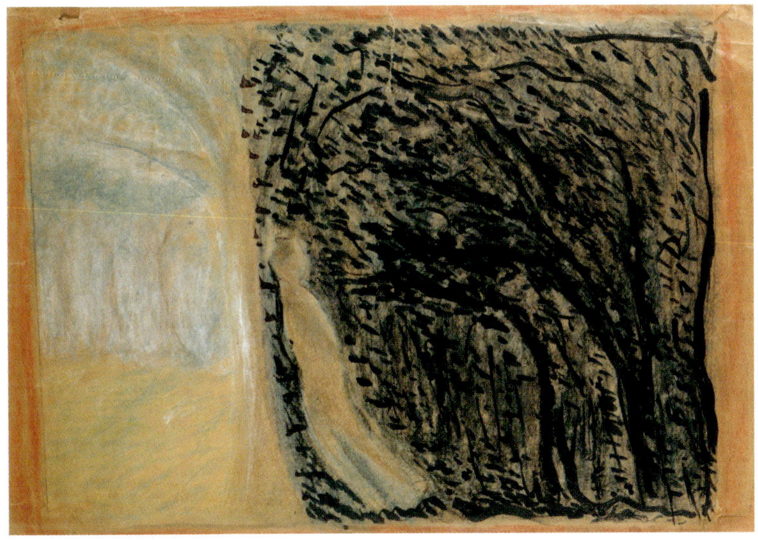

ERWARTUNG (AUSSTATTUNG) / EXPECTATION (STAGE SET)
KREIDE, PASTELL UND AQUARELL AUF PAPIER /
CRAYON, PASTEL AND WATERCOLOUR ON PAPER
26 X 31 CM

ERWARTUNG (AUSSTATTUNG) / EXPECTATION (STAGE SET)
PASTELL UND TUSCHE AUF PAPIER / PASTEL AND INK ON PAPER
31 X 45 CM

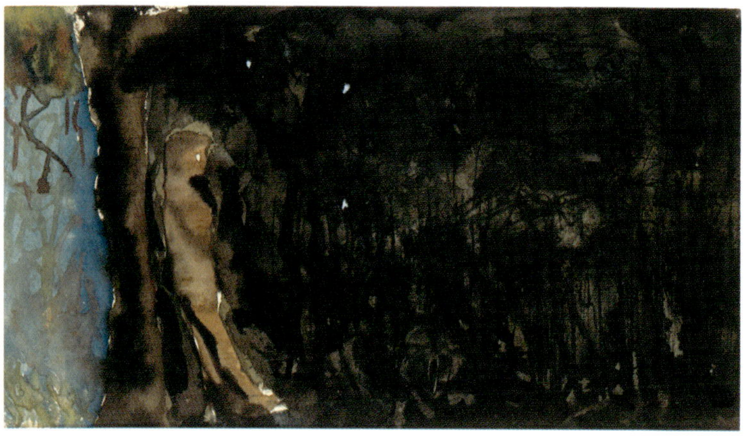

ERWARTUNG (AUSSTATTUNG) / EXPECTATION (STAGE SET)
AQUARELL AUF PAPIER / WATERCOLOUR ON PAPER
10 X 17 CM

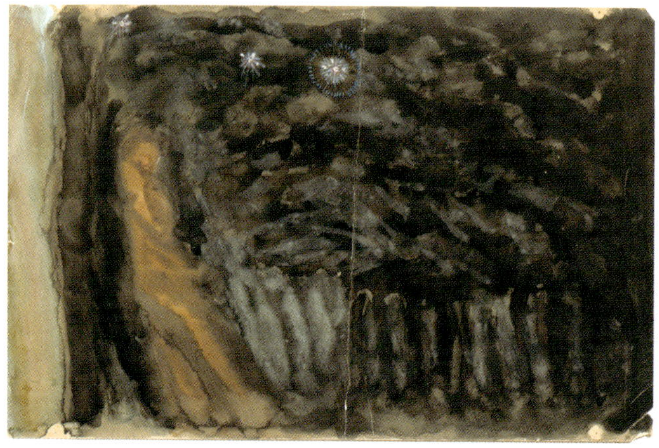

ERWARTUNG (AUSSTATTUNG) / EXPECTATION (STAGE SET)
AQUARELL UND GOUACHE AUF PAPIER / WATERCOLOUR AND GOUACHE ON PAPER
33 X 48 CM

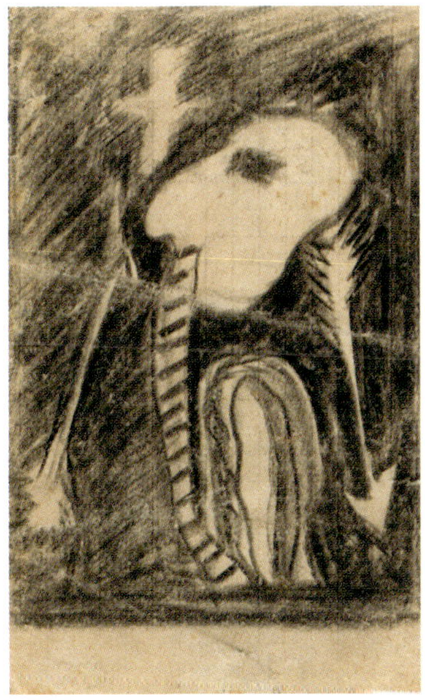

KOPF MIT LEITER / HEAD AND LADDER
BLEISTIFT AUF PAPIER / PENCIL ON PAPER
12.8 X 8 CM

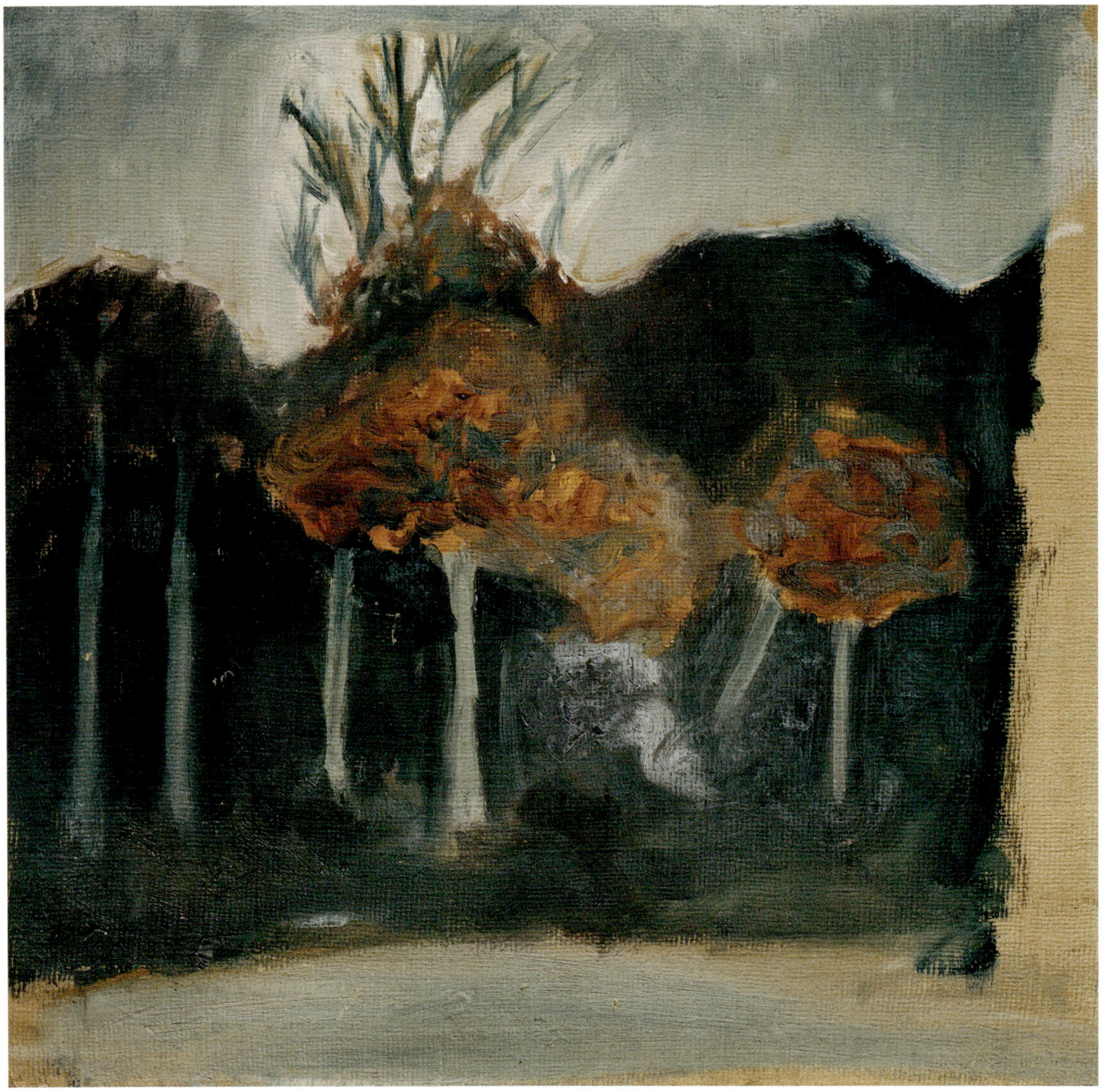

LANDSCHAFT / LANDSCAPE
ÖL AUF KARTON / OIL ON CARDBOARD
49 X 50 CM

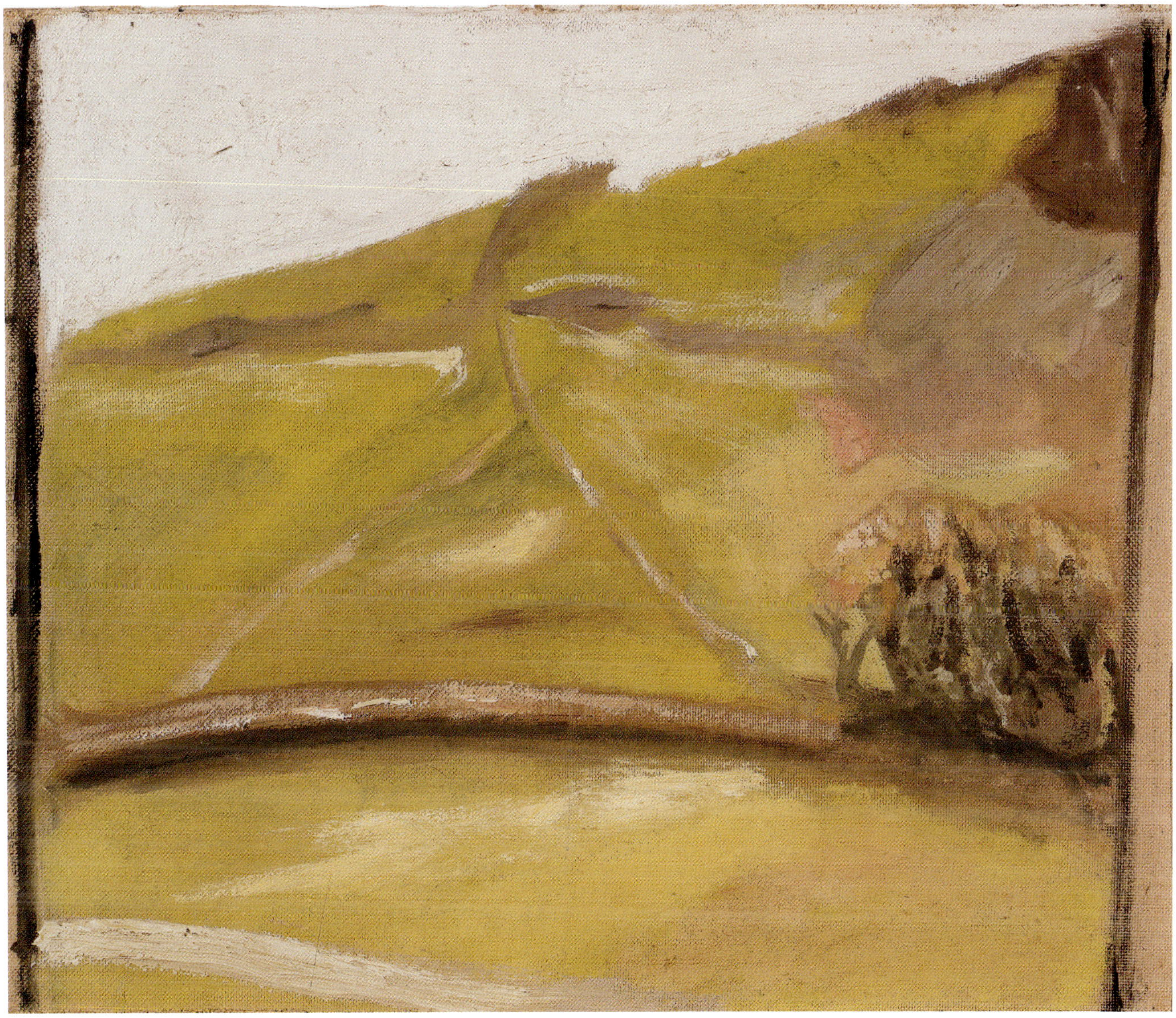

LANDSCHAFT / LANDSCAPE
ÖL AUF LEINWAND / OIL ON CANVAS
23 X 27 CM

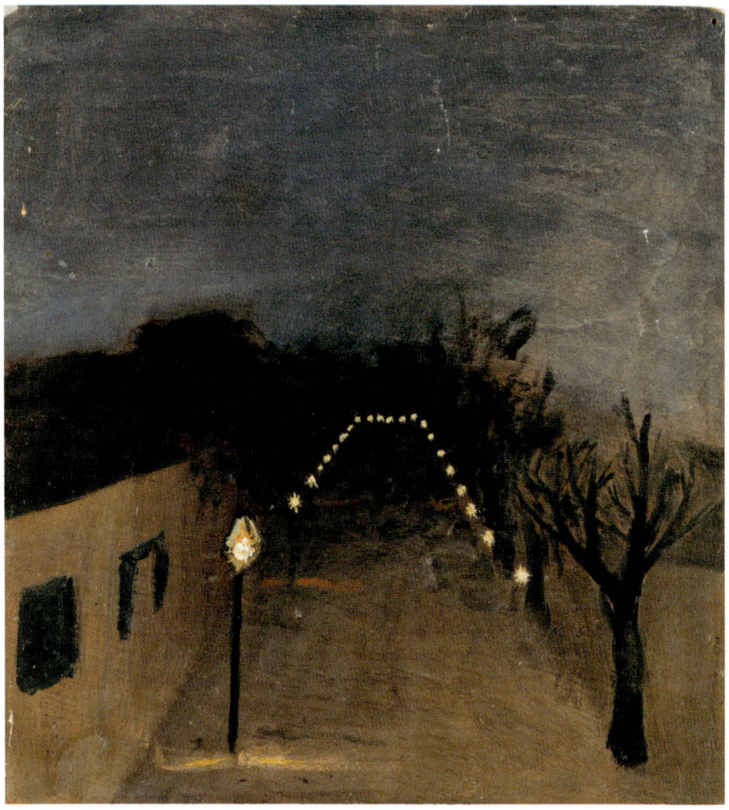

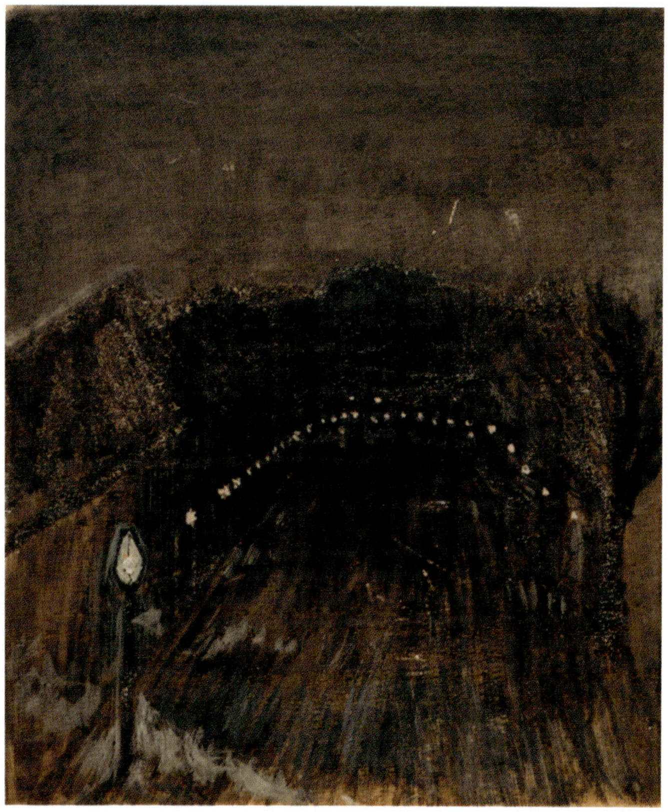

NÄCHTLICHE STRASSE / STREET SCENE AT NIGHT
ÖL AUF HOLZ / OIL ON WOOD
21 X 20 CM

NÄCHTLICHE STRASSE / STREET SCENE AT NIGHT, 1911
MISCHTECHNIK AUF PAPIER / MIXED MEDIA ON PAPER
18.4 X 39.6 CM
SAMMLUNG / COLLECTION FRIEDRICH CERHA

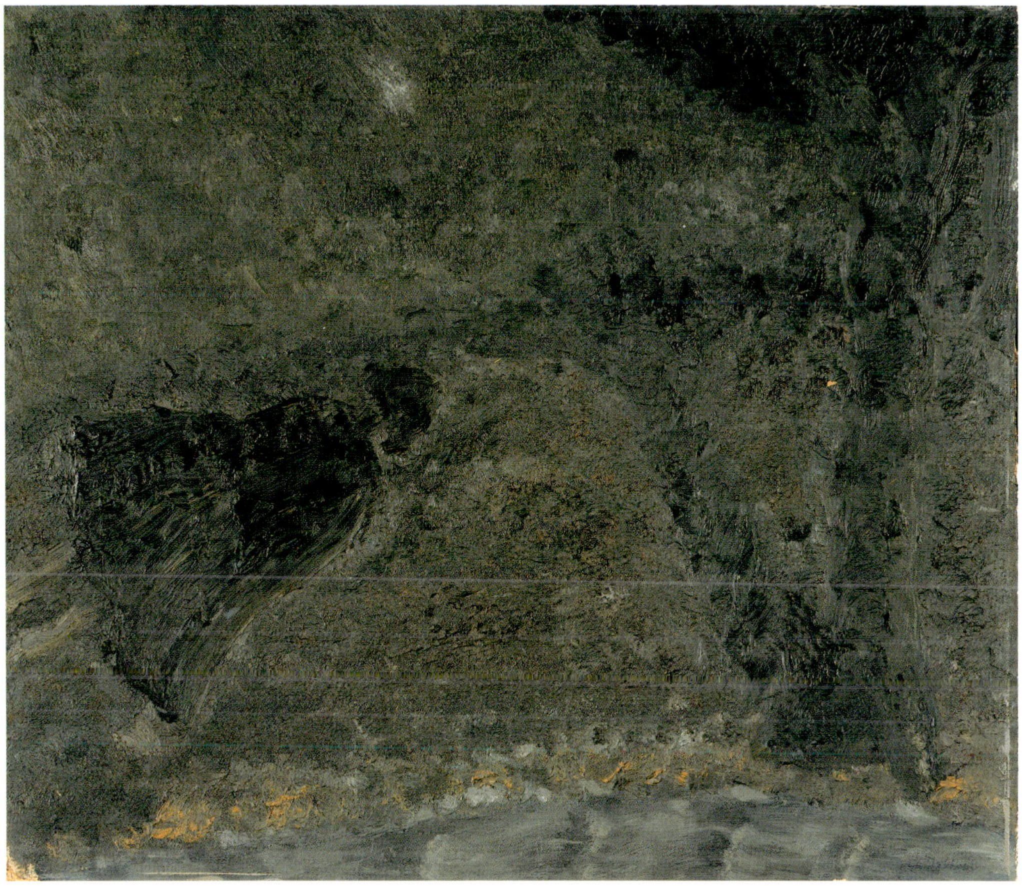

NÄCHTLICHE LANDSCHAFT / NIGHT LANDSCAPE
ÖL AUF KARTON / OIL ON CARDBOARD
40 X 47 CM

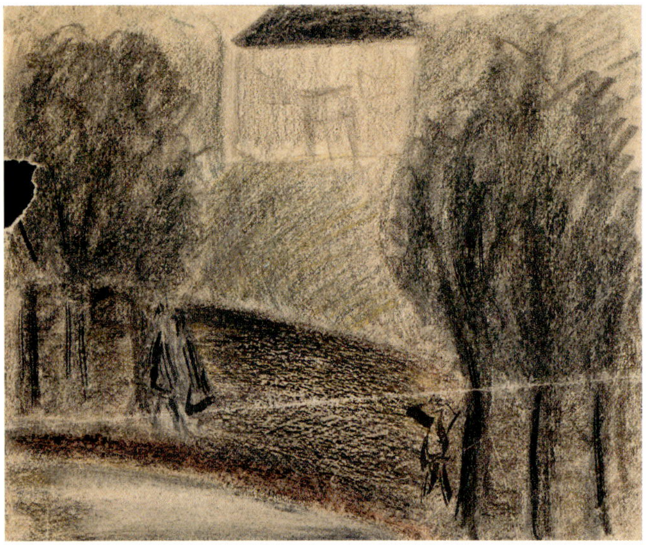

NÄCHTLICHE LANDSCHAFT / NIGHT LANDSCAPE
GRAPHIT, TUSCHE UND KREIDE AUF PAPIER / GRAPHITE, INK AND CRAYON ON PAPER
14 X 16 CM

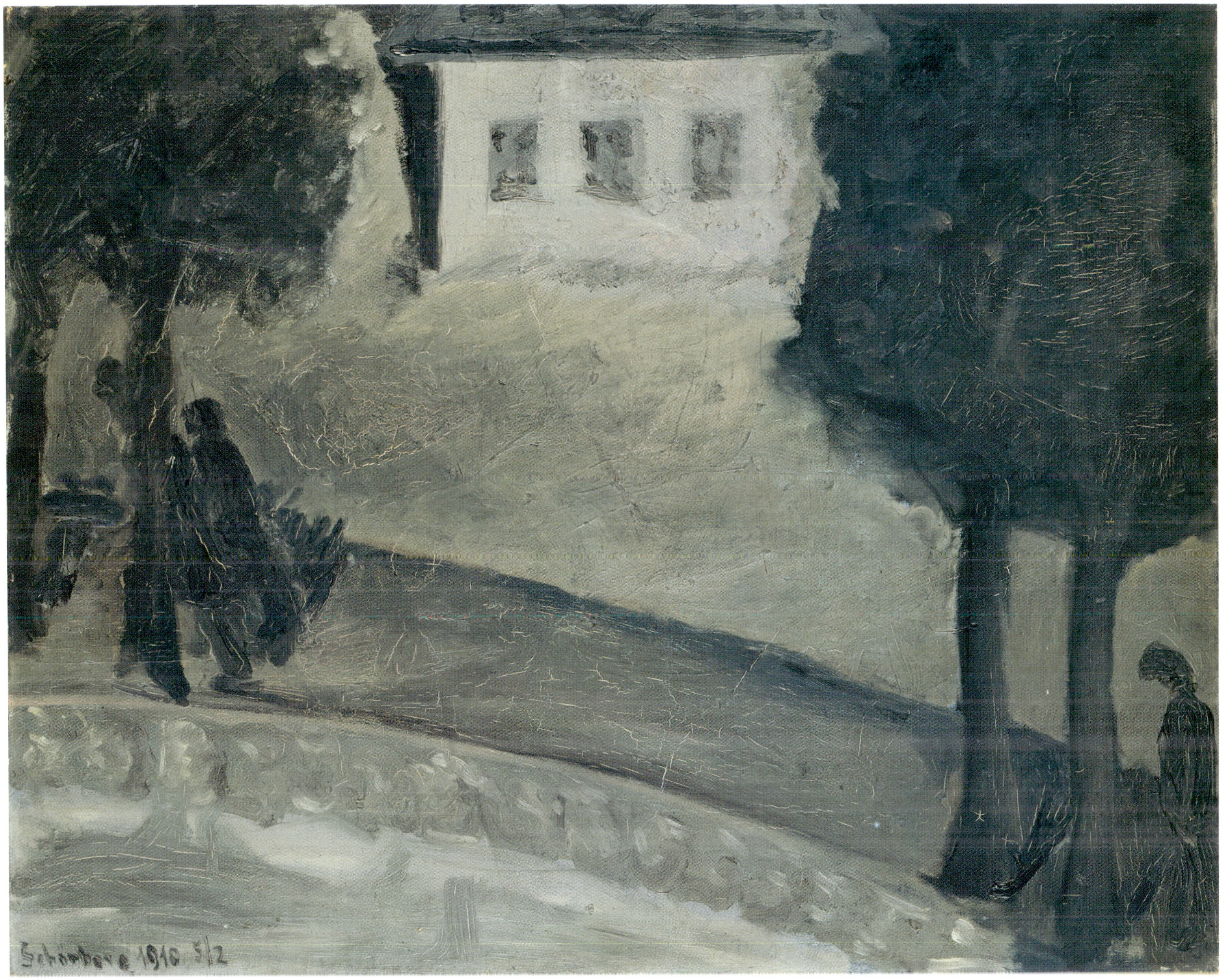

NÄCHTLICHE LANDSCHAFT / NIGHT LANDSCAPE, 1910
ÖL AUF LEINWAND / OIL ON CANVAS
58 X 73 CM

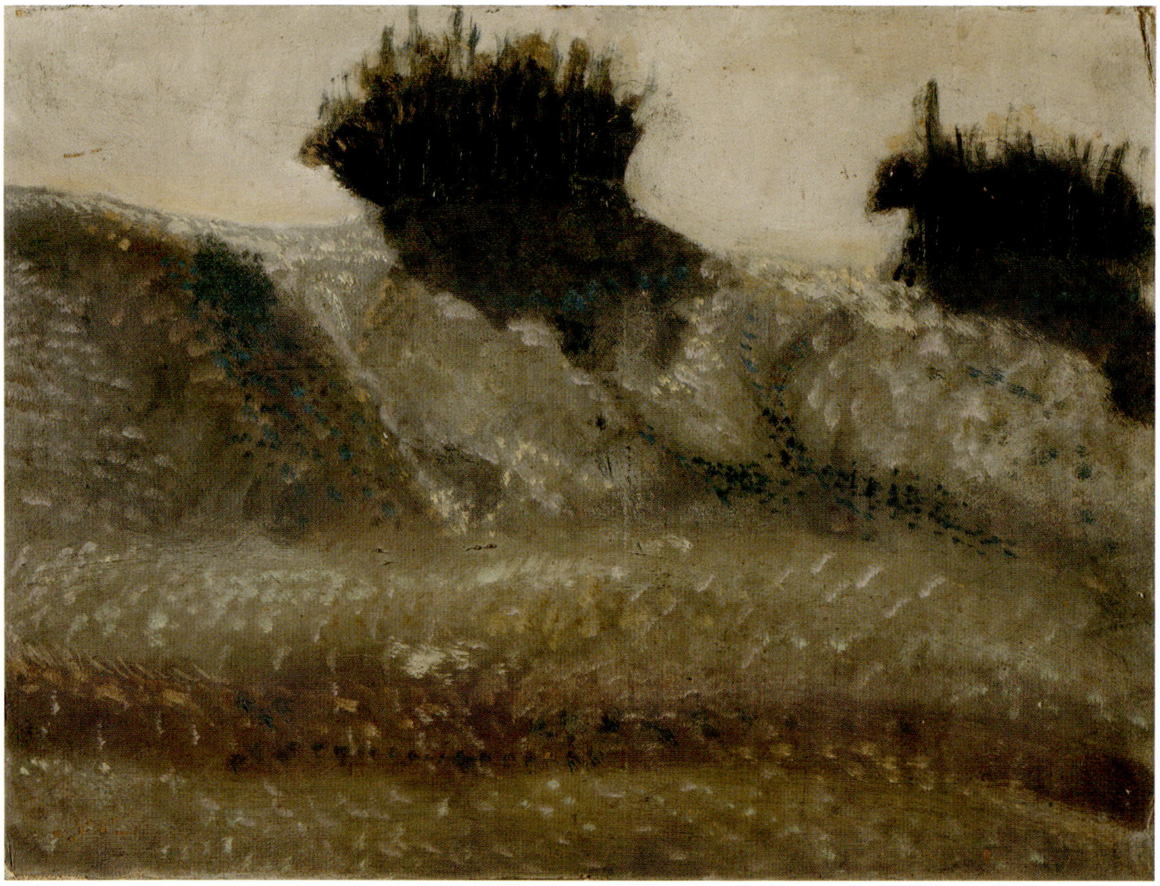

LANDSCHAFT / LANDSCAPE
ÖL AUF KARTON / OIL ON CARDBOARD
37 X 50 CM

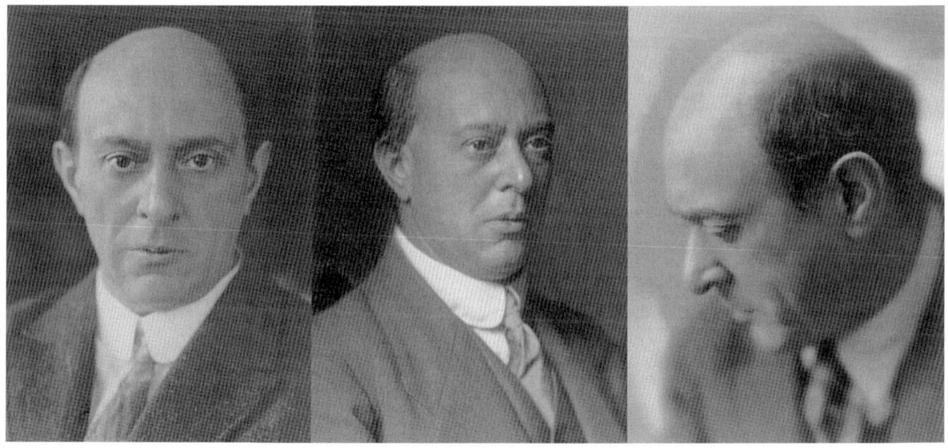

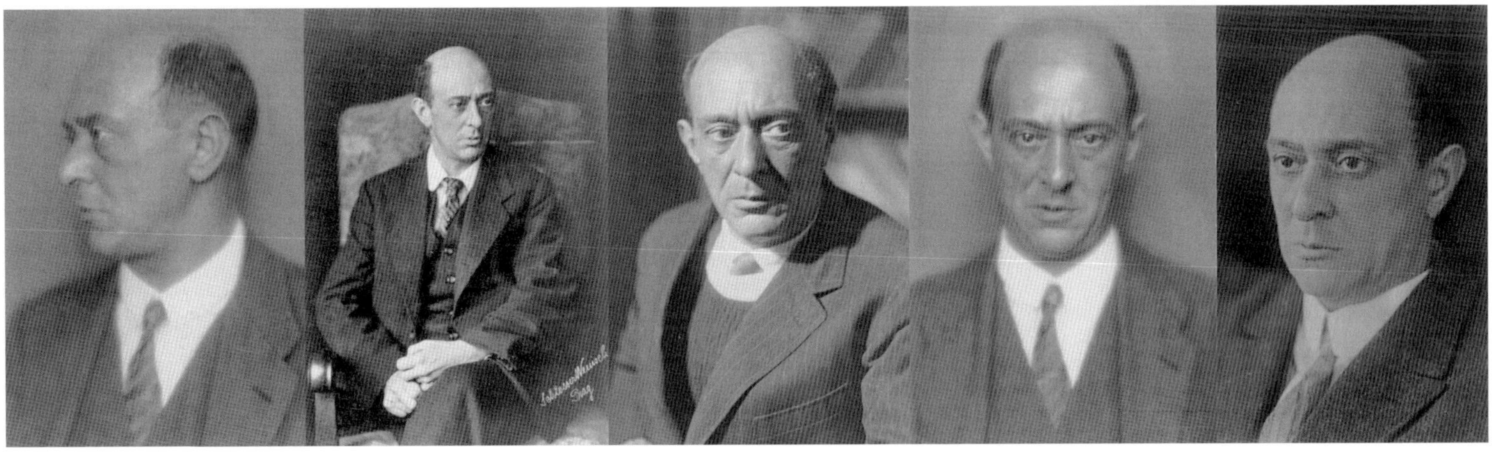

SECHZEHN STIMMEN – SCHÖNBERG UND ANDERE
SIXTEEN VOICES – SCHÖNBERG AND OTHERS

Sie hängen überall herum, meist Selbstporträts [...] Die Gesichter Kreaturen aus einem Alptraum [...]. Alle diese, so schrecklich sie sind, haben eine Art von grausamer Wirkung; aber das eine, das ich lieber mag als alle anderen, bedient sich nicht gequälter Linien und Farben [...] seine eigenen kleine Gestalt in der Mitte, die ins Unbekannte stolziert, von Süden nach Norden. Es ist mit einer Einfachheit und Natürlichkeit gemalt, die klar überwiegen, und von reiner emotionaler Wirkung sind. [...] Mitten zwischen diesen Alpträumen die anmutigen Fotografien von Nuria und ihrem kleinen Bruder: typisch und symbolisch für den unerklärlich widersprüchlichen Charakter Schönbergs.

They are hanging all over the wall ... mostly portraits of himself ... The faces ... like creatures of a nightmare. ... All these, horrible as they are, have a sort of gruesome effectiveness all their own; but the one I liked better than all the rest does not resort to tortured lines and colors ... his own little figure in the middle, stalking towards the Unknown, south view going north. It is all done with a simplicity and naturalness that quite outweigh, in sheer emotional effect .... But how odd it seems to see, interspersed among these nightmares, charming little photographs of the anmutig Nuria and her little brother! That is just another symbol of the unresolvable contradictions in Schoenberg's character ...

Dika Newlin, eine Schülerin Schönbergs, über einen Besuch im Schönberg-Haus in Brentwood / one of Schönberg's students describing a visit to Schönberg's house, in: Dika Newlin: Schoenberg Remembered, New York 1980, 108. Deutsche Übersetzung: Margaret Jestreminski/Ernst Hilmar: Begegnung mit Arnold Schönberg, Duisburg 1993, 81.

Und jetzt auch noch Schönberg! Der hat mich direkt in Wut versetzt, diese grünäugigen Wasserbrötchen mit Astralblick. Gegen das Selbstporträt von hinten will ich gar nichts sagen, aber sind diese paar Bröckchen das Geschrei um den Maler Schönberg wert?

And then Schönberg as well! That really made me furious, those green-eyed bread-rolls with the astral gaze. I don't want to pick fault with the self-portrait from behind, but are these few bits and pieces worth all the fuss about the painter Schönberg?

August Macke: Brief an / letter to Franz Marc, 14/1/1911, in: August Macke – Franz Marc, Briefwechsel, Köln 1964, 99.

Nichts ist in Wirklichkeit anregender als die Dummheit. Nie hätte ich so rasch und so tief die Wahrheit gefunden, wenn nicht die eklatante Dummheit meiner Gegner und Nachläufer mich nicht zum Suchen und damit zum Finden der Wahrheit angeregt hätte.

In effect, nothing is more stimulating than stupidity. I would never have found the truth as rapidly or poignantly if the glaring stupidity of my opponents and emulators had not moved me to search for and thus find the truth.

Arnold Schönberg: Der Nutzen des Falschen / The Benefit of the Wrong, 1/10/1924, The Arnold Schoenberg Institute Archives, Los Angeles

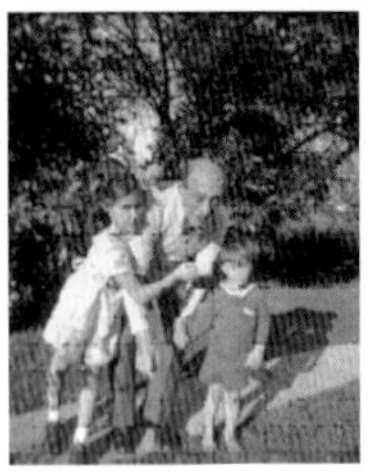

SCHÖNBERG UND FAMILIE / WITH HIS FAMILY IN LOS ANGELES

Heute sehen wir eine gewisse geistige Fraternität zwischen beiden Autodidakten, wenn wir Schönbergs Porträts mit Rousseaus Bildern [...] vergleichen. Aber diese Verwandtschaften bleiben auf den rein physischen Aspekt beschränkt; was sie nicht berühren, sind die „mystischen" Ambitionen Schönbergs, Ambitionen nämlich, die ihn über die äußere, materielle Welt hinaus zu dem führen, was Kandinsky als „die große Abstraktion" bezeichnete.

Today, we see a certain spiritual fraternity between the two autodidacts, when we compare Schönberg's portraits with Rousseau's paintings ... But these similarities are restricted to the purely physical aspect; they do not touch Schönberg's "mystical" ambitions, ambitions that led him beyond the external material world to what Kandinsky describes as "the great abstraction".

Werner Hofmann: „Die drei Blicke Schönbergs", in: Arnold Schönberg – Blicke, Ausst.Kat. / exh. cat. Schleswig-Holsteinisches Landesmuseum Schloss Gottorf et al. 1996, 36.

Ich bin Autodidakt.
Bloß eine Sache habe ich vom Lehrer gelernt:
Von meinen Feinden!
Durch sie habe ich das Fürchten verlernt.

I am an autodidact.
I have learned just one thing from my teacher:
from my enemies!
Through them I unlearned to be afraid.

Arnold Schönberg, Aphorismen / Aphorisms, 3/6/1928.

Wenn ich die Gemälde Schönbergs betrachte, sage ich mir, dass es Sachen in höchster Bedrängnis sind. [...] Dieses Gefühl habe ich von Schönbergs Selbstporträts. Sie sind „verloren", sind nur für ihn von Interesse. [...] Es ist der Schrei eines Autodidakten.
[...] Jedesmal betrachtet er die Augen seiner Selbstporträts. Es sind die einzigen Partien, die er zu „kommunizieren" vermag. Mit den übrigen Partien des Gesichts gibt es keine Kommunikation. Sie haben keinerlei Ausdruck: Der Mund sagt nichts, er atmet nicht, genau wie die Nase. Sie sind ausdruckslos, auch das Schlechtgemalte ändert nichts daran. Daher sind die besten Gemälde von Schönberg diejenigen, auf denen nur zwei Augen ohne Gesicht zu sehen sind. Das Gemälde ist zum Gesicht geworden. Und das ist ungeheuer ergreifend! Daß der extrem anspruchsvolle Musiker, Theoretiker, Lehrer und (gemeinsam mit Josef Matthias Hauer) Erfinder der Zwölftonmusik das Bedürfnis hat, fern von aller Theorie, mit einer nichtvorhandenen Technik, in den Farbpasten verloren, unbedingt ein Gemälde zu malen – das ist das Ergreifende. Denn er betrachtet intensiv sein Gesicht, während er es zu malen versucht: Es ist Das Selbstporträt eines Autodidakten. Mit der Musik kann man kein Selbstporträt schaffen.

When I look at Schönberg's paintings, I say to myself that the subjects are in great distress ... I have this feeling when I look at Schönberg's self-portraits. There is something "lost" about them, they are only of interest to him ... This is the scream of an autodidact.
... Each time he observes the eyes of his self-portraits. These are the only features to which he lends a "communicative" aspect. There is no communication with the other facial features. They show no expression whatsoever: the mouth says nothing, it does not breathe, neither does the nose. Both are without expression, the fact that they are badly painted does nothing to alter that. Which is why Schönberg's best paintings are those in which you only see two eyes without a face. The painting effectively becomes a face. And that is immensely moving! What is moving is that this extremely particular musician, theoretician, teacher, and (together with Josef Matthias Hauer) inventor of twelve-tone music should have felt such a strong urge need to paint – in a non-existent theory, devoid of all theory, lost in layers of colour. After all, he observes his face intently while he attempts to paint it: it is The Self-Portrait of an Autodidact. You cannot create a self-portrait through music.

Sarkis: „Das Selbstporträt eines Autodidakten", in: Arnold Schönberg – Blicke, Ausst.Kat./exh. cat., Schleswig-Holsteinisches Landesmuseum Schloss Gottdorf et al. 1996, 13–15.

Ich habe ein schlechtes Physiognomien-Gedächtnis, konnte aber (früher) andererseits mit wenigen Strichen das Gesicht einer Person nach einmaligen Sehen aufzeichnen. Diesen Widerspruch konnte ich mir nie erklären, bis ich entdeckte, daß sie mit einer anderen Fähigkeit im Zusammenhang steht: ich kann den Blick der meisten Menschen nachahmen! Und das kommt daher, daß ich den Menschen nur in die Augen sehe (so daß ich oft nicht wußte, ob einer einen Schnurrbart hat oder nicht). Darum auch wurden meine Zeichnungen nach den ersten paar Strichen immer schlechter; wenn ich Details hinzufügen wollte. Daher kommt es wahrscheinlich auch, daß meine sogenannten „Visionen" immer Blicke sind

On the one hand, I have a poor memory for facial features, but on the other hand, I was able (formerly) to draw the face of a person with a few strokes after a single sighting. I was never able to explain these contradictions until I discovered that they stand in connection with another ability: I can imitate the gaze of most people! And that is why I look people only in the eyes (so that I often do not know whether or not somebody has a moustache). Therefore, my drawings would also become worse and worse after the first sketches when I wanted to add details. That is probably also why my so-called "visions" are always gazes.

Arnold Schönberg: Brief an / letter to Kandinsky, 1/6/1926, in: Schönberg und Kandinsky, Blaue Reiter und die russische Avantgarde, Ausst.Kat./exh. cat., Wien 2000, 171.

Sie haben in Ihren Werken das verwirklicht, wonach ich in freilich unbestimmter Form in der Musik so eine große Sehnsucht habe. Das selbständige Gehen durch eigene Schicksale, das eigene Leben der einzelnen Stimmen in Ihren Compositionen ist gerade das, was auch ich in malerischer Form zu finden versuche. Es ist momentan in der Malerei eine große Neigung, auf constructivem Wege die „neue" Harmonie zu finden, wobei das Rhythmische auf einer beinahe geometrischen Form gebaut wird. Auf diesem Wege kommt mein Mitfühlen und Mitstreben nur halb mit. Construktion ist das, was der Malerei der letzten Zeiten so fast hoffnungslos fehlte. Und das ist gut, daß sie gesucht wird. Nur denke ich über die Art der Construktion anders.
Ich finde eben, daß unsere heutige Harmonie nicht auf dem „geometrischen" Wege zu finden ist, sondern auf dem direkt antigeometrischen, antilogischen. Und dieser Weg ist der der „Dissonanzen in der Kunst["], also auch in der Malerei

In your works you have realised in music what I so long for – albeit in an indefinite form. Independently making one's way through individual fates, the individual life of the separate voices in your compositions is the very thing I attempt to find in painterly form. There is a great tendency in painting at the moment to reach this "new" harmony using constructive approaches, in which the rhythmical is based on a virtually geometrical shape. But using this method my empathy and striving lags behind. Construction is what was so hopelessly missing from painting in recent years. And it is good that it is being searched for. But I have a different view of construction.
Equally, I feel our present-day harmony cannot be found via "geometrical" approaches, but rather via the direct, antigeometrical, antilogical one. And this path, known as the "dissonances in art", exists equally in painting and music. Moreover, "today's" artistic and musical dissonance is nothing other

ebenso, wie in der Musik. Und die „heutige" malerische und musikalische Dissonanz ist nichts als die Consonanz von „morgen". [...] Es hat mich unendlich gefreut den selben Gedanken bei Ihnen zu finden.

than the consonance of "tomorrow" ... It made me extremely happy to identify the same thought in your work.

Erster Brief Kandinskys an Schönberg / Kandinsky's first letter to Schönberg, 18/1/1911, in: Arnold Schönberg – Wassiliy Kandinsky. Briefe, Bilder und Dokumente einer ungewöhnlichen Begegnung, hrsg. von/ed. Jelena Hahl-Koch, München 1983, 19.

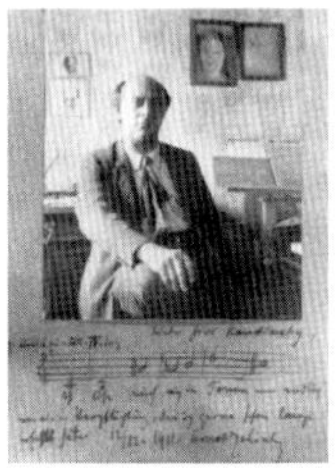

SCHÖNBERGS FOTOPORTRÄT MIT WIDMUNG AN KANDINSKY / SCHÖNBERG'S PHOTOPORTRAIT WITH DEDICATION TO KANDINSKY

HARMONIELEHRE, die führt ja vielleicht ab vom „Geistigen in der Kunst" und möchte doch eigentlich so gerne hinführen. Aber Sie wissen den Weg doch und auch ein Ziel: muß Ihr Weg zu Ihrem Ziel führen? Ist Ihr Ziel nur auf Ihrem Weg zu erreichen? Ist es nicht das Wichtigste, daß Sie sich auf einem Weg, zu einem Ziel bemühen? Vielleicht führt also sogar die Harmonielehre zum „Geistigen in der Kunst". Uns, die wir uns beide auf einem Weg bemühen, beinahe auf dem gleichen, hat sie ja schon einmal zusammengeführt – aber das ist unsere private Angelegenheit, über die ich mich sehr freue.
Viele herzlichste Grüsse Ihr Arnold Schönberg
12. Dezember 1911

Possibly THEORY OF HARMONY leads away from "the spiritual in art", even though it would really like to lead towards it. But you know the way, and you also know a goal: must your way automatically lead to this destination? Can your destination only be reached via this route? Is not the most important thing that you make an effort to reach your goal via an approach? Maybe my Theory of Harmony does lead to "the spiritual in art". It has already brought you and me together, venturing as we do along a single route – almost the same one – but that is a matter for the two of us, and one I am inordinately happy about.
Warmest greetings, Yours, Arnold Schönberg
12 December 1911

Arnold Schönberg: handgeschriebene Widmung an Wassily Kandinsky in der Harmonielehre / Handwritten dedication to Wassily Kandinsky in Theory of Harmony.

Die Bilder Schönbergs zerfallen in zwei Arten: die einen sind direkt nach der Natur gemalte Menschen, Landschaften; die anderen – intuitiv empfundene Köpfe, die er Visionen nennt.
Die ersten bezeichnet Schönberg selbst als ihm notwendige Fingerübungen, legt keinen besonderen Wert auf sie und stellt sie nicht gerne aus.
Die zweiten malte er (ebenso selten wie die ersten), um seine Gemütsbewegungen, die keine musikalische Form finden, zum Ausdruck zu bringen.
Diese beiden Arten sind äußerlich verschieden. Innerlich stammen sie aus einer und derselben Seele, die einmal durch die äußere Natur zum Vibrieren gebracht wird, ein anderes Mal – durch die innere.
Diese Teilung ist natürlich nur im allgemeinen bezeichnend und ist stark schematisch gefärbt. [...]
Bei dem Künstler wird das Äußere durch das Innere nicht nur bestimmt, sondern auch geschaffen, wie in jeder anderen Schöpfung bis zur kosmischen hinauf.
Von diesem Standpunkt aus gesehen, lassen uns die malerischen Werke Schönbergs unter dem Stempel seiner Form seinen seelischen Komplex erkennen. [...]
Das Bild ist ein äußerer Ausdruck eines inneren Eindrucks in malerischer Form. [...]
Wenn wir den bezeichneten Maßstab an die malerischen Werke Schönbergs anlegen, so sehen wir sofort, dass wir hier mit Malerei zu tun haben, mag diese Malerei „abseits" von der großen „heutigen Bewegung" stehen oder nicht.
Wir sehen, das in jedem Bild Schönbergs der innere Wunsch des Künstlers in der ihm passenden Form spricht. Ebenso wie in seiner Musik (soviel ich als Laie behaupten darf) verzichtet auch in seiner Malerei Schönberg auf das Ueberflüssige (also auf das Schädliche) und geht auf direktem Wege zum Wesentlichen

The paintings of Schönberg fall into two categories: those which are drawn perfectly to nature, such as people or landscapes, and those which are intuitively conceived heads, which he calls "visions".
Of the first group, Schönberg himself refers to these as necessary finger-exercises, does not value them especially, and is reluctant to exhibit them.
The second group he paints, just as infrequently as the first, in order to allow those stirrings of the soul, which cannot find any musical form, to come to expression.
These two kinds are outwardly quite different. Inwardly they stem from one and the same soul, which sometimes is made to vibrate by external nature, and at other times, by nature within him.
This division is naturally a generalisation, and is largely coloured schematically ...
With the artist, the external is not only defined by the internal, but it is also created by the internal, as in any other creation, even that of the cosmos.
Seen from this vantage point, the art works of Schönberg permit us to recognise his emotional complex beneath the imprint of his form ...
A picture is an external expression of an inner impression in painted form ...
When we apply these standards to the paintings of Schönberg, we see immediately that we are dealing here with painting, whether or not this painting may lie apart from the great movements of today.
We see that in every painting of Schönberg, the inner wish of the artist speaks in the form which best befits it. Just as with his music (inasmuch as I a layman may affirm), Schönberg also in his painting renounces the superfluous (therefore the harmful) and proceeds along a direct path to the essential (therefore to the necessary). He leaves alone, unnoticed, all embellishments and artistic detail ...
I should most like to call Schönberg's art the painting of essence.

(also zum Notwendigen). Alle „Verschönerungen“ und Feinmalereien lässt er unbeachtet liegen. [...]
Ich möchte die Schönbergsche Malerei am liebsten die Nurmalerei nennen.

Wassily Kandinsky, „Die Bilder“, in: Arnold Schönberg – in höchster Verehrung, München 1912, 59–62. English translation in: Journal of the Arnold Schoenberg Institute, vol. 2, no. 3, Los Angeles 1978, 181–184.

Musik war sein ganzes Leben, und das verstand ich, denn Malerei war mein Leben. Weder er noch ich konnten über andere Dinge sprechen. Er sprach nur über das, was ihn betraf. Da sagte ich, dass ich ihn malen wollte [...].

Music was his whole life, and I understood that because painting was my whole life. Neither one of us could talk about other things. He only spoke about things that affected him. Then I said I wanted to paint him ...

Oskar Kokoschka: Interview 1965 für die BBC, zit. nach / Interview in 1965 for the BBC, quoted from: Eberhard Freitag, Schönberg, Reinbek 1973, 24.

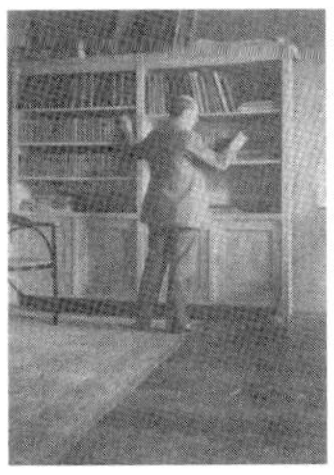
VOR DEM REGAL / AT THE SHELF

Und wenn Karl Kraus die Sprache Mutter des Gedankens nennt, W. Kandinsky und Oskar Kokoschka Bilder malen, denen der stoffliche äußere Gegenstand kaum mehr ist als ein Anlaß, in Farben und Formen zu phantasieren und sich so auszudrücken, wie sich bisher nur der Musiker ausdrückte, so sind das Symptome für eine allmählich sich ausbreitende Erkenntnis von dem wahren Wesen der Kunst. [...]
Weil man sich an das zu halten hat, was das Kunstwerk geben will, und nicht an das, was sein äußerer Anlaß ist. Weil also auch bei allen Kompositionen nach Dichtungen die Genauigkeit der Wiedergabe der Vorgänge für den Kunstwert ebenso irrelevant ist wie für das Porträt die Ähnlichkeit mit dem Vorbild, wo doch nach hundert Jahren keiner diese Ähnlichkeit mehr kontrollieren kann, während noch immer die Kunstwirkung bestehen bleibt. Und nicht deshalb besteht, weil, wie vielleicht die Impressionisten meinen, ein wirklicher Mensch, nämlich der scheinbar dargestellte, sondern der Künstler uns anspricht, der sich hier ausgedrückt hat, der, dem in einer höheren Wirklichkeit das Porträt ähnlich zu sehen hat.

And if Karl Kraus calls language the mother of thought, W. Kandinsky and Oskar Kokoschka paint pictures for which the material external object is little more than the incentive to fantasise in colours and shapes, and to express oneself as to date only musicians expressed themselves, then these are symptoms of a recognition gradually gaining concerning the true nature of art ...
Because you have to focus on what the work of art seeks to give and not on the underlying motive for its creation. Because in all compositions following poetry the accuracy with which the events are reproduced is of equal irrelevance for the composition, as the similarity with the original is for the portrait, given that hundreds of years later nobody can check this similarity, though the artistic effect remains. Yet does not remain, for the reason perhaps conceived by the Impressionists that a real person – namely the person apparently depicted – addresses us, rather we are addressed by the artist himself, who has expressed himself here, by him who should resemble the portrait at a higher level of reality.

Arnold Schönberg: „Das Verhältnis zum Text“, in: Der Blaue Reiter, Wassily Kandinsky/Franz Marc (Hrsg./eds.), München 1912, 27–33.

Meine Bekanntschaft mit Kandinsky, den ich vorher auch nicht dem Namen nach kannte, wurde eröffnet durch einen Brief, den er an mich nach Wien richtete, nachdem ein Münchner-Konzert (von Emil Gutmann veranstaltet) seine Aufmerksamkeit erregt hatte. In diesem Konzert aber wurden meine besten Quartette (1 und 2) und einige Lieder aufgeführt (Gutheil-Schoder und Rosé). Kandinsky sandte mir mit diesem Brief (1911) Fotos einiger seiner Bilder und später sein Buch: Das Geistige in der Kunst, wofür ich mich bald darauf durch Uebersendung meiner Harmonielehre bedankte. Damals waren von Kompositionen fertig: 3 Klavierstücke, 5 Orchesterstücke, George-Lieder und Erwartung sowie alle Bilder, die ich von 1906 bis 1911 gemalt hatte. Kandinsky, als er sie sah, nannte sie Visionen, während ich sie als Blicke bezeichnete. [...]

My acquaintance with Kandinsky, whom previously I did not even know by name, was started with a letter which he addressed to me in Vienna, after a concert in Munich (arranged by Emil Gutmann) had aroused his attention. In this concert, however, my two quartets (1 and 2) and several songs were performed (Gutheil-Schoder and Rosé). Kandinsky sent me with this letter (1911) photos of his paintings and later his book Das Geistige in der Kunst for which I thanked him soon afterwards by sending him my Harmonielehre. At that time these compositions were ready: 3 Piano Pieces, 5 Orchestral Pieces, George-Lieder, and Erwartung as well as all the pictures which I had painted from 1906 to 1911.
Kandinsky, when he saw them, called them “visions”, while I had named them “gazes” ...

Das ist ein ebensolcher Unsinn, wie, dass ich von Kokoschka beeinflusst sei. Alles Wichtige war getan, ehe Kokoschka auftauchte (!). Auch von einem anderen Maler, der im Gegenteil behauptete durch mich malen gelernt zu haben (was ich nie recht verstand) bin ich, wie meine Blicke beweisen (die einzig in ihrer Art sind) nicht beeinflusst. [...]
Chautauqua 5/VIII 1934

This is as much nonsense as my being supposedly influenced by Kokoschka. Everything important had been done before Kokoschka emerged (!). I am also not influenced by another painter who, on the contrary, claimed to have learned painting through me (which I really never understood) as my "gazes" prove (which are unique in their way).
Chautauqua 5/VIII 1934

Arnold Schönberg, handschriftliche Anmerkung / handwritten note in: Marion Bauer, Twentieth Century Music, 211–212. English translation in: Journal of the Arnold Schoenberg Institute, vol. 2, no. 3, Los Angeles 1978, 239.

Offenbar gehorchte Loos dem „Trieb, harte Zusammenklänge zu bauen". Ich finde dieses Wort in der Harmonielehre von Arnold Schönberg, die 1911 erschienen ist. Bei Schönberg findet sich das Wort von der „Emanzipation der Dissonanz", das sich als Signatur der Jahre um 1910 anzubieten scheint. [...] In der Tat gehören Schönberg und Loos mit Kraus und Kokoschka zu der radikalen Wiener Intelligenz, die für sich das Recht in Anspruch nahm, die Wahrheit auch um den Preis der Verletzung und der Dissonanz anzusprechen.

Evidently, Loos obeyed the "impulse to construct harsh harmonies". I find this expression in the Theory of Harmony by Arnold Schönberg published in 1911. In Schönberg you find the term "emancipation of dissonance" which seems to offer itself as a signature for the years around 1910 ... Indeed, Schönberg and Loos together with Kraus and Kokoschka belong to the radical Viennese intelligentsia who laid claim to the right to articulate truth even at the cost of injury and dissonance.

Werner Hofmann, „Die Emanzipation der Dissonanzen", in: Adolf Loos 1870–1933. Raumplan – Wohnungsbau, Ausst.Kat./exh. cat. Akademie der Künste, Berlin 1983, 102–108.

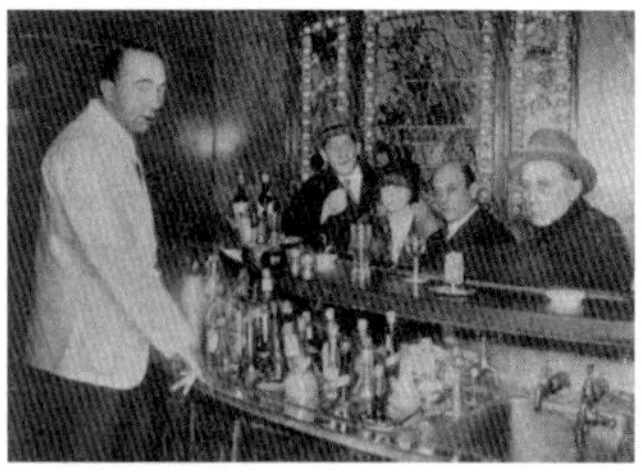

BRISTOL-BAR, BERLIN 1927: OSKAR KOKOSCHKA, GERTRUD UND / AND ARNOLD SCHÖNBERG, ADOLF LOOS

Als ich [...] hörte, Michelangelo habe seinen Moses direkt aus dem Stein herausgehauen, versuchte ich vergebens, mir von einem Vorstellungsvermögen einen Begriff zu machen, das zu solcher Leistung befähigt.
Und wie ich dann den Moses sah, erkannte ich die spezifische Raumanordnung des großen Bildhauers: er sieht den Gegenstand von allen Seiten gleichzeitig, durchschaut ihn gleichsam, so als ob er aus Glas wäre.
Ähnlich sollte es sich mit einer anderen Raumkunst verhalten: mit der Architektur. Was man jedoch bisher gesehen hat, zeigt Konzeption, die im Grunde zweidimensional ist, wie die des Malers. Die drei Dimensionen sind nicht gleichzeitig erlebt, sondern nacheinander. In Wirklichkeit erschaut sind Grundriß, Aufriß und Schnitte. Ebenen also, und es mag vielleicht eine sehr rasche Aufeinanderfolge zweidimensionaler Lagerungen der einheitlich dreidimensionalen Anschauung manchmal ziemlich nahe kommen. So kann ich es selbst einigermaßen denken und darum fühle ich den Unterschied, wenn ich einem Bauwerk von Adolf Loos gegenüberstehe: Hier sehe ich wie beim Werk des großen Bildhauers unzusammengesetzte, unmittelbare, dreidimensionale Konzeption, der vollkommen zu folgen vielleicht nur vermag, wer gleichartig begabt ist. Hier ist im Raum gedacht, erfunden, komponiert, gestaltet ohne jeden Behelf, ohne Hilfsebenen, Risse und Schnitte; unmittelbar, so als ob alle Körper durchsichtig wären; so, wie das geistige Auge den Raum in allen seinen Teilen und gleichzeitig als Ganzes vor sich hat.

When I heard that Michelangelo had carved his Moses right out of the stone, I tried in vain to get an idea of the imaginative faculty enabling him to accomplish such a feat.
And when I then saw Moses, I recognised the great artist's singular perception of space: he sees the object from all sides simultaneously, sees through it so to speak, as if it were made of glass.
The situation should be similar with another spatial art: with architecture. But what has been seen up to now reveals a conception that is basically two-dimensional like that of the painter. The three dimensions are not experienced simultaneously, but rather successively. Seen in reality are the ground plan, perspective, and sectional views: levels, in other words, and perhaps a very quick sequence of two-dimensional orientations may come fairly close to the uniformly three-dimensional seeing sometimes. I myself can conceive of this to some extent, and this is why I feel the difference when I confront a building by Adolf Loos: here I see in the great sculptor's work the uncomposed, direct, three-dimensional conception, which can be followed perhaps only by those who are gifted in a similar manner. Here everything is conceived spatially, devised, composed, shaped without any accessories, without auxiliary levels, breaks, and cuts; directly, as if all structures were transparent; as if the spiritual eye beholds the space in all its parts and in its entirety at the same time.

Arnold Schönberg in: Adolf Loos, zum 60. Geburtstag, Wien 1930 (Nachdruck/reprint Wien 1985), 60–61.

Schönberg reicht keine Hand. Wer ihn aber aus einem Gefühl heraus begriffen hat, der ist ihm auf einmal so nahe, dass er der helfenden Hand nicht mehr bedarf. Das sind die Auserwählten, die sein Wort hören, auch wenn er es nicht ausgesprochen hat [...] Und seine Werke schauen uns oft mit grossen starren Augen an, dass wir erschrecken und zurücktreten, als wollten wir eine schützende Luftschicht zwischen uns und ihnen schaffen. [...] Es ist eine unbewusste Reaktion gegen das Nahbild, das wir von dem Werke haben [...] Dem Gefühl ist es nicht möglich, Musik, Malerei und Dichtung Schönbergs scharf zu trennen. Ueberall spricht ein bezwingender Geist, der in allem so eins mit sich und mit eiserner, unfehlbarer Sicherheit seine Entwicklung nimmt. Nichts wird ihn abhalten können, seinen Weg weiterzuschreiten, auch wenn er selbst es wollte. Ueber seinen Menschen kann niemand hinaus, weil ausser ihm nichts mehr ist.

Schönberg does not stretch out his hand. However, those who understand him emotionally are suddenly so close to him that they no longer need this helping hand. These are the chosen few who hear his word even when he has not spoken it ... And frequently his works look at us with such large and staring eyes that we become startled and step back as if we wanted to keep a protective cushion of air between them and us ... This stepping back is an unconscious reaction against the close view we have of the work ... It is not possible for the emotions to separate sharply Schönberg's music, painting, and poetry. Everywhere a forceful spirit speaks, which is at one with himself in everything and goes his way with strong infallible assurance. Nothing will be able to stop him from progressing further, even if he himself wanted to. No one can go beyond his own self, because outside him there is nothing more.

Karl Linke, „Einleitung", in: Arnold Schönberg – in höchster Verehrung, München 1912, 13–21.

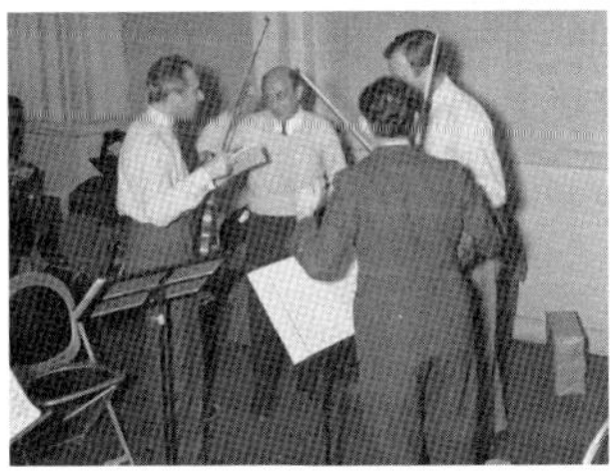

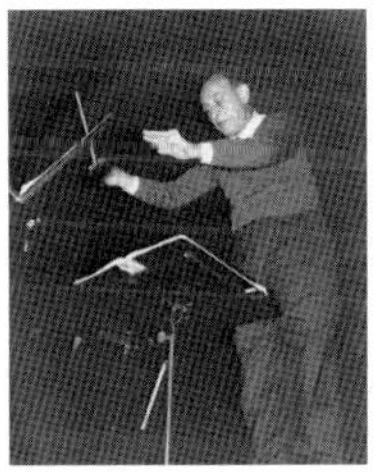

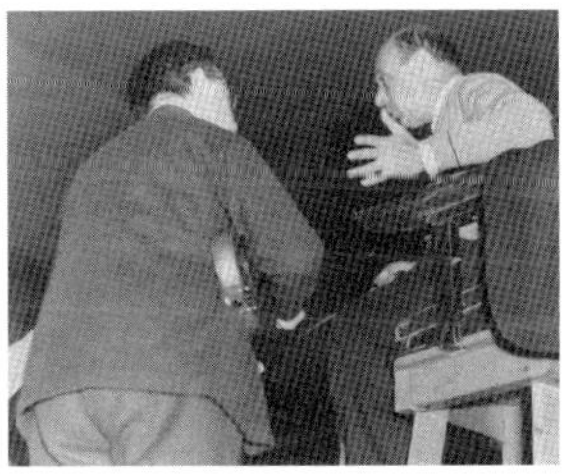

PROBEN / REHEARSALS

Mit berechtigtem Stolz wiesen die frühen Verfechter der atonalen Musik darauf hin, dass die abstrakte Malerei genau zur selben Zeit begonnen habe wie die Atonalität, und es gibt tatsächlich genügend Parallelen zwischen den Karrieren des Malers Kandinsky und des Komponisten Schönberg. Meiner Ansicht nach ist es jedoch gefährlich, die Parallele zu eng zu ziehen, und zwar aus dem einfachen Grund, weil Musik immer abstrakt ist, weil sie keine allegorischen Konnotationen enthält, es sei denn im zutiefst metaphysischen Sinn, und weil sie, von einigen Ausnahmen abgesehen, nicht vorgibt und nie vorgegeben hat, etwas anderes zu sein als ein Mittel, die Geheimnisse der Kommunikation auf entsprechend geheimnisvolle Weise auszudrücken.

Of course, the early propagandists for atonality pointed with a good deal of pride to the fact that the movement toward abstract art began at almost exactly the same time as atonality, and there are certain comfortable parallels between the careers of the painter Kandinsky and the composer Schoenberg. But I think it is dangerous to pursue the parallel too closely for the simple reason that music is always abstract, that it has no allegorical connotations except in the highest metaphysical sense, and that it does not and has not, with very few exceptions, pretended to be other than a means of expressing the mysteries of communication in a form which is equally mysterious.

Glenn Gould, Arnold Schoenberg. A Perspective, University of Cincinnati Occasional Papers, Nr./no. 3, Cincinnati 1964, 8.

Schönberg: Malen bedeutet für mich in der Tat dasselbe wie Komponieren. Es war für mich eine Möglichkeit, mich auszudrücken, meine Emotionen, Ideen, Gefühle; das ist vielleicht der Schlüssel zum Verständnis dieser Bilder – oder zum Nichtverständnis. [...]
Tatsächlich, wie ich bereits sagte, habe ich mich auf dieselbe Weise ausgedrückt wie in der Musik. [...]
Ich muß sagen, daß ich als Maler ein absoluter Amateur war; ich hatte keine theoretische und nur sehr wenig ästhetische Schulung und die nur durch die allgemeine Erziehung, aber nicht aus einem bildnerischen Studium. In der Musik war das anders. [...]
Stevens: Angenommen, Sie hätten den Beruf eines Malers ergriffen: Sie haben bereits gesagt, daß Sie der Ansicht sind, daß Ihr malerisches Werk dieselbe Rezeption, dasselbe Befremden und die zeitweise gleiche Verdammung wie Ihre Musik hervorgerufen hätte. Aber haben Sie das Gefühl, daß sich eine Karriere des Malers Schönberg genauso entwickelt hätte wie die des Komponisten?

Schönberg: In fact it (painting) was the same to me as making music. To me it was a way of expressing myself, of presenting emotions, ideas, and then other feelings, and this is perhaps the way to understand these paintings or not to understand them ...
In fact, as I said, I expressed myself in the same manner as I did in music ...
I must answer that as a painter I was absolutely an amateur. And that I had no theoretical training and only a little esthetic training – this only from general education but not from an education which pertained to painting. In music it was different ...
Stevens: Suppose you had pursued the profession of a painter. Do you feel that you would have encountered similar problems – you have already said that you would expect the same sort of reception, the same sort of surprise and occasional condemnation that you have received in your music. But do you feel that your career as a painter might have paralleled that as a composer?

Schönberg: Ja, ich bin sicher, das wäre so gewesen. Ich muß sagen, daß ich, zumindest damals, eine gute technische Begabung hatte [...]

Schönberg: Yes, I am sure it would have. I must say, technically I possessed some ability ...

Halsey Stevens, „A Conversation with Schönberg about Painting, 1949", in: Journal of the Arnold Schoenberg Institute, vol. 2, no. 3, Los Angeles 1978, 178–180. Deutsche Übersetzung: Halsey Stevens, „Gespräch mit Arnold Schönberg zum Thema Malerei, 1949", in: Arnold Schönberg. Das bildnerische Werk, Klagenfurt 1991, 448.

Was auf den rätselhaften Tafeln Arnold Schönbergs dargestellt wird, sind weder Gefühle der bei verdunkelter Gehirnglocke hungrig schwärmenden Sinne, noch Tatsachen im physischen Lichte. [...] Arnold Schönberg, der Denker, versucht es, der Malerei endlich jenen Zustand psychischer Primitivität nachzuerschaffen, jene prähistorische Art Vorleben, ohne welches ihre jetzige Existenz nicht wahrhaftig legitimiert erschiene, und er allein konnte diese für den Geniesser ganz unwesentlichen Formen geduldig bilden, da er bereits von einer vorgeschrittenen und verstandenen Kunst, von seiner Musik geschützt, beinahe immunisiert erscheint. Nur solche sind wahrhafte Entdecker, die schon irgendwo eine grenzenlose Sicherheit besitzen, und nicht jene, die ihre Sach' auf nichts gestellt und sich nur die Universalgebärden angeeignet haben. (Es bleibt bei Künstlern wie Arnold Schönberg, die mehrerer Materiale sich zu offenbaren haben, als letzte Frage nur die übrig, von welchem Material die grösste Sicherheit ausgeht.)

What you see portrayed on Arnold Schönberg's mysterious canvases are neither the feelings that arise from the hungrily enthusiastic senses of the darkened cerebral globe, nor are they facts in the physical light ... Arnold Schönberg, the philosopher, attempts to ultimately instil painting with that state of emotional primitiveness, that prehistoric past life of sorts, without which its present existence would not seem truly justified, and he alone patiently creates these forms that are totally irrelevant to the bon vivant because he appears to be already protected, indeed virtually immunised by an advanced and understood art, namely his music. The true discoverers are those who already possess a limitless security in something, and not those who have no basis for their skills and have merely acquired the universal gestures.

Albert Paris von Gütersloh, „Schönberg der Maler", in: Arnold Schönberg – in höchster Verehrung, München 1912, 65–74.

Die geistige Haltung der Mitarbeiter (des „Blauen Reiter") – Kandinsky, Marc, Burljuk, Macke, Schönberg – ist sehr einheitlich. Sie fühlten sich als die Wegbereiter einer neuen Epoche der geistigen Kultur. Diese findet ihre Wurzeln in den Äußerungsformen der naiven Seele.

The intellectual stance shared by the members (of the "Blaue Reiter") – Kandinsky, Marc, Burljuk, Macke, Schönberg – is very uniform. They considered themselves to be the pioneers of a new epoch of intellectual culture whose roots are to be found in the forms of expression of the naive soul.

Werner Haftmann, Malerei im 20. Jahrhundert, München 1954, 152.

Nur Menschen, die wie er dazu gekommen sind, das spukhafte Wesen aller Dinge unvermittelt, mit dem Realismus des Halluzinierten und ohne das kompromißhafte Medium des „Schönen" wiederzugeben [...], werden seine Bilder verstehen.

Only people who have succeeded like him in depicting the ghostly essence of all things directly through the realism of the hallucinated and without the compromising medium of the "beautiful" ... will understand his paintings.

Albert Paris von Gütersloh, „Neukunst", in: Pester Lloyd. Morgenblatt, Jg./vol. 59, Nr./no. 3, Budapest 4/1/1912, 1–3.

Arnold Schönberg
Sanatorium Alleekurhaus
Herrn Intendanten Legal
Berlin W. Oper am Platz der Republik

Ich bin kein Freund sogenannter „stilistischer" Dekorationen (welcher Stil?) und liebe es in dem Bild die gute, geübte Hand eines Malers zu sehen, der einen geraden Strich grad machen kann und sich nicht an Kinderzeichnungen oder an Kunst der wilden Völker ein Beispiel nimmt. Die Gegenstände und Oertlichkeiten in meinen Stücken spielen mit und darum soll man sie so deutlich erkennen können, wie die Tonhöhen. Wenn sich der Zuschauer bei einem Bilderräthsel („Wo ist der Jäger?") erst fragen muß, was es bedeutet, so überhört er einen Teil der Musik. Das mag ihm zwar angenehm sein, aber mir ist es unerwünscht.

Arnold Schönberg
Alleekurhaus Sanatorium
To Mr. Legal, Director
Opera on the Platz der Republik, Berlin West

I am not a fan of so-called "stylistic" decorations (what style?), and I love being able to detect in the painting the skilled, practised hand of an artist who is able to execute a straight line and is not influenced by children's drawings or the art of wild peoples. The objects and locations in my pieces play a role, and consequently, you should be able to recognise them as clearly as the pitches. If when doing a picture puzzle ("Where is the hunter?") an observer first has to ask what it means, then he misses part of the music. That may be pleasant for him, but it is unintended on my part.

Arnold Schönberg: Brief an Ernst Legal, den Intendanten der Berliner Oper / letter to Ernst Legal, the director of the Berlin Opera, Baden-Baden, 14/6/1930.

Das dritte Stück aus Opus 16 zeigt auch einen äußerst ungewöhnlichen Gebrauch der Klangfarbe [...] Schönberg hat dieses Stück nicht ohne Absicht „Farben" genannt, denn hier wurde auf außerordentlich nachhaltige Weise erstmals mit der Farbe gespielt. Im dritten Stück aus Opus 16 ist dieses Farbprinzip wie gesagt auf einen Akkord angewandt; [...] Schönberg nennt dieses Verfahren „Klangfarbenmelodie"; es ließe sich definieren als unausgesetzten Farbwechsel, angewandt auf die horizontale Dimension der Musik.

The third piece from opus 16 demonstrates a highly unusual use of timbre ... It was no coincidence that Schönberg called this piece "Colours", given that this is the first occasion colour was experimented with in a sustained manner. At any rate, in the third piece from opus 16 this timbre principle is applied to a chord; ... Schönberg calls this procedure "timbre melody" which could be defined as the uninterrupted alternation of colour, applied to the horizontal dimension of music.

Pierre Boulez, Lexikonartikel / encyclopedia entry, in: Pierre Boulez. Anhaltspunkte, Stuttgart, Zürich 1975, 22.

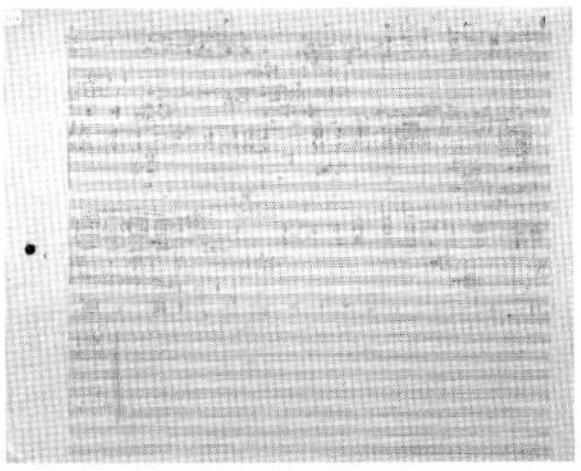

FAKSIMILE FÜNF ORCHESTERSTÜCKE, OP. 16, 3. TEIL „FARBEN" / FACSIMILE FIVE ORCHESTRAL PIECES, OP.16, PART 3 "COLOURS"

Die Klangfarbe ist also das große Gebiet, ein Bezirk davon die Klanghöhe. Die Klanghöhe ist nichts anderes als Klangfarbe, gemessen in einer Richtung. Ist es nun möglich, aus Klangfarben, die sich der Höhe nach unterscheiden, Gebilde entstehen zu lassen, die wir Melodien nennen, Folgen, deren Zusammenhang eine gedankenähnliche Wirkung hervorruft, dann muß es auch möglich sein, aus den Klangfarben der anderen Dimension, aus dem, was wir schlechtweg Klangfarbe nennen, solche Folgen herzustellen, deren Beziehung untereinander mit einer Art Logik wirkt, ganz äquivalent jener Logik, die uns bei der Melodie der Klanghöhen genügt.

Tone colour is, thus, the main topic, pitch a subdivision. Pitch is nothing else but tone colour measured in one direction. Now, if it is possible to create patterns out of tone colours that are differentiated according to pitch, patterns we call "melodies", progressions, whose coherence (Zusammenhang) evokes an effect analogous to thought processes, then it must also be possible to make such progressions out of the tone colours of the other dimension, out of that which we call simply "tone colour", progressions whose relations with one another work with a kind of logic entirely equivalent to that logic which satisfies us in the melody of pitches.

Arnold Schönberg, Harmonielehre (Leipzig 1911), Universal Edition, Leipzig 1922, 503.
Arnold Schoenberg, Theory of Harmony (New York 1948), London 1983, 421.

Denn ungegenständliche Malerei, wie tonalitätsfreie Musik, die ihrem Impuls nach sich überläßt, hat Affinität zum reinen Ausdruck; unabhängig von der signifikativen Beziehung auf ein Auszudrückendes nicht nur, sondern auch von der damit verschwisterten eines sich ausdrückenden, mit sich identischen Subjekts [...] Was in Malerei und Musik dabei zum Ausdruck tastet, ist nicht länger jenes synthetisierende Ich, das sich gebärdet, als wäre es bruchlos des Materials wie seiner selbst mächtig in der Gestalt. Beide Künste werden Schemata einer nichtsubjektiven Sprache.

After all, non-representational painting, like atonal music, which is allowed to follow its own impulse, is associated with pure expression; irrespective of the significant relationship not only to what is expressed, but also irrespective of the closely related subject expressing itself with which it is identical ... What is tentatively expressed in music and art is no longer that syntheticising Ego that acts as if were both the material and itself were perfectly at its fingertips in the shape it finds. Both art forms become schemata of a non-subjective

Theodor W. Adorno, Über einige Relationen zwischen Musik und Malerei.
Vorträge aus der Reihe „Grenzen und Konvergenzen der Künste" in der Akademie der Künste, Berlin 1965–66 (Anmerkungen zur Zeit, 12), Berlin 1967, 5–23.

Die Neue Musik hat also eine Philosophie – es würde genügen, wenn sie einen Philosophen hätte. Er attackiert mich darin ganz vehement. Wieder ein Abtrünniger [...] aber ich habe den Menschen nie leiden mögen [...] und jetzt weiß ich es ja auch, daß ihm meine Musik offenbar niemals gefallen hat [...]

In other words, New Music has a philosophy – it would suffice if it had a philosopher. He attacks me in it with great vehemence. Another renegade ... but I never could stand the man ... and now I also know that he evidently never liked my music ...

Arnold Schönberg, Brief an / letter to Kurt List, 16/12/1949.

Hüten wir uns, Schönberg als eine Art Moses anzusehen, der im Angesicht des Gelobten Landes stirbt, nachdem er die Gesetzestafeln vom Berg Sinai heruntergeworfen hat, den einige Leute um ihr Leben gern mit Walhall verwechseln möchten. (Inzwischen ist der Tanz um das Goldene Kalb in vollem Gange.)

Let us beware of seeing Schönberg as some sort of Moses who dies before entering the Promised Land, having brought down the Ten Commandments from Mount Sinai, and whom some people would just love to confuse with Valhalla. (Meanwhile the dance around the golden calf is in full swing.)

Pierre Boulez, „Schönberg ist tot", in: Melos. Zeitschrift für Neue Musik, Heft/issue 2, 1974, 62–64.

Moses: Dein Bild verblich vor meinem Wort!
Aron: Deinem Wort waren sonst Bilder und Wunder, die du mißachtetest, versagt. Und doch war das Wunder nicht mehr als ein Bild: als dein Wort mein Bild zerstörte. [...]
Moses: Unvorstellbarer Gott! Unaussprechlicher, vieldeutiger Gedanke! Läßt du diese Auslegung zu? Darf Aron, mein Mund, dieses Bild machen? So habe ich mir ein Bild gemacht, falsch, wie ein Bild nur sein kann! So bin ich geschlagen! So war alles Wahnsinn, was ich gedacht habe, und kann und darf nicht gesagt werden! O Wort, du Wort, das mir fehlt!
(Moses sinkt verzweifelt zu Boden.)

Moses: Your image faded at my word!
Aron: But your word was denied image and marvel, which are detested by you. And yet was the marvel an image, not more, when your word destroyed my image ...
Moses: Inconceivable God! Inexpressible, many-sided ideas, will you let it be so explained? Shall Aron, my mouth, fashion this image? Then I have fashioned an image too, false, as an image must be. Thus am I defeated! Thus, all was but madness that I believed before, and can and must not be given voice. O word, thou word, that I lack!
(Moses sinks to the ground in despair.)

Arnold Schönberg, Moses und Aron, 2. Akt, 5. Szene / act 2, scene 5.

Kunst möchte mit ihren feinsinnigen Freunden nicht mehr zu schaffen haben, als aus materieller Rücksicht unvermeidlich ist; my music is not lovely, brummte Schönberg in Hollywood, als ein Filmmogul, der sie nicht kannte, ihm ein Kompliment machen wollte. Von ihrem kulinarischen Moment sagt Kunst sich los.

Art no longer wishes to have more to do with its sensitive friends than is unavoidable out of material consideration; "My music is not lovely", Schönberg growled in Hollywood when a film mogul, who was unfamiliar with it, sought to make him a compliment. Art separates itself from its culinary aspect.

Theodor W. Adorno: Die Kunst und die Künste. Vorträge aus der Reihe „Grenzen und Konvergenzen der Künste" in der Akademie der Künste, Berlin 1965–66 (Anmerkungen zur Zeit, 12), Berlin 1967, 25–51.

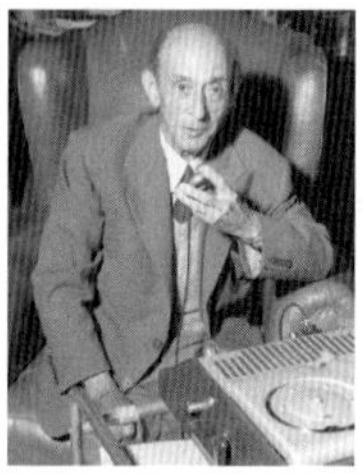
SCHÖNBERG AM DIKTIERGERÄT / DICTATING
PHOTO: RICHARD FISH

Es ist nicht meine Absicht, die Rechte der Mehrheit zu bestreiten. Aber eines ist sicher: Die Macht der Mehrheit hat irgendwo eine Grenze. Überall dort nämlich, wo nicht alle in der Lage sind, das, worauf es ankommt, selbst zu tun. [...]
Das ist meine Situation: Ich befinde mich in einer Minderheit, nicht nur gegenüber den Freunden leichter Musik, sondern auch gegenüber den Freunden ernster Musik. [...]
Hier im Rundfunk wird der Mehrheit ihr Recht. Zu jeder Tages- und Nachtzeit serviert man ihr jenen Ohrenschmaus [...]. Ich mache diesem Unterhaltungsdelirium gegenüber das Recht einer Minderheit geltend: man muss auch die notwendigen Dinge verbreiten können, nicht bloß die überflüssigen. [...]
Neue Musik ist niemals von allem Anfang an schön. Sie wissen, dass nicht nur Mozart, Beethoven und Wagner mit ihren Werken anfangs auf Widerstand stießen, sondern dass auch Verdis Rigoletto, Puccinis Butterfly und sogar Rossinis Barbier von Sevilla ausgepfiffen wurden, und daß Carmen durchgefallen ist [...]

It is not my intention to dispute people's rights. But one thing is certain: there is a limit to the power wielded by the majority. Namely, when you reach the point at which not everyone is in a position to do the thing in question for themselves ...
That is the situation I am in: I am in a minority, not only vis-à-vis the friends of light music but also vis-à-vis those of serious music ...
Here, on the radio, authority is given to the majority. They are served this treat for the ears at every time of the day and night, ... I assert the right of the minority against this entertainment delirium: it is also necessary to disseminate the necessary things, not only the superfluous ones ...
New Music is never beautiful from the beginning. You know that not only the works of Mozart, Beethoven, and Wagner initially met with opposition, but also Verdi's Rigoletto, Puccini's Butterfly, why even Rossini's Barber of Seville was booed at, and Carmen flopped ...

„Schönberg spricht"; Orchestervariationen op. 31, Vortrag / lecture, Radio Frankfurt, 22/03/1931.

Ich glaube: Kunst kommt nicht von Können, sondern vom Müssen. Der Kunsthandwerker kann. [...] Aber der Künstler muß. Er hat keinen Einfluß darauf, von seinem Willen hängt es nicht ab. Aber da er muß, kann er auch. Selbst, was ihm nicht angeboren ist, erwirbt er: manuelle Geschicklichkeit, Formbeherrschung, Virtuosität. Aber nicht die der anderen, sondern seine eigene. Dieses unter einem Zwang von innen heraus entwickelte Können, dieses Sich-Ausdrücken-Können, ist wesentlich verschieden vom Können des Kunsthandwerkers, das eigentlich doch einen anderen ausdrückt als den Autor. [...] Das Geniale lernt also eigentlich nur an sich selbst, der Talentierte hauptsächlich am andern. Der Geniale lernt aus der Natur, der Talentierte aus der Kunst.

Arnold Schönberg, „Probleme des Kunstunterrichts", in: Musikalisches Taschenbuch. Illustrierter Kalender für Musikstudierende, Jg./vol. 2, Wien 1911, 22–27.

What I believe is that art does not derive from ability but from compulsion. A craftsman can ... But the artist must. He has no influence over it, it does not depend on his will. But his compulsion spawns his ability. And he acquires those skills he is not born with: manual dexterity, mastery of form, virtuosity. Not that of the others, but rather his own. This ability that develops from an inner compulsion, this ability to express oneself, differs altogether from the ability of the craftsman which is expressed by someone other than the author ... In effect, the genius only learns from himself, while the talented person learns mainly from others. The genius learns from nature, but the talented person learns from art.

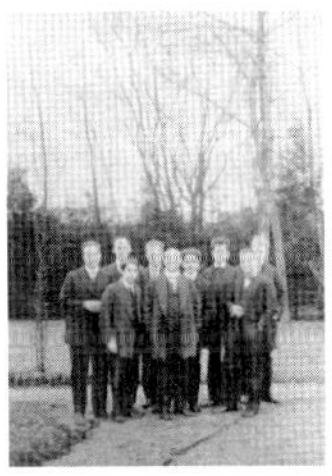

SCHÖNBERG MIT SEINEN WIENER SCHÜLERN / WITH HIS STUDENTS IN VIENNA: PAUL KÖNIGER, EDWARD CLARK, ERWIN STEIN, EDUARD STEUERMANN, N. N., HEINRICH JALOWETZ, ANTON WEBERN, JOSEF POLNAUER

Beim Malen des Selbstporträts ist Schönberg routiniert, man hat hier den Eindruck, daß der Pinsel einfach nicht mehr zu suchen braucht, sondern mit großer Leichtigkeit seinen Weg über Palette und Leinwand findet. [...] Verfolgenswert erscheint schließlich der Gedanke, daß die „Visionen" aus dem Phänomen des Selbstporträts entwickelt sind, als eine ins Traumhafte gesteigerte Überrealistik, als Ergebnis des Weges vom Sich-selber-sehen über das Sich-selbst-verwandeln bis zu einem konzentrierten Über-Ich, das im Traum wirksam wird. [...] Die Vermutung liegt nahe, daß es sich dabei um ein malerisches Spezifikum handeln könnte, wie es typisch für jemand ist, der seinem Beruf nach in erster Linie Musiker und erst in zweiter Linie Maler ist. [...]
Denn es war, um es grob zu sagen, mit diesen Bildern eigentlich so gut wie mit jeder Tradition gebrochen. Alles, was man bis dahin zu sehen gewohnt war, akademisches Können, Zeichnung, geometrische Perspektive, Maltechnik, kostbarer Farbauftrag, fehlt diesen Bildern. Sie waren „avantgardistisch", ohne die Avantgarde angestrebt zu haben, und sie sind unprofessionell, obwohl ihr Schöpfer sie durchaus dem Professionellen zugehörig verstanden wissen wollte. Sie sind auch heute noch, was sie schon seinerzeit waren: Einzelfälle.

Robert Waißenberger: „Der Bereich Malerei in Arnold Schönbergs Leben", in: Arnold Schönberg. Gedenkausstellung 1974, Ausst.Kat./exh. cat. Wiener Stadtbibliothek, Wien 1974, 100–108.

Schönberg demonstrates a certain routine in the execution of his self-portraits; you have the impression that the brush no longer needs to search, but simply finds its way over palette and canvas with great ease ... One thought worthy of pursuit is that the "visions" are evolved from the phenomenon of his self-portraits, as a form of realism heightened to the dream-like, stemming from a method starting with seeing-oneself via transforming-oneself through to a concentrated superego that takes effect in dreams ... One might assume that what we are dealing with is something specific to painting, typical for someone who is primarily a musician and only secondly an artist ...
After all, these paintings represent a break with virtually every single tradition. Everything people had been accustomed to seeing up until then; they are without academic skill, drawing, geometrical perspective, painting technique, the careful application of paint. They were "avant-gardish", without attempting to be so, and they are unprofessional, although their creator wanted them to be understood as professional. They remain today, what they were back in his time: one-offs.

So ist dieses Buch entstanden. Aus den Fehlern, die meine Schüler machten, wenn ich ihnen ungenügende oder falsche Anweisungen gab, habe ich gelernt die richtige Anweisungen zu geben. Gelungene Lösungen bestätigen die Richtigkeit meines Versuchs, ohne mich zu dem Irrglauben zu verleiten, daß ich damit das Problem wirklich gelöst habe.

Arnold Schönberg, „Vorwort", in: Harmonielehre, Leipzig 1911, V.
Arnold Schoenberg, "Preface", in: Theory of Harmony, New York 1948, 1.

This, then, is the way this book came into being. From the errors made by my pupils as a result of inadequate or wrong instructions I learned how to give the right instructions. Successful completion of assignments by the pupils established the soundness of my efforts without luring me into the fallacy that I had solved the problem definitely.

Man sollte nicht verächtlich von einem Erfolg sprechen, der durch Glück zustande gekommen ist. Denn: Glückhaben ist nicht mehr und nicht weniger von Verdienst, als Schönsein, Geniehaben, Krafthaben, Königsein, aber ein ebensolches Zeichen von Auserwähltheit.

You should not speak depreciatingly of a success that came about through luck. After all, being lucky is worth no more or less than being beautiful, being a genius, being strong, being a king, but is also a sign of having been chosen.

Arnold Schönberg, 8/9/1932.

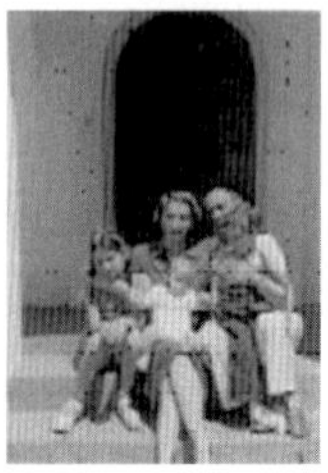

FAMILIE SCHÖNBERG / FAMILY IN LOS ANGELES

Seltsamerweise (vielleicht auch, weil er mit dem Kunstmarkt nicht vertraut war) maß Schönberg seinen Gemälden einen höheren Wert bei als seiner Musik. So schätzte er Mitte der 1940er Jahre, als er in den Vereinigten Staaten lebte, die komplette Achtundvierzig-Seiten-Partitur von Pierrot lunaire, einem seiner anerkannten Meisterstücke, auf $ 1.500, ein Selbstporträt hingegen auf $ 5.000 (Briefe an Otto Kallir, 5.6.1945 und 22.4.1947). Im Vergleich dazu brachten recht große Ölgemälde von Schiele zu jener Zeit $ 1.500, und selbst der in Amerika weit bekanntere Kokoschka verlangte kaum höhere Preise; einen Renoir konnte man für $ 2.000 bis $ 4.000 erwerben. Gegen Ende seines Lebens betrachtete Schönberg seine Gemälde als wichtigen – vielleicht sogar wichtigsten – Bestandteil seines Nachlasses. 1949 lehnte er eine Einladung, in Deutschland auszustellen, mit der Begründung ab: „Sie müssen bedenken, daß für mich das Risiko, daß die Bilder verloren gehen, ärger ist als für ein Museum. Für ein Museum ist es lediglich eines der Stücke, die sie haben; für mich ist es – sagen wir es wie es wirklich ist – mein Nachlaß für meine Erben, von dem ich hoffe, daß sie einmal ein gewisses Erträgnis haben werden.“ (Brief an Dr. Ludwig Grote, Los Angeles, 10.6.1949).

In a peculiar way (and, in part, probably because he was unfamiliar with the art market), Schoenberg valued his paintings above his music. In the mid 1940s, when he was living in the United States, he priced the complete forty-eight-page score of Pierrot lunaire, one of his acknowledged masterpieces, at $ 1,500, and a self-portrait, $5,000 (letter to Otto Kallir, 5/6/1945 and 22/4/1947). Again, by way of comparison, good-sized oils by Schiele brought $1,500 at the time, and even Kokoschka, who was better known in America, commanded prices that were scarcely higher; a Renoir could be had for between $2,000 and $4,000. Toward the end of his life, Schoenberg considered his paintings an important component – perhaps the most important component – of his legacy. In 1949 he declined an invitation to exhibit in Germany, saying, “The risk of losing the pictures is graver for me than for a museum. For a museum it is just one of the pieces they have; for me it is – let us be quite frank about it – what I intend to leave to my heirs, hoping that someday it will bring them a sum worth having.” (letter to Dr. Ludwig Grote, Los Angeles, 10/6/1949).

Jane Kallir: Arnold Schoenberg's Vienna, Galerie St. Etienne, New York 1984, 43.

BIOGRAFIE
BIOGRAPHY

1874
Arnold Schönberg wird am 13. September in Wien als Sohn des jüdischen Kaufmanns Samuel Schönberg und dessen Ehefrau Pauline, geb. Nachod, geboren. Die Eltern betreiben ein Schuhgeschäft.

Arnold Schönberg is born on 13 September in Vienna, the son of Jewish businessman Samuel Schönberg and his wife Pauline, neé Nachod. His parents run a shoe shop.

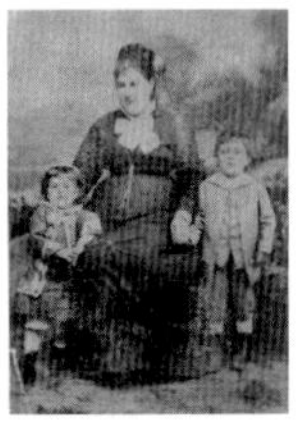

PAULINE SCHÖNBERG MIT DEN KINDERN OTTILIE UND ARNOLD, 1879
PAULINE SCHÖNBERG WITH HER CHILDREN OTTILIE AND ARNOLD, 1879

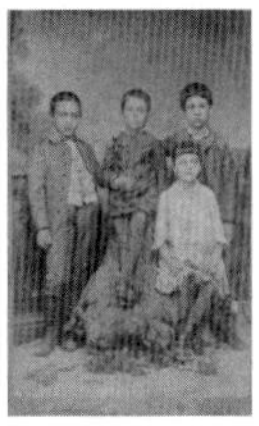

MIT SEINEN COUSINS EDMUND, RUDOLF UND SEINER COUSINE MALVINA GOLDSCHMIDT, UM 1885
WITH HIS COUSINS EDMUND, RUDOLF, AND MALVINA GOLDSCHMIDT, C. 1885

ZEITTAFEL
CHRONOLOGY

1874
Erste Ausstellung der Impressionisten in Paris; Giuseppe Verdi: **Requiem;** Johann Strauß (Sohn): **Die Fledermaus**

First Impressionist exhibition in Paris; Giuseppe Verdi: **Requiem;** Johann Strauss the Younger: **Die Fledermaus**

1876
Edgar Degas: **Ballettprobe;** Auguste Renoir: **Le Moulin de la galette;** erste Wagner-Festspiele in Bayreuth mit der ersten Gesamtaufführung von **Der Ring des Nibelungen;** Alexander Graham Bell: erstes Telefongespräch

Edgar Degas: **Ballet Rehearsal;** Auguste Renoir: **Le Moulin de la galette;** first Wagner Festival in Bayreuth with the first performance of the entire **Ring of the Nibelung;** Alexander Graham Bell: first conversation by phone

1877
Édouard Manet: **Nana;** Gesamtausgabe von Mozarts Werken (bis 1904); Quartett der Gebrüder Schrammel in Wien; Leo Tolstoi: **Anna Karenina** (1875–1877 in Fortsetzung erschienen); Walzen-Phonograph von Thomas Edison (Vorläufer des Grammophons)

Edouard Manet: **Nana;** first edition of Mozart's collected works (until 1904); Schrammel Brothers Quartet in Vienna; Leo Tolstoy: **Anna Karenina** (appeared in serialized form from 1875 to 1877); Thomas Edison: cylinder phonograph (precursor of the gramophone)

1879
Hans Makart (1840–1884) organisiert und gestaltet den großen Festzug der Stadt Wien anlässlich der Silberhochzeit des Kaiserpaares Franz Joseph I. und „Sissi"; Henrik Ibsen: **Nora**

Hans Makart (1840–84) organises and designs the festive procession in Vienna on the occasion of the silver wedding of Emperor Franz Joseph I and his wife "Sissi"; Henrik Ibsen: **Nora**

1882
Lernt im Selbststudium das Geigenspiel.

Teaches himself to play the violin.

1883
Erste Kompositionsversuche, inspiriert durch Parkkonzerte der Militärkapellen, Kaffeehausarrangements klassischer Musik.

First attempts at composition, inspired by the concerts played by military bands in the local park, coffeehouse arrangements of classical music.

1889
Der Vater stirbt an einer Lungenentzündung.

His father dies of pneumonia.

1891
Aus wirtschaftlicher Notwendigkeit bricht er die Realschule ab und beginnt eine Lehre in einer Privatbank.

Owing to a lack of money, he drops out of school and starts an apprenticeship in a private bank.

1882
Richard Wagner: **Parsifal** in Bayreuth uraufgeführt

Premiere of Richard Wagner's **Parsifal** in Bayreuth

1883
Richard Wagner stirbt (*1813); Friedrich Nietzsche: **Also sprach Zarathustra** (bis 1885)

Richard Wagner dies (born 1813); Friedrich Nietzsche: **Thus Spake Zarathustra** (until 1885)

1888
Vincent van Gogh: **Sonnenblumen;** Gustav Mahler: **1. Symphonie;** Theodor Storm: **Der Schimmelreiter;** erstmals Maifeier in Paris

Vincent Van Gogh: **Sunflowers;** Gustav Mahler: **First Symphony;** Theodor Storm: **The Dykemaster;** first May Day procession in Paris

1889
Künstlerkolonie Worpswede gegründet; Richard Strauss: **Don Juan;** Erzherzog Rudolf von Österreich-Ungarn erschießt sich und seine Geliebte; Pariser Weltausstellung (Eiffelturm)

Artists' colony is founded in Worpswede; Richard Strauss: **Don Juan;** Archduke Rudolf of Austria-Hungary shoots himself and his lover; World's Fair in Paris (Eiffel Tower)

1891
Frank Wedekind: **Frühlings Erwachen;** Oscar Wilde: **Das Bildnis des Dorian Gray;** Patentierung der Filmkamera

Frank Wedekind: **Spring Awakening;** Oscar Wilde: **The Picture of Dorian Gray;** the film camera is patented

1892
Gründung der Münchner Secession (Fritz von Uhde, Franz von Stuck u. a.); Maurice Maeterlinck: **Pelleas und Melisande;** Gerhart Hauptmann: **Die Weber;** Stefan George gründet **Blätter für die Kunst**

1894
Lernt seinen musikalischen Mentor und späteren Schwager Alexander von Zemlinsky kennen und wird Mitglied in dessen Orchester Polyhymnia.

Becomes acquainted with his musical mentor and later brother-in-law Alexander von Zemlinsky and starts playing in the latter's orchestra Polyhymnia.

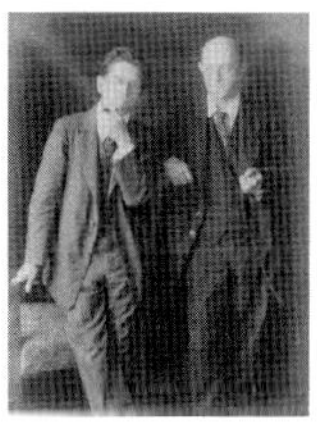

MIT / WITH ALEXANDER VON ZEMLINSKY, PRAG 1912

1895
Gegen den Widerstand der Familie gibt er 1895 die Tätigkeit in der Bank auf, um Musiker zu werden. Chormeister beim Metallarbeitersängerbund in Wien-Stockerau.

Despite his family's opposition, he quits his bank job in order to become a musician. Becomes the choir master of the Metal Workers' Choral Union in the Stockerau district of Vienna.

The Munich Secession is founded (Fritz von Uhde, Franz von Stuck, and others); Maurice Maeterlinck: **Pelleas and Melisande;** Gerhart Hauptmann: **The Weavers;** Stefan George founds the art journal **Blätter für die Kunst**

1893
1. Internationale Fotoausstellung in Hamburg; Edvard Munch: **Der Schrei;** Arthur Schnitzler: **Anatol;** Gerhart Hauptmann: **Der Biberpelz**

First **International Photographic Exhibition** in Hamburg; Edvard Munch, **The Scream;** Arthur Schnitzler: **Anatol;** Gerhart Hauptmann: **The Beaver Coat**

1894
Johannes Brahms: 1. **Symphonie, c-Moll** uraufgeführt; Claude Debussy: **Nachmittag eines Fauns;** Rudolf Steiner: **Die Philosophie der Freiheit** (vortheosophische, radikal-individualistische Philosophie)

Premiere of Johannes Brahms's **First Symphony in C Minor;** Claude Debussy: **Afternoon of a Faun;** Rudolf Steiner: **The Philosophy of Freedom** (pre-theosophist, radical-individualistic philosophy)

1895
Otto Wagner: **Die moderne Architektur;** große Cézanne-Ausstellung in der Galerie Vollard, Paris; Theodor Fontane: **Effi Briest;** Arbeiter-Touristen-Verein Naturfreunde in Wien gegründet; erste Filmvorführung durch die Gebrüder Skladanowsky im Wintergarten in Berlin

Otto Wagner: **Modern Architecture;** major Cézanne exhibition at Galerie Vollard, Paris; Theodor Fontane: **Effi Briest;** workers tourist club "Friends of Nature" founded in Vienna; first film screening by the Skladanovsky Brothers in the Wintergarten in Berlin

1896
Beginn der Freundschaft mit Adolf Loos, der ihn unterstützt: „Diese drei wirklich wertvollen Menschen [Altenberg, Kokoschka, Schönberg] habe ich davor bewahrt, verhungern zu müssen [...]."

Becomes friends with Adolf Loos, who supports him: "I ensured that these three truly invaluable beings [Altenberg, Kokoschka, and Schönberg] did not have to die of hunger ...."

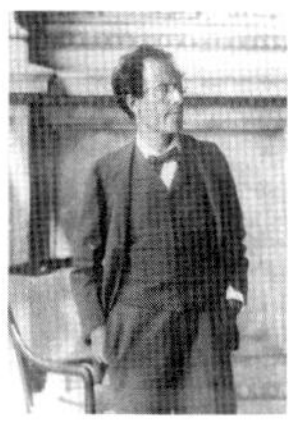

GUSTAV MAHLER

1898
Konvertiert zum protestantischen Glauben. Angeregt insbesondere durch die Lyrik seines Freundes Richard Dehmel entstehen die **Liedkompositionen, op. 1–3.** Im Dezember wird auf Vermittlung Zemlinskys das **Streichquartett D-Dur** im Wiener Musikverein durch das Fitzner Quartett aufgeführt.

Converts to the Protestant faith. Inspired in particular by the lyrics of his friend Richard Dehmel, he writes his first **Song Compositions, op. 1–3.** In December, thanks to the agency of Zemlinsky **String Quartet in D Minor** is performed by the Fitzner Quartet at the Vienna Music Association.

1896
Jugend, Wochenschrift für Kunst, Literatur, Politik, erscheint in München; Richard Strauss: **Also sprach Zarathustra;** Filmvorführungen durch Pathé Frères in Paris; **Simplizissimus,** politisch-satirisches Wochenblatt, in München gegründet; Theodor Herzl: **Der Judenstaat** (zionistische Forderung nach einer Heimat in Palästina); tödlicher Absturz Otto Lilienthals bei Flugversuch

Jugend, weekly for art, literature, and politics, published in Munich; Richard Strauss: **Thus Spake Zarathustra;** film screenings by Pathé Frères in Paris; the political/satirical weekly **Simplizissimus** is founded in Munich; Theodor Herzl: **The Jewish State** (Zionist call for a home country in Palestine); Otto Lilienthal crashes and dies while attempting to fly

1897
Gründung der Wiener Secession; Tate Gallery, London, eröffnet; Johannes Brahms (*1833) stirbt; Gustav Mahler wird Direktor der Wiener Hofoper; Stefan George: **Das Jahr der Seele**

Vienna Secession is founded; Tate Gallery opens in London; death of Johannes Brahms (born 1833); Gustav Mahler is appointed director of Vienna Court Opera; Stefan George: **The Year of the Soul**

1898
Adolf Loos gestaltet das Café Museum (sachlich moderner, antiornamentaler Stil); Otto Wagner, Mietshaus Linke Wienzeile (bis 1899), Stadtbahnhaltestelle Karlsplatz; Berliner Secession gegründet (Max Liebermann, Lovis Corinth, Käthe Kollwitz, Walter Leistikow, Max Slevogt u. a.), Ermordung Elisabeth von Österreichs; Entdeckung des Radiums von Marie und Pierre Curie; erste fabrikmäßige Herstellung einer Glühbirne

Adolf Loos designs the Café Museum (objectively modern and anti-ornamental style); Otto Wagner: tenement block on Linke Wienzeile (until 1899) and Stadtbahn Station Karlsplatz in Vienna; Berlin Secession founded (Max Liebermann, Lovis Corinth, Käthe Kollwitz, Walter Leistikow, Max Slevogt, and others);

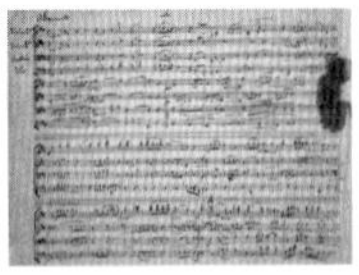

FAKSIMILE – STREICH-QUARTETT D-DUR, PARTITURAUSZUG, 1897
FACSIMILE – STRING QUARTET IN D MAJOR, EXCERPT OF SCORE, 1897

1899
Komponiert das **Streichsextett, op. 4, Verklärte Nacht.** Uraufführung 1902 in Wien durch das verstärkte Rosé-Quartett.

He composes the **String Sextet, op. 4, Transfigured Night.** It premieres in 1902 in Vienna, performed by the enlarged Rosé Quartet.

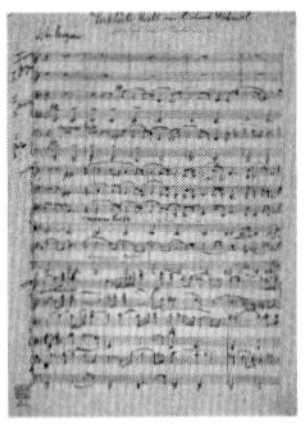

FAKSIMILE – VERKLÄRTE NACHT, OP. 4
FACSIMILE – TRANSFIGURED NIGHT, OP. 4

1900
Komposition der **Gurrelieder,** die erst 1911 fertig gestellt werden. Begegnung mit Alma Maria Schindler, der späteren Frau Gustav Mahlers.

Starts composing the **Gurrelieder,** which he does not complete until 1911. Meets Alma Maria Schindler, later the wife of Gustav Mahler.

Elisabeth of Austria murdered; Marie and Pierre Curie discover radium; first factory-produced light bulb

1899
Gründung der Künstlerkolonie Darmstadt; Karl Kraus veröffentlicht die erste Ausgabe der **Fackel;** die **Geheimlehre** Helena Petrowna Blavatskys, der Gründerin der Theosophischen Gesellschaft (1875) erscheint; Entdeckung des Atomkernzerfalls (Grundlage der Atomphysik); erstes Auto-Unfallopfer in den USA registriert

Artists' colony is founded in Darmstadt; Karl Kraus publishes the first issue of **The Torch; Secret Doctrine** published by Helena Petrowna Blavatsky, the founder of the Theosophical Society (1875); discovery of nuclear disintegration (basis of atomic physics); first fatality from an automobile accident registered in the United States

1900
Alfred Stieglitz gründet **Photo Secession** in den USA; erstes europäisches Phonogrammarchiv in Wien; August Strindberg: **Totentanz;** Peter Altenberg: **Was der Tag mir zuträgt;** Sigmund Freud: **Die Traumdeutung;** Ernst Mach: **Die Analyse der Empfindungen und das Verhältnis vom Physischen zum Psychischen;** Boxer-Aufstand in China; Start des ersten Zeppelins am Bodensee; Eröffnung der Pariser Metro

Alfred Stieglitz founds the Photo Secession in the United States; first European phonogram archive in Vienna; August Strindberg: **Dance of Death;** Peter Altenberg: **What the Day Reported to Me** (prose sketches); Sigmund Freud: **The Interpretation of Dreams;** Ernst Mach: **The Analysis of Sensations and the Relation of the Physical to the Psychical;** Boxer Uprising in China; flight of the first Zeppelin dirigible

1901
Heirat mit Mathilde von Zemlinsky. Umzug nach Berlin. Dort Anstellung als Kapellmeister an Ernst von Wolzogens literarischem Kabarett Überbrettl, für das er die **Brettllieder** komponiert.

Marries Mathilde von Zemlinsky. Moves to Berlin. Is appointed kapellmeister at Ernst von Wolzogen's literary cabaret Überbrettl, for which he then composes the **Brettl-Lieder.**

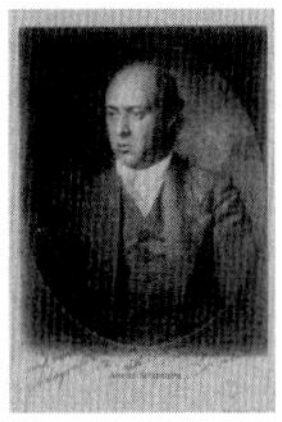

IN BERLIN, UM / C.1900

1902
Auf Empfehlung von Richard Strauss gibt Schönberg am Stern'schen Konservatorium Unterricht in Harmonielehre.
Geburt der Tochter Gertrude.

On Richard Strauss's recommendation, Schönberg teaches harmony at the Stern Conservatory.
Birth of his daughter Gertrude.

on Lake Constance; opening of the Metro in Paris

1901
Gustav Klimt: **Beethovenfries** zur 9. Symphonie in der Wiener Secession; Alfred Kubin: Ausstellung von Zeichnungen bei Cassirer, Berlin; Thomas Mann: **Die Buddenbrooks;** Leo Tolstois Werke ins Deutsche übersetzt (bis 1911); Anton Tschechow: **Drei Schwestern;** Rudolf Steiner hält in Berlin seine Vorträge über „Das Christentum als mystische Tatsache"; Volkshochschule Wien gegründet; Aby Warburg gründet Bibliothek zur Geschichte der europäischen Kultur, Hamburg; Königin Victoria von England stirbt; Roosevelt Präsident der USA; Nobel-Preis erstmals verliehen

Gustav Klimt: **Beethoven Frieze,** based on the Ninth Symphony, at the Vienna Secession; Alfred Kubin exhibits drawings at Cassirer, Berlin; Thomas Mann: **Buddenbrooks;** Leo Tolstoy's works are translated into German (through 1911); Anton Chekhov: **Three Sisters;** Rudolf Steiner lectures on "Christianity as a Mystical Fact" in Berlin; Adult Education Centre founded in Vienna; Aby Warburg founds the "Library on the History of European Culture", Hamburg; Queen Victoria of England dies; Franklin D. Roosevelt is elected president of the United States; Nobel Prize awarded for the first time

1902
Deutscher Künstlerbund (für unabhängiges modernes Kunstschaffen) gegründet; Claude Debussy: **Pelleas und Melisande;** Benedetto Croce: **Philosophie als Wissenschaft des Geistes** (bis1913); Lenin: **Was tun?** (revolutionäre Schrift)

Deutscher Künstlerbund (German Artists Association) for independent modern creative activity founded; Claude Debussy: **Pelleas and Melisande;** Benedetto Croce: **Philosophy of the Spirit** (first instalment, until 1913); Lenin: **What Is to Be Done?** (revolutionary treatise)

1903
Erhält durch Empfehlung von Richard Strauss für zwei Jahre das Liszt-Stipendium. Im Juli Rückkehr nach Wien; dort unterrichtet er an der Schwarzwald-Schule. Erste Begegnung mit Gustav Mahler. Komponiert die symphonische Dichtung **Pelleas und Melisande, op. 5** nach dem Drama von Maurice Maeterlinck.

Also on Richard Strauss's recommendation, he receives the Liszt Stipend for two years. In July he returns to Vienna, where he teaches at the Schwarzwald School. Meets Gustav Mahler. Composes his symphonic poem **Pelleas and Melisande, op. 5,** after the play by Maurice Maeterlinck.

1904
Alban Berg und Anton von Webern werden seine Schüler. Mit Zemlinsky gründet er den Verein schaffender Tonkünstler.

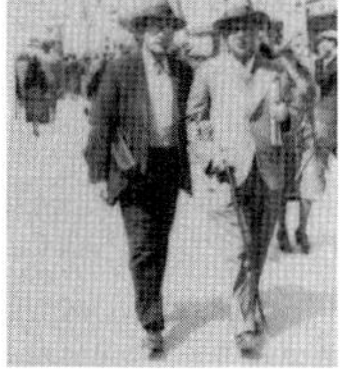

MIT / WITH ANTON VON WEBERN IN BERLIN

1903
Otto Wagner, Postsparkassenamt, Wien; Gustav Klimt: **Philosophie, Medizin, Jurisprudenz** (Deckengemälde in der Aula der Wiener Universität, bis 1907); Internationale Ausstellung **Entwicklung des Impressionismus in Malerei und Plastik** in der Wiener Secession; Gründung der Wiener Werkstätte unter der Leitung von Josef Hoffmann und Koloman Moser; Gründung des Salon d'Automne in Paris; Lovis Corinth: Bühnenbild für **Pelleas und Melisande** (Maurice Maeterlinck) für Max Reinhardt/Neues Theater am Schiffbauerdamm, Berlin; Gründung der Gesellschaft zur Förderung der Wissenschaft des Judentums in Berlin; erster Motorflug der Gebrüder Wright

Otto Wagner: Postal Savings Bank, Vienna; Gustav Klimt: **Philosophy, Medicine, Jurisprudence** (ceiling painting in the main lecture hall of Vienna University, through 1907); international exhibition **Development of Impressionism in Painting and Sculpture** at the Vienna Secession; foundation of the Viennese Workshop arts and crafts studios, headed by Josef Hoffmann and Koloman Moser; foundation of the Salon d'Automne in Paris; Lovis Corinth: stage set for **Pelleas and Melisande** (Maurice Maeterlinck) for Max Reinhardt at the Neues Theater am Schiffbauerdamm, Berlin; establishment of the "Association for the Promotion of Scholarship on Judaism" in Berlin; first powered flight by Orville and Wilbur Wright

1904
Otto Wagner errichtet die Kirche am Steinhof (bis 1907), Landesheilanstalt; Gustav Mahler: **Kindertotenlieder;** Anton Tschechow: **Der Kirschgarten;** Weltbund für Frauenstimmrecht in London; erste drahtlose Übertragung von Musik (in Graz)

Otto Wagner designs the Steinhof Church of St. Leopold (through 1907), State Clinic; Gustav Mahler: **Kindertotenlieder;** Anton Chekhov: **The Cherry Orchard;** National League for Women's Suffrage in London; first wireless musical broadcast (in Graz, Austria)

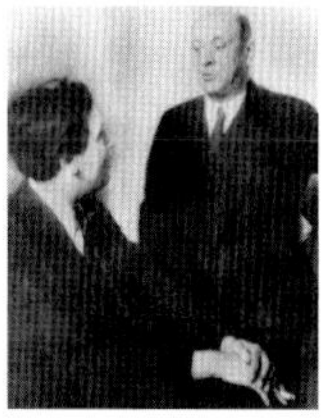

MIT / WITH ALBAN BERG

Alban Berg and Anton von Webern become his pupils. Together with Zemlinsky he founds the Association of Creative Musicians.

1905
Komponiert das **I. Streichquartett in d-Moll, op. 7.**

Composes **First String Quartet in D Minor, op. 7.**

1905
Austritt von Gustav Klimt, Josef Hoffmann, Otto Wagner und Koloman Moser aus der Wiener Secession; Gründung der Künstlergemeinschaft Die Brücke (mit Erich Heckel, Ernst Ludwig Kirchner und Karl Schmidt-Rottluff); Les Fauves (André Derain, Henri Matisse, Georges Rouault) im Salon d'Automne; Jean Sibelius: **Schauspielmusik zu Pelleas und Melisande;** Richard Strauss: **Salome;** Heinrich Mann: **Professor Unrat;** Friedensnobelpreis an die Gründerin der Österreichischen Gesellschaft der Friedensfreunde, Bertha von Suttner; Albert Einstein: **Spezielle Relativitätstheorie;** Generalstreik und Bildung des ersten „Sowjet" in St. Petersburg

Gustav Klimt, Josef Hoffman, Otto Wagner, and Koloman Moser quit the Vienna Secession; foundation of the Die Brücke artists' league (with Erich Heckel, Ernst Ludwig Kirchner, and Karl Schmidt-Rottluff); the Fauves (André Derain, Henri Matisse, Georges Rouault) at the Salon d'Automne; Jean Sibelius: **Theater Music for Pelleas and Melisande;** Richard Strauss: **Salome;** Heinrich Mann: **Professor Unrat;** Nobel Peace Prize awarded to Bertha von Suttner, founder of the "Austrian Society for Friends of Peace"; Albert Einstein: **Special Theory of Relativity;** general strike and formation of the first Soviet in St. Petersburg

1906
Geburt des Sohnes Georg.

Birth of his son Georg.

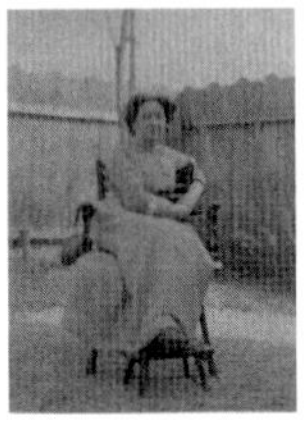

MATHILDE SCHÖNBERG

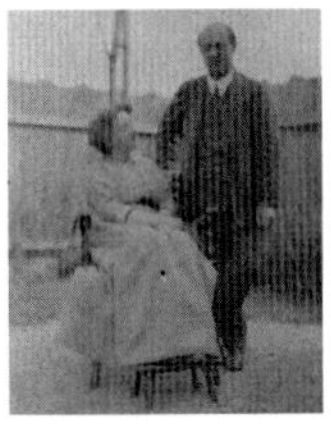

ARNOLD UND / AND MATHILDE SCHÖNBERG

1907
Komponiert das **II. Streichquartett in fis-Moll, op. 10.** Freundschaft mit dem Maler Richard Gerstl.
Beginn der intensiven Beschäftigung mit der Malerei. Skandale bei den Uraufführungen der beiden ersten Streichquartette und der **I. Kammersymphonie für 15 Soloinstrumente, op. 9** (1906–1908).

Composes **Second String Quartet in F-sharp Minor, op. 10.** Becomes friends with the painter Richard Gerstl. Starts to concern himself closely with painting. Scandals at the premieres of the first two string quartets and **Chamber Symphony for Fifteen Solo Instruments, op. 9** (1906–08).

1908
Erste Entwürfe zur **Glücklichen Hand,** einem Drama mit Musik. Selbstmord von Richard Gerstl, nachdem seine Affäre mit Schönbergs Ehefrau Mathilde entdeckt wird.

1906
Große van-Gogh-Ausstellung in der Galerie Miethke, Wien; Gustav Mahler: **8. Symphonie;** großes Erdbeben in San Francisco; erstes Grand Prix Autorennen bei Le Mans, Frankreich

Large Van Gogh exhibition at the Miethke Gallery, Vienna; Mahler: **Eighth Symphony;** major earthquake in San Francisco; first Grand Prix motorcar race in Le Mans, France

1907
Pablo Picasso: **Les Demoiselles d'Avignon;** erste Musikübertragung im Radio: Nikolai Rimski-Korsakows **Le Coq d'or;** Gustav Mahler gibt die Direktion der Wiener Hofoper ab; Wilhelm Worringer: **Abstraktion und Einfühlung;** Marcel Proust: **Auf der Suche nach der verlorenen Zeit** (Beginn); Henri Bergson: **Die Schöpferische Entwicklung (L'Évolution créatrice);** Maxim Gorki: **Die Mutter**

Pablo Picasso: **Les Demoiselles d'Avignon;** first music broadcast on radio: Nikolai Rimsky-Korsakov's **The Golden Cockerel;** Mahler retires from his position as director of the Vienna Court Opera; Wilhelm Worringer: **Abstraction and Empathy;** Marcel Proust: **Remembrance of Things Past** (beginning); Henri Bergson: **Creative Evolution;** Maxim Gorky: **The Mother**

1908
Henri Matisse prägt für ein Bild von Georges Braque den Begriff „Kubismus"; Adolf Loos: **Ornament und Verbrechen;** Gustav Mahler: **Das Lied von der Erde;** Alexander Skrjabin:

First drafts for The **Lucky Hand,** a drama with music. After his affair with Schönberg's wife Mathilde is exposed, Richard Gerstl commits suicide.

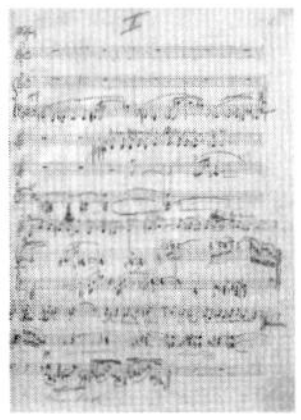

FAKSIMILE – 15 GEDICHTE AUS „DAS BUCH DER HÄNGENDEN GÄRTEN", 1908/09
FACSIMILE – 15 POEMS FROM "THE BOOK OF THE HANGING GARDENS", 1908–09

1909
Komponiert das Monodram **Erwartung, op. 17 für Sopran und Orchester** mit einem Libretto von Marie Pappenheim. Als erste Schritte zur atonalen Musik entstehen die **Drei Klavierstücke, op. 11** sowie **Fünfzehn Gedichte aus „Das Buch der hängenden Gärten" von Stefan George für eine Singstimme und Klavier, op. 15** („… bin ich mir bewusst, [mit den Liedern nach George] alle Schranken einer vergangene Ästhetik durchbrochen zu haben."). Ebenfalls in diesem Jahr entstehen die **Fünf Orchesterstücke, op. 16,** deren 3. Satz er mit „Akkordfärbungen", später „Farben" betitelt. Schönberg entwirft eine Notenschreibmaschine.

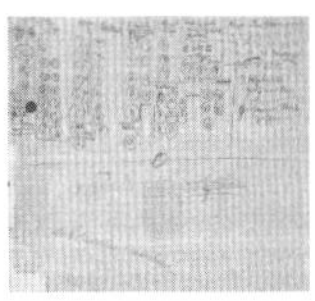

SCHÖNBERGS ENTWURF EINER NOTENSCHREIBMASCHINE, 1909
A MACHINE DESIGNED BY SCHÖNBERG TO TRANSCRIBE NOTES, 1909

Composes the monodrama **Expectation, op. 17,** for soprano and orchestra with a libretto by Marie Pappenheim. As the first steps toward atonal music, he produces **Three Piano Pieces, op. 11,** as well as **Fifteen Verses from "The Book of the Hanging Gardens" by Stefan George for High Voice and Piano** ("… I am aware that [with the songs after George] I have broken with all the constraints of a past aesthetic."). In the

Promethée – le poème de feu, (hier soll ein Lichtklavier herangezogen werden, das die einzelnen Töne gleichzeitig in diesen zugeordneten Farben umsetzt); erste zionistische Kolonie in Palästina

Henri Matisse coins the term "Cubism" for a picture by Georges Braque; Adolf Loos: **Ornament and Crime;** Gustav Mahler: **The Song of the Earth;** Alexander Scriabin: **Promethée – le poème de feu** (with the intention of creating a piano of light that transformed each individual tone into the colour respectively assigned to it); first Zionist colony in Palestine

1909
Filippo Marinetti: **Futuristisches Manifest;** letzter großer Höhepunkt der Wiener Secession: Kunstschau mit Pierre Bonnard, Vincent van Gogh, Max Slevogt, Jan Toorop; Anton Faistauer und Egon Schiele gründen Neukunstgruppe in Wien; Gründung der Neuen Künstlervereinigung München (Vorsitz Wassily Kandinsky); Auguste Rodin: Bronzebüste **Gustav Mahler;** Max Oppenheimer: **Bildnis Arnold Schönberg;** Oskar Kokoschka: **Bildnis von Adolf Loos;** Wassily Kandinsky: Bühnenprojekt **Der gelbe Klang;** Oskar Kokoschka: **Mörder, Hoffnung der Frauen,** dramatisches Bühnenstück (1921 von Paul Hindemith vertont); Sergej Diaghilew gründet Ballets Russes in Paris; Else Lasker-Schüler: **Die Wupper**

Filippo Marinetti: **Futurist Manifesto;** final climax of the Vienna Secession: exhibition with Pierre Bonnard, Vincent Van Gogh, Max Slevogt, Jan Toorop; Anton Faistauer and Egon Schiele found the New Art Group in Vienna; foundation of the New Artists' Association in Munich (chaired by Wassily Kandinsky); Auguste Rodin: bronze bust of Gustav Mahler; Max Oppenheimer: **Portrait of Arnold Schönberg;** Oskar Kokoschka: **Portrait of Adolf Loos;** Wassily Kandinsky: stage project **The Yellow Sound;** Oskar Kokoschka: **Murderer, Hope of Women,** drama (set to music in 1921 by Paul Hindemith); Sergei Diaghilev founds the Ballets Russes in Paris; Else Lasker-Schüler: **The Wupper**

same year, he writes **Five Orchestral Pieces,** op. 16, in which the third movement is entitled **Chord Colours** and later simply **Colours.** Schönberg devises a typewriter for musical notes.

1910
Um die Ablehnung seiner Bewerbung um eine Professur für Komposition an der Wiener Akademie für Musik zu vermeiden, bietet er seine Dienste als Privatdozent an, die erst auf Empfehlung u. a. von Gustav Mahler angenommen werden. Vollendung des Textes zur **Glücklichen Hand.** Er bittet den Maler Max Oppenheimer, Bühnenbild und Dekoration zur **Erwartung** zu gestalten. Die geplante Aufführung in der Wiener Volksoper wird jedoch nicht realisiert. Am 10. Oktober Eröffnung der ersten Ausstellung Schönbergs in der Wiener Buch- und Kunsthandlung Hugo Heller mit 47 Ölbildern und Aquarellen. Zur Vernissage spielt das Rosé-Quartett Schönbergs **Streichquartette op. 7** und **op. 10.** Die meisten von ihm datierten **Visionen** und **Selbstporträts** malt er in diesem Jahr.

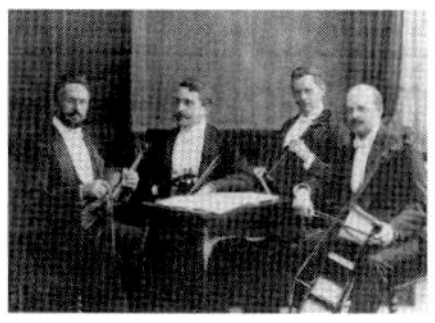

ROSE-QUARTETT

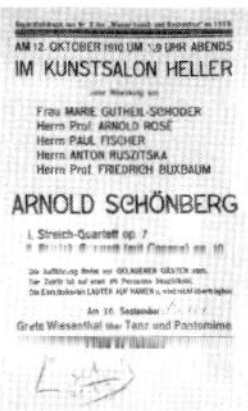
IM KUNSTSALON HELLER

ARNOLD SCHÖNBERG

KONZERTPROGRAMM HELLER, 1910
PROGRAMME OF THE CONCERT AT HELLER'S, 1910

In order to avoid having his application for the chair of composition at the Vienna Academy of Music turned down, he offers his services as a lecturer, and is only accepted after recommendations from Gustav Mahler and others. Completes the text for **The Lucky Hand.** He asks the painter Max Oppenheimer to create the stage set and decoration for **Expectation.** However, the planned performance at Vienna's Volksoper never takes place. On 10 October, the first Schönberg exhibition opens at the Viennese book and art store of Hugo Heller, featuring forty-seven oil paintings and watercolours. At the private viewing, the Rosé Quartet plays Schönberg's **String Quartets op. 7** and **op.10.** It was in the course of this year that he paints most of his dated "visions" and self-portraits.

1910
Gründung der Gruppe Karo Bube, frühe Manifestation der russischen Avantgarde (Larionov); Kandinsky: erstes abstraktes Bild; Herwarth Walden gründet die Zeitschrift **Der Sturm** in Berlin (bis 1932); Otto Wagner: Neubau der Akademie der bildenden Künste, Wien; Ausklang des Jugendstils; Alban Berg: **Quartett, op. 3;** Igor Strawinsky: **Der Feuervogel;** Rainer Maria Rilke: **Die Aufzeichnungen des Malte Laurids Brigge;** Bertrand Russell/A. N. Whitehead: **Principia Mathematica** (bis 1913); erster Dieselmotor für Kraftwagen

Foundation of the Jack of Diamond group, an early manifestation of the Russian avant-garde (Mikhail Larionov); Wassily Kandinsky: first abstract painting; Herwarth Walden founds the journal **Der Sturm** in Berlin (until 1932); Otto Wagner: new building for the Academy of Applied Arts, Vienna; Art Nouveau peters out; Alban Berg: **Quartet, op. 3;** Igor Stravinsky: **The Firebird;** Rainer Maria Rilke: **The Notebooks of Malte Laurids Brigge;** Bertrand Russell and A. N. Whitehead: **Principia Mathematica** (until 1913), first diesel engine for automobiles

1911
Harmonielehre, Schönbergs theoretisches Hauptwerk, erscheint mit einer Widmung an Gustav Mahler.
Brief Wassily Kandinskys an den ihm bis dahin unbekannten Schönberg, geschrieben unter dem Eindruck eines Konzertes, das er mit Kollegen der Neuen Künstlervereinigung besucht hatte. Nach einer ersten Begegnung im September bei Murnau am Starnberger See entwickelt sich rasch eine Freundschaft.
Ende September erneuter Umzug mit der Familie nach Berlin.
In der Ausstellung des Blauen Reiter werden vier Gemälde Schönbergs gezeigt.

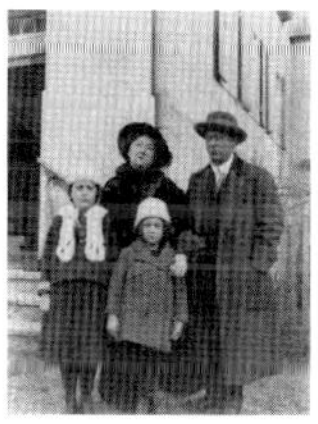

SCHÖNBERG UND FAMILIE VOR DER VILLA LEPCKE IN BERLIN, 1912
SCHÖNBERG WITH HIS FAMILY IN FRONT OF THE VILLA LEPCKE IN BERLIN, 1912

1911
Erste Ausstellung des Blauen Reiter, Galerie Thannhauser, München; Wassily Kandinsky: **Über das Geistige in der Kunst,** Piper-Verlag, München; Tod von Gustav Mahler (*1860); Leo Fall: **Der liebe Augustin;** Richard Wagner: **Mein Leben** (Autobiografie, posthum); Literatur-Nobelpreis an Maurice Maeterlinck; Marie Curie: Nobelpreis für Chemie; Roald Amundsen erreicht den Südpol; Teuerungs-Unruhen in Wien werden blutig unterdrückt

First Blauer Reiter exhibition, Thannhauser Gallery, Munich; Wassily Kandinsky: **Concerning the Spiritual in Art;** death of Gustav Mahler (born 1860); Leo Fall: **Dear Augustine** (operetta); Richard Wagner: **My Life** (posthumous autobiography); Nobel Prize for Literature to Maurice Maeterlinck; Nobel Prize for Chemistry to Marie Curie; Roald Amundsen reaches the South Pole; unrest in Vienna due to inflation is repressed with great bloodshed

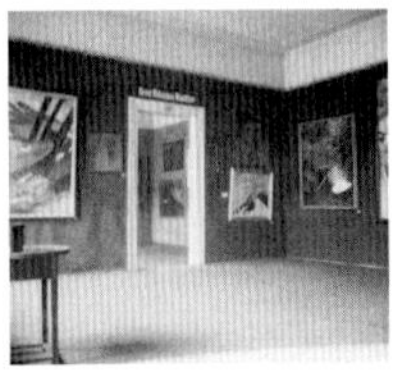

EIN RAUM DER ERSTEN AUSSTELLUNG DES BLAUEN REITER, 1911; LINKS NEBEN DER TÜR: ARNOLD SCHÖNBERG, SELBSTPORTRÄT (GANZFIGURIGE RÜCKENANSICHT), 1911
A ROOM OF THE FIRST BLAUER REITER EXHIBITION, 1911; ON THE LEFT NEXT TO THE DOOR: ARNOLD SCHÖNBERG, SELF-PORTRAIT (FULL-LENGTH BACK VIEW), 1911

Theory of Harmony, Schönberg's theoretical magnum opus, which he dedicated to Gustav Mahler, is published.
After attending a concert with colleagues from the New Association of Artists, Kandinsky writes a letter to Schönberg, with whom he had not been acquainted. The two men first meet in September near Murnau on Lake Starnberg and soon become friends.
At the end of September, Schönberg and his family move back to Berlin.
Four of Schönberg's paintings are shown at the Blauer Reiter exhibition.

1912
Komposition der **Drei mal sieben Gedichte aus Albert Girauds Pierrot lunaire, op. 21** für Sprechstimme und Kammerensemble. Uraufführung in Berlin. Konzerttournee des Ensembles in zahlreichen deutschen und österreichischen Städten.
Albert Paris von Gütersloh organisiert Anfang 1912 die Ausstellung **Neukunst Wien 1912** im Künstlerhaus Budapest, an der Schönberg neben Egon Schiele, Gütersloh, Anton Faistauer, Anton Kolig, Robin Christian Andersen und Oskar Kokoschka teilnimmt.
Der Almanach **Der Blaue Reiter** wird von Wassily Kandinsky und Franz Marc herausgegeben, darin Schönbergs Aufsatz „Das Verhältnis zum Text" sowie die Partitur der **Herzgewächse, op. 20** nach Texten von Maurice Maeterlinck. Eine **Vision** und das **Selbstporträt (ganzfigurige Rückenansicht)** sind abgebildet.
Schüler und Freunde geben im Verlag Piper & Co. in München die Anthologie **Arnold Schönberg – in höchster Verehrung heraus** (Beiträge von Berg, Gütersloh, Horwitz, Jalowetz, Kandinsky, Königer, Linke, Neumann, Erwin Stein, Webern und Wellesz).
Reise nach St. Petersburg: dirigiert **Pelleas und Melisande.** Trifft durch die Vermittlung von Kandinsky den russischen Futuristen und Gründer der Künstlervereinigung ARS, Nikolaj Kulbin.
Die Malerei verliert für Schönberg weitgehend an Bedeutung. Nach einer längeren Periode, in der er häufig gemalt und auch ausgestellt hat, beschäftigt er sich nur mehr sporadisch mit der bildenden Kunst.

Composes **Pierrot Lunaire for Speaking Voice, op. 21,** based on twenty-one poems by Albert Giraud. Premiere in Berlin. The ensemble goes on a concert tour of numerous German and Austrian cities.

1912
Marcel Duchamp: **Akt, eine Treppe herabsteigend;** Wassily Kandinsky beginnt seine abstrakten **Improvisationen** zu malen; heftige öffentliche Diskussion um Adolf Loos' „Haus ohne Augenbrauen", erbaut 1909–1912; Sonderbund-Kunstausstellung in Köln (erste umfassende Schau der europäischen Moderne); Internationaler Sozialisten-Kongress in Wien; Untergang der Titanic

Marcel Duchamp: **Nude Descending a Staircase;** Wassily Kandinsky starts to paint his abstract "improvisations"; fierce public controversy surrounding Adolf Loos's "House without Eyebrows" (built 1909–12); Sonderbund art exhibition in Cologne (first comprehensive show of European Modernism); International Socialist Congress in Vienna; the Titanic sinks

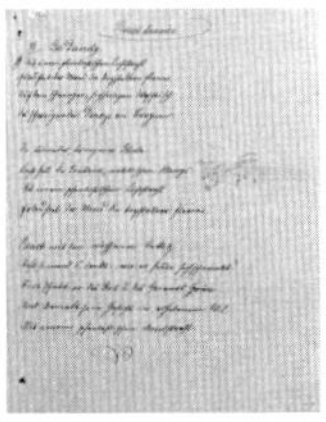

PIERROT LUNAIRE, OP. 21,
ERSTE PARTITURSEITE, AUTOGRAPH, 1912
FIRST SCORE PAGE OF ORIGINAL SCORE, 1912

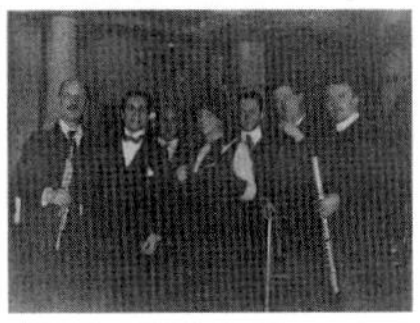

DAS PIERROT-LUNAIRE-ENSEMBLE VOR DEM CHORALION-SAAL IN BERLIN, 1912
THE PIERROT LUNAIRE ENSEMBLE IN FRONT OF THE CHORALION HALL IN BERLIN, 1912

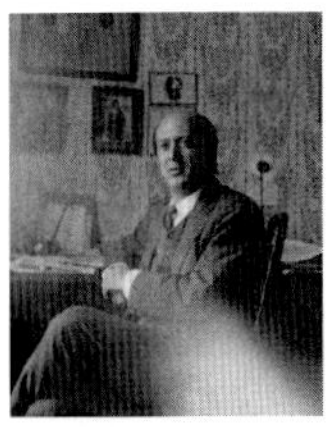

IN SEINER WOHNUNG IN BERLIN, IM HINTERGRUND FOTOS UND SEIN PORTRÄT VON GUSTAV MAHLER, NACH 1910
IN HIS FLAT IN BERLIN, IN THE BACKGROUND PHOTOS AND HIS PORTRAIT OF GUSTAV MAHLER, AFTER 1910

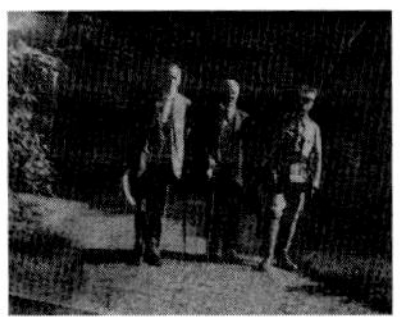

BEI EINEM SPAZIERGANG, 1910ER JAHRE:
KARL LINKE, ANTON VON WEBERN,
ARNOLD SCHÖNBERG
DURING A WALK, 1910S

In early 1912, Albert Paris Gütersloh organises the exhibition **Neukunst Wien 1912** at the Budapest Artists House, in which Schönberg participates along with Egon Schiele, Gütersloh, Anton Faistauer, Anton Kolig, Robin Christian Andersen, and Oskar Kokoschka.
Der Blaue Reiter Almanach is brought out by Wassily Kandinsky and Franz Marc, including Schönberg's essay **The Relationship to the Text** as well as the score for **Foliage of the Heart, op. 20,** after texts by Maurice Maeterlinck. It also features reproductions of one "vision" and **Self-Portrait (Standing, from Behind).**
Pupils and friends publish the anthology **To Arnold Schönberg – In Highest Esteem** with Piper & Co. in Munich (contributions by Berg, Gütersloh, Horwitz, Jalowetz, Kandinsky, Königer, Linke, Neumann, Erwin Stein, Webern, and Wellesz).
He travels to St. Petersburg and conducts **Pelleas and Melisande**. Through Kandinsky, he meets Nikolai Kulbin, the Russian Futurist and founder of the ARS Art Association.
Schönberg more or less loses interest in painting. Following an extended period during which he had painted frequently and exhibited many works, he is now only sporadically concerned with plastic arts.

1913
Vollendung der Musik zur **Glücklichen Hand.**
Ein von Schönberg begleitetes Konzert mit Werken von ihm selbst, Webern, Zemlinsky, Mahler und Berg erhält den Beinamen **Watschenkonzert,** da es zu Aufsehen erregenden Tumulten kommt.
In Wien erfolgreiche Uraufführung der **Gurrelieder** für Soli, Sprecher, Chor und Orchester.
In Prag Gedächtnisrede auf den 1911 verstorbenen Gustav Mahler.
Schönberg ordnet seine Bibliothek. Ein selbst verfasstes Verzeichnis weist folgende bevorzugte Autoren aus: Honoré Balzac, Richard Dehmel, Rainer Maria Rilke, Karl Kraus, Henrik Ibsen, Stefan George, Gerhart Hauptmann, Maurice Maeterlinck, August Strindberg, Immanuel Kant, Arthur Schopenhauer, Henri Bergson, Friedrich Nietzsche, Plato, Aristoteles, Peter Altenberg, Wassily Kandinsky, Oskar Kokoschka, Otto Weininger.

1913
Armory Show (International Exhibition of Modern Art) in New York, Chicago und Boston (1200 Werke zeitgenössischer europäischer Kunst, nachhaltiger Einfluss auf die Entwicklung der modernen Kunst in Amerika); **Erster Deutscher Herbstsalon,** Galerie Der Sturm, Berlin; Wassily Kandinskys Prosagedichte **Klänge** erscheinen in München; Alexej Krutschonych/Michail Matjuschin: **Sieg über die Sonne,** futuristische Oper, Kostüme und Vorhang (mit schwarzem Quadrat auf weißem Grund) von Kasimir Malewitsch; Ernst Ludwig Kirchner löst die Künstlervereinigung Die Brücke auf; Conrad Felixmüller: Flächenholzschnitte, inspiriert durch einen Besuch der Aufführung von Schönbergs **Pierrot lunaire** in Dresden; Alban Berg: Führer zu Schönbergs **Gurreliedern;** Thomas Mann: **Der Tod in Venedig;** Hans Geiger: Zähler für Radioaktivität; Entstehung der Kleinbildkamera System Leica

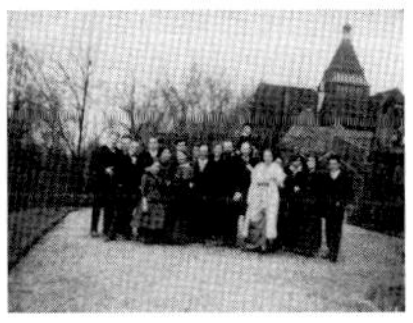

GRUPPENFOTO ANLÄSSLICH DER LEIPZIGER AUFFÜHRUNG DER GURRELIEDER, 6. MÄRZ 1914
GROUP PHOTO ON THE OCCASION OF THE PERFORMANCE OF THE GURRELIEDER IN LEIPZIG, 6 MARCH 1914

Completion of the music for **The Lucky Hand.**
A concert accompanied by Schönberg and featuring works by himself, Webern, Zemlinsky, Mahler, and Berg is nicknamed "Punch-up Concert" because of the tumults that ensued.
Successful premiere in Vienna of the **Gurrelieder** for soli, reciter, mixed chorus, and orchestra.
Speech in Prague in memory of Mahler, who had died in 1911.
Schönberg organises his library. A catalogue he prepares himself outlines the following as his preferred authors: Honoré Balzac, Richard Dehmel, Rainer Maria Rilke, Karl Kraus, Henrik Ibsen, Stefan George, Gerhart Hauptmann, Maurice Maeterlinck, August Strindberg, Immanuel Kant, Arthur Schopenhauer, Henri Bergson, Friedrich Nietzsche, Plato, Aristotle, Peter Altenberg, Wassily Kandinsky, Oskar Kokoschka, and Otto Weininger.

International Exhibition of Modern Art ("Armory Show") in New York, Chicago, and Boston (1200 works of contemporary European art, sustained influence on the development of Modern art in the United States); **Erster deutscher Herbstsalon** (First German Autumn Salon), Der Sturm Gallery, Berlin; Kandinsky's prose poem **Sounds** is published in Munich; Alexei Kruchenykh and Mikhail Matiushin: **Victory over the Sun,** Futurist opera, costumes and curtain (with black square on white ground) by Kazimir Malevich; Ernst Ludwig Kirchner dissolves the artists' association Die Brücke; Conrad Felixmüller: woodcuts, inspired by a performance of Schönberg's **Pierrot Lunaire** in Dresden; Alban Berg: guide to Schönberg's **Gurrelieder;** Thomas Mann: **Death in Venice;** Hans Geiger: measuring device for radioactivity; first Leica system 35mm camera developed

1914
Verbringt den Sommer mit Familie in Kandinskys Nachbarschaft in Oberbayern.
Dirigiert eigene Werke in England und den Niederlanden. Bekanntschaft mit

1914
Oskar Kokoschka: **Die Windsbraut;** Conrad Felixmüller: **Porträt Schönbergs;** Gründung der Neuen Sezession in München (u. a. Paul Klee); Ermordung von Franz Ferdinand, Erzherzog von

Conrad Felixmüller.
Spends the summer with his family close to the Kandinsky residence in Upper Bavaria.
Conducts some of his own works in England and the Netherlands. Meets Conrad Felixmüller.

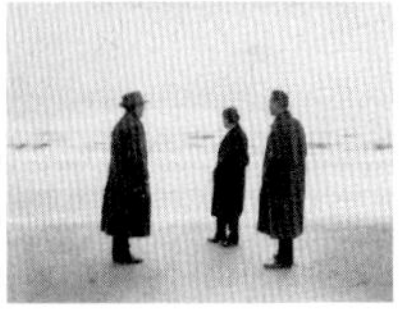

AM STRAND, HOLLAND 1914:
ARNOLD SCHÖNBERG, ERWIN STEIN, ANTON VON WEBERN
ON THE BEACH IN HOLLAND 1914

1915
Beginnt mit der Arbeit an Libretto und Partitur des Oratoriums **Die Jakobsleiter.** Im Oktober erneute Rückkehr nach Wien. Einberufung zum Militärdienst; Ausbildung in der Reserveoffiziersschule in Bruck an der Leitha.

Starts work on the libretto and score for the oratorio **Jacob's Ladder**. In October, he returns once more to Vienna. Called up for military service; trains at the Academy for Officers of the Reserve in Bruck on the river Leitha.

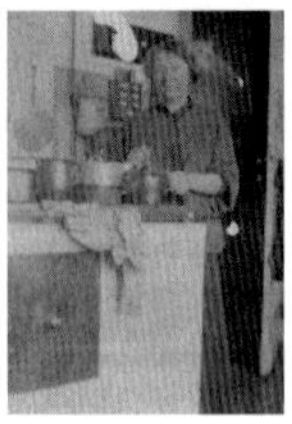

MATHILDE SCHÖNBERG:
ZU HAUSE AM HERD / AT HOME IN THE KITCHEN

Österreich und seiner Frau Sophie beim Besuch in Sarajewo löst den Ausbruch des Ersten Weltkrieges aus; Eröffnung des Panamakanals; Charlie Chaplin dreht seinen ersten Film

Oskar Kokoschka: **The Tempest;** Conrad Felixmüller: **Portrait of Arnold Schönberg;** foundation of the New Secession in Munich (including Paul Klee); the assassination of Franz Ferdinand, Archduke of Austria, and his wife Sophie, during their visit in Sarajevo, triggers World War I; the Panama Canal is opened; first Charlie Chaplin film

1915
Kasimir Malewitsch: **Schwarzes Quadrat** und **Suprematistisches Manifest;** Carl Einstein: **Negerplastik;** Albert Einstein: **Allgemeine Relativitätstheorie;** Kriegseintritt Italiens; Einsatz von Kampfgas; erste Kriegsanleihe in Österreich-Ungarn

Kazimir Malevich: **Black Square** and **Suprematist Manifesto;** Carl Einstein: **Negerplastik** (study on African sculpture); Albert Einstein: **General Theory of Relativity;** Italy enters the war; poison gas first used; Austria-Hungary floats its first war bond

1916
Wird aus gesundheitlichen Gründen vom Militärdienst befreit.

Is exempted from military service on grounds of ill health.

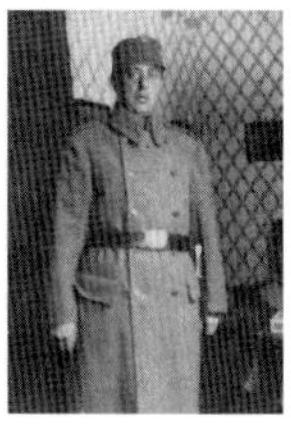

ARNOLD SCHÖNBERG, 1916:
IN MILITÄRUNIFORM
IN MILITARY UNIFORM

1917
Erneute Einberufung. Dienst in einer Militärkapelle.

Called up once more. Serves in a military band.

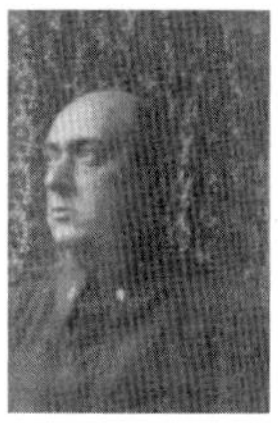

BEIM MILITÄR, 1916
IN THE ARMY, 1916

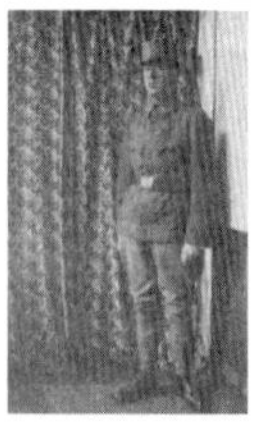

BEIM MILITÄR, 1916
IN THE ARMY, 1916

1916
Cabaret Voltaire in Zürich (Dada: Hans Arp, Giacomo Balla, Tristan Tzara); Feruccio Busoni: **Entwurf einer neuen Ästhetik der Tonkunst;** Hermann Bahr: **Expressionismus;** Tod von Franz Joseph I, Kaiser von Österreich (seit 1848) und König von Ungarn (seit 1867); allgemeine Versorgungsknappheit in Wien (Lebensmittelkarten seit 1915); galoppierende Inflation; Ferdinand Sauerbruch entwickelt die künstliche Hand

Cabaret Voltaire in Zurich (Dada: Hans Arp, Giacomo Balla, Tristan Tzara); Ferruccio Busoni: **Sketch of a New Aesthetic of Music;** Hermann Bahr: Expressionism; death of Franz Joseph I, emperor of Austria (since 1848) and king of Hungary (since 1867); general food shortage in Vienna (food rationing since 1915); inflation soars; Ferdinand Sauerbruch develops the first artificial hand

1917
Erste Dada-Ausstellung in Zürich; Proletkult – russische revolutionäre Kulturorganisation; Gründung der De-Stijl-Bewegung durch Piet Mondrian und Theo van Doesburg in Holland; USA erklären Deutschland den Krieg; Russische Oktoberrevolution

First Dada exhibition in Zurich; Proletkult, Russian revolutionary cultural organisation; Piet Mondrian and Theo van Doesburg found the De Stijl movement in Holland; United States declares war on Germany; Russian October Revolution

1918
Gründet den Verein für musikalische Privataufführungen in Wien.

Founds the Association for Private Musical Performances in Vienna.

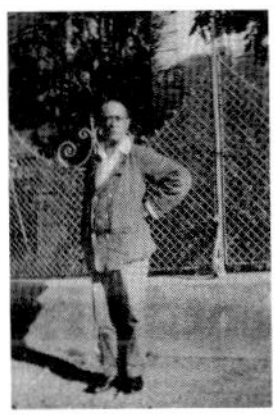

VOR SEINEM HAUS BERNHARDGASSE 6 IN MÖDLING
IN FRONT OF HIS HOUSE

1918
Gründung der Novembergruppe in Berlin (Max Pechstein u. a.); Gustav Klimt (*1862), Koloman Moser (*1868) und Egon Schiele (*1890) sterben; weltweite Grippe-Epidemie (20 Mio. Tote bis 1920); mit dem Kriegsende Zusammenbruch der k. u. k. Monarchie: Österreich, Tschechoslowakei und Ungarn werden Republiken; Novemberrevolution in Deutschland

The Novembergruppe union of artists founded in Berlin (Max Pechstein and others); deaths of Gustav Klimt (born 1862), Koloman Moser (born 1868), and Egon Schiele (born 1890); worldwide influenza epidemic (twenty million deaths by 1920); with the end of the Great War, collapse of the Austria-Hungarian Empire: Austria, Czechoslovakia, and Hungary become republics; November Revolution in Germany

1919
Hanns Eisler, Rudolf Kolisch und Karl Rankl werden seine Schüler in Mödling. Beitrag zu einem Adolf-Loos-Symposium in Wien.

Hanns Eisler, Rudolf Kolisch, and Karl Rankl become his pupils in Mödling. Contributes to a symposium in Vienna on Adolf Loos.

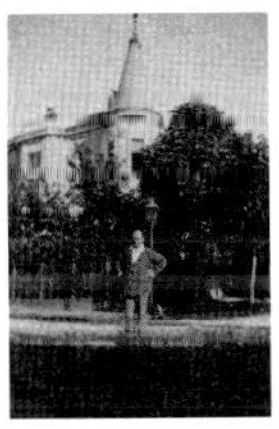

MÖDLING

1919
Gründung des Bauhauses in Weimar; Karl Kraus: **Die letzten Tage der Menschheit;** Robert Wiene: **Das Kabinett des Dr. Caligari** (deutscher expressionistischer Film); Mary Wigman entwickelt eigenen Stil des Ausdruckstanzes; Friedrich Ebert erster Reichspräsident Deutschlands (SPD); Deutsche Arbeiterpartei (später NSDAP) gegründet, Adolf Hitler wird 7. Mitglied; Sozialdemokraten stärkste Partei in Österreich, stellen Bundeskanzler Karl Renner

The Bauhaus is founded in Weimar; Karl Kraus: **The Last Days of Mankind;** Robert Wiene: **The Cabinet of Dr. Caligari** (German Expressionist film); Mary Wigman develops her own style of expressive dance; Friedrich Ebert (German Social Democratic Party) elected first president of the German Reich; German Workers' Party (later National Socialist German Workers' Party) established, Hitler is its seventh member; in Austria, Social Democrats are the strongest party and appoint Chancellor Karl Renner from among their ranks

1920
Besuch des ersten Mahler-Festivals in Amsterdam. Wird der erste Präsident des neu gegründeten Internationalen Mahler-Bundes.
Gibt Kompositionskurse.

Attends the first Mahler Festival in Amsterdam. Is made president of the newly founded International Mahler League.
Gives courses on composition.

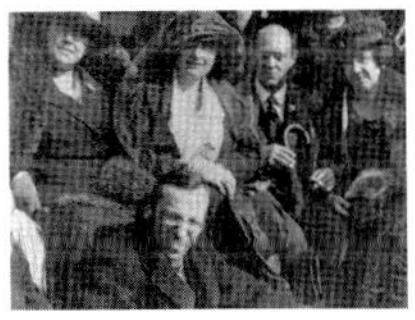

MAHLERFEST IN AMSTERDAM, 1920:
ALMA MAHLER, ARNOLD UND / AND MATHILDE SCHÖNBERG
MAHLER FESTIVAL IN AMSTERDAM, 1920

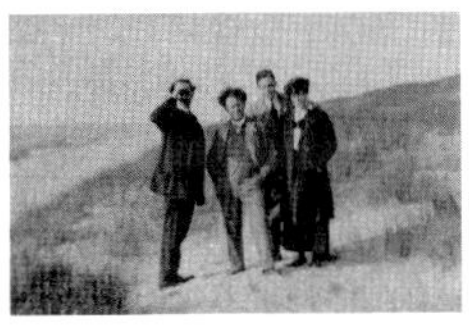

AM STRAND VON NORDWIJK, 1920:
PAUL STEFAN, WILLEM MENGELBERG, DIRIGENT DES CONCERTGEBOUW-ORCHESTERS UND ORGANISATOR DES MAHLERFESTES / CONDUCTOR OF THE CONCERTGEBOUW ORCHESTRA AND ORGANISER OF THE MAHLER FESTIVAL, N. N., FRAU BENKERS
ON THE BEACH IN NORDWIJK, 1920

1920
Erste Internationale Dada-Messe in Berlin; Max Liebermann: Präsident der Preußischen Akademie der Künste, Berlin (bis 1932); Jazz kommt nach Deutschland; Hitler verkündet sein 25-Punkte-Programm im Münchner Hofbräuhaus; Christlich-soziale Partei gewinnt politische Führung in Österreich; erste Sitzung des Völkerbundes in Genf

"First International Dada Fair" in Berlin; Max Liebermann is elected president of the Prussian Art Academy, Berlin (until 1932); jazz comes to Germany; Hitler announces his twenty-five-point programme in the Hofbräuhaus in Munich; the Christian Socialist Party takes the helm in Austria; first meeting of the League of Nations in Geneva

1921
Formuliert seine Methode der Komposition mit zwölf nur aufeinander bezogenen Tönen.
Schönberg wendet in der **Klaviersuite op. 25** erstmalig das Zwölftonsystem an.
Reist im Juni gemeinsam mit seiner Familie und einigen Schülern in die Sommerfrische nach Mattsee. Dort im Zuge antisemitischer Ausschreitungen von der Gemeindeverwaltung aufgefordert, seine Taufe nachzuweisen, verlässt er den Ort.

Draws up his method of composition with only twelve serial tones.
Schönberg applies the twelve-tone system in his **Suite for Piano, op. 25,** for the first time.

1921
Oskar Kokoschka: **Die Musik;** Oskar Schlemmer und Iwan Puni: **Ballett der Buchstaben,** Tanzveranstaltung in der Galerie Der Sturm, Berlin; Alban Berg: **Wozzek;** Stefan George: **Drei Gesänge;** Charlie Chaplin: **The Kid;** Hitler wird Vorsitzender der NSDAP; Gründung der SA (Sturm-Abteilung)

Oskar Kokoschka: **Music;** Oskar Schlemmer and Ivan Puni: **Alphabet Ballet,** dance event at Der Sturm Gallery, Berlin; Alban Berg: **Wozzek;** Stefan George: **Three Songs;** Charlie Chaplin: **The Kid;** Hitler elected chairman of the National Socialist German Workers' Party; the SA (Sturmabteilung, or "Storm Troops") is founded

Travels with his family and some pupils in June to Mattsee. There, in the course of anti-Semitic riots the local authorities request that he provide proof of his baptism, and he breaks off his holiday.

1922
Besuch der französischen Komponisten Darius Milhaud und Francis Poulenc in Schönbergs Haus in Mödling. Wird Ehrenpräsident des Vereins für musikalische Privataufführungen in Prag.

French composers Darius Milhaud and Francis Poulenc visit Schönberg in his house in Mödling. Made president of the Association for Private Musical Performances in Prague.

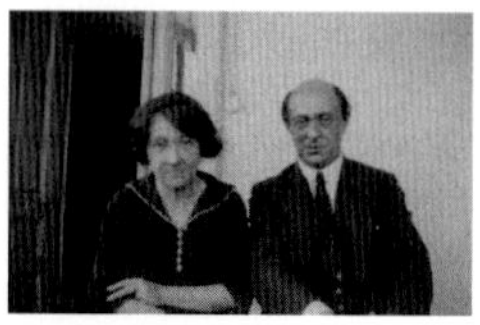

MATHILDE UND / AND ARNOLD SCHÖNBERG, JUNI/JUNE 1922

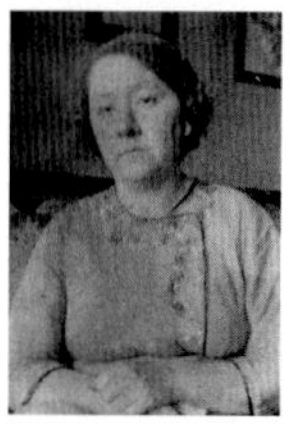

MATHILDE SCHÖNBERG

1923
Stellt seine „Methode der Komposition mit zwölf nur aufeinander bezogenen Tönen“ vor.
Die geplante Berufung Schönbergs an das Bauhaus in Weimar zur Leitung der Musikschule stößt bei antisemitischen Dozenten auf Kritik. Daraufhin weist Schönberg das Lehrangebot zurück. In der Annahme, auch Kandinsky habe sich der Kritik angeschlossen, schreibt Schönberg einen empörten Brief. Bruch der freundschaftlichen Verbindung. Im Oktober stirbt Schönbergs Frau Mathilde nach längerer Krankheit.

1922
Wassily Kandinsky wird als Meister für Malerei an das Staatliche Bauhaus in Weimar berufen; Oskar Schlemmer: **Triadisches Ballett** (Württembergisches Landestheater Stuttgart); Anton von Webern: **Passacaglia, op.1**; Ernst Barlach: **Der Findling** (Schauspiel); Oswald Spengler: **Der Untergang des Abendlandes;** James Joyce: **Ulysses;** Ludwig Wittgenstein: **Tractatus logico-philosophicus;** Mussolinis Marsch auf Rom, faschistischer Staatsstreich in Italien; Mahatma Gandhi: erste Satjagraha-Kampagne (ruft die Inder zum zivilen Ungehorsam gegen die britische Kolonialmacht auf)

Wassily Kandinsky is appointed master of the painting class at the Bauhaus in Weimar; Oskar Schlemmer: **Triadic Ballet** (at the Württembergisches Landestheater Stuttgart); Anton von Webern: **Passacaglia op.1;** Ernst Barlach: **The Foundling** (play); Oswald Spengler: **The Decline of the West;** James Joyce: **Ulysses;** Ludwig Wittgenstein: **Tractatus logico-philosophicus;** Mussolini's "March on Rome", fascist putsch in Italy; Mahatma Gandhi: first Satjagraha campaign (calls for civil disobedience by Indians against the British colonial rulers)

1923
Marcel Duchamp: **Das große Glas oder Die Braut von ihren Junggesellen entblößt sogar;** Kurt Schwitters: Beginn des ersten MERZ-Baus; Rainer Maria Rilke: **Duineser Elegien;** Antidemokratischer Hitler-Ludendorff-Putsch in München

Marcel Duchamp: **The Large Glass. The Bride Stripped Bare by her Bachelors, Even;** Kurt Schwitters begins the first MERZ building; Rainer Maria Rilke: **Duino Elegies;** anti-democratic Hitler-Ludendorff putsch in Munich

Presents his "method of composition with twelve tones which are related only with one another". His planned appointment as head of the music school at the Bauhaus in Weimar is criticised by anti-Semitic lecturers. Schönberg thereupon turns down the offered position. Assuming that Kandinsky had sided with this criticism, Schönberg writes him an indignant letter. The friendship ends. In October, after a protracted illness, Schönberg's wife Mathilde dies.

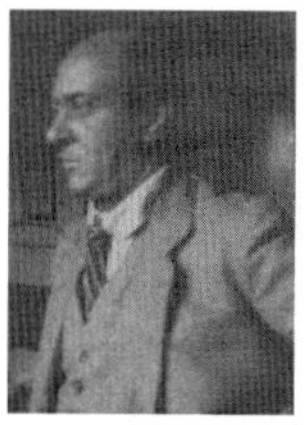

SCHÖNBERG, WAHRSCHEINLICH AM TAG DER BEERDIGUNG SEINER FRAU MATHILDE, 22. OKTOBER 1923
SCHÖNBERG, PROBABLY ON THE DAY OF HIS WIFE MATHILDE'S FUNERAL, 22 OCTOBER 1923

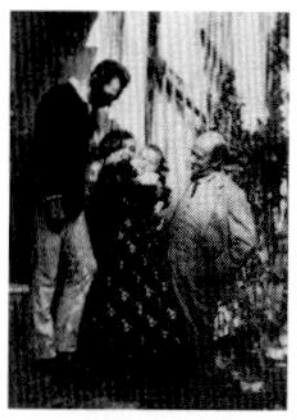

TRAUNKIRCHEN, 14. SEPTEMBER 1923
MIT SEINER TOCHTER GERTRUDE GREISSLE, IHREM MANN FELIX UND DEM ENKEL ARNOLD „BUBI“ GREISSLE
WITH HIS DAUGHTER GERTRUDE GREISSLE, HER HUSBAND FELIX, AND GRANDSON ARNOLD "BUBI" GREISSLE

1924
Heirat mit Gertrud Kolisch, Schwester seines Schülers Rudolf Kolisch. Anlässlich seines 50. Geburtstages wird eine Feier im Wiener Rathaus veranstaltet, im Verlag der Wiener Universal-Edition erscheint eine Festschrift, herausgegeben von seinem langjährigen Verleger Emil Hertzka.
Uraufführung der Operneinakter **Die glückliche Hand, op. 18** und **Erwartung, op. 17** an der Wiener Volksoper. Konzerttournee durch Italien (Venedig, Turin, Rom) mit **Pierrot lunaire.**

1924
Ausstellung **La Peinture surréaliste** in Paris; Gründung der Gruppe Die Blauen Vier (mit Paul Klee, Wassily Kandinsky, Lyonel Feininger und Alexej Jawlensky); Adolf Loos geht nach Paris; Bauhaus siedelt von Weimar nach Dessau um; André Breton: erstes **Surrealistisches Manifest;** Oskar Kokoschka: **Porträt Schönbergs;** George Gershwin: **Rhapsodie in Blue;** Anton von Webern: **Drei geistliche Lieder** (12-Ton-Technik); Thomas Mann: **Der Zauberberg;** Franz Werfel: **Verdi;** erstmalig Konzert- und

Marries Gertrud Kolisch, sister of his pupil Rudolf Kolisch.
On the occasion of his fiftieth birthday, a special ceremony is held at the Vienna Town Hall, and the Wiener Universal-Edition publishing house brings out a Festschrift, edited by his long-standing publisher Emil Hertzka.
Premiere performances of the one-act opera **The Lucky Hand, op. 18,** and **Expectation, op. 17,** at the Vienna Volksoper. Concert tour of Italy (Venice, Turin, Rome) with **Pierrot Lunaire.**

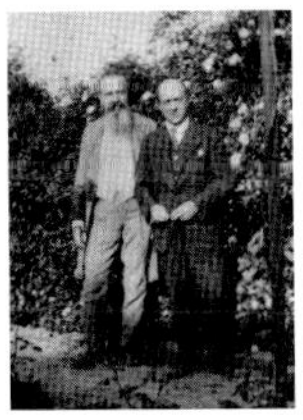

MIT / WITH EMIL HERTZKA, WIEN / VIENNA, 1925

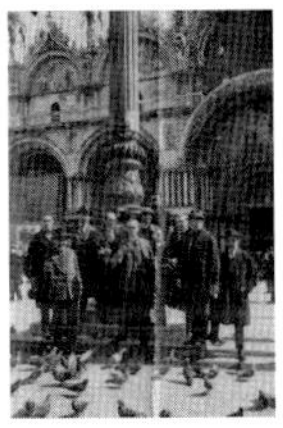

PIERROT-LUNAIRE-ENSEMBLE IN VENEDIG / VENICE, 1924

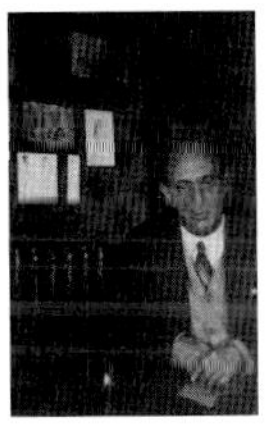

MIT EINIGEN SEINER ZEICHNUNGEN UND GEMÄLDE IM HINTERGRUND, BERLIN, NACH 1926
WITH SOME OF HIS DRAWINGS AND PAINTINGS IN THE BACKGROUND, BERLIN AFTER 1926

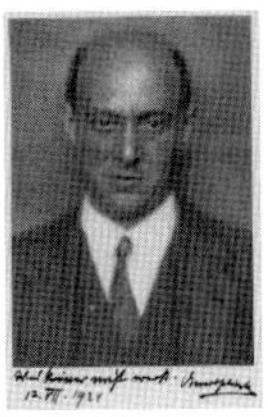

FOTOPORTRÄT MIT WIDMUNG AN GERTRUD KOLISCH: „WAS KEINER NICHT WEISS. 12. JULI 1924"
PHOTO PORTRAIT WITH DEDICATION TO GERTRUD KOLISCH: "WHAT NOBODY DOES NOT KNOW. 12 JULY 1924"

Opernübertragungen im deutschen Rundfunk; Attentat auf den österr. Bundeskanzler Ignaz Seipel; Tod Lenins, Stalin kommt an die Macht
La Peinture surréaliste exhibition in Paris; Paul Klee, Wassily Kandinsky, Lyonel Feininger, and Alexei Jawlensky found the group "Die Blauen Vier" (the Blue Four); Adolf Loos moves to Paris; Bauhaus relocates from Weimar to Dessau; André Breton: first **Surrealist Manifesto;** Oskar Kokoschka: **Portrait of Arnold Schönberg;** George Gershwin: **Rhapsody in Blue;** Anton von Webern: **Three Sacred Songs** (twelve-tone); Thomas Mann: **The Magic Mountain;** Franz Werfel: **Verdi;** first concert and opera broadcasts on German radio; Austrian Chancellor Ignaz Seipel assassinated; death of Lenin, Stalin comes to power

1925
Konzerte in Barcelona. Übernimmt als Nachfolger des verstorbenen Ferruccio Busoni die Meisterklasse für Komposition an der Preußischen Akademie der Künste in Berlin. Die Academia Santa Cecilia in Rom verleiht ihm die Ehrenmitgliedschaft. **Vier Stücke für gemischten Chor, op. 27** entstehen. In Venedig Teilnahme am Kammermusikfest der Internationalen Gesellschaft für Neue Musik.

Concerts in Barcelona. Following Ferruccio Busoni's death, is appointed his successor leading the master class for composition at the Prussian Art Academy in Berlin. Academia Santa Cecilia in Rome makes him an honorary member. Writes **Four Pieces for Mixed Chorus, op. 27.** Takes part in Venice in the chamber music festival held by the International Society for New Music.

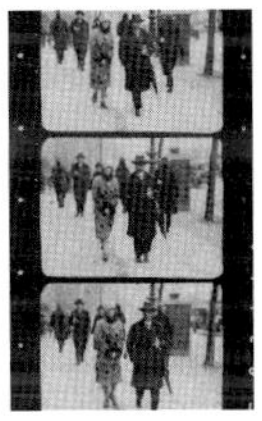

GERTRUD UND / AND ARNOLD SCHÖNBERG IN BERLIN (FILMAUSSCHNITT / FILM CLIP)

1926
Zum Jahresbeginn dritter Umzug nach Berlin.

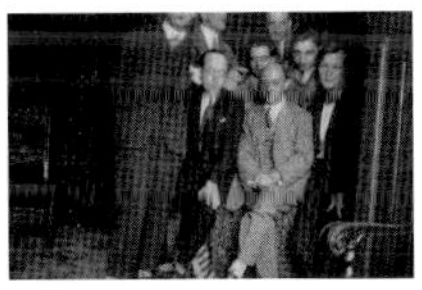

SCHÖNBERGS MEISTERKLASSE IN BERLIN, 1926
SCHÖNBERG'S MASTER CLASS IN BERLIN, 1926

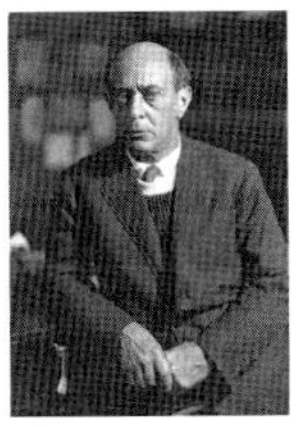

IN BERLIN, NACH / AFTER 1926

1925
Kurt Schwitters: Grammophonplatte mit dem Scherzo des Lautgedichtes **Ursonate;** Fernand Léger: **Ballet Mécanique;** A. László: **Die Farblichtmusik** (Unterstützung der Musik durch Farben, konstruiert auch Farblichtklavier); Theodor W. Adorno studiert Komposition bei Alban Berg in Wien; Lion Feuchtwanger: **Jud Süß;** Franz Kafka: **Der Prozess** (posthum); John Dos Passos: **Manhattan Transfer;** Sergej Eisenstein: **Panzerkreuzer Potemkin;** Hitlers **Mein Kampf** erscheint; Neugründung der NSDAP

Kurt Schwitters: gramophone record with the scherzo of the sound poem "Primal Sonata"; Fernand Léger: **Ballet Mécanique;** A. László: **Die Farblichtmusik** (colour-light music; he also constructs the first colour organ); Theodor W. Adorno studies composition under Alban Berg in Vienna; Lion Feuchtwanger: **Jew Süss;** Franz Kafka: **The Trial** (posthumous); John Dos Passos: **Manhattan Transfer;** Sergei Eisenstein: **Battleship Potemkin;** Hitler's **Mein Kampf** is published; the National Socialist German Workers' Party is re-founded

1926
George Grosz: **Stützen der Gesellschaft;** erste Nummer der Zeitschrift **Cahiers d'Art** erscheint in Paris; Alfred Polgar: **Orchester von Oben;** Einweihung des Berliner Funkturms; entscheidende Verbesserung der Schallplattenqualität durch elektrische Aufnahme und Wiedergabe

George Grosz: **Pillars of Society;** first issue of **Cahiers d'Art** appears in Paris; Alfred Polgar: **Looking Down on the Orchestra;** inauguration of the Berlin Radio Tower; decisive improvement in the quality of gramophone records with electric recording and reproduction techniques

At the beginning of the year, he moves to Berlin for the third time.

1927
Dirigiert eigene Werke in der Berliner Funkstunde. Der Sommeraufenthalt mit Kandinsky und dessen Frau Nina am Wörthersee erneuert die Freundschaft der beiden Künstler. Komposition des **III. Streichquartett, op. 30** und Abschluss des Sprechdramas **Der biblische Weg,** einer umfassenden Auseinandersetzung mit Zionismus, jüdischem Glauben und nationaler Identität des Judentums.

Conducts his own works for Radio Berlin's Radio Hour. Spends the summer with Kandinsky and the latter's wife Nina on Lake Wörther, renewing the friendship between the two men. Composes **Third String Quartet, op. 30,** and completes his spoken drama **The Biblical Path,** a comprehensive discussion of Zionism, the Jewish faith, and the Jewish national identity.

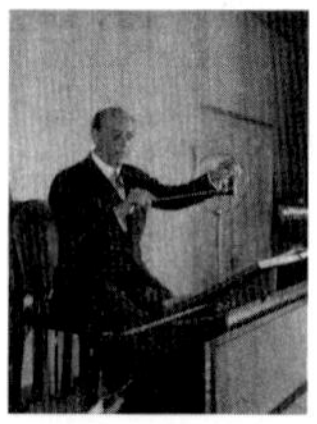

SCHÖNBERG DIRIGIERT DAS RUNDFUNK-SINFONIEORCHESTER BERLIN FÜR DIE AUFNAHME DER BERLINER FUNKSTUNDE, 1927
SCHÖNBERG CONDUCTS THE RUNDFUNK-SINFONIEORCHESTER BERLIN FOR THE RECORDING OF THE BERLINER FUNKSTUNDE, 1927

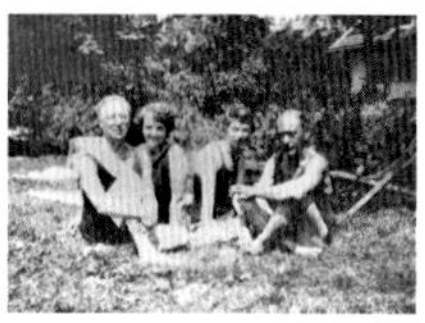

IN PÖRTSCHACH AM WÖRTHER SEE, SOMMER 1927
WASSILY UND / AND NINA KANDINSKY, GERTRUD UND / AND ARNOLD SCHÖNBERG IN PÖRTSCHACH AT LAKE WÖRTHER, SUMMER 1927

1927
Internationale Gesellschaft für Musikwissenschaft, Basel; Egon Friedell: **Kulturgeschichte der Neuzeit** (bis 1932); Martin Heidegger: **Sein und Zeit;** Franz Kafka: **Amerika** (posthum); Literatur-Nobelpreis für Henri Bergson; Fritz Lang: **Metropolis; The Jazzsinger** erster erfolgreicher Tonfilm (USA); Arbeiterunruhen in Wien, Brand des Justizpalastes; Alleinflug Charles Lindberghs über den Atlantik

International Society for the Study of Music, Basel; Egon Friedell: **Cultural History of the Modern Age** (through 1932); Martin Heidegger: **Being and Time;** Franz Kafka: **America** (posthumous); Henri Bergson wins the Nobel Prize for Literature; Fritz Lang: **Metropolis; The Jazzsinger** is the first successful talking picture (USA); workers unrest in Vienna, the Justice Building is set ablaze; Charles Lindbergh's solo flight across the Atlantic

1928
Schreibt das Libretto zur Oper **Moses und Aron.** Konzertreisen nach London, wo er die Gurrelieder dirigiert, und in die Schweiz. In Berlin leitet Wilhelm Furtwängler die Uraufführung der **Variationen für Orchester, op. 31.**

Writes the libretto for his opera **Moses and Aaron.** Concert trips to London, where he conducts performances of the **Gurrelieder,** and to Switzerland. In Berlin, Wilhelm Furtwängler directs the premiere of **Variations for Orchestra, op. 31.**

1928
Wassily Kandinsky: **Bilder einer Ausstellung,** abstraktes Bühnenspiel nach Modest Mussorgsky (Friedrich-Theater, Dessau); Luis Buñuel/Salvador Dalí: **Ein andalusischer Hund;** Stefan Zweig: **Sternstunden der Menschheit;** Bert Brecht: **Dreigroschenoper;** Werner Heisenberg: quantenphysikalische Unbestimmtheitsbeziehung; Alexander Fleming: Entdeckung des Penicillin; Walt Disney: erste Micky-Maus-Filme

Wassily Kandinsky: **Pictures at an Exhibition,** abstract play after Modest Mussorgsky (Friedrich-Theater, Dessau); Luis Buñuel and Salvador Dalí: **Un Chien andalou;** Stefan Zweig: **Decisive Moments of History;** Bert Brecht: **Threepenny Opera;** Werner Heisenberg: uncertainty principle in quantum mechanics; Alexander Fleming discovers penicillin; Walt Disney: first Mickey Mouse films

1929
Vollendet das Chorwerk **Glück, op. 35 Nr. 4,** eine Auftragsarbeit für den Deutschen Arbeiter-Sängerbund, Uraufführung in der Sendung Moderne Arbeiterdichter und Arbeitermusik des Berliner Rundfunks. Als erstes Bühnenwerk auf der Grundlage zwölftoniger Reihe beendet er die einaktige Oper **Von heute auf morgen, op. 32** mit einem Libretto von „Max Blonda", Pseudonym seiner Frau Gertrud.

Completes his choral work **Luck, op. 35, no. 4,** commissioned by the German Workers' Choral Union; it premieres in the broadcast **Modern Poets of the Working Class and Workers' Music** presented by Radio Berlin. He completes the one-act opera **From Today till Tomorrow, op. 32,** the first stage piece based on the twelve-tone series and featuring a libretto by "Max Blonda", the pseudonym of his wife Gertrud.

1929
Werkbundausstellung **Film und Foto** in Stuttgart; Eröffnung des Museum of Modern Art, New York; Rudolf Steiner: Goetheanum in Dornach (erbaut seit 1924); Franz Werfel: **Barbara oder die Frömmigkeit;** Alfred Döblin: **Berlin Alexanderplatz;** Erich Maria Remarque: **Im Westen nichts Neues;** Ernst Cassirer: **Philosophie der symbolischen Formen;** blutige Zusammenstöße zwischen Polizei und Demonstranten am 1. Mai in Berlin; Kursstürze an der New Yorker Börse lösen Weltwirtschaftskrise aus („Schwarzer Freitag"); erste Fernsehsendung in Berlin

Film und Foto exhibition in Stuttgart by Deutscher Werkbund; opening of the Museum of Modern Art, New York; Rudolf Steiner: Goetheanum in Dornach completed (started 1924); Franz Werfel: **The Pure in Heart;** Alfred Döblin: **Berlin Alexanderplatz;** Erich Maria Remarque: **All Quiet on the Western Front;** Ernst Cassirer: **Philosophy of Symbolic Forms;** bloody clashes between police and demonstrators on 1 May in Berlin; prices crash on the New York Stock Exchange triggering Black Friday and the great Depression; first TV broadcast in Berlin

1930
Uraufführung der Oper **Von heute auf morgen, op. 32** im Frankfurter Opernhaus.

1930
Max Beckmann: **Selbstbildnis mit Saxophon;** Gründung des Institutes für Sozialforschung in Frankfurt/Main (Max

Vortrag in Prag: **Neue Musik, veraltete Musik, Stil und Gedanke.** Komposition der **Begleitungsmusik zu einer Lichtspielscene, op. 34.** Bühnenbildentwürfe von Oskar Schlemmer für die Aufführung der **Glücklichen Hand** an der Krolloper Berlin.

Premiere of **From Today till Tomorrow** at the Frankfurt Opera House.
Gives lecture in Prague on **New Music, Antiquated Music, Style, and Thought.** Composes **Accompaniment to a Film-scene, op. 34.** Stage set design by Oskar Schlemmer for the performance of **The Lucky Hand** at Berlin's Krolloper.

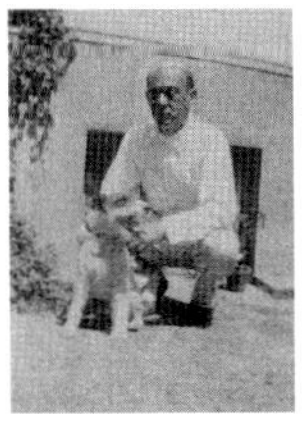

MIT SEINEM FOXTERRIER WITZ AN DER FRANZÖSISCHEN RIVIERA, UM 1928
WITH HIS FOX TERRIER WITZ AT THE FRENCH RIVIERA, C. 1928

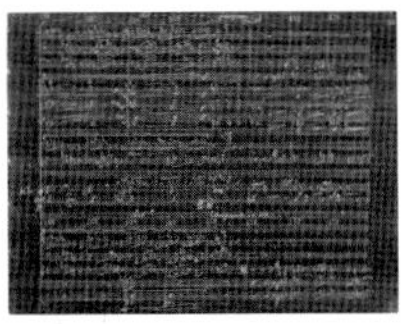

BEGLEITUNGSMUSIK ZU EINER LICHTSPIELSCENE, FOTONEGATIV DES AUTOGRAPHEN
ACCOMPANIMENT TO A FILM-SCENE, PHOTO NEGATIVE OF THE ORIGINAL SCORE

1931
Vortrag im Berliner Rundfunk. Aus gesundheitlichen Gründen ab Oktober in Barcelona. Dort Arbeit an der Oper **Moses und Aron.**

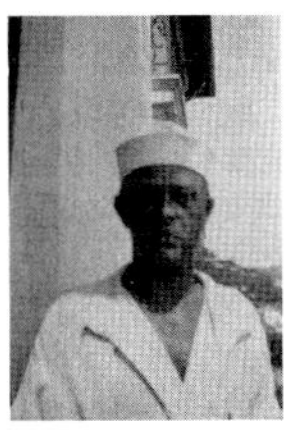

IN ROQUEBRUNE, FRANKREICH / FRANCE, 1928–29

Horkheimer, Erich Fromm, Herbert Marcuse), Schließung 1933; Robert Musil: **Der Mann ohne Eigenschaften;** Josef von Sternberg: **Der blaue Engel** (mit Marlene Dietrich)

Max Beckmann: **Self-Portrait with Saxophone;** foundation of the Institute for Social Research in Frankfurt am Main (Max Horkheimer, Erich Fromm, Herbert Marcuse), closed in 1933; Robert Musil: **Man without Qualities;** Josef von Sternberg: **The Blue Angel** (with Marlene Dietrich)

1931
Bert Brecht/Kurt Weill: **Aufstieg und Fall der Stadt Mahagonny;** Ernst Jünger: **Die totale Mobilmachung;** Karl Jaspers: **Die geistige Situation der Zeit;** Fritz Lang: **M;** Albert Einstein unterstützt die Internationale der Kriegsdienstverweigerer

Bert Brecht and Kurt Weill: **Rise and Fall of the City Mahagonny;** Ernst Jünger: **Total Mobilisation;** Karl Jaspers: **The Intellectual Spiritual Situation of Our Time;** Fritz Lang: **M;** Albert Einstein supports the International Conscientious Objectors

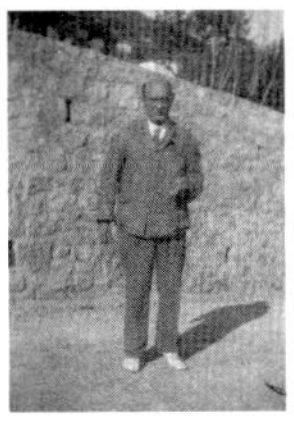

IN ROQUEBRUNE, FRANKREICH / FRANCE, 1928–29

Lectures on Radio Berlin. For health reasons, as of October in Barcelona. There, he works on the opera **Moses and Aron.**

1932
Antisemitische Widerstände an der Preußischen Akademie in Berlin gegen Schönbergs Professur. Rückkehr von Barcelona nach Berlin. Die auch in diesem Jahr entstehenden, zahlreichen kleinen Schriften zu Themen wie Tonalität und Sprache, aber auch zu Moral, Politik, Macht, Mehrheit, Faschismus zeugen von wachsender politischer Sensibilisierung, insbesondere in Fragen des jüdischen Lebens. Geburt der Tochter Nuria. Beendet den zweiten Akt zu **Moses und Aron,** der dritte Akt bleibt Fragment, die als monumentales Gesamtkunstwerk angelegte Oper unvollendet.

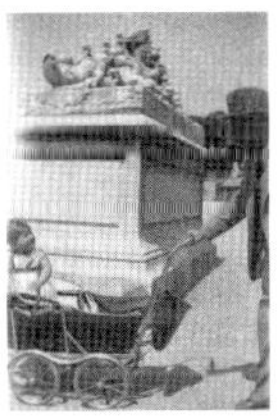

MIT SEINER KLEINEN TOCHTER NURIA IM SCHLOSSGARTEN CHARLOTTENBURG, BERLIN SOMMER 1933
WITH HIS YOUNG DAUGHTER NURIA IN THE GARDEN OF CHARLOTTENBURG PALACE, BERLIN SUMMER 1933

Anti-Semitic opposition at the Prussian Art Academy in Berlin to Schönberg's professorship. He returns to Berlin from Barcelona. The countless minor essays he wrote during the year on topics such as tonality, language, morals, politics, power, majority, and fascism attest to his growing political awareness, in particular as regards questions of Jewish

1932
Oskar Schlemmer: **Bauhaustreppe;** Hans Fallada: **Kleiner Mann – was nun;** Höhepunkt der Weltwirtschaftskrise und Weltarbeitslosigkeit; erstes internationales Filmfestival in Venedig; Louis Armstrong gastiert erstmals in Europa

Oskar Schlemmer: **Bauhaus Staircase;** Hans Fallada: **Little Man – What Now?;** the world economic crisis reaches its nadir and unemployment peaks; first international film festival in Venice; Louis Armstrong plays in Europe for the first time

life. Birth of his daughter Nuria. Ends the second act of **Moses and Aron**; the third act remains a fragment, and the opera, conceived as a monumental Gesamtkunstwerk thus remains incomplete.

1933
Im Februar Vortrag **Brahms, der Fortschrittliche** im Berliner Rundfunk. Im Mai verlässt Schönberg Berlin. Wird von den Nationalsozialisten aus der Akademie ausgeschlossen.
Auf dem Weg in die Emigration rekonvertiert Schönberg in Paris zum jüdischen Glauben.
Überfahrt in die USA mit Frau und Tochter Nuria. Ankunft in New York im Oktober. Lehrt am Malkin-Konservatorium in Boston und New York.

In February lectures on **Brahms, the Progressive** on Radio Berlin. In May, Schönberg quits Berlin. The Nazis exclude him from the Academy. The road to emigration takes him first to Paris, where he reconverts to Judaism. He travels to the United States with his wife and daughter Nuria. He arrives in New York in October and teaches at the Malkin Conservatory in Boston and New York.

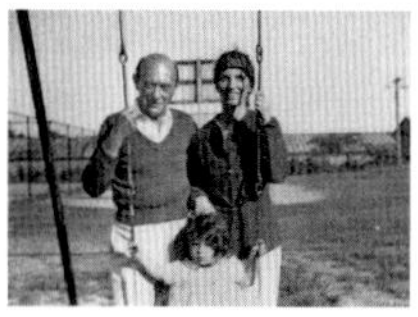

ARNOLD, GERTRUD UND / AND NURIA SCHÖNBERG IN CHAUTAUQUA, NEW YORK, 1934

1933
Adolf Hitler wird Reichskanzler, Ermächtigungsgesetz; das Bauhaus (seit 1932 in Berlin) wird durch die Nationalsozialisten aufgelöst; Max Schillings, Senatspräsident der Preußischen Akademie der Künste, verkündet, der jüdische Einfluss müsse zerschlagen werden; das **Börsenblatt des deutschen Buchhandels** veröffentlicht die erste offizielle schwarze Liste für die bildenden Künste; erste große Emigrationswelle europäischer Intellektueller: Albert Einstein geht nach Princeton (New Jersey); Max Horkheimer emigriert über die Schweiz in die USA (Columbia University, New York); Sigmund Freud korrespondiert mit Einstein über die Frage „Warum Krieg?"; erstes Konzentrationslager in Dachau; Gründung der Gestapo; öffentliche Verbrennung von Büchern unerwünschter Autoren (u. a. Bert Brecht, Sigmund Freud, Heinrich Mann, Kurt Tucholsky) in Berlin; Präsentation des „Volksempfängers" auf der Berliner Funkausstellung; Adolf Loos (*1870) stirbt in Wien

Adolf Hitler becomes Reich Chancellor, empowerment law is passed; the Nazis close down Bauhaus (since 1932 in Berlin); Max Schillings, president of the Senate of the Prussian Art Academy announces that the Jewish influence must be crushed; **German Book Trade Gazette** publishes the first black list for the arts; first major wave of emigration by European intellectuals: Albert Einstein goes to Princeton (New Jersey); Max Horkheimer emigrates via Switzerland to the United States (Columbia University, New York); Sigmund Freud corresponds with Einstein on the question of "Why War?"; first concentration camp in Dachau; Gestapo is set up; public burning of books by undesirable authors (including Bert Brecht, Sigmund Freud, Heinrich Mann, and Kurt Tucholsky) in Berlin; presentation of the "People's Radio Receiver" at the Berlin Radio Fair; Adolf Loos dies in Vienna (born 1870)

1934
Umzug von der Ostküste nach Los Angeles. Vorträge über die Lage der Juden. Er trifft Albert Einstein, mit dem er bereits in Berlin bekannt war, nimmt an einem Wohltätigkeitskonzert zugunsten der Vereinigung der Zionisten New Yorks teil, das zu Ehren Einsteins veranstaltet wird.

Relocates from the East Coast to Los Angeles. Lectures there on the Jewish situation. Schönberg meets Albert Einstein, whom he had already got to know in Berlin, participates in a concert for the benefit of the Zionist Organization of New York given in honour of Einstein.

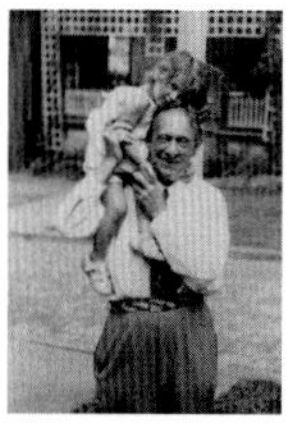

ARNOLD UND NURIA VOR DEM HAUS VINCENT AVENUE IN CHAUTAUQUA, 1934
ARNOLD AND NURIA, IN FRONT OF THE HOUSE IN VINCENT AVENUE IN CHAUTAUQUA, 1934

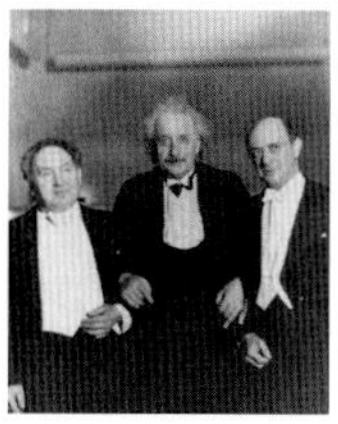

GODOWSKY, EINSTEIN UND / AND SCHÖNBERG, CARNEGIE HALL, 1/4/1934

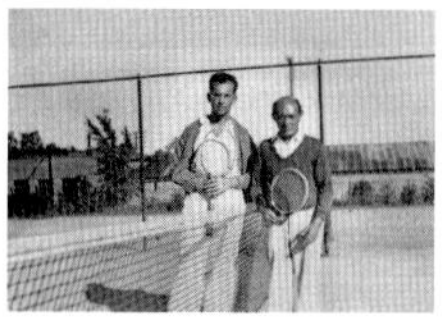

MIT MARTIN BERNSTEIN BEIM TENNIS IN CHAUTAUQUA
WITH MARTIN BERNSTEIN ON THE TENNIS COURT IN CHAUTAUQUA

1934
Der österreichische Kanzler Engelbert Dollfuß errichtet ein diktatorisches Regime: Aufhebung der parlamentarischen Verfassung, Allianz mit dem faschistischen Italien, Bürgerkrieg, Tausende verlassen Österreich; Oskar Kokoschka geht von Wien nach Prag; Theodor W. Adorno emigriert von Frankfurt nach England; China: „langer Marsch" (bis 1935) unter Führung von Mao Tse-Tung

Austrian Chancellor Engelbert Dollfuss installs a dictatorial regime: repeal of parliamentary constitution, alliance with fascist Italy, civil war, thousands flee Austria; Oskar Kokoschka leaves Vienna for Prague; Theodor W. Adorno emigrates from Frankfurt to England; China: "long march" (until 1935) led by Mao Zedong

1935
Trifft den Filmproduzenten Irving Thalberg (MGM), um über die Möglichkeit einer Musik der geplanten Literaturverfilmung von Pearl S. Bucks **The Good Earth** zu sprechen; Schönberg macht dazu einen Entwurf. Vorlesungen an der University of Southern California. Privatunterricht. John Cage wird sein Schüler.

Meets film producer Irving Thalberg (MGM) to discuss a musical score for the planned filming of Pearl S. Buck's **The Good Earth**, Schönberg sketches an outline for the music. Lectures at the University of Southern California. Gives private lessons. John Cage becomes one of his pupils.

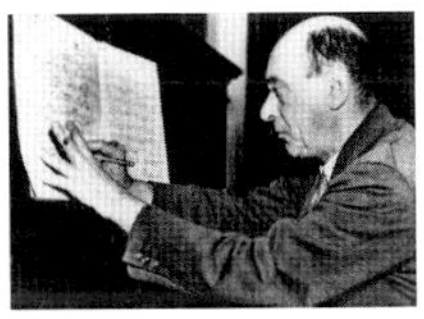

BEI DER ARBEIT IN HOLLYWOOD, UM 1935
AT WORK IN HOLLYWOOD, C. 1935

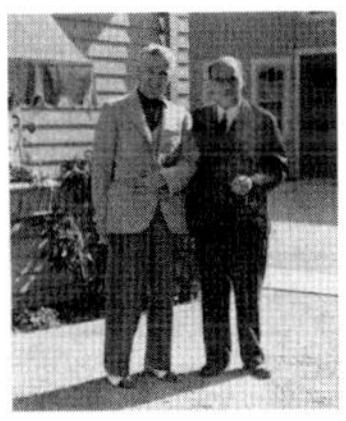

MIT/WITH CHARLIE CHAPLIN, LOS ANGELES, HERBST / AUTUMN 1935

1936
Professur an der University of California in Los Angeles, bezieht ein Haus in Brentwood Park, West Los Angeles, wo er bis zu seinem Tode lebt. Freundschaft mit George Gershwin. Komposition des **IV. Streichquartetts, op. 37.**

Professor at the University of California in Los Angeles, moves into a house in Brentwood Park, West Los Angeles, where he lives until his death. Becomes friends with George Gershwin. Composes **Fourth String Quartet, op. 37.**

1935
Ausstellung **Cubism and Abstract Art** im New Yorker Museum of Modern Art; George Gershwin: **Porgy and Bess;** Anton von Webern: **Das Augenlicht;** Tod von Alban Berg (*1885), hinterlässt Lulu (unvollendete atonale Oper); Elias Canetti: **Die Blendung;** Weltschriftstellerkongress „Zur Verteidigung der Kultur" in Paris (u. a. mit Johannes R. Becher, Bert Brecht, Lion Feuchtwanger, André Gide, Heinrich und Klaus Mann); Gründung des Kollektivs deutscher Künstler in Paris (Max Ernst, Otto Freundlich u. a.), Leni Riefenstahl: **Triumph des Willens** (Reichsparteitagsfilm); Nürnberger Gesetze; Einmarsch Italiens in Äthiopien

Cubism and Abstract Art exhibition in the Museum of Modern Art, New York; George Gershwin: **Porgy and Bess;** Anton von Webern: **The Light of the Eye;** Alban Berg (born 1885) dies, leaving behind **Lulu** (incomplete atonal opera); Elias Canetti: **Auto da Fé;** World Writers' Congress "In Defence of Culture" in Paris (including Johannes R. Becher, Bert Brecht, Lion Feuchtwanger, André Gide, Heinrich and Klaus Mann); foundation of the German Artists Collective in Paris (Max Ernst, Otto Freundlich, and others); Leni Riefenstahl: **Triumph of the Will** (film on the Reichsparteitag); Nuremberg racial laws enacted; Italy invades Ethiopia

1936
José Clemente Orozco: **Opfer,** Wandmalerei Universität Guadalajara, Mexiko; Meret Oppenheim: **Pelzfrühstück;** Abteilung der Moderne in der Berliner Nationalgalerie wird geschlossen; Deutscher Künstlerbund verboten; Joseph Goebbels untersagt jegliche Kunstkritik; **Die Volksmusik** (nationalsozialistische Musikzeitschrift); Klaus Mann: **Mephisto;** Charlie Chaplin: **Moderne Zeiten;** Benito Mussolini verkündet italienisches Imperium; Bürgerkrieg in Spanien; Olympische Spiele in Berlin

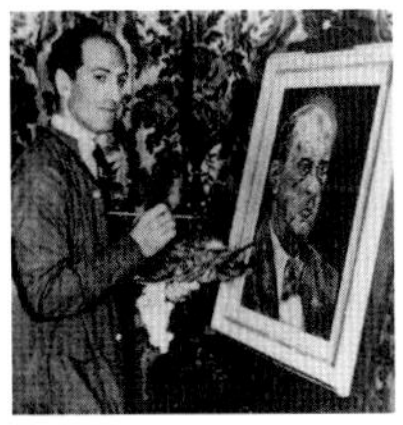

GEORGE GERSHWIN PORTRÄTIERT ARNOLD SCHÖNBERG, 1936
GEORGE GERSHWIN PORTRAYING ARNOLD SCHÖNBERG, 1936

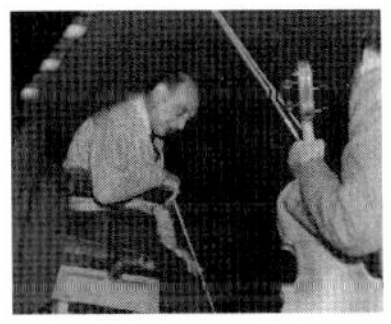

BEI DER PROBE MIT DEM LOS ANGELES WPA SYMPHONY ORCHESTRA
TRINITY AUDITORIUM, LOS ANGELES, APRIL 1937
DURING REHEARSALS WITH THE LOS ANGELES WPA SYMPHONY ORCHESTRA

1937
Im Juli stirbt George Gershwin, Schönberg hält eine bewegte Grabrede. Geburt des Sohnes Ronald.

George Gershwin dies in July, and Schönberg holds a moving speech at the grave. Birth of his son Ronald.

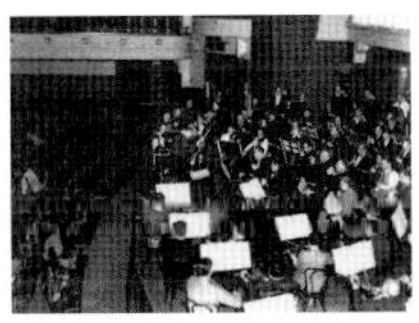

BEI PROBEN IN LOS ANGELES, 1937
REHEARSALS IN LOS ANGELES, 1937

1938
Schönbergs Tochter Gertrude Greissle und deren Familie wie auch Alexander Zemlinsky und seine Frau treffen in New York ein. Mit dem Chorwerk **Kol nidre, op. 39** komponiert er eine eigene Melodieversion des jüdischen Gebets zum Versöhnungstag (Jom Kippur), Uraufführung am Vorabend dieses Feiertags in Los Angeles unter Schönbergs Leitung.

José Clemente Orozco: **Victims,** mural at the University of Guadalajara, Mexico; Meret Oppenheim: **Fur-lined Teacup, Saucer, and Spoon;** the Modernist section of Berlin's Nationalgalerie is closed down; **Deutscher Künstlerbund** is outlawed; Joseph Goebbels prohibits all art criticism; **Die Volksmusik** (Nazi music journal); Klaus Mann: **Mephisto;** Charlie Chaplin: **Modern Times;** Benito Mussolini proclaims the birth of the Italian Empire; civil war in Spain; Olympic Games in Berlin

1937
Ausstellung **Entartete Kunst;** Pablo Picasso: **Guernica** (Gemälde aus Anlass der Bombardierung des Ortes durch die Faschisten wird auf der Pariser Weltausstellung gezeigt); Käthe Kollwitz: **Pietá;** Carl Orff: **Carmina Burana;** John Steinbeck: **Von Mäusen und Menschen;** erster farbiger Tonfilm

Degenerate Art exhibition; Pablo Picasso's **Guernica** (painted after the bombing of the town by the Fascists) is shown at the World's Fair in Paris; Käthe Kollwitz: **Pietà;** Carl Orff: **Carmina Burana;** John Steinbeck: **Of Mice and Men;** first sound movie in colour

1938
Ausstellung **Twentieth Century German Art,** New Burlington Galleries, London (konzipiert als Antwort auf die Ausstellung **Entartete Kunst);** „Reichskristallnacht"; Gesetz über die Wiedervereinigung Österreichs mit dem deutschen Reich (Anschluss) – Welle von politischen Verhaftungen und antisemitischen Verfolgungsaktionen; Oskar Kokoschka emigriert nach London; Anton Webern

Schönberg's daughter Gertrude Greissle and her family, as well as Alexander Zemlinsky and his wife, arrive in New York. With his choral work **Kol nidre, op. 39,** he composes his own melody for the Jewish prayer on Yom Kippur, the Day of Atonement, and it premieres the night before the High Holiday in Los Angeles – with Schönberg conducting.

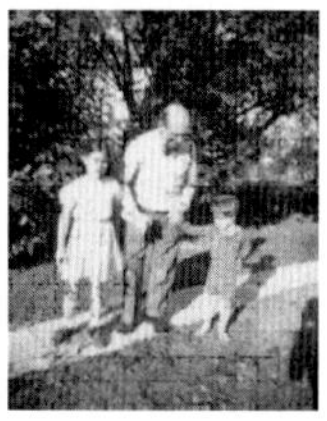

MIT DEN KINDERN NURIA UND RONALD IN BRENTWOOD, LOS ANGELES 1940/41
WITH HIS CHILDREN NURIA AND RONALD

1939
Die **II. Kammersymphonie, op. 38** entsteht.

He writes **Second Chamber Symphony, op. 38.**

erhält Aufführungs- und Publikationsverbot; Jean-Paul Sartre: **Der Ekel;** André Malraux: **Die Hoffnung;** Theodor W. Adorno geht von England nach Amerika; Münchener Abkommen (Abtretung des Sudetenlandes an das Deutsche Reich)

Twentieth Century German Art exhibition at the New Burlington Galleries, London (devised as a response to **Degenerate Art**); Kristallnacht ("night of crystal"); "Anschluss" law on the reunification of Austria and the German Reich – wave of political arrests and anti-Semitic persecution; Oskar Kokoschka emigrates to London; Anton von Webern is forbidden to perform or publish; Jean-Paul Sartre: **Nausea;** André Malraux: **Days of Hope;** Theodor W. Adorno leaves England for the United States; Munich Agreement (cession of the Sudetenland to the German Reich)

1939
Ausstellung **Bauhaus 1919–1928,** Museum of Modern Art, New York; Solomon R. Guggenheims Sammlung wird in der Ausstellung **Art of Tomorrow** in New York gezeigt; öffentliche Verbrennung von Kunstwerken durch die Nationalsozialisten in Berlin; Sigmund Freud: **Der Mann Moses und die monotheistische Religion;** Tod von Freud im Londoner Exil (*1856); Sieg der Faschisten unter General Franco in Spanien; mit dem Überfall auf Polen Beginn des Zweiten Weltkrieges; in Frankreich leben mittlerweile ca. 40.000 Flüchtlinge, in Großbritannien ca. 55.000 Flüchtlinge aus dem Großdeutschen Reich; nach einer Umfrage der Zeitschrift **Fortune** lehnen es 83% der Amerikaner ab, weitere Flüchtlinge aufzunehmen; Ernst Lubitsch: **Ninotschka**

Bauhaus 1919–1928 exhibition at the Museum of Modern Art, New York; Solomon R. Guggenheim's collection is shown as part of the **Art of Tomorrow** exhibition in New York; Nazis publicly burn artworks in Berlin; Sigmund Freud: **Moses and Monotheism;** Freud dies in exile in London (born 1856); the Fascists under General Franco win the civil war in Spain; the German invasion of Poland marks the beginning of World War II; some 40,000 German refugees now live in France, some 55,000 in Great Britain; according to a survey by **Fortune** magazine 83 percent of Americans refuse to accept more refugees into the country; Ernst Lubitsch: **Ninotchka**

1940
Leitet die Schallplattenaufnahme des **Pierrot lunaire** in Los Angeles.

Directs the recording of **Pierrot Lunaire** in Los Angeles.

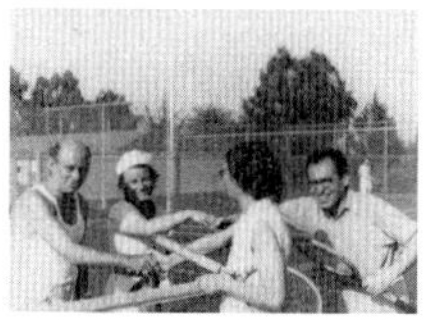

TENNISDOPPEL, LOS ANGELES, 1940ER
ARNOLD UND/AND GERTRUD SCHÖNBERG MIT / WITH LUCCA LEHNER UND / AND FELIX KHUNER TENNIS DOUBLES, LOS ANGELES 1940S

1941
Geburt des Sohnes Lawrence. Schönberg wird US-amerikanischer Staatsbürger.

1940
Große Deutsche Kunstausstellung in München; seit 1930 siedelten neben Schönberg folgende europäische Komponisten in die USA um: Igor Strawinsky, Béla Bartók, Paul Hindemith, Darius Milhaud, Kurt Weill u. a., ebenso bildende Künstler, Fotografen und Architekten wie George Grosz, Josef Albers, André Kertész, Marcel Breuer, Lyonel Feininger, Max Ernst, Ludwig Mies van der Rohe, Andreas Feininger und Walter Gropius; 1940 gingen dazu Bert Brecht, André Breton, Marc Chagall, Claude Levi-Strauss, Jacques Lipchitz, André Masson und Ossip Zadkine; Ernest Hemingway: **Wem die Stunde schlägt;** Charlie Chaplin: **Der große Diktator;** Frankreich wird besetzt; Vichy-Regierung

Grosse Deutsche Kunstausstellung (Great German Art Exhibition) in Munich; since 1930 the following European composers left for the United States besides Schönberg: Igor Stravinsky, Béla Bartók, Paul Hindemith, Darius Milhaud, Kurt Weill, and others, not to mention artists, photographers, and architects such as George Grosz, Josef Albers, André Kertész, Marcel Breuer, Lyonel Feininger, Max Ernst, Mies van der Rohe, Andreas Feininger, and Walter Gropius; in 1940, they were followed by Bert Brecht, André Breton, Marc Chagall, Claude Lévi-Strauss, Jacques Lipschitz, André Masson, and Ossip Zadkine; Ernest Hemingway: **For Whom the Bell Tolls;** Charlie Chaplin: **The Great Dictator;** France is occupied; Vichy government

1941
Bert Brecht: **Mutter Courage und ihre Kinder;** Herbert Marcuse: **Vernunft und Revolution;** Orson Welles: **Citizen Kane;** Konrad Zuse: erster elektrisch-mechanischer Digital-Rechner; Überfall auf die Sowjetunion

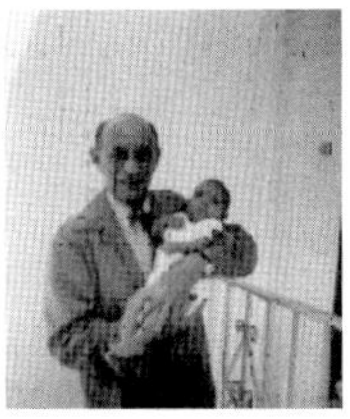

MIT DEM NEUGEBORENEN SOHN LAWRENCE
LOS ANGELES, 1941
WITH HIS NEW BORN SON LAWRENCE

Birth of his son Lawrence.
Schönberg becomes a US citizen.

1942
Berichte von großen Erfolgen des **Pierrot lunaire** in London.
Komponiert die **Ode an Napoleon Buonaparte, op. 41** nach einem Text von Lord Byron, mit dem er kritisch-ironisch auf die Diktatur Hitlers anspielt.
Beendet das Lehrbuch **Models for Beginners in Composition.**

Reviews of the great success of **Pierrot Lunaire** in London.
Composes **Ode to Napoleon Buonaparte, op. 41,** after a text by Lord Byron, alluding critically to the Hitler dictatorship.
Completes his teaching manual **Models for Beginners in Composition.**

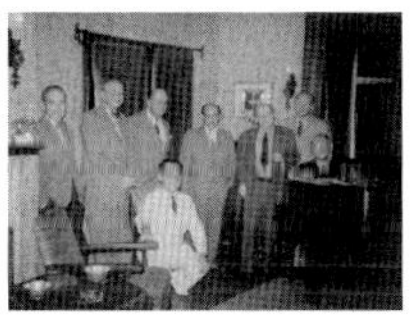

RUDOLF KOLISCH, GEORGE SZELL, MAX HORKHEIMER ?, FELIX KHUNER, ARNOLD SCHÖNBERG, HANNS EISLER, N. N., EDUARD STEUERMANN, 1940ER/1940S

Bert Brecht: **Mother Courage and Her Children;** Herbert Marcuse: **Reason and Revolution;** Orson Welles: **Citizen Kane;** first electromechanical digital computer; German invasion of the Soviet Union

1942
Ausstellung **Art of this Century Gallery** von Peggy Guggenheim in New York; **Artists in Exile,** Ausstellung Galerie Pierre Matisse, New York (André Breton, Max Ernst, Marc Chagall, Piet Mondrian u. a.); Edward Hopper: **Nighthawks;** Anna Seghers: **Das siebte Kreuz;** Albert Camus: **Der Fremde;** Max Horkheimer und Theodor W. Adorno arbeiten in Kalifornien an der **Dialektik der Aufklärung** (bis 1944); Wannseekonferenz („Endlösung" der Judenfrage); Einführung des Judensterns in Westeuropa; Kriegseintritt der USA

Inaugural exhibition of Peggy Guggenheim's **Art of this Century Gallery** in New York; **Artists in Exile** exhibition at the Pierre Matisse Gallery, New York (including André Breton, Max Ernst, Marc Chagall, and Piet Mondrian); Edward Hopper: **Nighthawks;** Anna Seghers: **The Seventh Cross;** Albert Camus: **The Stranger;** in California Max Horkheimer and Theodor W. Adorno work on their **Dialectic of Enlightenment** (until 1944); Wannsee Conference ("final solution" of the Jewish Question); the yellow Star of David introduced on clothing in western Europe; the United States enters the War

1943
Felix Nussbaum: **Selbstbildnis mit Judenpass;** Jean-Paul Sartre: **Das Sein und das Nichts;** Oskar Kokoschka: **Wofür wir kämpfen;** Joseph Goebbels fordert „den totalen Krieg"; Niederschlagung des Aufstandes im Warschauer Getto

1944
Emeritierung. Seine Pension ist nur gering, Schönberg bewirbt sich deshalb um ein Stipendium der Guggenheim-Stiftung zur Fertigstellung der Oper **Moses und Aron,** der **Jakobsleiter** und von Lehrbüchern.

He retires, but due to his meagre pension applies for a Guggenheim Foundation scholarship to complete his opera **Moses and Aron, Jacob's Ladder,** and teaching manuals.

1945
Sein Ersuchen um das Stipendium wird abgewiesen. Er ist gezwungen, erneut Privatunterricht zu geben.

His application is rejected. He is compelled to give private lessons.

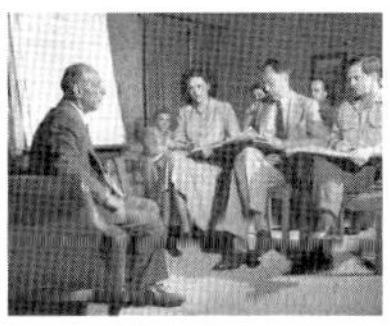

PRIVATUNTERRICHT IM HAUSE ARNOLD SCHÖNBERGS IN BRENTWOOD
PRIVATE TUITION IN ARNOLD SCHÖNBERG'S HOUSE IN BRENTWOOD
PHOTO: RICHARD FISH

1946
Im Januar wird er Ehrenpräsident der Internationalen Gesellschaft für Neue Musik. Schreibt an **Structural Functions of Harmony** (dt. **Die formbildenden Tendenzen der Harmonie,** 1957).

Felix Nussbaum: **Self-Portrait with Jewish Identity Card;** Jean-Paul Sartre: **Being and Nothingness;** Oskar Kokoschka: **What We Are Fighting for;** Joseph Goebbels demands "total war"; the uprising in the Warsaw ghetto is crushed

1944
Tod von Wassily Kandinsky in Neuilly-sur-Seine (*1866); Ausstellung **Concrete Kunst** in Basel, organisiert von Max Bill; Jean Anouilh: **Antigone;** Entmachtung Mussolinis; erster Luftangriff auf Berlin; „D-Day" (alliierte Invasion in der Normandie)

Wassily Kandinsky dies in Neuilly-sur-Seine (born 1866); **Concrete Art** exhibition in Basel organised by Max Bill; Jean Anouilh: **Antigone;** Mussolini overthrown; first bombing raid on Berlin; Allied invasion of Normandy on D-Day

1945
Robert Motherwell: **La Résistance;** Tod von Anton Webern (*1883); Benjamin Britten: **Peter Grimes,** Sergei Prokofjew: **Ode an das Ende des Krieges;** Jean Giraudoux: **Die Irre von Chaillot;** Roberto Rosselini: **Rom, offene Stadt;** Sowjetische Truppen befreien Auschwitz; Kapitulation Deutschlands; Konferenz von Jalta; Atombomben auf Hiroshima und Nagasaki; neun Fernsehprogramme in den USA

Robert Motherwell: **La Résistance;** death of Anton von Webern (born 1883); Benjamin Britten: **Peter Grimes,** Sergei Prokofiev: **Ode to the End of War;** Jean Giraudoux: **The Mad Woman of Chaillot;** Roberto Rosselini: **Rome, Open City;** Soviet troops liberate Auschwitz; Germany capitulates; Yalta Conference; atomic bombs on Hiroshima and Nagasaki; nine TV channels in the United States

1946
Lucio Fontana: **Weißes Manifest;** Albert Camus: **Die Pest;** Alfred Hitchcock: **Berüchtigt;** Nürnberger Prozesse; Gründung der Vereinten Nationen (UNO)

Vorträge an der University of Chicago. Herzinfakt. Unter dem Eindruck der Erkrankung komponiert er das **Streichtrio, op. 45.**

In January, he is made honorary president of the International Society for New Music. He writes **Structural Functions of Harmony.** Lectures at the University of Chicago. Heart attack. Still under the impression of the illness, he composes **String Trio, op. 45.**

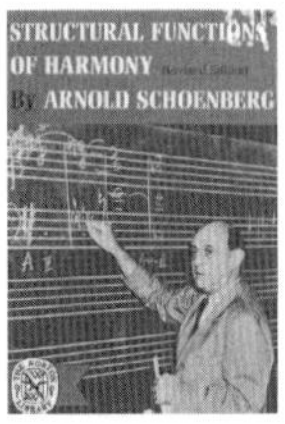

ARNOLD SCHÖNBERG, STRUCTURAL FUNCTIONS OF HARMONY, 1946
UMSCHLAGABBILDUNG (BEIM UNTERRICHTEN AN DER UCLA, 1940)
COVER PHOTO (TEACHING AT UCLA, 1940)

1947
Wahl zum Mitglied der American Academy of Arts and Letters. Komponiert die Kantate **A Survivor from Warsaw (Ein Überlebender aus Warschau), op. 46,** eine Thematisierung des Warschauer Getto-Aufstands 1943.

Elected a member of the American Academy of Arts and Letters. Composes the cantata **A Survivor from Warsaw, op. 46,** taking up the theme of the uprising in the Warsaw Ghetto in 1943.

1948
Doktor-Faustus-Kontroverse mit Thomas Mann um die dämonische Hauptfigur Adrian Leverkühn als Erfinder der Zwölftonmusik. Abschluss des Lehrbuchs **Fundamentals of Musical Composition** (dt. **Die Grundlagen der musikalischen Komposition,** 1979).

Lucio Fontana: **White Manifesto;** Albert Camus: **The Plague;** Alfred Hitchcock: **Notorious;** Nuremberg trials; United Nations established

1947
André Malraux: **Das imaginäre Museum;** W. H. Auden: **Das Zeitalter der Angst;** Thomas Mann: **Doktor Faustus;** Wolfgang Borchert: **Draußen vor der Tür;** „Senatsausschuss für unamerikanische Umtriebe" (HUAC) nimmt Untersuchungen in Hollywood auf, Auftakt für mehrjährige Hexenjagd unter Regisseuren und Schauspielern (Joseph R. McCarthy)

André Malraux: **The Imaginary Museum;** W. H. Auden: **Age of Fear;** Thomas Mann: **Doctor Faustus;** Wolfgang Borchert: **The Man Outside the Door;** "House Un-American Activities Committee" (HUAC) starts investigations in Hollywood, the start of a witch-hunt on directors and actors lasting several years (Joseph R. McCarthy)

1948
Jackson Pollock: **Komposition Nr. 1;** Barnet Newman: **Onement I;** Cool Jazz entsteht (Miles Davis); Bert Brecht: **Der kaukasische Kreidekreis;** Maurice Blanchot: **Der Höchste;** F. Scott Fitzgerald: **Zärtlich ist die Nacht;** Israel als jüdischer Staat in Palästina gegründet; Berliner Luftbrücke; Gründung der NATO

Jackson Pollock: **Composition No. 1;** Barnet Newman: **Onement I;** start of Miles Davis's cool jazz period; Bert Brecht: **Caucasian Chalk Circle;** Maurice Blanchot: **The Most High;** F. Scott Fitzgerald: **Tender Is the Night;** Israel founded as the Jewish state in Palestine; Berlin Airlift; NATO founded

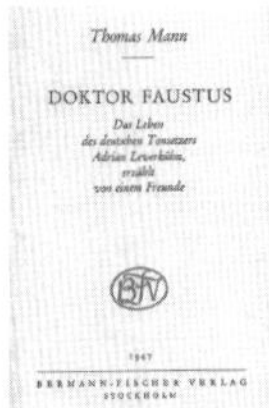

THOMAS MANN, DOKTOR FAUSTUS, ERSTAUSGABE / FIRST EDITION, 1947

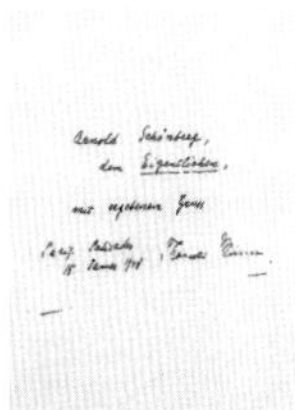

THOMAS MANNS WIDMUNG AN ARNOLD SCHÖNBERG
THOMAS MANN'S DEDICATION TO ARNOLD SCHÖNBERG

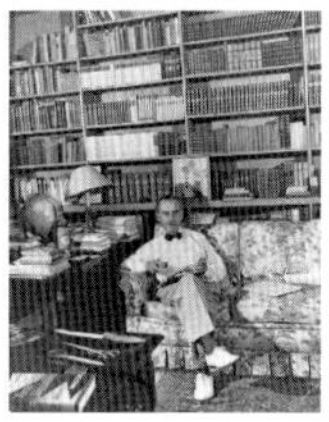

THOMAS MANN IN SEINEM HAUS / AT HOME IN PACIFIC PALISADES, LOS ANGELES 1946

Doctor Faustus controversy with Thomas Mann on the demonic protagonist Adrian Leverkühn as the inventor of twelve-tone music in the latter's novel. He finishes writing his manual **Fundamentals of Musical Composition.**

1949
Die Stadt Wien verleiht ihm die Ehrenbürgerschaft.

Made an honorary citizen of the city of Vienna.

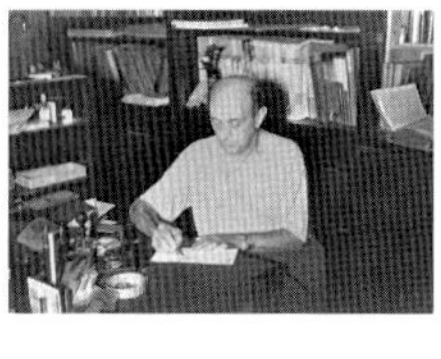

AN SEINEM SCHREIBTISCH
AT HIS DESK

1949
Kokoschka-Ausstellung im Museum of Modern Art, New York; Gründung der Künstlergruppe Zen 49 (Willi Baumeister); Theodor W. Adorno: **Philosophie der neuen Musik;** Martin Heidegger: **Holzwege;** George Orwell: **1984;** Jean Genet: **Unter Aufsicht;** Simone de Beauvoir: **Das andere Geschlecht;** Paul Bowles: **Der Himmel über der Wüste;** Carol Reed: **Der dritte Mann**

Kokoschka exhibition at the Museum of Modern Art, New York; foundation of the Zen 49 artists group (Willi Baumei-

ster); Theodor W. Adorno: **Philosophy of New Music;** Martin Heidegger: **Holzwege;** George Orwell: **1984;** Jean Genet: **Deathwatch;** Simone de Beauvoir: **Second Sex;** Paul Bowles: **Sheltering Sky;** Carol Reed: **The Third Man**

1950
Ein die Urheberschaft der Zwölftontechnik klarstellendes Postskriptum in den folgenden Auflagen des **Doktor Faustus** beendet den Disput zwischen Schönberg und Mann. Schönbergs Gesundheitszustand verschlechtert sich zunehmend. Veröffentlichung der Essay-Sammlung **Style and Idea,** herausgegeben bei der Philosophical Library in New York von Dika Newlin, einer seiner Schülerinnen.

A postscript clarifying who had invented the twelve-tone technique is attached to all subsequent editions of **Doctor Faustus** and ends the dispute between Schönberg and Mann. The state of Schönberg's health deteriorates rapidly. Publication of his essay collection **Style and Idea,** brought out at the Philosophical Library in New York by Dika Newlin, one of his pupils.

1950
Begriff „Tachismus" für abstrakte Malerei in Zusammenhang mit der Ausstellung **L'Imaginaire** in Paris; Willem de Kooning: **Ausgrabung;** Internationales Bach-Jahr; Wiedereröffnung der Donaueschinger Musiktage für zeitgenössische Tonkunst; Jean Cocteau: **Orphée;** Charles M. Schulz: **Die Peanuts;** Korea-Krieg

The notion of "tachism" used for abstract painting in connection with the exhibition **L'Imaginaire** in Paris; Willem de Kooning: **Excavation;** International Bach Year; Donaueschingen Music Festival for Contemporary Music re-opens; Jean Cocteau: **Orphée;** Charles M. Schulz: **Peanuts;** Korean War

1951
Ernennung zum Ehrenpräsidenten der Israelitischen Musikakademie in Jerusalem.
Am 13. Juli stirbt Arnold Schönberg in Los Angeles.

Appointed honorary president of the Israelite Academy of Music in Jerusalem.
On 13 July, Arnold Schönberg dies in Los Angeles.

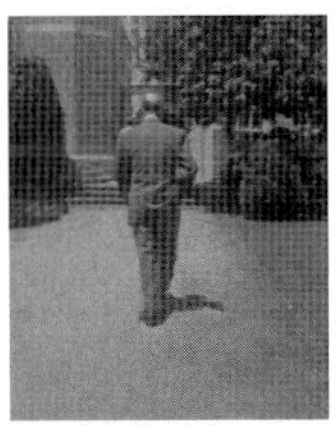

VOR DER KERCKHOFF HALL, UCLA, 1940ER
IN FRONT OF KERCKHOFF HALL, UCLA, 1940S

1951
Irracible Group of Advanced Artists (Jackson Pollock, Mark Rothko, Barnett Newman, Robert Motherwell) protestieren gegen Ausstellungspolitik in New York; Ausstellung **Subjektive Fotografie,** Werkkunstschule Saarbrücken; Heinrich Böll: **Wanderer, kommst du nach Spa...;** Theodor W. Adorno: **Minima moralia;** Wiedereinrichtung des Institutes für Sozialforschung in Frankfurt am Main, die Feier wird eröffnet mit dem **fis-Moll-Quartett, op. 10** von Arnold Schönberg

"Irascible Group of Advanced Artists" (Jackson Pollock, Mark Rothko, Barnett Newman, Robert Motherwell) protest against the policy on exhibitions in New York; **Subjective Photography** exhibition, Werkkunstschule Saarbrücken; Heinrich Böll: "Traveller, If You Come to Spa ..."; Theodor W. Adorno: **Minima moralia;** Institute of Social Research is re-established in Frankfurt am Main, the celebrations commence with Arnold Schönberg's **Second String Quartet in F-sharp minor, op. 10**

AUSSTELLUNGEN (AUSWAHL)
EXHIBITIONS (SELECTED)

EINZELAUSSTELLUNGEN / SOLO EXHIBITIONS

1910
Kunstsalon Heller, Wien

1963
Arnold Schoenberg Paintings and Drawings, Dickson Art Center, University of California, Los Angeles

1965
Paintings and Drawings of Arnold Schoenberg, Indiana University School of Music, Gallery MU 100, Bloomington, Indiana

1966
Arnold Schoenberg: Paintings and Drawings, The Music Department of Swarthmore College in Wilcox Gallery, Swarthmore, Pennsylvania

1974
Arnold Schönberg, Akademie der Künste, Berlin *
Arnold Schönberg. Gedenkausstellung, Wiener Stadtbibliothek, Wien; Bochum; Zürich; Amsterdam *
Arnold Schönberg – mostra documentaria, Teatro Municipale di Reggio nell'Emilia

1977
Schönberg 1874–1951, Foyer der Oper, Frankfurt/Main *

1978
La musica, la pittura, l'epoca di Arnold Schönberg, Museo Correr, Venezia *

1984
Arnold Schoenberg's Vienna, Galerie St. Etienne, New York *

1991/92
Arnold Schönberg. Das bildnerische Werk/Paintings and Drawings, Museum des XX. Jahrhunderts, Wien; Museum Ludwig, Köln; The Whitworth Art Gallery, University of Manchester *

1992
Arnold Schönberg. Das bildnerische Werk, Akademie der Künste, Berlin *
Arnold Schoenberg. Dipinti e disegni, Palazzo Reale, Milano *
Arnold Schoenberg. Pintures i dibuixos, Centre Cultural de la Fundació la Caixa, Barcelona *

1993
Arnold Schoenberg: The Composer as Painter, FHP Hippodrome Gallery, Long Beach
Begegnung mit Arnold Schönberg, Stadthistorisches Museum, Duisburg *

1995
Arnold Schönberg. Regards, Musée d'art moderne de la Ville de Paris *

1996
Arnold Schönberg. Retrospektive, Städtische Galerie im Lenbachhaus, München *
Arnold Schoenberg. Visjoner, Munch-Museet, Oslo *

2000
Arnold Schönberg in Berlin, Arnold Schönberg Center, Wien

2001
Arnold Schönberg in Berlin, Akademie der Künste, Berlin
Arnold Schönberg. Das bildnerische Werk, Kunst Haus, Dresden
Arnold Schönberg. Retrospektive, Rabalderhaus, Schwaz (A)
Arnold Schönberg **Die Jakobsleiter,** Staatsoper, Wien
Arnold Schönberg in America, Arnold Schönberg Center, Wien

GRUPPENAUSSTELLUNGEN / GROUP EXHIBITIONS

1911
Der Blaue Reiter, Galerie H. Thannhauser, München

1912
Neukunst Wien 1912, A Müvészkazban [Künstlerhaus/Artists' House], Budapest

1960
Les Sources du XXe siècle, Musée nationale d'art moderne, Paris
The Blue Rider Group, The Royal Scottish Academy, Edinburgh

1964
Mostra dell'Espressionismo, XXVIIe Maggio Fiorentino, Firenze

1969
Schönberg – Berg – Webern. Bilder, Partituren, Dokumente, Gemeentemuseum, Den Haag; Museum des 20. Jahrhunderts, Wien *

1974
Hommage à Schönberg, Der Blaue Reiter und das Musikalische in der Malerei der Zeit, Nationalgalerie Berlin, Staatliche Museen Preußischer Kulturbesitz, Berlin *

1978
Art in a Turbulent Era. German and Austrian Expressionism, Chicago Museum of Contemporary Art, Chicago *

1980
Abstraction. Towards a New Art. Painting 1910–1920, The Tate Gallery, London *

1981
Experiment Weltuntergang – Wien um 1900, Hamburger Kunsthalle, Hamburg *

1982
Austria's Expressionism, Galerie St. Etienne, New York *

1983
Vienna 1900. Vienna, Scotland and the European Avant-Garde, National Museum of Antiquities of Scotland, Edinburgh *
Der Hang zum Gesamtkunstwerk. Europäische Utopien seit 1800, Kunsthaus Zürich; Städtische Kunsthalle und Kunstverein für die Rheinlande und Westfalen, Düsseldorf; Museum Moderner Kunst, Museum des 20. Jahrhunderts, Wien *

1984
Wien 1870–1930. Traum und Wirklichkeit, Historisches Museum der Stadt Wien *
Le arti a Vienna. Dalla Secessione alla caduta dell'Impero asburgico, Palazzo Grassi, Venezia *

1985
Vom Klang der Bilder. Die Musik in der Kunst des 20. Jahrhunderts, Staatsgalerie Stuttgart *
Wien 1900, Künstlerhaus Wien *

1986
Capriccio. Musique et art au XXème siècle, Palais des Beaux-Arts, Bruxelles *
Vienne 1880–1938. L'Apocalypse joyeuse, Musée national d'art moderne, Centre Georges Pompidou, Paris *
Vienna 1900. Art, Architecture and Design, The Museum of Modern Art, New York *
Die Maler und das Theater im 20. Jahrhundert, Schirn Kunsthalle Frankfurt, Frankfurt/Main *
Der Blaue Reiter, Kunstmuseum Bern *

1987
Ecce Arcimboldo/The Arcimboldo Effect. Transformations of the Face from the Sixteenth to the Twentieth Century, Palazzo Grassi, Venezia *
Der Blaue Reiter. Kandinsky, Franz Marc und die Entstehung der neuen Kunst im 20. Jahrhundert, Kunstmuseum Bern *

1988
Stationen der Moderne. Die bedeutenden Kunstausstellungen des 20. Jahrhunderts in Deutschland, Berlinische Galerie, Museum für Moderne Kunst, Photographie und Architektur im Martin-Gropius-Bau, Berlin *
Crossroads Vienna. Music and the Visual Arts 1870–1930, The Hayward Gallery, South Bank Centre, London *

1989
Wunderblock. Eine Geschichte der modernen Seele, Wiener Festwochen und Historisches Museum der Stadt Wien, Messepalast, Wien *
Land in Sicht: Österreichische Kunst im 20. Jahrhundert, Mücsarnok, Budapest *
Da Van Gogh a Schiele: l'Europa espressionista, 1880–1918, Galleria d'Arte Moderna e Contemporanea, Palazzo Forti, Verona *

1992
Schönberg, Berg, Webern, Händel-Haus, Halle/Saale

1993
Rolywholyover. A Circus for Museum by John Cage (bis/until 1995), The Museum of Contemporary Art, Los Angeles; The Menil Collection, Houston; Solomon R. Guggenheim Museum, New York; Art Tower Mito, Mito, Japan; Philadelphia Museum of Art, Philadelphia *
Expressionist Utopias. Paradise, Metropolis, Architectural Fantasy (bis/until 1994), Los Angeles County Museum of Art, Los Angeles; Canadian Centre for Architecture, Montreal *
L'Âme au corps. Art et sciences 1793–1993, Galeries nationales du Grand Palais, Paris *
Viena 1900, Museo national Centro de Arte Reina Sofia, Madrid *

1994
Cinque stanze tra arte e depressione, Museo Correr, Venezia

1995
Okkultismus und Avantgarde 1900–1915, Schirn Kunsthalle Frankfurt, Frankfurt/Main *
Identità e Alterità, La Biennale di Venezia *
Berlin–Moskau/Moskau–Berlin 1900–1950, Martin-Gropius-Bau, Berlin *
Sehnsucht nach Glück. Wiens Aufbruch in die Moderne: Klimt, Kokoschka, Schiele, Schirn Kunsthalle Frankfurt, Frankfurt/Main *

1996
Berlin–Moskau/Moskau–Berlin 1900–1950, Staatliches Puschkin Museum/Pushkin State Museum, Moskva *
Die Expressionisten: Vom Aufbruch bis zur Verfemung, Museum Ludwig, Köln *
Austria im Rosennetz, Museum für angewandte Kunst, Wien; Kunsthaus Zürich *

1997
Notable Notes, Joseph Helman Gallery, New York
La ultima Mirada, Autorretrados de las Postrimerias, Museu d'art Contemporani de Barcelona

1998
Austria im Rosennetz, Palais des Beaux-Arts, Bruxelles *
Farben – Klänge, Fondation Beyeler, Riehen/Basel *
Exil. Flucht und Emigration europäischer Künstler 1933–1945, Neue Nationalgalerie, Staatliche Museen zu Berlin; Los Angeles County Museum *
Der Almanach **Der Blaue Reiter.** Bilder und Bildwerke in Originalen, Schlossmuseum Murnau, Murnau am Staffelsee *
Visiting Beer-Hofmann, Joods historisch museum, Amsterdam *
Kandinsky e i suoi contemporanei – la musica del colore, ritmo e spazio, Centro Saint-Bénin, Aosta; Russisches Staatsmuseum/State Russian Museum, Sankt-Peterburg; Arnold Schönberg Center, Wien; Museum am Ostwall, Dortmund *
Jenseits der Kunst/Vorbij de Kunst, Museum van Hedendaagse Kunst, Antwerpen *
Le Vie del Mondo. Berlino, Budapest, Praga, Vienna e Trieste, Scuderie del Castello Miramare, Triest *

1999
Zu Gast bei Beer-Hofmann, eine Ausstellung über das jüdische Wien der Jahrhundertwende, Jüdisches Museum, Wien *
Arnold Schönbergs Wiener Kreis, Arnold Schönberg Center, Wien *
Der Blaue Reiter und das Neue Bild 1909–1912. Von der Neuen Künstlervereinigung München zum Blauen Reiter, Städtische Galerie im Lenbachhaus München *
Arnold Schoenberg and the Russian Avant-garde, Russisches Staatsmuseum/State Russian Museum, Michailovsky Dvorets, Sankt-Peterburg *
Der Blaue Reiter und seine Künstler, Brücke Museum, Berlin; Kunsthalle Tübingen *

2000
Eden – Zion – Utopia. Zur Geschichte der Zukunft im Judentum, Jüdisches Museum Wien, Palais Eskeles, Wien *
Schönberg, Kandinsky, Blauer Reiter und die Russische Avantgarde – Die Kunst gehört dem Unbewussten, Arnold Schönberg Center, Wien
Der Blaue Reiter, Kunsthalle Bremen *
Die innere Notwendigkeit. Gedanken zu Musik, Malerei und Bühne bei Schönberg, Kandinsky und anderen, Ludwig Museum im Deutschherrenhaus, Koblenz *

2001
Schönberg und Kandinsky, Staatliche Tretjakow-Galerie/State Tretiakov Gallery, Moskva *
Arnold Schönberg in Amerika, Arnold Schönberg Center, Wien

* Katalogpublikation soweit bekannt / Catalogue published to our knowledge

MUSIKALISCHES OPUSVERZEICHNIS
CATALOGUE OF MUSICAL WORKS

1. WERKE MIT OPUSZAHLEN

op. 1
Zwei Gesänge für eine Baritonstimme und Klavier (1898)
Dank (Levetzow)
Abschied (Levetzow)

op. 2
Vier Lieder für eine Singstimme und Klavier (1899)
Erwartung (Dehmel)
Schenk mir deinen goldenen Kamm. Jesus bettelt (Dehmel)
Erhebung (Dehmel)
Waldsonne (Schlaf)

op. 3
Sechs Lieder für eine mittlere Singstimme und Klavier (1899–1903)
Wie Georg von Frundsberg von sich selber sang
(Aus: Des Knaben Wunderhorn)
Die Aufgeregten (Keller)
Warnung (Dehmel)
Hochzeitslied (Jacobsen)
Geübtes Herz (Keller)
Freihold (Lingg)

op. 4
Verklärte Nacht. Streichsextett (1899)
1. Bearbeitung für Streichorchester (1917)
2. Bearbeitung für Streichorchester (1943)

op. 5
Pelleas und Melisande (Maeterlinck). Symphonische Dichtung für Orchester (1902/03)

op. 6
Acht Lieder für eine Singstimme und Klavier (1903–1905)
Traumleben (Hart)
Alles (Dehmel)
Mädchenlied (Remer)
Verlassen (Conradi)
Ghasel (Keller)
Am Wegrand (Mackay)
Lockung (Aram)
Der Wanderer (Nietzsche)

op. 7
I. Streichquartett in d-Moll (1904/05)

op. 8
Sechs Orchesterlieder (1903–1905)
Natur (Hart)
Das Wappenschild
(Aus: Des Knaben Wunderhorn)
Sehnsucht
(Aus: Des Knaben Wunderhorn)
Nie war ich, Herrin, müd' (Petrarca)
Voll jener Süße (Petrarca)
Wenn Vöglein klagen (Petrarca)

op. 9
Kammersymphonie für 15 Soloinstrumente (1906)
op. 9
Auszug für Klavier zu vier Händen (o. J.)
op. 9b
Bearbeitung für großes Orchester (1935)

op. 10
II. Streichquartett in fis-Moll mit einer Sopranstimme (1907/08)
(3. und 4. Satz: Litanei und Entrückung nach George)
Bearbeitung für Streichorchester und eine Sopranstimme (1929)

op. 11
Drei Klavierstücke (1909)

op. 12
Zwei Balladen für Gesang und Klavier (1907)
Jane Grey (Ammann)
Der verlorene Haufen (Klemperer)

op. 13
Friede auf Erden (Meyer) für gemischten Chor a cappella (1907)

op. 14 Zwei Lieder für Gesang und Klavier (1907/08)
Ich darf nicht dankend (George)
In diesen Wintertagen (Henckel)

op. 15
Fünfzehn Gedichte aus **Das Buch der hängenden Gärten** (George) für eine Singstimme und Klavier (1908/09)
Unterm Schutz von dichten Blättergründen
Hain in diesen Paradiesen
Als Neuling trat ich ein in dein Gehege

1. WORKS WITH OPUS NUMBERS

op. 1
Two Songs for Baritone and Piano (1898)
Thanks (Levetzow)
Departure (Levetzow)

op. 2
Four Songs for Voice and Piano (1899)
Expectation (Dehmel)
Give Me Your Golden Comb, or Jesus Pleads (Dehmel)
Exaltation (Dehmel)
Forest Sun (Schlaf)

op. 3
Six Songs for Medium Voice and Piano (1899–1903)
How George von Frundsberg Sang of Himself
(from The Youth's Magic Horn)
The Upset Ones (Keller)
Warning (Dehmel)
Wedding Song (Jacobsen)
Practiced Heart (Keller)
Freehold (Lingg)

op. 4
String Sextet (Transfigured Night) for 2 Violins, 2 Violas, and 2 Cellos (1899)
1. Arrangement for String Orchestra (1917)
2. Revised Version for String Orchestra (1943)

op. 5
Pelleas and Melisande (Maeterlinck), Symphonic Poem for Orchestra (1902–03)

op. 6
Eight Songs for Voice and Piano (1903–05)
Dream Life (Hart)
Everything (Dehmel)
Maiden's Song (Remer)
Forsaken (Conradi)
Ghazal (Keller)
By the Roadside (Mackay)
Seduction (Aram)
The Wanderer (Nietzsche)

op. 7
First String Quartet in D minor (1904–05)

op. 8
Six Songs for Voice and Orchestra (1903–05)
Nature (Hart)
The Escutcheon
(from The Youth's Magic Horn)
Longing
(from The Youth's Magic Horn)
Never Mistress Did I Grow Tired ... (Petrarch)
Full of that Sweetness ... (Petrarch)
Elegy of Little Birds (Petrarch)

op. 9
Chamber Symphony for Fifteen Solo Instruments (1906)
op. 9
Chamber Symphony, Piano Reduction Four Hands (n.d.)
op. 9b
Chamber Symphony, New Version for Orchestra (1935)

op. 10
Second String Quartet in F-sharp minor, with Voice (1907–08)
(Third and fourth movements: Litany and Rapture)
Arrangement for String Orchestra and Soprano (1929)

op. 11
Three Piano Pieces (1909)

op. 12
Two Ballads for Voice and Piano (1907)
Jane Grey (Ammann)
The Lost Brigade (Klemperer)

op. 13
Peace on Earth (Meyer) for Mixed A Cappella Chorus (1907)

op. 14
Two Songs for Voice and Piano (1907–08)
I May Not Thank (George)
In these Winter Days (Henckel)

Da meine Lippen reglos sind
und brennen
Saget mir auf welchem Pfade
Jedem Werke bin ich fürder tot
Angst und Hoffen wechselnd
sich beklemmen
Wenn ich heut nicht deinen
Leib berühre
Streng ist uns das Glück und spröde
Das schöne Beet betracht ich mir
im Harren
Als wir hinter dem beblümten Tore
Wenn sich bei heilger Ruh in
tiefen Matten
Du lehnest wider eine Silberweide
Sprich nicht mehr von dem Laub
Wir bevölkerten die abend-düstern
Lauben

op. 16
Fünf Orchesterstücke in der
Originalfassung für großes Orchester
(1909, revidiert 1922)
op. 16
Fünf Orchesterstücke in der
Bearbeitung für Kammerorchester

op. 16
Neufassung für Standardorchester
(1949)

op. 17
Erwartung (Dichtung von Marie
Pappenheim). Monodram für
Sopran und Orchester (1909)

op. 18
Die glückliche Hand (Schönberg).
Drama mit Musik (1908–1913)

op. 19
Sechs kleine Klavierstücke (1911)

op. 20
Herzgewächse (Maeterlinck) für
hohen Sopran, Harmonium, Celesta
und Harfe (1911)

op. 21
Dreimal sieben Gedichte aus Albert
Girauds **Pierrot lunaire**
(dt. von Hartleben) für eine
Sprechstimme, Klavier, Flöte
(auch Piccolo), Klarinette
(auch Bassklarinette), Violine
(auch Bratsche) und Violoncello (1912)

op. 22
Vier Lieder für Gesang
und Orchester (1913–1916)
Seraphita (Dowson/dt. von George)
Alle welche dich suchen (Rilke)
Mach mich zum Wächter deiner Weiten
(Rilke)
Vorgefühl (Rilke)

op. 23
Fünf Klavierstücke (1920–1923)

op. 24
Serenade für Klarinette,
Bassklarinette, Mandoline, Gitarre,
Violine, Bratsche, Violoncello und
eine tiefe Männerstimme (1920–1923)
(4. Satz: Sonett von Petrarca)

op. 25
Suite für Klavier (1921–1923)

op. 26
Quintett für Flöte, Oboe, Klarinette,
Horn und Fagott (1923/24)

op. 27
Vier Stücke für gemischten Chor (1925)
Unentrinnbar (Schönberg)
Du sollst nicht, du musst (Schönberg)
Mond und Menschen
(Tschan-Jo-Su/dt. von Bethge)
Der Wunsch des Liebhabers
(Tschan-Jo-Su/dt. von Bethge)

op. 28
Drei Satiren für gemischten Chor
(1925/26)
Am Scheideweg (Schönberg)
Vielseitigkeit (Schönberg)
Der neue Klassizismus (Schönberg)

op. 29
Suite für Kleine Klarinette,
Klarinette, Bassklarinette, Violine,
Viola, Violoncello und Klavier (1925/26)

op. 30
III. Streichquartett (1927)

op. 15
Fifteen Verses from "The Book of the
Hanging Gardens" (George) for
Soprano and Piano (1908–09)
In the Shade of Thick-Meshed
Bush and Tree
Groves in Blissful Paradises
A Callow Youth When First I Came
to Know You
Now that My Lips Are Mute with
Shame and Burning
Tell Me Thou What Path She
Takes Today
Now I'm Dead to Duty and
Men's Deeds
Fear and Hope in Turn Claw at
My Throat
If Today I Do Not Touch Your Body
Austere Is Our Joy and Strong
My Waiting Eyes Rest on the
Lovely Flowerbed
When We Hidden Behind the
Flower-Grown Gate
When in Blessed Rest in Deep-Slung
Hammocks
You Lean Against a Silver Willow
Speak No More about the Leaves
We Blissfully Strolled through the
Evening-Darkling Foliage

op. 16
Five Orchestral Pieces
(1909, revised 1922)
1. Premonitions
2. Bygone
3. Colours
4. Climax
5. The Obligatory Recitative
op. 16
Five Orchestral Pieces,
Arrangement for Chamber Orchestra
op. 16
Five Orchestral Pieces (1949)

op. 17
Expectation (Pappenheim), Monodrama
for Soprano and Orchestra (1909)

op. 18
The Lucky Hand/The Hand of Fate
(Schönberg), Drama with Music
(1910–13)

op. 19
Six Little Piano Pieces (1911)

op. 20
Foliage of the Heart (Maeterlinck) for
High Soprano, Harp, Celesta, and
Harmonium (1911)

op. 21
Pierrot Lunaire for Speaking Voice,
Piano, Flute (Alternating with Piccolo),
Clarinet (Alternating with Bass Clarinet),
Violin (Alternating with Viola), and Cello.
Twenty-one Melodramas after Albert
Giraud, German translation by von
Hartleben (1912)

op. 22
Four Songs for Voice and Orchestra
(1913–16)
Seraphita (Dowson/German translation
by George)
All Who Seek You (Rilke)
Make Me the Guardian of Your Wan-
derings (Rilke)
Premonition (Rilke)

op. 23
Five Piano Pieces (1920–23)

op. 24
Serenade for Clarinet, Bass Clarinet,
Mandolin, Guitar, Violin, Viola, Cello,
and Baritone (1920–23)
(Fourth Movement: Sonnet of Petrarch
for Man's Low Voice)

op. 25
Suite for Piano (1921–23)

op. 26
Quintet for Flute, Oboe, Clarinet, Bas-
soon, and Horn (1923–24)

op. 27
Four Pieces for Mixed Chorus (1925)
Inescapable (Schönberg)
You Should Not, You Must (Schönberg)
Moon and Man (Tschan-Jo-Su/
German translation by Bethge)
The Wish of the Lover (Tschan-Jo-
Su/German translation by Bethge)

op. 31
Variationen für Orchester (1926–1928)

op. 32
Von heute auf morgen. Oper in einem Akt (Libretto von Max Blonda, Pseudonym von Gertrud Schönberg) (1928/29)

op. 33a
Klavierstück (1928)
op. 33b
Klavierstück (1931)

op. 34
Begleitungsmusik zu einer Lichtspielscene für Orchester (Drohende Gefahr, Angst, Katastrophe) (1929/30)

op. 35
Sechs Stücke für Männerchor (1929/30)
Hemmung (Schönberg)
Das Gesetz (Schönberg)
Ausdrucksweise (Schönberg)
Glück (Schönberg)
Landsknechte (Schönberg)
Verbundenheit (Schönberg)

op. 36
Konzert für Violine und Orchester (1934–1936)

op. 37
IV. Streichquartett (1936)

op. 38
II. Kammersymphonie in es-Moll für kleines Orchester (1906–1939)
op. 38b
II. Kammersymphonie in es-Moll für zwei Klaviere (1941/42)

op. 39
Kol nidre für Sprecher, gemischten Chor und Orchester in g-Moll (1938)

op. 40
Variationen über ein Rezitativ für Orgel (1941)

op. 41
Ode an Napoleon Buonaparte (Lord Byron) für Streichquartett, Klavier und Sprecher (1942)
op. 41b
Bearbeitung für Streichorchester, Klavier und Sprecher (1942)

op. 42
Konzert für Klavier und Orchester (1942)

op. 43
Thema und Variationen für Blasorchester (1943)
op. 43b
Thema und Variationen für Orchester (1943/44)

op. 44
Prelude für gemischten Chor und Orchester (1945)

op. 45
Streichtrio (1946)

op. 46
Ein Überlebender aus Warschau (Schönberg) für Sprecher, Männerchor und Orchester (1947)

op. 47
Phantasie für Violine mit Klavierbegleitung (1949)

op. 48
Drei Lieder für tiefe Stimme und Klavier (1933)
Sommermüd (Haringer)
Tot (Haringer)
Mädchenlied (Haringer)

op. 49
Drei Volksliedsätze für gemischten Chor a cappella (1948)
Es gingen zwei Gespielen gut
Der Mai tritt ein mit Freuden
Mein Herz in steten Treuen

op. 50a
Dreimal tausend Jahre (Runes) für gemischten Chor a cappella (1949)

op. 28
Three Satires for Mixed Chorus (1925–26)
At the Crossroads (Schönberg)
Versatility (Schönberg)
The New Classicism (Schönberg)

op. 29
Suite for Piano, Piccolo Clarinet, Clarinet, Bass Clarinet, Violin, Viola, and Cello (1925–26)

op. 30
Third String Quartet (1927)

op. 31
Variations for Orchestra (1926–28)

op. 32
From Today till Tomorrow, Opera in One Act (text by "Max Blonda" [Gertrud Schönberg], 1928–29)

op. 33a
Piano Piece (1929)
op. 33b
Piano Piece (1931)

op. 34
Accompaniment to a Film-Scene for Orchestra (1929–30) (Threatening Danger, Fear, Catastrophe)

op. 35
Six Pieces for Male Chorus (1929–30)
Restraint (Schönberg)
The Law (Schönberg)
Expression (Schönberg)
Luck (Schönberg)
Trooper (Schönberg)
Obligation (Schönberg)

op. 36
Concerto for Violin and Orchestra (1934–36)

op. 37
Fourth String Quartet (1936)

op. 38
Second Chamber Symphony in E-flat minor (1906–39)
op. 38b
Second Chamber Symphony, Arrangement for Two Pianos (1941–42)

op. 39
Kol Nidre, for Speaker, Mixed Chorus, and Orchestra, in G minor (1938)

op. 40
Variations on a Recitative for Organ (1941)

op. 41
Ode to Napoleon Buonaparte (Lord Byron), for String Quartet, Piano, and Reciter (1942)
op. 41b
Arrangement for String Orchestra, Piano, and Reciter (1942)

op. 42
Concerto for Piano and Orchestra (1942)

op. 43
Theme and Variations for Band (1943)
op. 43b
Theme and Variations for Orchestra (1943–44)

op. 44
Prelude for Mixed Chorus and Orchestra (1945)

op. 45
String Trio (1946)

op. 46
A Survivor from Warsaw (Schönberg), for Reciter, Male Chorus, and Orchestra (1947)

op. 47
Fantasy for Violin with Piano Accompaniment (1949)

op. 48
Three Songs for Low Voice and Piano (1933)
Summer's Weariness (Haringer)
Death (Haringer)
Maiden's Song (Haringer)

op. 49
Three Folksongs for Mixed A Cappella Chorus (1948)
Two Friends Went Strolling

op. 50b
De profundis (Psalm 130) für sechsstimmigen gemischten Chor a cappella (1950)
op. 50c
Moderner Psalm (Schönberg) für Sprecher, vierstimmigen gemischten Chor und Orchester (unvollendet) (1950)

2. WERKE OHNE OPUSZAHLEN (AUSWAHL)

Drei Klavierstücke
(1894)

Streichquartett in D-Dur
(1897)

Brettl-Lieder
(1901)

Drei Stücke für Kammerensemble
(1910)

Gurrelieder
(Jacobsen/dt. von R. F. Arnold)
für Soli, Sprecher, Chor und Orchester
(1900–1911)

Die Jakobsleiter (Schönberg).
Oratorium für Soli, Chöre und Orchester (unvollendet)
(1916–1922, 1945)

Moses und Aron (Schönberg).
Oper in drei Akten (unvollendet)
(1926–1932)

Suite im alten Stile (G-Dur)
für Streichorchester
(1934)

Konzerte nach Werken alter Meister, Instrumentationen, Generalbässe etc.

May Arrives with Joy
My Heart Is Always Faithful

op. 50a
Thrice a Thousand Years (Runes) for Mixed A Cappella Chorus (1949)
op. 50b
De profundis (130th Psalm), for Six-Part, Mixed A Cappella Chorus (1950)
op. 50c
Modern Psalm (Schönberg), for Reciter, Four-Part Mixed Chorus, and Orchestra (unfinished, 1950)

2. WORKS WITHOUT OPUS NUMBERS (SELECTION)

Three Piano Pieces
(1894)

String Quartet in D major
(1897)

Brettl-Songs
1901)

Three Pieces for Chamber Orchestra
(1910)

Gurrelieder (Jacobsen/German translation by Arnold) for Soloists, Reciter, Mixed Chorus, and Orchestra
(1900–11)

Jacob's Ladder (Schönberg), Oratorio for Soloists, Mixed Chorus, and Orchestra
(unfinished, 1916–22, 1945)

Moses and Aaron (Schönberg), Opera in Three Acts (final act unfinished, 1926–32)

Suite in G major for String Orchestra
(1934)

Concerto arrangements of old masters, instrumentations, basso continuos, etc.

FILME
FILMS

„...mein Film wird sogar noch besser, wenn Sie die Tonspur ohne die Bilder hören."
"...my film, if you listen to the soundtrack without the images, will turn out even better."
Jean-Luc Godard über/on **Nouvelle Vague**

SPIELFILME MIT MUSIKALISCHEN WERKEN VON ARNOLD SCHÖNBERG (AUSWAHL) / FEATURE FILMS WITH MUSICAL PIECES BY ARNOLD SCHÖNBERG (SELECTED)

Von heute auf morgen/
From Today until Tomorrow
(BRD/F, 1996)
Schwarzweiß/Black-and-white, 62 min.
Regie/Director: Jean-Marie Straub/ Danièle Huillet
Nach Arnold Schönbergs Zwölftonoper **Von heute auf morgen**/After Arnold Schönberg's twelve-tone opera **From Today till Tomorrow**
Musikalische Leitung/Music director: Michael Gielen
Koproduktion mit dem/Co-produced with HR (Hessischer Rundfunk)

Les Anges gardiens/
Die Schutzengel/Guardian Angels
(F, 1995)
Farbe/Colour, 110 min.
Regie/Director: Jean-Marie Poiré
Musik/Music: Eric Levi (unter Verwendung der **Verklärten Nacht**/ adaptation of **Transfigured Night**)

Nouvelle Vague
(F, 1990)
Farbe/Colour, 89 min.
Regie/Director: Jean-Luc Godard
Musik/Music: Arnold Schönberg (**Verklärte Nacht/Transfigured Night**), Paul Hindemith, David Darling, Dino Saluzzi

Die Olympiasiegerin
(D, 1983)
Farbe/Colour, 107 min.
Regie/Director: Herbert Achternbusch
Nach einer Novelle von/Based on a novel by Mario Benedetti
Musik/Music: Arnold Schönberg, Kurt Weill, Irving Berlin

Gracias por el fuego
(ARG, 1983)
Farbe/Colour, 107 min.
Regie/Director: Sergio Renán
Musik/Music: Arnold Schönberg

La Guerre d'un seul homme/
Der Krieg des Einzelnen/
One Man's War
(F/D, 1981)
Schwarzweiß/Black-and-white, 105 min.
Regie/Director: Edgardo Cozarinsky
Mit Texten von/With texts by Ernst Jünger
Musik/Music: Hans Pfitzner, Richard Strauss, Arnold Schönberg, Franz Schreker

Il Mistero di Oberwald/
Das Geheimnis von Oberwald/
The Oberwald Mystery
(I, 1980)
Videoexperiment, 35 mm, Farbe/ Colour, 129 min.
Nach/After Jean Cocteau: **Der Doppeladler/The Eagle Has Two Heads**
Regie/Director: Michelangelo Antonioni
Musik/Music: Richard Strauss, Arnold Schönberg (**Verklärte Nacht/Transfigured Night**), Johannes Brahms

Europe after the Rain
(GB, 1978)
Farbe und Schwarzweiß/Colour and black-and-white, 47 min.
Regie/Director: Mick Gold
Musik/Music: Johann Sebastian Bach, Béla Bartok, Stéphane Grappelli, Gustav Mahler, Arnold Schönberg

Drei Wege zum See
(A, 1976)
TV Prod., Farbe/Colour, 97 min.
Regie/Director: Michael Haneke
Musik/Music: Wolfgang Amadeus Mozart, Henry Purcell, Arnold Schönberg

Moses und Aron
(BRD, F, I, A, 1975)
Farbe/Colour, 110 min.
Regie/Director: Jean-Marie Straub/ Danièle Huillet
Nach der Oper von/After the opera by Arnold Schönberg
Musikalische Leitung/Music director: Michael Gielen

Einleitung zu Arnold Schönbergs Begleitmusik zu einer Lichtspielscene/
Introduction to Arnold Schönberg's Accompaniment to a Film-Scene
(D, 1972)
16 mm, Farbe und Schwarzweiß/Colour and black-and-white
Nach/After Arnold Schönberg und/and Bert Brecht
Regie/Director: Jean-Marie Straub/ Danièle Huillet
Musik/Music: Arnold Schönberg

La strategia del ragno/
Die Strategie der Spinne/
The Spider's Stratagem
(I, 1969)
Farbe/Colour, 100 min.
Nach/After Jorge Luis Borges
Regie/Director: Bernardo Bertolucci
Musik/Music: Guiseppe Verdi, Arnold Schönberg

Dante's Inferno
(GB, 1967)
TV Prod., Farbe/Colour, 90 min.
Regie/Director: Ken Russell
Musik/Music: Arnold Schönberg

DOKUMENTATIONEN (AUSWAHL)
DOCUMENTARIES (SELECTED)

Arnold Schönberg:
una mostra da ascoltare
(I, 1997)
Farbe/Colour, 22 min.
Producer: Giovanni Gavazzeni
Omega TV
Mit einem Interview mit/Including an interview with Schönberg's daughter Nuria Schoenberg Nono

My War Years:
Arnold Schönberg
(CAN/D, 1992)
Farbe/Colour, 82 min.
Regie/Director: Larry Weinstein
Rhombus Media/ZDF

Arnold Schönberg:
My Evolution
(USA, 1990)
Farbe/Colour, 50 min.
Produktion und Regie/Produced and directed by: Bill Wolfe
Dokumentation illustriert Schönbergs Rede vom 29.11.1949, gehalten im Royce Auditorium/Documentary on Schönberg's speech at Royce Auditorium, 29 November 1949, UCLA, Los Angeles

Der Maler Arnold Schönberg
(A, 1989)
Schwarzweiß/Black-and-white, 20 min.
Buch und Regie/Written and directed by: Georg Eisler, Wolfgang Lesowsky
ORF

Interview mit/with Eugen Lehner
(USA, 1987)
TV-Dokumentation/TV documentary
Farbe/Colour, 30 min.
Producers: Christopher Lydon, K. Robert Kramer
WBGH Boston, WGBY Springfield
Eugen Lehner, Gründungsmitglied des Kolisch Quartetts, spricht über die Aktivitäten des Ensembles und seine Erfahrungen mit Schönberg/Eugen Lehner, founder of the Kolisch Quartett, on the ensemble's activities and his experiences with Schönberg

The Language of the New Music:
Ludwig Wittgenstein and Arnold Schönberg
(GB, 1986)
Farbe/Colour, 68 min.
Buch/Written by: Michael & Christopher Nupen
Regie/Director: Christopher Nupen
Allegro Films, London for/für Channel 4, ZDF, ORF
Über das Verhältnis der Arbeit von Arnold Schönberg und Ludwig Wittgenstein/On the relationship of the works of Arnold Schönberg and Ludwig Wittgenstein

Schönberg in Amerika
(D, 1983)
Farbe/Colour, 43 min.
Von/By: Eva Hassenkamp
Bayerischer Rundfunk
Mit Interviews von/Including interviews with Nuria Schoenberg Nono, Ronald und/and Lawrence Schoenberg, Leonard Stein, Martha Feuchtwanger

Arnold Schönberg:
Father of Modern Music
(USA, 1966)
TV-Beitrag/TV broadcast, 2 Teile/2 parts
Schwarzweiß/Black-and-white, 58 min.
in der Reihe/part of the series Scope, ABC TV
ausgestrahlt am 15.4.1966/ broadcasted on 15 April 1966
Regie/Director: Wes Butler
A Channel Public Affairs Production

Arnold Schönberg:
Private Amateuraufnahmen/
Home Movies
(ca. 1920–1938)

RAHMENPROGRAMM ZUR AUSSTELLUNG
ACCOMPANYING PROGRAMME

31. OKTOBER 2001

Konzert und Gespräch
Ensemble Modern
Arnold Schönberg: Streichtrio, op. 45
Arnold Schönberg: Drei kleine Klavierstücke, op. 11

Ensemble Modern,
Dirigent: Pierre Boulez
Pierre Boulez: Dérive 1
Pierre Boulez: Mémoriale

Gespräch:
Nuria Schoenberg Nono, Pierre Boulez und Christian Meyer

17. FEBRUAR 2002

Konzert
Frankfurter Museumsorchester
Dirigent: Paolo Carignani
In Kooperation mit der Oper Frankfurt
Arnold Schönberg: Pierrot lunaire, op. 21
Gesang: June Card, Sopran
Arnold Schönberg: Kammersymphonie für 15 Soloinstrumente, op. 9

20. FEBRUAR 2002

Konzert
Ensemble Modern: Spiegelungen
Dirigent: Hermann Bäumer
Arnold Schönberg: Quintett für Flöte, Oboe, Klarinette, Horn und Fagott, op. 26
John Cage: Two, für Flöte und Klavier
John Cage: Seven, für Flöte, Klarinette, Klavier, Schlagzeug, Violine Viola und Violoncello
Alban Berg: Trio (Trio-Fassung des Adagio aus dem Kammerkonzert)
Anton Webern: Symphonie, op. 21

24. FEBRUAR 2002

Konzert
Frankfurter Museumsorchester
Dirigent: Paolo Carignani
In Kooperation mit der Oper Frankfurt
Arnold Schönberg: Ode an Napoleon Buonaparte, op. 41
Sprecher: Johannes Martin Kränzle
Arnold Schönberg: Suite für Kleine Klarinette, Klarinette, Bassklarinette, Violine, Viola und Violoncello und Klavier, op. 29
Arnold Schönberg: Serenade für Klarinette, Bassklarinette, Mandoline, Gitarre, Violine, Bratsche, Violoncello und eine tiefe Männerstimme, op. 24
Gesang: Johannes Martin Kränzle, Bariton

31 OCTOBER 2001

Concert and Talk
Ensemble Modern
Arnold Schönberg: String Trio, op. 45
Arnold Schönberg: Three Piano Pieces, op. 11

Ensemble Modern,
Conductor: Pierre Boulez
Pierre Boulez: Dérive 1
Pierre Boulez: Mémoriale

Talk:
Nuria Schoenberg Nono, Pierre Boulez, and Christian Meyer

17 FEBRUARY 2002

Concert
Frankfurter Museumsorchester
Conductor: Paolo Carignani
In Cooperation with the Frankfurt Opera
Arnold Schönberg: Pierrot Lunaire, op. 21
Voice: June Card, Soprano
Arnold Schönberg: Chamber Symphony for Fifteen Solo Instruments, op. 9

20 FEBRUARY 2002

Concert
Ensemble Modern: Reflections
Conductor: Hermann Bäumer
Arnold Schönberg: Quintet for Flute, Oboe, Clarinet, Bassoon, and Horn, op. 26
John Cage: Two, for Flute and Piano
John Cage: Seven, for Flute, Clarinet, Piano, Drums, Violin, Viola, and Cello
Alban Berg: Trio (Chamber Concert, Trio Version of the Adagio)
Anton Webern: Symphony, op. 21

24 FEBRUARY 2002

Concert
Frankfurter Museumsorchester,
Conductor: Paolo Carignani
In Cooperation with the Frankfurt Opera
Arnold Schönberg: Ode to Napoleon Buonaparte, op. 41
Speaker: Johannes Martin Kränzle
Arnold Schönberg: Suite for Piano, Piccolo Clarinet, Clarinet, Bass Clarinet, Violin, Viola, and Cello, op. 29
Arnold Schönberg: Serenade for Clarinet, Bass Clarinet, Mandolin, Guitar, Violin, Viola, Cello, and Baritone, op. 24
Voice: Johannes Martin Kränzle, Baritone

12. MÄRZ 2002

Vortragskonzert
Walter Levin und das Basler Streichquartett
Arnold Schönberg: II. Streichquartett in fis-Moll mit einer Sopranstimme, op. 10
Gesang: Isolde Siebert

16. APRIL 2002

Gesprächskonzert
Stefan Litwin, Pianist
Arnold Schönberg: Sechs kleine Klavierstücke, op. 19
Arnold Schönberg: Klavierstücke, op. 33a und 33b
Vortrag zu Arnold Schönberg: Klavierkonzert, op. 42
Arnold Schönberg: I. Kammersymphonie, op. 9 – Solofassung für Klavier von Eduard Steuermann

12 MARCH 2002

Concertlecture
Walter Levin and the Basler Streichquartett
Arnold Schönberg: Second String Quartet in F-sharp minor, with Voice, op. 10
Voice: Isolde Siebert

16 APRIL 2002

Concert and Talk
Stefan Litwin, Pianist
Arnold Schönberg: Six Little Piano Pieces, op. 19
Arnold Schönberg: Piano Pieces, op. 33a and 33b
Lecture on Arnold Schönberg: Concert for Piano, op. 42
Arnold Schönberg: Chamber Symphony for Fifteen Solo Instruments, Piano Reduction by Eduard Steuermann

BIBLIOGRAFIE (AUSWAHL)
BIBLIOGRAPHY (SELECTED)

ARNOLD SCHÖNBERG – SCHRIFTEN / WRITINGS

„Aphorismen", in: Die Musik, Jg./vol. 9, 1909/1910, Nr./no. 21, 159–163.

Harmonielehre, Leipzig 1911.
Theory of Harmony, New York 1948.

Mahler. Totenrede am 25. März 1912 in Prag. Mit einem Essay von/with an essay by Werner Hofmann, Hamburg 1993.

„Das Verhältnis zum Text", in: Der Blaue Reiter, Kandinsky, Wassily/Marc, Franz (Hrsg./eds.): München 1912, 27–33.

Texte, Wien 1926.

Models for Beginners in Composition, New York 1942/1943.

Style and Idea. Selected Writings of Arnold Schoenberg, Stein, Leonard (Hrsg./ed.), New York 1950.
Stil und Gedanke, Vojtech, Ivan (Hrsg./ed.), Frankfurt/Main 1976.

Structural Functions of Harmony, Searle, Humphrey (Hrsg./ed.), London 1954.
Die formbildenden Tendenzen der Harmonie, Stein, Erwin (Hrsg./ed.), Mainz 1957.

Preliminary Exercises in Counterpoint, Stein, Leonard (Hrsg./ed.), London 1963.
Vorschule des Kontrapunkts, Stein, Leonard (Hrsg./ed.), Wien 1977.

Schöpferische Konfessionen, Reich, Willi (Hrsg./ed.), Zürich 1964.

Fundamentals of Musical Composition, Strang, Gerald/Stein, Leonard (Hrsg./eds.), London 1967.
Die Grundlagen der musikalischen Komposition, Stephan, Rudolf (Hrsg./ed.), 3 Bde./vols., Wien 1979.

Berliner Tagebuch, Rufer, Josef (Hrsg./ed.), Frankfurt/Main 1974.

Coherence, Counterpoint, Instrumentation, Instruction in Form, Neff, Severine (Hrsg./ed.), Lincoln 1994.

The Musical Idea and the Logic, Technique and Art of its Presentation, Carpenter, Patricia/Neff, Severine (Hrsg./eds.), New York 1995.

ARNOLD SCHÖNBERG – DOKUMENTE / DOCUMENTS

Arnold Schoenberg: Correspondence – a Collection of Translated and Annotated Letters Exchanged with Guido Adler, Pablo Casals, Emmanuel Feuermann and Olin Downes, Metuchen 1991.

Birke, Joachim: „Richard Dehmel und Arnold Schönberg. Ein Briefwechsel", in: Die Musikforschung, 11, 1958, 279ff.; 17, 1964, 60ff.

Brand, Juliane (Hrsg./ed.): The Berg-Schoenberg Correspondence: Selected Letters, New York 1987.

Glück, Franz: „Briefe von Arnold Schönberg an Adolf Loos", in: Österreichische Musikzeitschrift, 16, 1961, 8ff.

Hahl-Koch, Jelena (Hrsg./ed.): Wassily Kandinsky und Arnold Schönberg. Der Briefwechsel, Stuttgart 1993.

Heller, Friedrich C. (Hrsg./ed.): Arnold Schönberg – Franz Schreker. Briefwechsel, Tutzing 1974.

Newlin, Dika (Hrsg./ed.): „The Schoenberg-Nachod Collection. A Preliminary Report", in: The Musical Quarterly, 54, 1968, 31ff.

Newlin, Dika (Hrsg./ed.): Schoenberg Remembered. Diaries and Recollections 1938–1976, New York 1980.

Stein, Erwin (Hrsg./ed.): Ausgewählte Briefe, Mainz 1958.

Stevens, Halsey: „A Conversation with Schoenberg about Painting", in: Journal of the Arnold Schoenberg Institute, Bd./vol. 3, Nr./no. 3, 1978, 178–180.

Theurich, Jutta: Der Briefwechsel zwischen Arnold Schönberg und Ferruccio Busoni 1903–1927, Berlin 1979.

Weger, Horst (Hrsg./ed.): Alexander Zemlinsky. Briefwechsel mit Arnold Schönberg, Anton Webern, Alban Berg und Franz Schreker (Briefwechsel der Wiener Schule, 1), Darmstadt 1995.

ÜBER SCHÖNBERG / ON SCHÖNBERG

Ackerl, Isabella: „Arnold Schönberg, der malende Komponist", in: Bundespressedienst (Hrsg./ed.), Wiener Moderne 1890–1910, Wien 1999, 28–29.

Adorno, Theodor W.: „Schönberg und der Fortschritt", in: Adorno: Philosophie der Neuen Musik, Tübingen 1949 [spätere Auflagen/later editions: Frankfurt/Main], 36–126.

Adorno, Theodor W.: „Arnold Schönberg", in: Neue Rundschau, Jg./vol. 64, 1953, 80–104.

Adorno, Theodor W.: „Zur Vorgeschichte der Reihenkomposition", in: Adorno: Klangfiguren. Musikalische Schriften, 1, Frankfurt/Main 1959, 95–120.

Adorno, Theodor W.: „Arnold Schönberg. Phantasie für Geige mit Klavierbegleitung op. 47", in: Adorno: Der getreue Korrepetitor. Lehrschriften zur musikalischen Praxis, Frankfurt/Main 1963, 162–186.

Adorno, Theodor W.: „Der dialektische Komponist", in: Adorno: Impromptus, Frankfurt/Main 1968, 39–44 (zuerst/first in: FORUM, Wien, Jg./vol. 10, 7–9, 1963, Hefte/nos. 115–117, 378ff, 434ff).

Adorno, Theodor W.: Über einige Relationen zwischen Musik und Malerei. Die Kunst und die Künste. Vorträge aus der Reihe „Grenzen und Konvergenzen der Künste" in der Akademie der Künste Berlin 1965–66 (Anmerkungen zur Zeit, 12), Berlin 1967.

Adorno, Theodor W.: „Über einige Arbeiten Arnold Schönbergs", in: Adorno: Impromptus, Frankfurt/Main 1968, 166–184.

Albright, Daniel: Representation and the Imagination. Beckett, Kafka, Nabokov, and Schoenberg, Chicago, London 1981.

Altshuler, Bruce: The Avant-Garde in Exhibition. New Art in the 20th Century, New York 1994.

Armitage, Merle (Hrsg./ed.): Schoenberg, New York 1937.

Arnold Schönberg – Erwartung, Sächsische Staatskapelle Dresden (Schriften- und Vortragsreihe, 3), Dresden 1996.

Arnold Schönberg – in höchster Verehrung. Mit Beiträgen von Alban Berg, Paris von Gütersloh, Karl Horwitz, Heinrich Jalowetz, Wassily Kandinsky, Paul Königer, Karl Linke, Robert Neumann, Erwin Stein, Anton von Webern, Egon Wellesz, München 1912.

Arnold Schoenberg Institute – Archives Preliminary Catalogue, Los Angeles 1986.

Arnold Schönberg zum fünfzigsten Geburtstage: 13. September 1924 (Musikblätter des Anbruch, Jg./vol. 6, Aug./Sept.), Wien 1924.

Arnold Schönberg zum sechzigsten Geburtstage: 13. September 1934, Wien 1934.

Bailey, Walter B. (Hrsg./ed.): The Arnold Schönberg Companion, London 1986.

Ben-Chorin, Shalom: Ich lege meine Hand auf meinen Mund. Meditation zu Johannes Brahms „Ein deutsches Requiem" und Arnold Schönbergs „Ein Überlebender aus Warschau", Zürich 1992.

Berg, Alban: Arnold Schönberg. Kammersymphonie op. 9. Thematische Analyse, Wien, Leipzig [1918].

Berg, Alban: Pelleas und Melisande. Symphonische Dichtung für Orchester von Arnold Schönberg op. 5. Kurze thematische Analyse, Wien, Leipzig [1920].

Berg, Alban: „Warum ist Arnold Schönbergs Musik so schwer verständlich?", in: Musikblätter des Anbruch, Jg./vol. 6, 1924, Sonderheft/special issue, 329–341.

Boehm, Gottfried: „Licht – Zeit – Klang. Musikalische Latenzen in der Bildkunst," in: Jank, Werner/Jung, Herman (Hrsg./eds.), Musik und Kunst. Erfahrung – Deutung – Darstellung. Ein Gespräch zwischen den Wissenschaf-

ten (Mannheimer Hochschulschriften), Mannheim 2000, 9–21.

Bogner, Dieter: „Schönberg – Hauer. Vom Chaos zur Ordnung“, in: Aufbruch. Der Künstlerkreis um Adolf Loos zur Jahrhundertwende, Parnass, Sonderheft/special issue 2, Linz 1985, 48–55.

Boudaille, Georges: Expressionists, New York 1981.

Boulez, Pierre: „Schoenberg Is Dead“, in: The Score, 6, 1952, 18–22.

Boulez, Pierre: „Schoenberg le mal aimée?“, in: Points de Repère, textes réunis et présentés par Jean-Jaques Nattiez, Paris 1981, 287–292.

Boulez, Pierre: „Visionen eines Lehrlings“, in: Arnold Schönberg. Blicke, Ausst.Kat/exh. cat. Schleswig-Holsteinisches Landesmuseum Schloß Gottorf, Schleswig 1996, 9–11.

Bracht, Hans Joachim: Nietzsches Theorie der Lyrik und das Orchesterlied. Ästhetische und analytische Studien zu Orchesterliedern von Richard Strauss, Gustav Mahler und Arnold Schönberg, Kassel 1993.

Breicha, Otto: Gerstl und Schönberg. Eine Beziehung, Salzburg 1993.

Breuer, Jamos: „Schoenberg's Paintings. Visions, Impressions and Fantasies. A 1912 Exhibition in Budapest“, in: The New Hungarian Quarterly, Bd./vol. 29, Nr./no. 111, Herbst/autumn 1988, 215–221.

Brinkmann, Reinhold: Arnold Schönberg. Drei Klavierstücke op. 11. Studien zur frühen Atonalität bei Schönberg, Wiesbaden 1969.

Brucher, Günther: Wassily Kandinsky. Wege zur Abstraktion, München et al. 1999.

Brüderlin, Markus: „Schönberg und Kandinsky – Korrespondenzen und Geistesverwandtschaften“, in: Farben – Klänge. Wassily Kandinsky, Bilder 1908 bis 1914. Arnold Schönberg, Konzerte und Dokumentation, Basel 1998, 11–15.

Budde, Elmar: „Schönberg und Brahms“, in: Stephan, Rudolph (Hrsg./ed.), Bericht über den 1. Kongreß der Internationalen Schönberg-Gesellschaft, Wien 1978, 20–24.

Clair, Jean: Vienne, 1880–1938: l'apocalypse joyeuse, Paris 1986.

Cleave, Janer L.: The Significance of Symbolism in the Works of Kandinsky and Schoenberg (1908–1913). A Parallel Study of Style and Aesthetics, Bristol 1988.

Cohen, John: Schönberg: un dossier critique, Charleroi 1987.

Comini, Alessandra: „Through a Viennese Looking-Glass Darkly. Images of Arnold Schönberg and His Circle“, in: Arts Magazine, 5/1984, 107–119.

Costa Meyer, Esther da: „Im Banne des Blauen Reiters“, in: Music Master, 1999, 68–71.

Crawford, John C.: „‚Die glückliche Hand'. Schoenberg's Gesamtkunstwerk“, in: The Musical Quarterly, Bd./vol. 60, 1974, 583–601.

Cross, Charlotte M./Berman, Russel A. (Hrsg./eds.): Political and Religious Ideas in the Works of Arnold Schönberg, New York, London 2000.

Dibelius, Ulrich (Hrsg./ed.): Herausforderung Schönberg. Was die Musik des Jahrhunderts veränderte, München 1974.

Diggory, Edith Anne: Parallels between Twelve-Tone Technique and Cubism. Schoenberg's Serenade op. 24 and Moses and Aron, and Picasso's Les Demoiselles d'Avignon and The Three Musicians, Diss., Indiana University 1980.

Dümling, Albrecht: Die fremden Klänge der hängenden Gärten. Die öffentliche Einsamkeit der Neuen Musik am Beispiel von Arnold Schönberg und Stefan George, München 1981.

Dümling, Albrecht (Hrsg./ed.): Verteidigung des musikalischen Fortschritts. Brahms und Schönberg, Hamburg 1990.

Eisler, Georg: „Schönberg als Maler“, in: Schönberg-Gespräch, 25. Mai 1984/Hochschule für angewandte Kunst in Wien, Wien 1984, 15–23.

Feisst, Sabine M.: „Arnold Schoenberg and the Cinematic Art“, in: The Musical Quarterly, Bd./vol. 83, Nr./no. 1, 1999, 93–113.

Flammer, Ernst Helmuth: „Zur Schönberg-Deutung in Adornos Philosophie der neuen Musik. Was ist Fortschritt?“, in: Beiträge zur Musikwissenschaft, 32, 1990, 67–72.

Fleck, Robert: „Die Malerei Schönbergs und die Wiener Moderne“, in: Arnold Schönberg. Blicke, Ausst.Kat./exh. cat. Schleswig Holsteinisches Landesmuseum Schloß Gottorf, Schleswig 1996, 16–31.

Föllmi, Beat A.: Tradition als hermeneutische Kategorie bei Arnold Schönberg, Bern 1996.

Freitag, Eberhard: Schönberg als Maler, Diss., Münster 1973.

Freitag, Eberhard: Schönberg, mit Selbstzeugnissen und Bilddokumenten, Reinbek 1973.

Frisch, Walter: The Early Works of Arnold Schoenberg: 1893–1908, Berkeley 1993.

From Pierrot to Marteau. An International Conference and Concert Celebrating the Tenth Anniversary of the Arnold Schoenberg Institute, Los Angeles 1987.

Fuchs, Victor: „Arnold Schönberg als Soldat im Ersten Weltkrieg“, in: Melos. Zeitschrift für Neue Musik, 33, 1966, 178ff.

Gervink, Manuel: „Einsamkeit und Isolation. Interpretationsansätze im Werk Arnold Schönbergs“, in: Archiv für Musikwissenschaft, 53, 1996, 160–176.

Gervink, Manuel: Arnold Schönberg und seine Zeit, Laaber 2000.

Gorsen, Peter: „Arnold Schönberg als Maler der ‚Visionen': zur Rekonstruktion einer künstlerischen Doppelbegabung“, in: Schönberg-Gespräch, 25. Mai 1984/Hochschule für angewandte Kunst in Wien, Wien 1984, 51–70.

Gorsen, Peter: „Das Auge der Seele. Arnold Schönberg als Maler“, in: Frankfurter Allgemeine Zeitung, 20.10.1984, Nr./no. 237.

Gould, Glenn: Arnold Schoenberg. A Perspective, University of Cincinnati Occasional Papers, Nr./no. 3, Cincinnati 1964.

Gradenwitz, Peter: Arnold Schönberg und seine Meisterschüler, Berlin 1925–1933, Wien 1998.

Greissle-Schönberg, Arnold: Arnold Schönberg und sein Wiener Kreis. Erinnerungen seines Enkels, Wien 1998.

Gütersloh, Albert Paris von (pseud.): „Schönberg, der Maler“, in: Arnold Schönberg – in höchster Verehrung, München 1912, 65–74.

Hahl-Koch, Jelena: „Kandinsky, Schönberg und der ‚Blaue Reiter'“, in: Maur, Karin von (Hrsg./ed.), Vom Klang der Bilder. Die Musik in der Kunst des 20. Jahrhunderts, Ausst.Kat./exh. cat., München 1985.

Haimo, Ethan: Schoenberg's Serial Odyssey. The Evolution of his Twelve-Tone Method 1914–1928, Oxford 1990.

Hansen, Mathias: Arnold Schönberg. Ein Konzept der Moderne, Kassel 1993.

Henke, Matthias: Arnold Schönberg, München 2001.

Hoberg, Annegret (Hrsg./ed.): Der Blaue Reiter und das neue Bild: Von der ‚Neuen Künstlervereinigung München' zum ‚Blauen Reiter', München 1999.

Hofmann, Werner: „Die drei Blicke Schönbergs“, in: Arnold Schönberg. Blicke, Ausst.Kat./exh. cat. Schleswig Holsteinisches Landesmuseum Schloß Gottorf, Schleswig 1996, 32–39.

Jakobik, Albert: Arnold Schönberg. Die verräumlichte Zeit, Regensburg 1983.

Kallir, Jane: Austria's Expressionism, New York 1981.

Kallir, Jane: Arnold Schoenberg's Vienna, New York 1984.

Kallir, Jane: „Schoenberg's Paintings“, in: Opus, April 1985, 12–15.

Kallir, Jane: „La Vienne d'Arnold Schoenberg peintre“, in: Vienne 1880–1938, Ausst.Kat./exh. cat. Musée national d'art moderne, Paris 1986, 440–453.

Kandinsky, Wassily: „Die Bilder“, in: Arnold Schönberg – in höchster Verehrung, München 1912, 59–64.

Kienscherf, Barbara: Das Auge hört mit. Die Idee der Farblichtmusik und ihre Problematik – beispielhaft dargestellt an Werken von Alexander Skrjabin und Arnold Schönberg, Frankfurt/Main 1996.

Kießling, Margot: Arnold Schönberg: „Die glückliche Hand“. Eine Auseinandersetzung mit szenographisch-technischen Aspekten der Realisierung, Phil. Dipl. TFH Berlin, Berlin o. J/n. d.

Kimmey, John A.: The Arnold Schoenberg – Hans Nachod Collection, Detroit 1979 (Detroit Studies in Music Bibliography, 41).

Kravitz, Ellen: „Schoenberg on Canvas. A Different View of Composer Arnold Schoenberg“, in: The Enquirer Magazine, Cincinnati, 11.5.1975, 16–17.

Krömmelbein, Anne: Arnold Schönberg und Wassily Kandinsky. Untersuchungen zum Verhältnis von Musik und bildender Kunst im Expressionismus (Prüfungsarbeit/examination paper, Hochschule für Musik und darstellende Kunst „Mozarteum“), Salzburg 1997.

Kropfinger, Klaus: Über Musik im Bilde. Schriften zur Analyse, Ästhetik und Rezeption in Musik und bildender Kunst, Köln 1995.

Kropfinger, Klaus: „Composizione come forma critica. Studio sul rapporto tra Schönberg e Kandinskij“, in: Borio, Gianmario (Hrsg./ed), Schönberg, Bologna 1999, 59–90.

Leibowitz, René: Schoenberg et son école, Paris 1947.

Lessem, Alan P.: Music and Text in the Works of Arnold Schönberg. The Critical Years 1908–1922, London 1979.

Linke, Karl: „Gedanken zu Schönberg“, in: Der Merker, Bd./vol. 2, Nr./no. 17, Wien 1911, 710–714.

Litwin, Stefan/Velten, Klaus (Hrsg./eds.): Stil oder Gedanke? Zur Schönberg-Rezeption in Amerika und Europa, Saarbrücken 1995.

Maeckelmann, Michael: Arnold Schönberg und das Judentum. Der Komponist und sein religiöses, nationales und politisches Selbstverständnis nach 1921, Hamburg 1984.

Maegaard, Jan: „Schönberg hat Adorno nie leiden können“, in: Melos. Zeitschrift für Neue Musik, Heft/no. 5, 1974, 262–264.

Martino, Victoria: „Kandinsky, Schönberg und das Gesamtkunstwerk“, in: Okkultismus und Avantgarde. Von Munch bis Mondrian 1900–1915, Ausst.Kat./exh. cat. Schirn Kunsthalle Frankfurt, 562–577.

Maur, Karin von: „Musikalische Strukturen in der bildenden Kunst des 20. Jahrhunderts. Zur modellhaften Bedeutung musikalischer Parameter für die Formung einer abstrakten Bildsprache“, in: Jank, Werner/Jung, Herman (Hrsg./eds.), Musik und Kunst. Erfahrung – Deutung – Darstellung. Ein Gespräch zwischen den Wissenschaften (Mannheimer Hochschulschriften), Mannheim 2000, 22–50.

Metzger, Heinz K./Riehn, Rainer (Hrsg./eds.): Arnold Schönberg, Musik-Konzepte, Sonderband/special issue, München 1980.

Meyer, Andreas (Hrsg./ed.): Autorschaft als historische Konstruktion. Arnold Schönberg (1874–1951). Vorgänger, Zeitgenossen, Nachfolger und Interpreten, Stuttgart 2001.

Meyer, Christian (Hrsg./ed.): Schönberg Festival, 14.–19.3.1998. Almanach, Wien 1998.

Meyer, Christian (Hrsg./ed.): Schönberg und Wagner. 3. Wagner-Tage in Graz. Bericht zum Symposium 3.10.1998, Wien 2000.

Meyer, Christian (Hrsg./ed.): Schönberg, Kandinsky, Blauer Reiter und die Russische Avantgarde. Die Kunst gehört dem Unbewußten (Journal of the Arnold Schönberg Center 1/2000), Wien 2000.

Meyer, Christian (Hrsg./ed.): Arnold Schönbergs Wiener Kreis. Bericht zum Symposium 12.–15.9.2000 (Journal of the Arnold Schönberg Center 2/2000), Wien 2000.

Milhaud, Darius: „Erinnerungen an Arnold Schönberg“, in: Österreichische Musikzeitschrift, 10, 1955, 406–410.

Milstein, Silvina: Arnold Schoenberg. Notes, Sets, Forms, Cambridge 1992.

Nono-Schönberg, Nuria: Arnold Schönberg 1874–1951. Lebensgeschichte in Begegnungen, Klagenfurt 1992.

Oberhuber, Oswald: „Schönberg, der wichtigste Maler seiner Zeit?“, in: Schönberg-Gespräch, 25. Mai 1984/Hochschule für angewandte Kunst in Wien, Wien 1984, 71–76.

Palézieux, Nikolaus de: Der geometrische Punkt ist ein unsichtbares Wesen. Wassily Kandinsky und Arnold Schönberg, Hamburg 1998.

Pfisterer, Manfred: „‚Ich fühle Luft von anderem Planeten' – ein George-Vers kommentiert den Beginn der Neuen Musik“, in: Bericht über den Internationalen Musikwissenschaftlichen Kongress Berlin 1974, Kassel et al. 1980, 416–424.

Reich, Willi: Arnold Schönberg oder Der konservative Revolutionär, Wien 1968.

Reifenstein, Beate (Hrsg./ed.): Die innere Notwendigkeit. Gedanken zu Musik, Malerei und Bühne bei Schönberg, Kandinsky und anderen, Bielefeld 2000.

Le Rider, Jacques: Modernité viennoise et crises de l'identité, Paris 1990.

Ringer, Alexander L.: Arnold Schoenberg. The Composer as Jew, Oxford 1990.

Rufer, Josef: Das Werk Arnold Schönbergs, Kassel 1959.

Rufer, Josef: „Schönberg – gestern, heute und morgen“, in: Schweizerische Musikzeitung, 4, 1965, 190–200.

Rufer, Josef: Die Komposition mit zwölf Tönen, Kassel 1966.

Rufer, Josef: „Schönberg als Maler. Grenzen und Konvergenzen der Künste“, in: Rufer, Josef (Hrsg./ed.), Aspekte der neuen Musik, Kassel, New York 1968, 50–57.

Russel, John: „Schoenberg the Painter“, in: Keynote, VI, 11. Jan. 1983, 6–13.

Sarkis: „Das Selbstporträt eines Autodidakten“, in: Arnold Schönberg. Blicke. Ausst.Kat./exh. cat. Schleswig Holsteinisches Landesmuseum Schloß Gottorf, Schleswig 1996, 13–15.

Sármány-Parsons, Ilona: Viennese Painting at the Turn of the Century, Budapest 1991.

Satoh, Tetsuo: A Bibliographic Catalogue with Discography and a Comprehensive Bibliography of Arnold Schoenberg, Tokyo 1978.

Scholl, Walter Otto: Frank Lloyd Wright. Pablo Picasso. Arnold Schoenberg. Signposts of a New Civilizational Context, Phil. Diss. Ohio University, 1974.

Schorske, Carl E.: „Die Explosion im Garten. Kokoschka und Schönberg", in: Wien – Geist und Gesellschaft im Fin de siècle, Frankfurt/Main 1982, 305–345 (zuerst/first New York 1980).

Selz, Peter Howard: German Expressionist Painting, Berkeley 1974.

Shoaf, Wayne R.: The Schoenberg Discography, Berkeley 1994.

Sinkovicz, Wilhelm: Mehr als zwölf Töne, Wien 1998.

Stefan, Paul: Arnold Schönberg. Wandlung, Legende, Erscheinung, Bedeutung, Wien 1924.

Stuckenschmidt, Hans Heinz: Arnold Schönberg, Zürich, Freiburg i. Br. 1957.

Stuckenschmidt, Hans Heinz:, Schönberg. Leben, Umwelt, Werk, Zürich, Freiburg i. Br. 1974.

Thuelen, Bodil von: Arnold Schönberg. Eine Kunstanschauung der Moderne, Würzburg 1997.

Vergo, Peter: The Blue Rider, Oxford 1977.

Vergo, Peter: „Music and Abstract Painting. Kandinsky, Goethe and Schoenberg", in: Towards a New Art. Essays on the Background to Abstract Art 1910–1920, London 1980, 41–63, 223–227.

Vergo, Peter (Hrsg./ed.). Vienna 1900. Vienna, Scotland, and the European Avant-Garde, Edinburgh 1983.

Vogt, Paul: Expressionism. German Painting, 1905–1920, New York 1980.

Waißenberger, Robert: „Der Bereich Malerei in Arnold Schönbergs Leben", in: Arnold Schönberg. Gedenkausstellung 1974, Wien 1974, 106–108.

Wellesz, Egon: „Erinnerungen an Arnold Schönberg", in: Österreichische Musikzeitschrift, 23, 1968, 317–322.

Wellesz, Egon: Arnold Schoenberg et l'ecole de Vienne, Paris 1989.

Werkner, Patrick: Physis und Psyche. Der österreichische Frühexpressionismus, Wien, München 1986.

Zaunschirm, Thomas (Hrsg./ed.): Arnold Schönberg, das bildnerische Werk/Arnold Schoenberg, Paintings and Drawings, Klagenfurt 1991

Zaunschirm, Thomas (Hrsg./ed.): Zu Arnold Schönberg als Maler, Klagenfurt 1991.

Zehentreiter, Ferdinand: „Überlegungen zum Judentum Arnold Schönbergs aus der Perspektive einer Theorie des künstlerischen Handelns", in: Knoblauch, Hubert (Hrsg./ed.), Religiöse Konversion. Systematische und fallorientierte Studien in soziologischer Perspektive, Konstanz 1998, 147–167.

Zehentreiter, Ferdinand: „,Guilty Glory'. Zum Verhältnis von ästhetischer Autonomie und biographischer Krise am Beispiel der Ode to Napoleon Buonaparte op. 41 (1942) von Arnold Schönberg", in: Geiger, Friedrich/ Schäfer, Thomas (Hrsg./eds.), Exilmusik. Komposition während der NS-Zeit, Hamburg 1999, 141–165.

AUTOREN
AUTHORS

OTTO BREICHA

*1932 in Wien;
Studium in Wien.
Seit Anfang der sechziger Jahre Kunstkritiker;
bis 1997 Direktor der Salzburger Landessammlungen Rupertinum und bis 2000 Leiter des Kulturhauses der Stadt Graz;
zahlreiche Publikationen zu Kunst und Literatur des 20. Jahrhunderts, darunter Monografien (zum Teil mit Werkverzeichnissen) u. a. über Richard Gerstl, Gustav Klimt, Fritz Wotruba, Andreas Urteil und Arnulf Rainer.
Von 1966 bis 1997 Herausgeber der Zeitschrift **protokolle;**
lebt in Graz und Wien.

ROBERT FLECK

*1957 in Wien;
lebt seit 1981 in Frankreich;
Studium in Wien, Innsbruck, Paris-VIII (u. a. bei Deleuze und Foucault);
seit 1982 freier Kunstkritiker;
1991–2000 Frankreich-Korrespondent für **art;**
1991–1993 Bundeskunstkurator in Österreich;
seit 2000 Direktor der Kunsthochschule von Nantes.
Publikationen (Auswahl): **Weltpunkt Wien/Un Regard sur Vienne: 1985** (1985); **Zentrum Paris. Malerei und Gesellschaft in Paris seit 1960** (1993), **Wittgensteins Mädchenkopf** (1994); **Das Jahrhundert der künstlerischen Freiheit. Hundert Jahre Secession** (1998); **Y aura-t-il un deuxième siècle de l'art moderne?** (2001).
Ausstellungen (Auswahl): **Spielhölle,** Frankfurt/Main (1992); **Manifesta 2,** Luxemburg (mit M. Lind u. B. Vanderlinden) (1998); **Prodige,** Paris (2000)

DANIEL LIBESKIND

*1946 in Lodz, Polen;
Musikstudium in Israel;
1965 amerikanische Staatsbürgerschaft;
bis 1970 Architekturstudium (Cooper Union School, New York);
1978–1985 Dekan der Architekturfakultät Cranbrook Academy of Art, Bloomfield Hills, Michigan;
1989 Umzug nach Berlin;
gewinnt 1995 den Wettbewerb Felix-Nussbaum-Museum, Osnabrück (1997 realisiert);
1999 Deutscher Architekturpreis für den Entwurf des Jüdischen Museums in Berlin;
Lehre an zahlreichen Universitäten in Nord- und Südamerika, Europa, Japan und Australien;
Goldener Löwe Biennale von Venedig 1985 für **Three Lessons in Architecture;**
verschiedene Theaterprojekte u. a. Messiaens **Saint François d'Assise** für die Deutsche Oper Berlin (2002);
leitet ein Architekturbüro in Los Angeles und Berlin.

KARIN VON MAUR

Kunsthistorikerin;
Studium der Kunstgeschichte, Romanistik und Germanistik in Heidelberg, Paris und Tübingen, 1966 Promotion **(Die Brüder Goncourt als Kunstkritiker);**
1968/69 Ausstellungsleiterin an der Kunsthalle Nürnberg;
seit 1970 an der Staatsgalerie Stuttgart;
seit 1994 stellvertretende Direktorin. Ausstellungen,

OTTO BREICHA

Born in 1932 in Vienna;
studies in Vienna. Art critic since of the sixties;
until 1997 director of the national collections at the Rupertinum in Salzburg, and up until 2000 director of Municipal House of Culture in Graz,
numerous publications on 20th-century art and literature, including monographs (some with catalogue raisonnée), on such as Richard Gerstl, Gustav Klimt, Fritz Wotruba, Andreas Urteil, and Arnulf Rainer.
1966–97 editor of the magazine **protokolle;**
divides his time between Graz and Vienna.

ROBERT FLECK

Born in 1957 in Vienna;
resident in France since 1981; studies in Vienna, Innsbruck, Paris-VIII (under Deleuze and Foucault amongst others); since 1982 freelance art critic;
1991–2000 France correspondent for **art;**
1991–93 national art curator in Austria;
as of 2000 director of the Art Academy of Nantes.
Publications include: **Weltpunkt Wien/Un regard sur Vienne: 1985** (1985); **Zentrum Paris. Malerei und Gesellschaft in Paris seit 1960** (1993); **Wittgensteins Mädchenkopf** (1994); **Das Jahrhundert der künstlerischen Freiheit. Hundert Jahre Secession** (1998); **Y aura-t-il un deuxième siècle de l'art moderne** (2001).
Curated exhibitions include: **Spielhölle,** Frankfurt/Main (1992); **Manifesta 2,** Luxembourg (with M. Lind and B. Vanderlinden) (1998);
Prodigé, Paris (2000).

DANIEL LIBESKIND

Born in 1946 in Lodz, Poland;
studies music in Israel;
1965 receives US citizenship;
up to 1970 studies architecture (Cooper Union School, New York);
1978–85 dean of the Faculty of Architecture, Cranbrook Academy of Art, Bloomfield Hills, Michigan;
1989 moves to Berlin;
1995 wins the competition for the Felix-Nussbaum-Museum, Osnabrück (realised in 1997);
1999 German Architecture Prize for the design of the Jewish Museum in Berlin;
lecturing posts at various universities in North and South America, Europe, Japan, and Australia;
1985 receives the Golden Lion at the Venice Biennal for **Three Lessons in Architecture;**
various theatre projects including Messiaen's **Saint François d'Assise** for the German Opera House in Berlin, 2002; heads an architect's office in Los Angeles and Berlin.

KARIN VON MAUR

Art historian;
studies history of art, Romance and German languages and literature in Heidelberg, Paris, and Tübingen,
1966 doctorate on the Goncourt brothers as art critics;
1968/69 exhibition director at Nürnberg Kunsthalle; from 1970 at the Stuttgart

Kataloge und Schriften zur Kunst des 19. und 20. Jahrhunderts, u. a. über Oskar Schlemmer (Monografie mit Œuvrekatalog, 1979); **Vom Klang der Bilder. Die Musik in der Kunst des 20. Jahrhunderts** (1985); **Salvador Dali** (1989); **Max Beckmann** (1994); **Picasso und die Moderne** (1999), **Yves Tanguy und der Surrealismus** (2000);
zahlreiche Aufsätze u. a. über Joseph Beuys, Max Ernst, Alberto Giacometti und Fernand Léger, aber auch über Grenzgebiete wie **Der Gläserne Mensch in der Kunst** oder **Magie der Zahl in der Kunst des 20. Jahrhunderts** (1997).

CHRISTIAN MEYER

* 1962 in Wien;
Klavierausbildung, Wiener Konservatorium;
Studium der Volks- und Betriebswirtschaft, Wien und Harvard;
mehrere Jahre Direktionsmitglied des Wiener Konzerthauses;
seit der Gründung (Januar 1997) Direktor des Arnold Schönberg Center, Wien;
programmatische Betreuung von Festivals und Berater von Theaterprojekten, u. a. für das Volkstheater/Wien, das Theater in der Josefstadt/Wien sowie für Peter Steins Gesamtaufführung von Goethes **Faust I** und **II** bei der **Expo 2000,** Hannover, Berlin und Wien (Finanzmanagement);
seit Juli 2000 Vorstandsmitglied des Leopold Museum, Wien. Ausstellung: **Schönberg, Kandinsky, Blauer Reiter und die Russische Avantgarde – Die Kunst gehört dem Unbewussten,** Schönberg Center (2000).

HERMANN NITSCH

* 1938 in Wien;
1957 erstmals Idee des O. M. Theater als sechs Tage dauerndes Festspiel, an dem er seither ständig weiterarbeitet;
1960–66 Aktionen und Ausstellungen in Wien, begleitet von mehreren Prozessen und Gefängnisstrafen;
seitdem Aktionen, Ausstellungen, Vorträge und Konzerte im In- und Ausland;
1971 Ankauf von Schloss Prinzendorf;
1973 Gründung des Vereins zur Förderung des O. M. Theaters;
seit 1989 Professur für Interdisziplinäre Kunst an der Hochschule für Bildende Kunst, Städelschule, Frankfurt/Main.

FRANZ POMASSL

* Eisenbergeramt, Österreich;
lebt und arbeitet in Jaidhof und Wien;
Studium an der Akademie der Bildenden Künste Wien bei Arnulf Rainer (Malerei) und Peter Kogler (Neue Medien), an der Universität für Musik und Darstellende Kunst Wien, Fachrichtung Elektroakustik und Experimentelle Musik und der Zokey Daigaku University, Tokio.
Mitbegründer und Betreiber des Elektronic Music Operation Labels Laton;
DJ-Sets und Live-Acts in Europa und Japan, internationale Beteiligungen bei Festivals und Ausstellungen (u. a. **Manifesta 2,** Luxemburg 1998, **Ars Electronica,** Linz 1996–1999, **Steirischer Herbst** 1996)

Staatsgalerie; as of 1994 deputy director.
Publications, exhibitions, and catalogues on 19th and 20th-century art, includeing Oskar Schlemmer (monograph with catalogue raisonnée, 1979); **Vom Klang der Bilder. Die Musik in der Kunst des 20. Jahrhunderts** (1985); **Salvador Dali** (1989); **Max Beckmann** (1994); **Picasso und die Moderne** (1999), **Yves Tanguy and Surrealism** (2000);
numerous contributions on such artists as Joseph Beuys, Max Ernst, Alberto Giacometti, and Fernand Léger, but also on interdisciplinary subjects such as **Der Gläserne Mensch in der Kunst** and **Magie der Zahl in der Kunst des 20. Jahrhunderts** (1997).

CHRISTIAN MEYER

Born 1962 in Vienna;
studies piano at Vienna's conservatory, then economics and business administration at Vienna and Harvard;
several years on board of directors of the Vienna Concert House;
director of the Arnold Schönberg Center in Vienna since its establishment in January 1997;
program director for festivals and adviser for theatre projects, including the Volkstheater/Vienna, the Vienna Josefstadt Theater, as well as Peter Stein's performance of Goethe's **Faust I** and **II** at **Expo 2000,** Hanover, Berlin and Vienna (financial management);
as of July 2000 on the board of the Leopold Museum, Vienna. Curated the exhibition **Schönberg, Kandinsky, Blauer Reiter und die Russische Avantgarde – Die Kunst gehört dem Unbewussten,** Schönberg Center (2000).

HERMANN NITSCH

Born 1938 in Vienna;
1957 first conceives the idea of the O. M. Theater as a festival performance lasting six days which he still continues to work on;
1960–66 happenings and exhibitions in Vienna accompanied by several trials and terms of imprisonment;
since then happenings, exhibitions, lectures, and concerts inside and outside Germany;
1971 buys Schloss Prinzendorf;
1973 establishes the Association for the Promotion of the O. M. Theater; as of 1989 professor for interdisciplinary art at the Städel Academy of Fine Arts, Frankfurt/Main.

FRANZ POMASSL

Born in Eisenbergeramt, Austria;
lives and works in Jaidhof and Vienna; studies at the Vienna Academy of Fine Arts under Arnulf Rainer (painting) and Peter Kogler (new media), electroacoustics and experimental music at the Vienna University for Music and Interpretative Arts, and at Zokey Daigaku University, Tokyo
Founder and operator of the electronic music operation label Laton;
DJ sets and live acts in Europe and Japan, participates in international festivals and exhibitions (including **Manifesta 2,** Luxembourg 1998, **Ars Electronica,** Linz 1996–1999, **Styrian Autumn Festival** 1996)

SIMON STARLING

*1967 in Epsom, England;
lebt und arbeitet als bildender Künstler in Glasgow und Berlin;
Studium an der Trent Polytechnic, Nottingham und der Glasgow School of Art;
Rauminstallationen und ortsspezifische Arbeiten ausgehend von Fundstücken, mehrstufigen Transformationsprozessen unterworfen.
Einzelausstellungen (Auswahl): 2001 **Burn-Time,** neugerriemschneider, Berlin;
Work, made-ready, Les Beaux de Provence, Kunstverein in Hamburg;
Inverted Retrograde Theme, Secession, Wien;
1999 Blinky Palermo Preis, Galerie für zeitgenössische Kunst, Leipzig;
Gruppenausstellungen (Auswahl): 2001 **Circles °4,** ZKM Karlsruhe;
2000 **Manifesta 3,** Lubljana; **What if,** Moderna Museet, Stockholm;
1999 **Fireworks,** De Appel, Amsterdam

NURIA SCHOENBERG NONO

*1932 in Barcelona, Spanien;
übersiedelt mit ihren Eltern 1933 nach New York und 1934 nach Los Angeles;
Besuch der University of California, Los Angeles;
lernt auf einer Europareise 1954 ihren späteren Mann, den Komponisten Luigi Nono, kennen;
Heirat 1955;
lebt in Venedig und Los Angeles;
seit der Gründung 1997 Präsidentin des Arnold Schönberg Center, Wien.
Publikation: **Arnold Schönberg 1874–1951. Lebensgeschichte in Begegnungen** (1998).

FERDINAND ZEHENTREITER

*1955 in Schwandorf/Bayern;
Studium: Klavier am Richard Strauss Konservatorium München;
Soziologie, Philosophie und Musikwissenschaft in Frankfurt/Main;
wiss. Mitarbeiter im Forschungskolleg „Wissenskultur und gesellschaftlicher Wandel" an der J. W. Goethe-Universität Frankfurt/Main;
dort Lehrbeauftragter für Soziologie und für Musikwissenschaft, Musikhochschule, Frankfurt/Main;
Mitherausgeber der **Forschungsbeiträge aus der Objektiven Hermeneutik,**
Publikationen zu kultursoziologischen und musikwissenschaftlichen Themen;
Arbeit an einer disziplinübergreifenden Habilitation zu Arnold Schönberg.

SIMON STARLING

Born in 1967 in Epsom, England;
lives and works as artist in Glasgow and Berlin;
studies at Trent Polytechnic, Nottingham, and Glasgow School of Art;
site-specific installations and works based on found objects subjected to a transformation process consisting of several stages .
Solo exhibitions include: 2001 **Burn-Time,** neugerriemschneider, Berlin;
Work, made-ready, Les Beaux de Provence, Kunstverein in Hamburg;
Inverted Retrograde Theme, Secession, Vienna;
1999 Blinky Palermo Prize, Gallery for Contemporary Art, Leipzig;
Group exhibitions: 2001 **Circles °4,** ZKM Karlsruhe;
2000 **Manifesta 3,** Lubljana;
What if, Moderna Museet, Stockholm;
1999 **Fireworks,** De Appel, Amsterdam

NURIA SCHOENBERG NONO

Born in 1932 in Barcelona, Spain;
moves with parents first to New York in 1933 then one year later to Los Angeles;
attends University of California, Los Angeles;
meets her future husband composer Luigi Nono on a trip through Europe in 1954;
marries in 1955;
lives in Venice and Los Angeles;
President of the Arnold Schönberg Center, Vienna since its establishment in 1997.
Publications: **Arnold Schönberg 1874–1951. Lebensgeschichte in Begegnungen** (1998).

FERDINAND ZEHENTREITER

Born in 1955 in Schwandorf, Bavaria;
studies piano at the Richard Strauss Conservatory in Munich, then sociology, philosophy, and musicology in Frankfurt/Main;
research assistant in the Knowledge Culture and Social Change research section of the J. W. Goethe University Frankfurt/Main where he lectures part-time in sociology, also lectures in musicology at Music Academy, Frankfurt/Main;
co-editor of **Forschungsbeiträge aus der Objektiven Hermeneutik,** publications on cultural-sociological and musicological topics;
interdisciplinary post-doctoral thesis on Arnold Schönberg.

IMPRESSUM

Diese Publikation erscheint anlässlich der Ausstellung **Die Visionen des Arnold Schönberg. Jahre der Malerei** in der Schirn Kunsthalle, 15. Februar – 28. April 2002
This catalogue is published on the occasion of the exhibition **The Visions of Arnold Schönberg. The Painting Years** in the Schirn Kunsthalle Frankfurt, 15 February – 28 April 2002

HERAUSGEBER / EDITORS
Max Hollein, Blaženka Perica, Schirn Kunsthalle Frankfurt

KATALOGKONZEPTION / CATALOGUE CONCEPT
Blaženka Perica

WISSENSCHAFTLICHE MITARBEIT / CURATORIAL ASSISTANCE
Martina Weinhart

REDAKTION / EDITING
Blaženka Perica, Martina Weinhart

LEKTORAT / COPY EDITING
Deutsch / German: Michael Zuch

VERLAGSLEKTORAT / COPY EDITING
Deutsch / German: Karin Osbahr
Englisch / English: Tas Skorupa

ÜBERSETZUNGEN / TRANSLATIONS
Englisch–Deutsch / English–German: Rita Hummel
Deutsch–Englisch / German–English: Fiona Elliott, Ishbel Flett, Jeremy Gaines, Stephen Reader, John Southard

GRAFISCHE GESTALTUNG UND SATZ / GRAPHIC DESIGN AND TYPESETTING
Standard Rad, Berlin

REPRODUKTIONEN / REPRODUCTIONS
Produtionsservice Stroucken GmbH, Frankfurt/Main

GESAMTHERSTELLUNG / PRINTED BY
Dr. Cantz'sche Druckerei, Ostfildern-Ruit

ERSCHIENEN IM / PUBLISHED BY
Hatje Cantz Verlag
Senefelderstraße 12
73760 Ostfildern-Ruit
Deutschland / Germany
Tel. +49 / (0) 711 / 4 40 50
Fax +49 / (0) 711 / 4 40 52 20
Internet: www.hatjecantz.de

DISTRIBUTION IN THE US
D.A.P., Distributed Art Publishers, Inc.
155 Avenue of the Americas, Second Floor
New York, N.Y. 10013-1507
Tel. +1/2 12 / 6 27 19 99
Fax +1/212 / 6 27 94 84

ISBN 3-7757-1133-3

Printed in Germany

Die Deutsche Bibliothek - CIP-Einheitsaufnahme

Die Visionen des Arnold Schönberg : [anlässlich der Ausstellung Die Visionen des Arnold Schönberg. Jahre der Malerei, 15. Februar - 28. April 2002, Schirn-Kunsthalle, Frankfurt am Main] = The visions of Arnold Schönberg / Otto Breicha ; Karin von Maur ; Robert Fleck. Hrsg.: Max Hollein ; Blazenka Perica. - Ostfildern-Ruit : Hatje Cantz, 2002
ISBN 3-7757-1133-3

FOTONACHWEIS / PHOTO CREDITS
Arnold Schönberg Center, Wien
AP-Foto
Belmont Music Publishers, Los Angeles
Heinz Cibulka, Ladendorf
Daniel Libeskind Architecture Studio, Berlin
Direktion der Museen der Stadt Wien
Estate of Heinrich Jalowetz, Courtesy of Galerie St. Etienne, New York
Richard Fish, Los Angeles
Gabriele Münter und Johannes Eichner-Stiftung, München
Heinrich und Thomas Mann-Zentrum, Buddenbrookhaus, Lübeck
Historisches Museum der Stadt Wien
Kunsthalle Wien
Rolf Lenz, Frankfurt am Main
Manfred Leve, Nürnberg
Library of Congress, Washington D. C.
Man Ray Trust, Paris
Museum für Moderne Kunst, Frankfurt am Main
Österreichische Galerie im Oberen Belvedere, Wien
Österreichische Nationalbibliothek, Wien
Franz Pomassl, Wien
Secession, Wien
Städtische Galerie im Lenbachhaus, München
Galerie St. Etienne, New York
G. W. Theil
Theodor W. Adorno Archiv, Frankfurt am Main
Universität für angewandte Kunst, Wien, Sammlung

AUSSTELLUNG / EXHIBITION

INITIATIVE / INITIATIVE:
Max Hollein

KURATOR / CURATOR:
Blaženka Perica

WISSENSCHAFTLICHE MITARBEIT / CURATORIAL ASSISTANCE:
Martina Weinhart

AUSSTELLUNGSARCHITEKTUR / EXHIBITION ARCHITECTURE:
Wilfried Kühn

GRAFISCHE GESTALTUNG / GRAPHICS:
Standard Rad, Berlin

TECHNISCHE LEITUNG / TECHNICAL SUPERVISION:
Ronald Kammer

TECHNISCHE ASSISTENZ/ TECHNICAL ASSISTANCE:
Christian Teltz

BELEUCHTUNG / LIGHTING:
Stephan Zimmermann

LEITUNG HÄNGETEAM / SUPERVISION INSTALLATION CREW:
Andreas Gundermann

ORGANISATION / REGISTRAR:
Karin Grüning

RESTAURATORIN / CONSERVATOR:
Stefanie Gundermann

PRESSE / PRESS:
Dorothea Apovnik

MARKETING / MARKETING:
Inka Drögemüller

KOORDINATION DES RAHMENPROGRAMM /
COORDINATION OF THE ACCOMPANYING PROGRAMME:
Simone Klöpfer

MUSEUMSPÄDAGOGIK / EDUCATION:
Irmtraud Rauber

VERWALTUNG / ADMINISTRATION:
Klaus Burgold mit/with Katja Weber

SEKRETARIAT / ADMINISTRATIVE ASSISTANCE:
Martina Schmidt

PRAKTIKANTEN / INTERNS:
Stephanie Hock, Lydia Goldschmidt, Miriam Eberl